幼儿园游戏课程的理论与实践

彭　茜◉著

You'eryuan
Youxi Kecheng De
Lilun Yu Shijian

北京师范大学出版集团
BEIJING NORMAL UNIVERSITY PUBLISHING GROUP
北京师范大学出版社

图书在版编目（CIP）数据

幼儿园游戏课程的理论与实践 / 彭茜著 . -- 北京 ：北京师范大学出版社，2025. 4. -- ISBN 978-7-303-30341-0

Ⅰ. G613.7

中国国家版本馆 CIP 数据核字第 2024J2J385 号

YOU'ERYUAN YOUXI KECHENG DE LILUN YU SHIJIAN

出版发行：北京师范大学出版社 https://www.bnupg.com
北京市西城区新街口外大街 12-3 号
邮政编码：100088

印　　刷：鸿博睿特（天津）印刷科技有限公司
经　　销：全国新华书店
开　　本：889 mm × 1194 mm　1/16
印　　张：22.25
字　　数：440千字
版　　次：2025年4月第1版
印　　次：2025年4月第1次印刷
定　　价：79.80元

策划编辑：罗佩珍　苏丽娅　　责任编辑：申立莹
美术编辑：李向昕　　装帧设计：李向昕
责任校对：陈　荟　齐文媛　　责任印制：赵　龙

再版序言

2018年，《幼儿园游戏化课程的理论与实践》由广东高等教育出版社出版。本书自出版以来，曾多次印刷，好评如潮，2021年12月获得广东省哲学社会科学优秀成果奖二等奖，多地教育局、学前教育指导中心、学前教育专业学会、大中专院校等采用本书作为职前职后的培训教材，近5万名幼儿教师接受过基于本书的培训，受惠幼儿园超过1000所，受惠幼儿园既有普通幼儿园，也有特殊幼儿学校，不少幼儿园园长称本书为幼儿园课程游戏化改革的"百宝书"，很多幼儿园将本书作为幼儿教师的必读书目。

当然，这并不是说本书完美无缺。近年来，不断涌现的新观点与改革实践，使我们有了修订2018年版本的想法。关于幼儿园游戏的教育价值及幼儿园课程的儿童视角，以及游戏与课程的整合或融合等思考，催生了浙江省安吉县幼儿园的"游戏革命"，也推动了江苏省幼儿园课程的游戏化建设项目的发展。在理论与实践的不断碰撞中，课程的游戏化与游戏的课程化日益被视为实现游戏教育价值的两条路径。不过，课程游戏化的逻辑起点是课程，游戏课程化的逻辑起点是游戏。课程游戏化与游戏课程化中的课程有预设与生成之别，游戏有"工具性"和"本体性"之分。[①] 无论是课程的游戏化，还是游戏的课程化，我们都看到了游戏的课程意义，且最终追求的是以游戏为中心的课程，或谓"游戏化课程"。无论是课程的游戏化，还是游戏的课程化，似乎都源于"儿童本位"的教育观，然而，细思则可发现，两个概念的含义均与我们持何种课程观相关。在现代主义的课程观及课程开发的目标模式看来，无论是课程的游戏化，还是游戏的课程化，它们都强调课程与游戏的确

① 黄小莲：《和而不同：课程游戏化与游戏课程化辨析》，载《上海教育科研》，2020（1）。

定性与预设性，因而，确定或预设的课程知识如何通过游戏的手段，或者预设的游戏内容如何达到课程的目标，必然成为从业者主要关注的问题。后现代主义的课程观则与此相关。后现代主义的课程观强调的是课程的弹性、不确定性与生成性，这又使得无论是课程还是游戏都变得不可捉摸。如何在幼儿园课程与游戏的预设与生成、确定与不确定之间保持平衡，是本书的逻辑起点。本书第 2 版在第 1 版的基础上，更为自觉地从幼儿园课程的经验 / 活动取向思考幼儿园课程与游戏的关系，明确提出“游戏课程”的概念，即明确“游戏本身就是课程”，从课程高度自觉审视幼儿园游戏，并将重点放在对游戏课程的理论与实践的阐述上。基于幼儿园游戏的课程立场，我们决定将书名修订为《幼儿园游戏课程的理论与实践》。在内容上，本次修订结合当前幼儿教师普遍感到困惑的问题，反思了游戏促进学习的条件，依据幼儿园游戏课程的理论基础与技术规范两大逻辑，全书内容安排如下：第一至第三章阐述了幼儿园游戏课程的概念、幼儿园游戏“课程化”的基本理由、幼儿园游戏课程的存在方式；第四至第六章阐述了幼儿园游戏课程创生的理论与技术，包括教师的游戏理论基础与游戏课程创生的观察基础以及游戏课程的生成技术策略等；第七到第九章围绕幼儿园游戏课程实施的一般性技术路径，探讨了课程自觉意识下的游戏指导策略、游戏环境与游戏材料的提供技术等问题，在此基础上，第十章结合角色游戏、建构游戏与户外游戏，进一步探讨了幼儿园游戏的指导要点与禁忌等内容。

在修订本书的过程中，我们参考了国内外的大量专著、教材、论文及其他成果，在此表示感谢及深深的敬意。本书的修订出版，要特别感谢北京师范大学出版社的领导及编辑们，感谢他们的辛勤付出。最后，本书是作者二十多年教学与研究的成果，依靠一己之力完成，难免有考虑不周之处，恳请各位读者对本书存在的疏漏和不足提出宝贵意见。

第一版序言

近年以来，随着幼儿教育的各种宣传与各级培训，广大幼儿教育工作者日益了解到，游戏是幼儿园的基本活动，是幼儿在幼儿园的主要活动。将游戏作为幼儿在园的主要活动，其主要依据是游戏能促进幼儿在社会性、认知、健康、艺术等领域的全面发展，游戏迎合了幼儿的学习兴趣与求知动机，并允许幼儿在无法充分参与真实的生活活动与劳动活动的情况下，在相对安全的游戏情境下，模仿在日常生活中观察到的成人关系、角色行为及活动，满足了幼儿想要快快长大的需要。因此，游戏为幼儿创造了学习得以发生的特定情境。

研究者认识到，游戏既是受文化驱动的，又是幼儿理解社会与文化世界的重要方式；文化规范着幼儿的游戏，然而，幼儿又通过游戏创造着独特的文化。从文化、历史、社会、政治与审美等角度审视，幼儿的学习与游戏性活动是可以统一的，教育的科学、艺术与游戏不应分离而应该统整。[①] 然而，正如学者指出的，游戏并不只是游戏环境下，幼儿自动学习的催化剂。[②] 对幼儿游戏的浪漫情怀及伴随而来的放任主义，其危害性同控制主义一样，都不利于幼儿发展及幼儿教育目标的实现。

幼儿园游戏存在两种基本形式：幼儿自主性游戏及教学游戏。两类游戏各有其存在价值。在以往的幼儿教育中，教师往往重视教学游戏而忽略幼儿自主性游戏。这种教师“游戏”幼儿的现象遭到了诸多批评。那么，幼儿园游戏改革是否应该反

① Ridgway A., Quiñones G. & Li L., *Early Childhood Pedagogical Play: A Cultural-Historical Interpretation Using Visual Methodology*, Singapore, Springer Singapore, 2015, p.21.

② Yelland N., “Reconceptualising play and learning in the lives of young children,” *Australasian Journal of Early Childhood*, 2011 (2), pp.4-12.

过来，抛弃教学游戏而只讲幼儿自主性游戏呢？对于这个问题的回答，中庸之道及世界各国教育改革的成功经验告诉我们：幼儿园游戏改革既要坚持我国幼儿教育的优势，又要学习他国先进的经验，在教学游戏与幼儿自主性游戏之间取得平衡。

一方面，我们认识到，幼儿的学习应该是基于游戏的学习。承认幼儿学习的游戏性特点，不是教师被动、无奈的选择，而是基于幼儿年龄特点的“以人为本”的教育及高品质学习的主动选择。另一方面，幼儿园游戏不同于幼儿完全自由自发的游戏，尽管幼儿园一日生活中应该有一定的幼儿自由游戏时间。而且，即使是幼儿自主性游戏，也不意味着不需任何指导、不施以教育意图。幼儿园课程中的幼儿自主性游戏，其教育意图可能是发展幼儿自主计划、自主选择、自我负责等素养。从本质上说，幼儿园游戏是带有教育目的与教育意图的活动，是教师的教育意图与幼儿的游戏性体验的统一，即幼儿园游戏是教育性游戏。幼儿园游戏是教育性游戏，这是本书的逻辑起点。由此出发，本书旨在解决幼儿教师面临的基本专业问题：作为专业型教师，幼儿教师应该怎样理解幼儿游戏？如何设计、组织及指导幼儿的游戏活动？如何基于游戏高质和高效地促进幼儿发展、实现教育目标？

当然，应然的思考宜放在实然的情境中。从教育实践的角度看，幼儿教育工作者对“应然的幼儿园游戏”存在不同的想法。一些教师认为，教师就是教学生，完成教学任务。因此，在教育实践中，这些教师强调规则传递与秩序遵守。比如，让幼儿坐成一圈，领着幼儿做手指游戏；或者告诉幼儿使用滑梯的规则，进行角色游戏时角色扮演的规则，避免骑三轮单车时彼此冲撞，学会分享等。幼儿教师在幼儿游戏中到底应该扮演怎样的角色，如何扮演好这些角色，我们尚没有明确的认识。如果有机会看看幼儿扮演的教师角色，我们可以发现，幼儿扮演的经常是一个严厉的教师，不停地向其他幼儿发出信息、强化纪律或发布指令。这难道是幼儿教师应该扮演的角色吗？幼儿教师作为游戏指导者，应该扮演哪些角色？如何扮演好这些角色？

以往，人们将游戏材料、游戏环境、游戏时间等视为独立于教师的因素，分别阐述这些影响因素。然而，近年的研究发现，所有这些因素在幼儿园游戏活动中发挥作用的关键还在于幼儿教师，即幼儿教师的游戏信念与游戏能力是影响幼儿园游戏质量的关键因素。本书以幼儿教师的游戏信念为出发点，首先从理论上阐述了幼儿教师应该及实际具备的游戏理论，即幼儿教师如何理解幼儿的游戏，如何理解教育情境下的幼儿游戏，如何理解幼儿园课程体系中的游戏。在阐述幼儿教师的游戏理论的过程中，本书尽量将近年国内外幼儿园课程改革，尤其是游戏化课程改革的成果反映在理论体系中。研究指出，“教育性”与“游戏性”的平衡问题是幼儿教师最感困惑的问题。

鉴于教师的游戏能力对幼儿园基于游戏的课程的直接影响作用，本书在阐述了教师游戏信念的基础上，接下来重点阐述了教师游戏指导的策略问题。该部分依据幼儿园游戏质量观，从影响游戏质量的诸因素入手，将教师游戏指导的方式分为两类：直接指导方式与间接指导方式。通过案例分析与理论阐述，本书呈现了教师在教育性游戏指导中的主要工作内容及相应策略，这些工作既包括游戏观察、游戏计划、游戏环境及区域创设、游戏材料的提供、游戏的组织等间接性游戏指导策略，也包括角色参与、语言互动、提示建议、材料提供等直接性游戏指导策略。鉴于角色游戏、建构游戏、户外游戏等是幼儿园游戏的主要形式，且这些游戏均有组织及指导的一些特殊要求，本书在最后进一步阐述了这三个游戏的指导要点。

一方面，教师介入幼儿游戏可以提升幼儿游戏的质量，促进幼儿成为游戏精通者，推动幼儿基于游戏的全面发展。另一方面，值得警惕的是，教师对幼儿游戏的过度介入、不当介入等可能造成巨大的危害。本书在最后一章列举了教师对幼儿游戏可能造成的各种干扰，希望引起大家的警醒。

在写作本书的过程中，我们参考了大量国内外的专著、教材、论文及其他成果，没有这些成果，就没有本书的问世。在此，我们向所有给予本书参考信息、写作灵感及相关案例的作者、一线教师及可爱的孩子们表示由衷的感谢及深深的敬意。同时，我们在网上搜集了部分图片（表）及案例，对于这些资料的提供者表示感谢。网络资源凡是能够标注出处的，我们都进行了标注；对于有些难以标注出处的，我们表示遗憾及歉意。

本书力图深入浅出，尽量将深奥的理论，通过案例分析与图片图表，做到好读、易懂并能用于指导实践。本书的适用对象广泛，不仅适用于大中专学生及幼儿教师，而且可供学者进行相关研究时参考。

最后，恳请各位读者对本书中存在的疏漏和不足提出宝贵意见。

彭　茜

目　录

CONTENTS

理论篇

第一章
幼儿园游戏课程概念的提出

幼教界对游戏与课程的一般概念，有的认为游戏是幼儿学习的方法，有的则认为游戏是课程的一个领域。事实上，在不同的课程概念观照下，游戏呈现的是不同的概念。

——黄瑞琴

问题情境

幼儿园以游戏为基本活动的理念尽管早已深入人心，然而，幼儿园游戏活动本身可否称为课程？幼儿教师存在疑惑。这里的疑惑，折射的可能是幼儿教师对课程的传统界定的狭隘理解，即将课程界定为学科 / 领域课程；同时也反映了幼儿教师的一个根深蒂固的观念，即将“儿戏”理解为课程违背了我国的教育传统。那么，幼儿园游戏活动本身是否应该被理解为课程？如何理解作为课程的幼儿园游戏？

内容导读

如何将原本属于童年的游戏经验保留和延伸至幼教机构的日常课程，是福禄培尔（Frobel）等学者努力探究的主题。[①] 教育、游戏、课程的一致基础是儿童发展，而游戏又可以实现手段与目的的协调一致，这就有必要提出本体意义的游戏课程的概念。[②] 然而，如何界定游戏课程的概念，学界并未达成一致意见。从构成法看，游戏课程可以被理解为以“游戏”修饰“课程”构成的偏正短语，因此，游戏课程的基本内涵受“游戏”与“课程”两个词的影响。无论是游戏还是课程，其定义均

① 黄瑞琴:《幼儿园游戏课程》第二版，3~7 页，台北，心理出版社，2011。

② 李素梅:《游戏课程：学前教育课程改革新视角》，载《学前教育研究》，2005（3）。

不下十种，这就给游戏课程概念的界定增加了难度。当然，游戏课程的理解首先源于我们对游戏的理解及对游戏与学习、游戏与课程的关系的定位。本章基于游戏概念的演变及游戏与课程关系史的梳理，明确提出游戏课程的概念，将游戏课程定位为活动 / 经验课程而不是一个学科或领域，即幼儿园游戏课程指的是以游戏为基本活动、游戏精神渗透于课程、游戏性体验贯穿其中的活动取向或经验取向课程。

第一节 幼儿园游戏的概念

幼儿园游戏是什么？这既决定于对游戏本质的解读，又受制于游戏存在的社会空间或教育情境——幼儿园的定位。有时候玩游戏，尽管我们也都知道游戏像什么，然而，一旦要对游戏进行理论性陈述，人们不仅少有共识而且对它有模糊的认识。[①] 给游戏下定义有点像抓泡泡，每次似乎都轻易抓住了，但实际上，不同言说者所说的“游戏”也许并不是同一回事。

一、游戏是什么

（一）游戏的界定标准

何谓游戏？不同的标准、不同的视角、不同的站位给出的界定并不一致，这种不一致既显示了游戏的复杂性与模糊性，也说明了人们诠释世界的多样性。

1. 成人提出的游戏标准

近年，学者日益接受以“基于标准的方式”界定游戏的观点。这一模式由英国学者克拉斯诺（Krasnor）和佩普勒（Pepler）提出。他们认为，判断游戏行为的标准有四个，即灵活性、积极情感、虚构性和内部动机。[②] 灵活性是指游戏的形式和内容的可变性；积极情感是指游戏的娱乐性；虚构性是指想象或假想的因素；内部动机是指游戏不受外部规则或社会要求的限制，不追求外在目的与结果，而是为游戏而游戏的行为。当然，单独的标准不足以确定某种行为是否为游戏，但是，这种行为越符合上述标准，就越能被视为游戏行为。[③] 史密斯（Smith）和福尔施泰特

① Sutton-Smith B., *The Ambiguity of Play*, Boston, Harvard University Press, 1997, p.1.

② Krasnor L. R. & Pepler D. J., “The study of children’s play: Some suggested future directions,” *New Directions for Child and Adolescent Development*, 1980 (9), pp.85-95.

③ ［英］彼得·史密斯、［英］海伦·考伊、［英］马克·布莱兹:《理解孩子的成长》第 4 版，寇彧等译，136 页，北京，人民邮电出版社，2006。

（Vollstedt）增加了一条特征：孩子对游戏行为而不是游戏结果更感兴趣。[①] 至今，人们就游戏的特征已达成的共识如下：游戏是由内部动机所引发的；游戏重过程不重结果；游戏没有直接的功利性，却具有潜在的功利性；游戏是游戏者积极参与的活动。[②] 总之，游戏是一种主体性活动，具有自发性、自主性、虚幻性、体验性与非功利性。[③]

在游戏的诸多特征中，非真实性也许是测定游戏的最好标准。儿童的游戏不等同于现实生活本身，而会暂时脱离日常生活的束缚，并以幻想的方式综合生活中的不同元素或创造出生活中所没有的元素，以此表达自己对现实的理解与建构。[④] 从游戏情境的虚设、游戏角色的确定到游戏玩具的假想，再到日常活动和生活中对自己和周围事物的认定，儿童的幻想随时都可以发生。[⑤] 在游戏中，儿童在头脑中实现着三大思想转换：场景迁移、物的替代与角色扮演。场景迁移是儿童对无数个生活原型的概括，比如，超市游戏中的超市不是儿童去过的任何一个超市，儿童逛超市的经验被概括为一定的流程与生活原型。物的替代指的是儿童以物代物，用一个手势、动作、其他物体或语言来表征某一游戏材料或物体，比如，津津有味地喝着看不见的汤。角色扮演是儿童基于一定的角色认知，扮演某一社会角色。显然，“不是真的”是每个游戏者心知肚明的一个原则。我们可以分析下面的例子。

案例 1-1：

5 岁的吴杰正在玩一种名为“海马捉迷藏”的电脑游戏。她正在控制一只可爱的海洋生物，以躲避一只巨大而凶恶的鱼，若来不及避开，海马会从荧幕上消失。吴杰谨慎地引导那只可爱的海洋生物，当掠夺者出现时，她大声叫道：“不！坏蛋走开，不要抓我。”当另一只靠近时，吴杰紧张地按重玩按键。

案例分析

在游戏中，吴杰充分发挥想象力，表现出一定的表征能力，即使海洋生物代替自己，出现以物替物的行为。同时，吴杰主动参与并积极投入电子虚拟游戏中，在

① Smith P. K., *Children and Play*, Hoboken, Wiley-Blackwell, 2010, pp.6-7.

② 毛曙阳：《儿童游戏观刍议》，载《学前教育研究》，1997（2）。

③ 闫守轩：《游戏：本质、意义及其教学论启示》，载《教育理论与实践》，2002（5）。

④ 高振宇：《基于游戏的儿童哲学探究：理论依据与实践模式》，载《教育发展研究》，2021（2）。

⑤ 边霞：《论儿童文化的基本特征》，载《学前教育研究》，2000（1）。

游戏过程中获得了惊险、紧张、期待等游戏性体验。

2. 儿童对游戏的定义

尽管游戏的界定标准非常多元化，然而，当前国际上被广为接受的界定游戏本质的视角是游戏者视角。这就意味着，教师命名为游戏的活动并不一定能获得儿童的认同，原因是儿童强调在游戏过程中获得游戏性体验。所谓游戏性体验，指的是游戏者在游戏过程中所获得的主观体验，这些体验包括轻松感、控制感、满足感、胜任感、自由感、愉悦感。当游戏无强制目的时，它会给游戏者带来轻松感；当游戏是游戏者自主的活动时，它会给游戏者带来控制感；当游戏强调过程体验而不注重结果获得时，它会给游戏者带来满足感；当游戏是表现游戏者已有经验的活动时，它会给游戏者带来胜任感。由于游戏是假想的非正式的活动，因此能够为游戏者带来自由感；游戏的过程伴随着游戏者的愉悦体验。旁观者认为是游戏的活动可能在当事者看来并不是游戏，反之，当事者认为是游戏的，旁观者并不一定如此认为。生命体的游戏是生命主体以自身活动为内在手段直接达到内在目的的活动，即自足的生存适应活动。游戏的内在手段，就是生命主体运用自己身心功能的活动。而游戏的内在目的，从客观上说，就是生命主体身心系统的稳态存在与发展。[①] 该观点从游戏对生命体的存在意义出发，指出游戏取决于游戏者自己的身心体验。判断游戏与非游戏的标准，主要的依据是游戏者参与活动时的心理体验。

具体到儿童游戏，近年来，国内外研究聚焦于儿童在游戏过程中的体验、感受和对游戏的理解，采用马赛克法、观察法、访谈法等方法，揭示儿童视野中游戏的定义与特征，展开和分析儿童所理解的游戏、工作与学习的关系，彰显儿童作为游戏主体的生活体验和意义建构。

儿童常将游戏归类为有趣、假装、没有预先确定的目标、自愿选择、自由独立的社交活动。卡尔比（Kärrby）的研究显示，儿童倾向于将游戏描述为包含假装，遵循某一主题并有由参与游戏的儿童支配的规则的活动，将那些涉及特定目标的活动（如构建模型或掌握一项技能）或仅仅是体验某件事（如摇摆、滚动或追逐）定义为“非游戏”活动。[②] 卡伦（Cullen）揭示，儿童将户外游戏描述为教师不在场时与同龄伙伴一起发生的社会活动。[③] 刘焱发现，大部分儿童对于游戏的定义聚焦

① 春水：《论游戏的自足本质》，载《浙江大学学报（人文社会科学版）》，2000（2）。

② Kärrby G.，“Children's conceptions of their own play，” *International Journal of Early Childhood*，1989，21，pp. 49-54.

③ Cullen J.，“Preschool children's use and perceptions of outdoor play areas，” *Early Child Development and Care*，1993（1），pp.45-56.

于有玩具、自由、教师不在场、无知识和技能学习目标、有积极的情绪体验。根据儿童的解释，“自由”指“自由地做”或“做你想做的事”，儿童认为“老师要求他们做这样的练习”或者“他们不能做他们想做的事情”的活动，则不能称为游戏。[①]拉马赞（Ramazan）等人通过访谈发现，大多数儿童把游戏定义为“很开心”“和朋友一起做有趣的事”“玩玩具”。[②]鄢超云和魏婷通过焦点团体访谈发现，儿童将游戏描述为喜爱的、有规则的，在他们的经验中，游戏是被教师主导的、与学习对立的，是学习的附属品，由儿童的描述可见传统游戏观和一线实践中游戏与教学的矛盾关系对儿童的影响。[③]翁（Wong）等人发现儿童通过以下几个要素辨别游戏活动：①自己主动发起、具有选择的自由、有创造性；②具有象征性的表现；③与积极的心理状态相联系；④可以进行有效的社会互动；⑤与身体运动和规则有关。[④]韩春霞对5~6岁儿童展开访谈，发现部分儿童依据名称（只要有“游戏”两个字，就是游戏）和有无玩具来判断什么是游戏。他们认为玩即游戏的目的，而不是学本领，游戏需要教师的许可，有特定的空间、材料与玩伴，要有一定限度的身体参与与心智参与。对游戏特征的看法，可以归纳为以下几类观点：有关自由与规则，一类儿童认为游戏仅仅是自由的，另一类儿童认为游戏既是自由的，又是有规则的；有关假装与真实，一类儿童认为游戏是假装的，另一类儿童认为游戏亦真亦假。[⑤]

儿童对于游戏、工作和学习有着自己的区分。南希（Nancy）指出，儿童视角下的游戏是自愿的、独特的和自我指导的活动，有着区别于工作的两个特征。一是自愿。只有儿童自己选择的活动才被称为游戏。儿童认为，如果数字游戏是他们自己选择的，就是游戏，如果是教师让他们进行的，则是工作。二是自由度。儿童认为，如果他们可以自由选择活动、材料和操作过程，且教师没有参与，那么就是游

① Liu Y., Pan Y. I. & Sun H. F., “Comparative research on young children’s perceptions of play—An approach to observing the effects of kindergarten educational reform,” *International Journal of Early Years Education*, 2005（2）, pp.101-112.

② Ramazan O., Ozdemir A. A. & Beceren B. O., “Evaluation of play from private and public pre-school children’s point of view,” *Procedia-Social and Behavioral Sciences*, 2012, 46, pp.2852-2856.

③ 鄢超云、魏婷：《“游戏”离“游戏”有多远——从理想的游戏到儿童经验的游戏》，载《学前教育研究》，2008（9）。

④ Wong S., Wang Z. L. & Cheng P., “A play-based curriculum: Hong Kong children’s perception of play and non-play,” *The International Journal of Learning: Annual Review*, 2011（10）, pp.165-180.

⑤ 韩春霞：《5—6岁幼儿的游戏观研究》，硕士学位论文，南京师范大学，2015。

戏；如果是他们自愿选择但有教师指导的活动，那么就是工作。[①] 罗杰斯（Rogers）[②]的研究也表明，对于儿童来说，自由选择是他们判断一项活动是游戏还是“为了学习”的一个重要因素。只有当儿童可以选择与谁一起玩，并对他们在哪里玩、如何玩以及玩什么有一定程度的控制时，他们才会将角色扮演活动视为游戏。[③] 霍华德（Howard）采用活动统觉故事程序（activity apperception story procedure，AASP）[④] 的研究方法，发现幼儿主要通过是否存在空间限制（如发生在桌子上的活动更多被幼儿看作工作和学习）、情绪体验（如积极的情感增加了幼儿将此归类为游戏的可能性）、教师是否在场（如教师在场的活动更多被归类为工作和学习）、活动本质（如相比数字书，积木被归类为游戏）这四个路径来区别游戏、工作和学习。[⑤]

综上，儿童对游戏的定义是依据行为线索、环境线索和社会线索三条线索进行的。行为线索包括活动自由度、情绪体验等，环境线索包括活动地点、活动材料等，社会线索则指的是教师与儿童是否在场、教师的角色、同伴互动等。其中，活动中的自由选择和自我导向在一定程度上反映了儿童对游戏活动的所有权，因而成为儿童区分游戏、工作和学习的主要因素。

当然，诸多研究指出，游戏的边界过于模糊。我们不得不承认，从非游戏性行为、较少游戏性行为到游戏性行为是一个连续体。界定儿童的活动是否为游戏的主要标准是：自由性、愉悦性、灵活性与假装性。布雷恩·萨顿－史密斯（Brain Sutton-Smith）指出，游戏徘徊于现实与非现实之间，表现出极大的不明确性。游戏的不明确性尤其表现在游戏种类及游戏知识的多样性上。提及儿童游戏，我们常将其理解为“作为过程”及“作为假想”的游戏。“作为假想”的游戏常用于各种游戏性的即兴创作，理想化地描绘动物及人类游戏世界的想象力、灵活性与创造

① King N. R.，“Play：The kindergartners' perspective，” *The Elementary School Journal*，1979（2），pp. 81-87.

② 又译罗格斯。

③ Rogers S. & Evans J.，“Playing the game? Exploring role play from children's perspectives，” *European Early Childhood Education Research Journal*，2006（1），pp.43-55.

④ AASP是一个由两部分组成的程序。首先，它要求儿童根据情况将26张描绘各种课堂活动的照片分为游戏类、学习类或工作类。其次，该程序要求儿童重新分类并证明他们选择较少的照片是合理的。

⑤ Howard J.，“Eliciting young children's perceptions of play，work and learning using the activity apperception story procedure，” *Early Child Development and Care*，2002（5），pp.489-502.

性。[①] 王福兰从教育实践中教育活动的确定性和不确定性共存的观点出发，认为游戏作为教育活动，既有前置的、确定的游戏规则，过程中也包含一些无序、随机、不确定的因素，因而游戏从本质上来讲是确定性和不确定性的统一。其中，游戏的不确定性是游戏的生成属性，是游戏的本真特征，指游戏中的随机性、生成性、不稳定性、不可确知与预测性。游戏本身、游戏主体以及游戏环境都表现出一定的不确定性。[②] 在游戏中，儿童将自己的经验、对事物的理解及想法等通过游戏情节的创编或修改、游戏规则的约定或修改、游戏程序的转变或颠倒等，创造性地再现而不是复演生活世界。游戏具有不确定性，儿童以不确定性来控制与应对游戏情境的不确定性。正因如此，游戏促进了儿童灵活反应能力的提升。

当然，一种活动既可能用游戏性（如课堂学习）的方式进行，也可能用非游戏性（如机械式学习）的方式进行。游戏与非游戏的边界是模糊的，对儿童而言更是如此。对儿童而言，游戏具有一种倾向性，一种精神状态。在任何时间、任何空间，我们都可能看到儿童以游戏性的方式进行某种在成人看来都非常严肃的活动。从游戏性理解游戏，有助于人们建立更加多样和更具文化适应性的游戏理解，也有助于我们把握“幼儿园以游戏为基本活动”的理念，有助于教师将游戏融入生活常规、贯穿于一日教育过程而不是机械地追求单独的游戏时间和空间。

我们可以从三个方面定义游戏：①作为一种倾向性的游戏；②作为一种情境的游戏；③作为一种可观察的行为的游戏。作为一种倾向性的游戏，包括内部动机、注意、探索、非文字行为、灵活性和积极主动的参与。作为一种情境的游戏，通常包括熟悉的和无压力的情境及自由选择。作为一种可观察的行为的游戏，通常按照皮亚杰（Piaget）关于游戏发展的三个阶段划分为三类，即机能性游戏、象征性游戏和规则性游戏，这三类游戏贯穿整个儿童期。这一概念可避免造成游戏和工作的二元划分和价值判断的对立。倘若类似于工作或非游戏活动能够将游戏的上述倾向性整合在活动中并创造游戏的情境，则能更好地促进儿童的学习。[③]

游戏活动、游戏精神与游戏性体验是游戏常被提及的三个层面。游戏活动是在一个安全的心理情境下，可以观察到的游戏者的自愿、自主、自由与快乐的行为。

① Sutton-Smith B., *The Ambiguity of Play*, Boston, Harvard University Press, 1997, pp.1-11.

② 王福兰:《论儿童游戏的不确定性》，载《教育理论与实践》，2023（4）。

③ ［英］尼尔·本内特、［英］利兹·伍德、［英］休·罗格斯:《通过游戏来教——教师观念与课堂实践》，刘焱、刘峰峰译，5~6页，北京，北京师范大学出版社，2010。

不少学者以游戏精神指称天马行空的想象、冒险精神、敢于挑战的态度，以及表现为主动性、创造性、自主性、独立性的主体性素质等的行为倾向与精神态度。对于儿童来说，他们在游戏里面表现出游戏精神，意味着他们是游戏的主人，他们积极主动地参与，有内在的动机、持久的注意力、情感的投入，即表现出游戏者的能力和态度。游戏性体验指的是游戏者体验到的轻松感、控制感、成就感、胜任感、自由感等积极的情绪情感体验。因为真正的游戏，或者说，儿童眼中的游戏是没有强制目的或规定任务的，这就能给他们带来轻松感；游戏是儿童自主的活动，从而能使儿童体验一种对游戏的控制感；游戏注重过程，可以给儿童带来成就感；游戏是儿童已有经验的创造性表达，任何游戏水平的儿童均可在游戏中获得胜任感；游戏是一种假想的非正式的活动，按照弗洛伊德（Freud）的说法，游戏可以满足儿童在现实生活中无法满足的欲望，比如，儿童在游戏中想成为超人，或者拥有超能力，以减缓他们因现实和理想之间的差距而导致的内心焦虑，排解压抑的情绪或释放不良的情绪，使自己体验到一种心灵的自由感。总而言之，游戏可以帮助儿童体验到一种积极的、愉悦的情绪。判断一个活动是不是游戏，或者说，一个活动在多大程度上倾向于是游戏而不是其他的活动，取决于儿童获得了多少游戏性体验。

（二）游戏的类型

1. 游戏的发展性分类

对于教育工作者而言，游戏具有教育性与发展性，是具有某种目的的活动，是促进儿童学习和发展的机制，且受限于一定的时空。[①] 依据游戏中婴幼儿表现出的发展水平与阶段，游戏分为：操作性游戏与象征性游戏。这两种游戏类型对应的是儿童早期不同的表征水平及发展阶段。

（1）操作性游戏（0～2岁）

对0～2岁婴幼儿而言，通过身体动作与口语的萌发探究世界是他们发展的主题。学步儿是精力充沛的探究者，在成人的安全监护下，他们既探究自身，也用自己的身体进行探究，进行着听、尝、闻、摸等各种感官活动。

深思熟虑的照料者为婴幼儿提供具有丰富感官经验的环境，在教授问题解决方法及尊重差异时提供安全的心理氛围，使用婴幼儿能够理解的语言。婴幼儿照料者

① Jones E. & Reynolds G., *The Play's the Thing: Teachers' Roles in Children's Play* (2nd ed.), New York, Teachers College Press, 2011, pp.8-11.

首要的任务是为婴幼儿提供身体与情感的舒适，在成人与婴幼儿之间建立一种温暖的关系。

（2）象征性游戏（3～5岁）

3～5岁幼儿的认知不止于感官，他们以一种完全不同于成人逻辑的方式为自己建构认知的逻辑。此时的认知要求有自发的行动，并从游戏中获取行动的形式，即个人经验自发地再创造。埃里克森（Erikson）将此阶段的发展任务描述为主动性的获得，即为自己选择、计划和完成活动的能力。按照埃里克森和皮亚杰的观点，学前教育的发展任务是精通游戏，尤其是精通建构游戏、戏剧游戏和社会戏剧游戏。正是在这一阶段，幼儿卷入经验之中，成为有经验、有能力的表征者。而人类社会和人类思想就建立在表征成就的基础上，正是表征使人能回顾过去、展望未来，而不仅仅是活在当下。幼儿的表征能力体现在对现实的表征及想象性经验与想法上。

在幼儿的表征过程中，他们自发使用已经基本掌握的口语并加以完善与扩展，使用身体语言补充口头语言，用自我扮演的方式表示源于自身世界的“戏剧”。在游戏中，幼儿是故事讲述者，当幼儿一起游戏时，这些故事又变成了儿童社区的共享神话。幼儿的故事经由道具、服装等得以丰富。同时，假以文化工具，他们又是想象的创造者。借助铅笔、蜡笔、颜料、粉笔、织物、橡皮泥等，幼儿能够有意表征，建构视觉意象。幼儿通过假装游戏以及建构、艺术工具补充的经验来表征自己的想法、主意与经验。

案例1-2：

5岁的多米在“美美的课室”一画中通过美术创造性地整合了自己的经验，建构视觉意象。多米爸与多米的对话如下。

多米爸：课室里怎么有一只小象呢？

多米：那是美美的宠物，它在洗澡！

多米爸：她身边是行李箱吧？

多米：对呀，她准备去度假。

案例分析>>>>>>>>

多米的绘画过程是她象征性游戏的过程，由此说明了幼儿可以通过绘画表达自己的游戏体验。多米将日常生活中的洗澡、度假等概念与经验创造性地加以整合，再现于自己的象征性游戏中。借助笔、纸等工具，多米以象征的方式，较为抽象地表达了她对一日生活流程及度假、行李箱等关系的理解，同时也表达了她对度假的向往。可以说，多米通过视觉意象，象征性地表达了自己对生活的理解。

2. 游戏的认知性分类

按照成人控制和引导的程度，游戏可分为自由游戏（free play）与结构游戏（structured play）。真正的自由游戏，只在儿童有机会自己选择游戏内容，且自始至终不受成人干扰或没有成人参与的情况下出现。自由游戏发生在儿童主导游戏过程并控制游戏发展方式的情况下。儿童自己设定游戏的规则和限制因素。自由游戏并不总是发生在群体中，它可以是独自游戏，也可以是结对游戏或平行游戏。过去，自由游戏大多发生在街头巷尾或田野河畔，随着工业化与生活方式的改变，幼儿在获得更多保护的同时，日益失去自由游戏的机会。结构游戏指的是由成人引发、指导和计划的游戏。这样的游戏往往发生在较正式的场合，如游戏小组和幼儿园，而且通常有目的指向和结果产生。在这种游戏中，由于有成人教幼儿玩游戏，如成人带着幼儿玩买卖游戏，便可能示范买卖游戏中顾客与服务员应该说的话、做的事，因此成人为幼儿提供了有效游戏所需的知识技能。此外，游戏的类型还可依照儿童的认知或社会性发展水平进行分类。

按照皮亚杰的认知理论，幼儿应参与和其认知发展水平相符的游戏，对应儿童认知发展水平的游戏类型有：练习性游戏、象征性游戏与规则性游戏。感觉运动阶段（0～2 岁）对应的游戏类型是练习性游戏。练习性游戏主要表现为徒手游戏或重复操作物体，如摇拨浪鼓、骑木马等。这是儿童最早出现的游戏，然而，并不等于说 2 岁以后的幼儿就不再出现练习性游戏。当幼儿遇到新的技巧需要熟练运用时，这种游戏又会出现。比如，教师为中班幼儿设计的剪“指甲”游戏，为大班幼儿设计的“梳头”游戏（图 1-1 和图 1-2）。

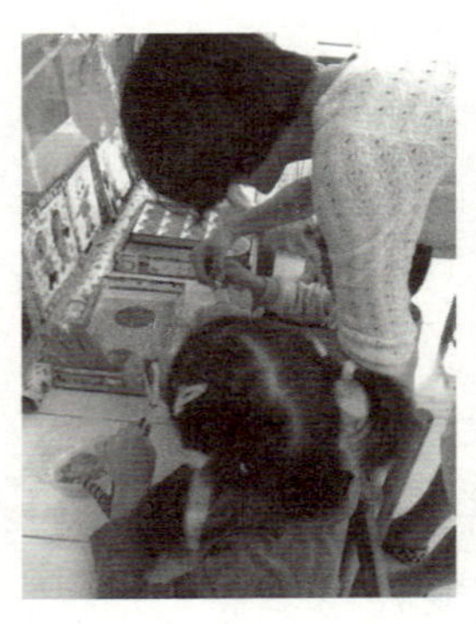

图 1-1　剪“指甲”游戏

图 1-2　“梳头”游戏

象征性游戏是学前阶段儿童最典型的游戏形式，主要表现为通过使用象征物代替真实事物或“以人代人”等进行模拟、想象、假装、角色扮演。

近年，斯密兰斯基（Smilansky）[①]等进一步依据认知发展层面区分出游戏的类型与阶段。鲁宾（Rubin）等提出的游戏类型包括知觉动作游戏、建构游戏、初级假装游戏、代替性假装游戏、社会戏剧游戏、规则的察觉及规则游戏。以上均属依据认知发展层面划分的游戏类型与阶段，各类游戏的特点与范例如表 1-1 所示。

表 1-1　依据认知发展分类的游戏

游戏类型	特点与范例
知觉动作游戏	身体知觉的重复性动作游戏。例如，咬玩具、反复敲打竹竿
建构游戏	使用材料进行简单的建构。例如，拼积木、玩沙水、做泥工
初级假装游戏	使用模拟真实器具的玩具做出假装动作。例如，用玩具电话打电话，用玩具汤匙喂洋娃娃
代替性假装游戏	使用玩具代替任何他们想得到的东西。例如，把竹竿当马骑，用积木代替蛋糕
社会戏剧游戏	扮演某类社会角色，参与各种角色的情境、对话或行动。例如，“妈妈”带“宝宝”到理发店“理发”
规则的察觉	可以自我创造戏剧，可以描述戏剧的规则，还可以预先计划情节，分派角色
规则游戏	在游戏中表现出认知与规则能力的大增，可从事具有规则性的游戏。例如，进行球类比赛、玩弹珠

3. 游戏的社会性分类

帕滕（Parten）、豪斯（Howes）按照游戏表现出的社会性水平进行分类。帕滕将游戏分为六种：无所事事的行为、旁观行为、独自游戏、平行游戏、联合游戏与合作游戏。豪斯进一步将平行游戏分为简单的平行游戏与彼此有共同焦点的平行游戏。[②]

① Smilansky S., *The Effects of Sociodramatic Play on Disadvantaged Preschool Children*, New York, John Wiley & Sons, 1968, p.55.

② 转引自刘焱:《儿童游戏通论》，182~184 页，北京，北京师范大学出版社，2004。

（1）无所事事的行为

幼儿实际没有游戏，只是关注偶然引起他 / 她兴趣的事情。若没有他 / 她注意的事情，则爬上爬下或到处乱走，无所事事。

（2）旁观行为

幼儿大部分时间在看他人游戏，偶尔对他人的游戏进行评论、提出建议，行为上并不介入游戏，但情绪上可能卷入了游戏。例如，在看别人搭桥梁时帮人出主意。

（3）独自游戏

独自一人游戏，即使同伴在交谈距离之内，也是各玩各的，彼此不就游戏内容进行交谈，所持玩具也不相同。

（4）平行游戏

独自在玩，与独自游戏不同的是，距离较近的幼儿彼此模仿，玩着相同或类似的玩具。比如，同一游戏桌的幼儿都进行用彩泥包糖果的游戏，但是各包各的。

（5）联合游戏

幼儿在游戏中结成一个不那么稳固的集体，游戏时有交往互动，如互借玩具、短暂交谈等，但仍以自己的兴趣为中心，没能围绕共同目标一起努力。

（6）合作游戏

在游戏中分工合作，有明确的责任分工和合作意识，共同努力达到集体目标。例如，幼儿共同设计沙堡图纸，分工合作搭建沙堡，一起努力达到目标。又如，在商业街游戏中，幼儿明确分工为出租车司机、餐厅服务员、花店老板、超市售货员及顾客等，他们各司其职扮演自己的角色，相互配合共同游戏。

4. 游戏的一般分类

游戏极其复杂，也难以界定，存在许多不同种类的游戏，正如上述指出的。一般而言，游戏可分为以下几类。

（1）功能性游戏

功能性游戏常见于婴儿与学步儿。功能性游戏往往是儿童操作物体，用物体游戏。比如，一个学步儿敲打鼓。此时，儿童的关注点在物，而不是与他们一起使用物体的人。在游戏时，他们可能反复操作某一物体。

如果父母或教师能在功能性游戏中与儿童一起开展假装游戏，儿童也会开始学习假装。比如，教师坐在 2 岁的沙米身旁，拿起一个杯子假装喝茶，一边喝一边说："真是美味的茶。"不一会儿，沙米也拿起一个杯子说："好喝。"这类假装游戏是今后象征性游戏的基础。

（2）建构游戏

建构游戏开始可能是功能性游戏，当儿童在使用物体创造新物体时，建构游戏会变得日益具有象征性。比如，在积木建构过程中，儿童可能扮演假装的角色。

建构游戏有助于逻辑数学的学习。建构游戏可能简单，如一个 2 岁儿童堆三块积木；也可能复杂，如一个二年级学生建造一个机场模型。

（3）象征性游戏

游戏有助于发展儿童的象征性表征——用一个物体表示其他物体。比如，用字母来表示声音，用数字符号代表数量。最初，学步儿在象征性游戏中使用真实的物体或玩具，比如，拿起一个杯子假装喝水。之后，在成人的鼓励下，他们可能假装一块积木是一个杯子。最终，拥有大量假装游戏经验的儿童将不再需要借助物体，而是学会了用手势或动作假装，比如，两手握成杯状放到嘴边，抬头做出喝水姿势，同时辅助以语言“好美味的果汁”。

此类游戏帮助儿童超越与身体活动相关的思想，发展使用词语和其他符号代表概念的能力。大多数 4 岁儿童开始发展更为复杂的角色游戏，象征性地使用道具。当然，也有许多学前儿童甚至幼儿园阶段（5～6 岁）的儿童尚停留在学步儿的游戏水平。

（4）规则游戏

随着年龄的增长，尤其是到了小学阶段，儿童花更少的时间在假装游戏上，花更多的时间在规则游戏上。规则游戏，包括设计良好的电子游戏，可以帮助儿童学会轮流、延迟满足、解决问题、制定策略，激发他们的学习动机。

这是因为，规则游戏常常要求儿童遵守既定的规则。儿童少有机会去讨论、磋商或改变规则，这就意味着，规则游戏有助于发展儿童的社会胜任力与自我调整的能力。

5. 幼儿园游戏的分类

如何理解幼儿园游戏？“幼儿园游戏”作为一个偏正词语，人们对它的理解可以分解为两个问题，其一是如何理解游戏，其二是如何理解幼儿园教育情境中的游戏。从游戏的存在方式看，有作为活动的游戏与作为体验的游戏之分。作为一种活动，游戏有角色游戏、教学游戏、结构游戏、规则游戏、表演游戏等活动形式，同时，这种游戏有着外部可观察的行为特征，如游戏者的表情、动作、言语活动、材料操作等。作为一种体验，游戏必然伴随游戏者的自主性、愉悦感、成功感等游戏性体验。

从广义的游戏定义看，幼儿园游戏主要有如下类型：教学游戏与自发游戏。教学游戏指的是较多在成人控制下的游戏，如由教师发起、控制进程并负责终止的教学活动中的游戏或自由游戏。人们经常产生的疑问是："作为教学手段的游戏还是游戏吗？"在一些人看来，只有"纯游戏"才是真正的游戏，因而，将游戏作为幼儿园教育的手段是需要被批判的一种现象。所谓"纯游戏"，指的是幼儿自由自发的自主性游戏。幼儿园游戏不同于自然条件下发生的幼儿"纯游戏"，游戏一旦被引入幼儿园课程，就意味着它具有了作为一种教育活动的规定性，即它将成为有意识、有目的、有计划地培养人的活动。

根据前述判断游戏的标准，如果只要符合上述游戏标准的活动都可被视为游戏，则这是一种广义的游戏定义。按照这一定义，除专门的游戏活动外，幼儿园一日生活中的教学活动、生活活动、体育活动等，都可能成为游戏。反过来，如果不能满足上述游戏标准的活动，则即使被命名为游戏也可能并不是游戏。

在我国，按照创造性与规则性在游戏中所占的比重，幼儿园游戏分为两类：创造性游戏与规则性游戏。角色游戏、结构游戏与表演游戏被列入创造性游戏之中，体育游戏、音乐游戏与智力游戏则主要被理解为规则性游戏。在所有这些游戏中，角色游戏是幼儿期的典型游戏。在过家家、开商店、逛超市、上医院等角色扮演的游戏活动中，幼儿通过扮演妈妈、收银员、售货员、医生等生活角色与社会角色，进入一个想象世界。这个世界具有内在的真实性，这种真实性不同于外在的真实性，它是幼儿以想象的方式扮演一个非本身的角色，从事自己日常生活中不曾从事的事情来模仿外在真实世界，满足长大成人、"像成人一样做事"的需要。这种分类方法主要是长期以来受苏联游戏理论的影响，建立在学前儿童长期教育实践和经验之上的一种习惯性模式。

（三）儿童的游戏权利

生存权、发展权是近代社会赋予儿童的基本人权。联合国《儿童权利公约》第三十一条向缔约国强调了三个分离但彼此关联的观念：承认游戏、尊重游戏和将游戏提升为一种权利。承认游戏在儿童生活中的重要性是尊重游戏并将游戏提升为一种权利的基础。这就要求全面理解游戏的性质和益处。尊重儿童游戏意味着成人在设计专门针对儿童的环境（如医院、游戏设施等）及一般的社会生活环境（如交通规划、城镇规划等）时尊重儿童对游戏的理解。提升儿童游戏的权利意味着确保儿童游戏的条件，确保儿童有游戏的自由，鼓励儿童游戏而不是过早、过多承担生活或工作的压力。游戏作为儿童的权利，既要考虑儿童在游戏中的重要性，也要考虑成人在支持儿童游戏权利中的作用。具体而言，游戏权利可分解为“三个 P”：保护（protection）、参与（participation）和提供（provision）。[①] 具体而言，儿童游戏的权利与下面议题相关。

1. 儿童观点得到尊重

依据《儿童游戏的权利——世界范围内游戏在儿童生活中重要性的考察》的解释，游戏是儿童参与社区及生活的主要方式，游戏权利的承认表明儿童可以通过游戏发展他们的自我保护能力。教育者很容易用成人视角重构儿童的游戏。可想而知，作为成人，我们想当然地认为儿童的想法可能是怎样的。近年，早期教育者经常且成功利用倾听教育学，用于记录儿童在主动游戏中的语词，以解释儿童的想法。里奇韦（Ridgway）等在此基础上发展出游戏研究的儿童视角，指出看待游戏的视角不能仅仅基于教育者的观点，还应基于儿童的观点。[②] 游戏的儿童视角可以包括：儿童如何弄清楚日常的想法并将其转换为新的知识；知道儿童有自己的能动性与日常工作日程；交流、参与及归属；建构文化情境的身份；拥有跟谁玩、玩什么的自由。之所以要从儿童视角理解游戏，是因为游戏在儿童生活的不同环境中并不总是被成人理解为有意义学习的工具。当认识到任何儿童都在特定的社会、文化情境下体验着自己的日常生活时，我们也能理解儿童积极的经验可以在文化回应的想象情境中扮演出来，当然这种扮演方式也是千差万别的。

2. 游戏安全得到保障

英国的冒险性游戏场研究及其他研究显示，冒险与冲突常是教育者与父母关心的方面，教师常担心冒险游戏带来伤害，担心冲突会增加“暴力”的可能性。然而，参加冒险游戏及游戏冲突的解决体现了一个儿童或多个儿童独立行动的大量要素。在冒险与冲突中，儿童学会算计（如衡量危险性）、深思熟虑及自我调整。冒险游戏及游戏冲突的解决是儿童走向成熟之道的基本特点，当然，这只发生在如下游戏环境中：成人寻求为儿童的独立行动及互动创造适宜的机会，成人对游戏的领导最小化，儿童做出选择的能力与他们的兴趣一致，儿童的经验得以尽量增加。[③]

① Lester S. & Russell W.:《儿童游戏的权利——世界范围内游戏在儿童生活中重要性的考察（连载之一）》，周桂勋译，载《陕西学前师范学院学报》，2018（1）。

② Ridgway A., Quiñones G. & Li L., *Early Childhood Pedagogical Play: A Cultural-Historical Interpretation Using Visual Methodology*, Singapore, Springer Singapore, 2015, p.18.

③ Broadhead P. & Burt A., *Understanding Young Children's Learning through Play: Building Playful Pedagogies*, New York, Routledge, 2012, p.99.

一些幼儿园及教师可能会基于安全责任的考虑，大大压缩幼儿户外游戏的时间，将幼儿置于高度保护之中，让幼儿远离冒险性游戏。有一位幼儿教师在跟笔者交流时说："出太阳时，我才敢将孩子们带到教室外面晒晒太阳。"言外之意是，一般情况下这些孩子都在教室里面被监管着。美其名曰保护，其实是教师推卸教育责任的表现。当然这种现象可能是个案，不过也值得警醒。大多数的情况可能是，教师在组织幼儿游戏时提出种种限制条件与规则，不许这不许那，大大剥夺了幼儿自由探索的可能及发展冒险、探索精神的机会。可喜的是，近年，影响学前教育的安吉游戏给幼儿教育带来极大冲击。以安吉游戏为代表的幼儿园游戏反映了儿童对游戏的冒险性、创造性及自然性等要求的兴趣。

一些城市幼儿园纷纷模仿安吉游戏的环境创设，购置安吉游戏材料。令人担忧的是，如果幼儿园只是学安吉游戏或其他什么游戏的皮毛，而忽略其实质——幼儿园游戏的本土化、经济性及对儿童游戏权利的尊重，那么，这种学习并不能给幼儿园游戏带来多大改变。

3. 游戏乐趣不可被剥夺

随着幼儿教师发展的专业化及相关培训的开展，游戏在促进幼儿的认知发展、情绪情感发展、社会性发展及身体发展等方面的价值已得到较多幼儿教师的认同。近年，许多国家都较关注游戏为读、写、算奠定基础的作用。可以说，功利社会、工具价值和幼儿教育的市场取向等，都加剧了我们对游戏的功利化追求。然而，游戏对于儿童意味着什么？游戏除了其功利价值，有没有自身价值？这是游戏日益被学校"课程化"后需要思考的基本问题。近年，对动物游戏的研究及脑科学的研究表明，游戏的益处也许更加直接，它帮助儿童与即时的物理、社会环境互动。

假想一下，没有游戏对于儿童而言意味着什么？游戏权利对于儿童意味着什么？意味着儿童将游戏理解为他们自己选择、完全由自己控制的活动；意味着与朋友一起是儿童游戏乐趣的重要部分；意味着儿童可以从游戏中获得乐趣，正是这种乐趣充盈了他们的童年。

4. 游戏空间不应被挤压

游戏在早期学习和发展中起着核心作用，幼儿园课程应当以游戏为基础，类似理念常被理解为学前教育的一般规律。因此，澳大利亚近年进行了基于游戏的课程改革。在美国，从幼儿教育开创之初至今，游戏一直是幼儿教育课程的核心：裴斯泰洛齐（Pestalozzi）与福禄培尔的幼儿园、蒙台梭利（Montessori）教学法、华德福幼儿园和瑞吉欧课程等，无不强调游戏在幼儿园课程中的核心地位。将游戏与幼儿教育联结起来的各种描述有：基于游戏的课程（the play-based curriculum）、游戏导向的课程（play-oriented curriculum）、作为教育的游戏（play as pedagogy）、作为课程的游戏（play as curriculum），以及以游戏为中心的项目（play-centered programs）。[①] 然而，受种种因素的影响，儿童发起的游戏越来越不受重视，游戏正在逐渐从儿童的生活中消失，幼儿园充斥着各种伪游戏。调查发现，幼儿园一日作息时间表中，有弹性、可挤占的时间就是游戏时间，许多教师认为游戏时间可长可短。[②]

一些因素对幼儿游戏的影响是双向的。比如，商业性玩具工厂的增加被普遍视为对儿童的创造性游戏产生威胁，同时也被视为给儿童想象创造新的机会。一方面，现代社会减少了儿童接触及想象性地使用自然游戏材料的机会；另一方面，随着现代科学技术的发展，网络游戏、游戏软件及电子游戏设备的普遍化对儿童的游戏权利既是机遇，又是挑战。

当然，许多因素一起与游戏“为敌”：电视和电子媒介，安全游戏场所的不足，过分强调读写算的直接教学，高结构化的活动或课程（如运动或芭蕾舞训练）。[③] 现代家庭居住环境、社区环境、自然及人文环境的变化，如平房变成高楼、熟人社会变成生人社会等，既缩小了儿童自由游戏的空间，也减少了儿童自由游戏的时间，改变了儿童的游戏材料。超载课程、功利主义、成人本位、都市化的生活方式及成人的空间意识等侵占了儿童的游戏空间；不足的社会物质及游戏条件，落后的游戏设备，无法保障一部分儿童享有充分的游戏权利。此外，二元对立的思维方式常将学习与玩耍、游戏与工作对立起来，从而进一步挤压着儿童的游戏空间。

二、游戏不是什么

一般而言，界定一个事物，首先需要划清这一事物与其他事物的边界，给出事物的外延，即明确哪些行为是游戏，哪些行为不属于游戏；其次需要揭示该事物的本质属性，即给出事物的内涵。人们对游戏与探究、工作与学习的关系的区分存在不同观点。

---

① Wisneski D. B. & Reifel S., “The place of play in early childhood curriculum,” in File N., Mueller J. J. & Wisneski D. B., *Curriculum in Early Childhood Education: Re-examined, Rediscovered, Renewed*, New York, Routledge, 2012, p.175.

② 陈静:《依法保障幼儿游戏的权利》，载《中国教育报》，2015-01-18。

③ Bredekamp S., *Effective Practices in Early Childhood Education: Building a Foundation* (2nd ed.), New York, Pearson Education Inc., 2014, p.125.

（一）游戏不是探究

赫特（Hutt C.）、韦斯勒（Weisler）和麦考尔（McCall）等认为，游戏和探究行为相似，它们都出自内在动机，不受外在目标的引导。[①②]刘焱认为，游戏和探究是机体“维持最佳唤醒水平”的两种方式，但是，游戏是提高机体的唤醒水平，使之回到最佳状态的行为，表现出机体主动影响环境的倾向；而探究则是由刺激控制的行为，其功能在于获得外界刺激的信息，消除主观上的“认知不确定性”，降低机体的唤醒水平。[③]此外，游戏与探究在目的和功能上也存在差异，赫特（Hutt S. J.）等指出，探究行为所要解决的是：这个物体能做什么？而隐含在我们称之为“玩”的行为中的问题是：我能用这个物体做什么？[④]与之类似，孟刚指出，从生理机制上看，探究行为由问题支配（这是什么东西？它有什么用？），游戏则是由受机体支配的问题引导的（我能用这个物体做什么？）；游戏不是受某种刺激支配的，而是反过来产生刺激效果，并使儿童的兴奋状态维持在一定水平上。[⑤]由此，众多学者主张通过游戏支持儿童的探究行为。例如，蒋宇认为游戏本身为探究提供了环境，能够激发个体的学习动机，使得个体保持较强的学习动机，深入探究（游戏本身），从而了解有关物体的基本信息，更加主动地参与到问题解决中。[⑥]

案例 1-3：

三岁的韩亚和她的哥哥在公园里散步。她看到一大堆树叶，就朝它们跑过去，跳进去。她扑在叶子上，展开叶子，闻了闻，摸了摸。[⑦]

六个月大的诺亚不断地把东西扔到地板上，他喜欢听杯子、勺子和玩具在地板上发出的声音。诺亚又扔了一个泰迪熊玩具，没有发出声音。他的哥

① Hutt C.,“Exploration and play in children,” in Jewell P. A. & Loizos C., *Play, Exploration and Territory in Mammals*, New York, Zoological Society of London by Academic Press, 1966, pp.61-68.

② Weisler A. & McCall R. R.,“Exploration and play: Resume and redirection,” *American Psychologist*, 1976（7）, pp. 492-508.

③ 刘焱:《儿童游戏通论》, 141 页，福州，福建人民出版社，2015。

④ Hutt S. J., Tyler S. & Hutt C., et al., *Play, Exploration and Learning: A Natural History of the Pre-school*, London, Routledge, 1989, p.11.

⑤ 孟刚:《游戏实质略论》, 载《体育与科学》, 1996（1）。

⑥ 蒋宇:《游戏与探究：培养“科学精神”的新途径》, 载《现代教育技术》, 2017（6）。

⑦ Moyles J., *A-Z of Play in Early Childhood*, Berkshire, Open University Press, 2012, p.57.

哥乔悄悄捡起泰迪熊，把它放在诺亚的肩膀上，用泰迪熊挠诺亚。诺亚把泰迪熊从身上拿下来，又咧着嘴笑了起来。[①]

案例分析

案例中，韩亚进行的是探究行为，而诺亚进行的是游戏行为。正如赫特（Hutt S. J.）等指出的，探究行为与游戏行为之间存在一些重要的差异。探究行为主要是为了获取物体的相关信息，游戏行为则是为满足儿童寻求刺激和控制的愿望。[②] 在游戏时，儿童根本不管物体的实际用途，而是随心所欲地使用物体。比如，拿到一瓶消毒酒精，探究行为要解决的问题是：这是什么？它能做什么？游戏行为要回答的问题是：我可能用它来做什么？正因为有这种差异，所以，在游戏过程中，如果没有现成的消毒酒精与其他消毒用品，一个"护士"可以借助想象或语言"变出"它们。探究行为与游戏行为的这种区别，恰恰体现了游戏的虚构性或不真实性。韩亚的行为是为了获得树叶的相关信息，比如，树叶的味道是什么样的，树叶的触感是什么样的，因此，韩亚的行为是探究行为。诺亚与韩亚不同，诺亚和哥哥之间关于泰迪熊的反应和互动，并不是想了解泰迪熊的大小、质地等信息，而是想与哥哥进行互动游戏。

总之，游戏是为了游戏本身，而不是为了任何外在目的。有无外在目的，可以将游戏与工作、探究与刻板化行为（如果刻板化的行为在某种程度上是追求安逸）区别开来。[③]

（二）游戏不是工作

从日常生活经验出发，人们往往将游戏置于与工作对立的位置上。实际上，游戏与工作最大的区别不在于能否令人愉悦，或是否受到限制条件或规则的约束，而只在于二者是否直接参与创造物质、精神价值的社会生产并以此为己任。工作是，而游戏不是。[④] 在人类的现实生活中，工作和游戏是性质和功能不同的两种活动形式。工作是人们谋取生存资料的活动，从根本上受人的生存本能支配。对于人类来

① Moyles J., *A-Z of Play in Early Childhood*, Berkshire, Open University Press, 2012, p.20.

② Hutt S. J., Tyler S. & Hutt C., et al., *Play, Exploration and Learning: A Natural History of the Pre-school*, London, Routledge, 1989, p.11.

③ Smith P. K., *Children and Play*, Hoboken, Wiley-Blackwell, 2010, pp. 2-4.

④ 吴航:《游戏与教育——兼论教育的游戏性》, 博士学位论文, 华中师范大学, 2001。

说，工作是具有生存意义的物质性、实利性活动，而游戏不具有工作的实利性，并不是人不得不做的事情，它是闲暇、享受或“享乐”，不以获取生存资料为目的。[①]值得注意的是，学者在厘清游戏与工作的区别的同时，也进一步指出游戏与工作依然可以相互转化和融合，这在一定程度上取决于社会生产的发展状况和个体的内在主观状态。

美国学者纽曼（Neuman）提出区分游戏与工作的三条标准，具体如下。

第一，控制的程度。控制的程度可以通过判断对游戏的控制是内部控制还是外部控制来区分。如果做什么游戏及怎么做游戏由游戏者自己控制，那么，这种属于内部控制的活动便是游戏。如果游戏由其他人控制，那么这种属于外部控制的活动则是工作。

第二，真实性。真实性是通过判断活动内容是真实的还是假想的来区分的。当游戏者撇开现实生活的真实情况，按照假想的来扮演某一角色时，这种活动就是游戏，否则就是工作。例如，在餐厅游戏中扮演服务员为顾客摆碗筷是游戏，值日生为同伴摆碗筷则是工作。

第三，动机。动机通过判断活动的动机是内部动机还是外部动机来区分。当人们从事某一活动只是为了活动过程本身，而不是满足外部的要求或得到外部的奖赏时，这种活动动机就是内部动机。游戏的活动动机是内部动机而不是外部动机，也就是说，儿童从事游戏只是为了游戏过程本身，而不是得到教师与家长的表扬或者达到外部预设的要求。[②]表 1-2 列出的是不同学者对游戏与工作区分的看法。

表 1-2　不同学者对游戏与工作区分的看法

学者	游戏的本质	工作的本质
皮亚杰	同化游戏即目的及功能	顺应外在目标
加维（Garvey）	自发性 愉快的 不拘泥于组织结构 无斗争性	强迫性的 功利主义的 有秩序的 斗争的
维果茨基（Vygotsky）	充满想象 随着年龄、阶段、性质与内容而改变	强调真实性 游戏先于发展

① 刘焱:《儿童游戏通论》, 74 页，福州，福建人民出版社，2015。

② 刘焱:《儿童游戏通论》, 154~155 页，福州，福建人民出版社，2015。

续表

学者	游戏的本质	工作的本质
齐克塞姆特米勒利（Cziksemtmilaly）	内在动机 高峰经验	强调工作本质与目的 游戏即认知
刘焱	满足自身对自由活动的要求 身心享受	具有生存意义的物质性、实利性
吴航	不直接参与创造物质、精神价值的社会生产	直接参与创造物质、精神价值的社会生产并以此为己任

（三）游戏与工作是连续体

界定游戏的方式曾经有功能的方式与结构的方式。功能的方式指的是，有无外在目的是判断一个行为是否为游戏的标准，被称为游戏的活动并无外在目的或清楚的直接好处。这就是说，只要表现出外在目的，某种行为就不是游戏。以功能性界定游戏的方式首先将规则游戏排除于游戏之外，因为规则游戏常常意味着儿童有获胜的目的。同时，何谓游戏清楚的直接好处？又有哪些不清晰的、延迟的好处？此类问题为游戏的界定带来诸多困难。界定游戏的结构方式关注的是行为本身，关注行为加以组织或得以发生的先后顺序，进而比较游戏行为与非游戏行为。界定游戏的结构方式主要用于某种情况，即所谓游戏信号。也就是说，人们可以通过观察某些游戏信号，如张大嘴巴的“游戏面孔”、快活的耍闹（如模仿小猫捕获的动作）、夸张的表情等，来判断一个活动或行为是游戏。比如，一个孩子跑上一个斜坡可能并不是在游戏，然而，如果她跑上斜坡然后滑下，如此反复几次（重复的），或者只跑到半路（碎片化），用特别大或特别小的步子跑甚至跳（夸张），或者爬上去、跑下来（重排序），我们可以判断，她的行为是游戏性的行为。界定游戏的功能方式与结构方式只不过是逻辑上的区分。因此，不是抽象地思考游戏，而是从游戏者的视角考虑何谓游戏是有帮助的。这是因为，即使练习性游戏有助于发展幼儿的力量，假装游戏有助于发展幼儿的创造力，幼儿也并不会为了锻炼肌肉或为了更具创造性而进行练习性游戏或假装游戏。①

一般来说，较为学院派的幼儿园教育方案，如蒙台梭利方案可能直接告诉幼儿：工作即游戏。但是，信奉自我建构主义的幼儿园则会教导幼儿：工作与游戏是截然不同的活动。对参与瑞吉欧方案教学的幼儿进行的研究显示，游戏与工作的区

① Smith P. K., *Children and Play*, Hoboken, Wiley-Blackwell, 2010, pp. 4-6.

分对幼儿而言似乎没有意义，或者说，从幼儿的观点看，要区分游戏与工作似乎不太可行。现场询问幼儿他们是在工作还是在游戏，他们的答案可以归为四类：①不断替换的游戏与工作状态，工作是做一些游戏所必需的东西，如在面包店游戏开始之前，做一些“馅饼”来卖；②既不是游戏也不是工作，只是“在用这些东西修筑”；③有趣的工作；④既是工作又是游戏。比如，在一个采用瑞吉欧方案教学模式的幼儿园，幼儿在进行不同的课堂活动时被问及“你们是在游戏，还是在工作”，结果发现，幼儿会针对他们的课后活动给出不同的答案：或者将游戏与工作视为可以相互转换的活动，或者将活动视为游戏或好玩的工作，或者认为活动既是工作也是游戏。

进一步说，游戏常被视为儿童与世界发生互动并产生学习行为的机制。尽管难以界定游戏的概念，然而，游戏在发展适宜的幼儿教育实践中却扮演着一个普遍的角色，世界各地的早期教育项目也常标榜为“基于游戏的”。从这种意义上说，在早期教育阶段，游戏与学习同义。人们常认为，游戏具有一些基本的特点，这些特点将游戏与工作区别开来。这些特点包括：积极参与，内在的动机，关注过程甚于结果，非文字行为，免于外在规则。然而，我们也可以举出许多例子来证明，学习或工作完全可能发生于游戏状态：投入、参与、内在动机及热情。事实上，教学艺术追求的莫过于此。据此，有人主张，在学校情境中，严格区分游戏与学习纯属多余。英国的资格与课程权力部门建议，3～5岁幼儿的学习应该具有如下特点：为幼儿提供机会，使他们有机会参加成人计划的活动，或是参与他们自己计划或发动的活动。无论是幼儿还是成人，都不需要区分游戏与工作。[①]

近年，将游戏与工作视为一个连续体的观点日益得到认可。这一观点可见于英国学者莫伊蕾斯（Moyles）提出的游戏螺旋图，该图呈现了幼儿的自由游戏与教师的游戏指导之间可以相互转化。[②] 游戏与工作之间具有很多相通性，在游戏中，我们可以发现热忱、努力、辛勤、敢于冒险、不怕压力等与工作有关的宝贵品质。游戏不仅是工作的过程，而且是在养成工作所需的品性，为成人工作做准备。[③] 从幼儿教育史看，自福禄培尔、蒙台梭利等早期教育家播下游戏作为早期教育课程基

① Yelland N., “Reconceptualising play and learning in the lives of young children,” *Australasian Journal of Early Childhood*, 2011（2）, pp. 4-12.

②［英］珍妮特·莫伊蕾斯:《仅仅是游戏吗——游戏在早期儿童教育中的作用与地位》，刘焱、刘峰峰、雷美琴译，16 页，北京，北京师范大学出版社，2010。

③ 刘焱:《儿童游戏通论》，78~79 页，福州，福建人民出版社，2015。

础的种子后，幼儿教育领域中的游戏支持者从皮亚杰、维果茨基和布鲁纳（Bruner）等的理论中进一步获得鼓励，并将游戏视为儿童在更有经验的他人支持与引导下学习的过程。

第二节 幼儿园游戏课程是什么？

幼儿园游戏课程化，是自文艺复兴以来教育改革者努力追求的方向。当然，在游戏与课程的关系上，有人认为，游戏是课程工具；也有人认为，游戏是课程内容。

一、幼儿园游戏课程概念的提出

从历史的角度看，最早将游戏视为课程的人是夸美纽斯（Comenius）。夸美纽斯倡导通过游戏的学习，5 岁以下的儿童都应被允许自由地游戏。另一个寻求保障游戏作为课程工具地位的人是洛克（Locke）。对于洛克，我们最熟悉的莫过于他的“白板说”——他相信儿童是块白板，可以从经验中被填充以知识。同时，他倡导教育者要让学习变得像游戏，因为通过这种方式，我们可以激发儿童学习我们希望他学习的事物的欲望。此后，卢梭（Rousseau）在《爱弥儿》中描述了游戏可能成为课程的思想，尽管他从未将思想付诸实践。在教育史上，主张幼儿园课程基于游戏的倡导者有裴斯泰洛齐、福禄培尔、蒙台梭利等人。

（一）基于游戏的课程思想

裴斯泰洛齐是历史上第一个主张基于整体、内在动机、自由游戏及自我发现等原则开发课程的教育学者。但是，持基于游戏的课程思想的学者中，影响力较大的是福禄培尔。

福禄培尔在他提出的关于“幼儿园”的概念中表达了这样的思想：幼儿园是儿童在受过教育的教师的支持下，可以通过游戏学习的地方。他说，游戏是儿童最纯净的、最具灵性的活动，因此，他专门为儿童设计玩具“恩物”。他相信，通过游戏，儿童将发展出思考数学概念（如数字、形状）的更加丰富的方式，同时也将学习自然的秩序与美丽。为此，他专门设计了课程活动，如编织，以培养儿童有用的技能。

之后，蒙台梭利继续发展了基于游戏的课程思想。蒙台梭利开创了一种基于游戏性学习的教育学，旨在支持儿童的独立运动发展。蒙台梭利的思想自 20 世纪初开始迅速传遍全世界，至今，蒙氏教室还得到许多地方的推崇。蒙氏教室强调教师悉心为儿童选择、提供自我纠错的教学材料。尽管蒙氏课程经过仔细架构，强调课

程的先后顺序，但是，儿童在蒙氏教室里，能够从开放的材料柜上自由选择材料。当然，蒙台梭利并不支持儿童的幻想游戏或假装游戏。近年，许多学者从文化—社会学、社会批判理论、发展性教育等角度强调了基于游戏的课程。

游戏在当今的早期教育中仍是较为重要的教育工具。澳大利亚近年颁发的《儿童早期学习框架》（Early Years Learning Framework）是这样界定基于游戏的学习的：基于游戏的学习是这样一个学习情境，通过它，儿童在积极与人、事物互动时，获得对事物的理解。爱德华兹（Edwards）等提出可持续性教育的概念，认为基于游戏的教育可以被理解为一个连续体，这一连续体既包括更加开放及自由选择的游戏，也包括更多教师导向的基于游戏的活动。[①]

然而，尼尔·本内特（Neville Bennett）等批评道，“基于游戏的课程”承诺作为意识形态传统的中心原则，似乎更多是华丽的辞藻，而不是合理的教育学推理，其原因是我们缺乏对教师“做什么”及“为什么”等方面的知识的理解，缺乏对教师如何理解游戏性课程、如何实施游戏性课程的深入了解。[②] 这当然也说明一个问题，教师如何理解游戏与课程的关系，如何定位游戏在幼儿园课程中的地位，直接影响教师的实践。

（二）幼儿园游戏课程概念的出现

“幼儿园游戏课程”概念在中国的出现，较早见于黄瑞琴 1992 年出版的《幼稚园游戏课程》一书中，该书的修订版先后更名为《幼儿游戏课程》与《幼儿园游戏课程》。该书的主旨始终是，游戏是童年生活的核心经验，应该将幼儿在家里与在日常生活中的游戏保留和延伸到幼儿园的课程中。“游戏课程”是指游戏包含在课程中，游戏在课程中有其位置、有其定位。[③] 该书依据课程设计的两个层面——理论基础与方法技术，探究如何在幼儿园课程的理论框架与实施过程中体现游戏的基本地位。

游戏课程的概念与幼儿园课程“以游戏为基本活动”的改革实践及对其理念的总结相关。20 世纪 90 年代以来，随着《幼儿园工作规程》（1996 年，已被 2016 年

① Edwards S. & Cutter-Mackenzie A., “Pedagogical play types: What do they suggest for learning about sustainability in early childhood education?” *International Journal of Early Childhood*, 2013（3）, pp. 327-346.

② Bennett N., Wood L. & Rogers S., *Teaching through Play: Teachers' Thinking and Classroom Practice*, Buckingham, Open University Press, 1997, p.31.

③ 黄瑞琴:《幼儿园游戏课程》第二版，7 页，台北，心理出版社，2011。

发布的替代)、《幼儿园教育指导纲要(试行)》(2001 年)、《3—6 岁儿童学习与发展指南》(2012 年)等文件的颁布，游戏日益被视作幼儿园的基本活动，而不只是一种教育手段或者形式，这体现了我们对游戏本体价值的认同。以游戏课程为主成为学前教育区别于中小学教育的一个显著标志。幼儿园游戏不只是“儿戏”，游戏本身就是课程，游戏具有课程的意义与价值。2016 年，华东师范大学王振宇教授指出，安吉游戏实际上体现着游戏课程化的方向。[①] 在 2018 年的第三届全国“儿童发展与游戏精神”论坛中，与会学者、幼教工作者围绕游戏课程化的内涵、意义、途径，以及儿童游戏权利保障和幼儿园课程改革等问题进行深入探讨。[②] 王振宇教授撰写的《论游戏课程化》一文，将游戏课程化界定为：从幼儿的游戏出发，及时把握幼儿学习的生长点，通过引导和建构新的游戏，促进幼儿的学习与发展。游戏课程化，本质上是一种新型的课程模式，遵循的是课程理论中课程实施的创生取向和课程目标的过程模式的原则。[③]

游戏课程的概念同时期甚至更早出现在我国幼儿园一线实践的总结性论文中，王翠兰[④]、洪晓琴等一线工作者结合幼儿园的课程改革实践对游戏课程进行了积极探索。洪晓琴将游戏课程界定为：“幼儿园教育以幼儿游戏为基本活动，以其他教育活动为辅助活动，以幼儿生活为日常活动的幼儿园一日活动的整体保教行动方案，游戏课程是通过幼儿主动的游戏、生活、活动，以及教师运用游戏手段有目的的指导，从而让幼儿获得身心全面的和谐发展。”[⑤] 白乙拉于 2004 年将游戏课程界定为：以幼儿身心和谐发展为目的的系列化、生活化、结构化、规范化、技能化的游戏活动方案。[⑥] 白乙拉的界定由于未能体现游戏的自由、自主、开放等本质，因此反响不大。洪晓琴的界定强调了游戏与课程的活动共性，强调了平衡幼儿游戏的主动性与教师的游戏指导，且将游戏既视为课程内容，又视为课程实施的手段，较为完整地把握了游戏课程的含义，并被后期的游戏课程研究者接受与推广。李素梅

① 常晶：《向“安吉游戏”学什么——浙江安吉学前教育探索启示录(中)》，载《中国教育报》，2016-10-27。

② 蓝青成：《幼儿园游戏课程化——第三届全国“儿童发展与游戏精神”论坛综述》，载《幼儿教育(教育科学)》，2018(6)。

③ 王振宇：《论游戏课程化》，载《幼儿教育(教育科学)》，2018(4)。

④ 王翠兰：《我园对游戏课程的探索》，载《早期教育》，1992(12)。

⑤ 洪晓琴：《我园游戏课程的教改实践》，载《学前教育研究》，2002(1)。

⑥ 白乙拉：《幼儿园游戏课程的基本理论和心理学基础》，载《内蒙古师范大学学报(教育科学版)》，2004(10)。

于 2005 年呼吁，应从本体意义上提出游戏课程的理念，强调课程的生成性、对话性及体验性，主张幼儿园课程具有游戏精神。[①] 郭元祥、杨洋、张越主张游戏的课程本质，从课程要素的角度出发，游戏的课程本质体现在作为课程目标的游戏、作为课程内容的游戏、作为学习方式的游戏和作为课程资源的游戏等方面。[②] 除游戏课程化的概念外，相关概念还有：幼儿园游戏化课程[③]、以游戏为中心的幼儿园课程[④]、幼儿园课程游戏化[⑤]等。

二、对幼儿园游戏课程的基本理解

“游戏课程”可能包含许多不同的观念。[⑥] 一些学者认为，游戏课程也称为基于游戏的课程[⑦]，指的是“游戏包含在课程中，游戏在课程中有其位置、有其定位”[⑧]。也有学者将游戏课程理解为一种基于游戏的、通过教师指导和帮助、促进幼儿发展的课程模式。[⑨] 广义的游戏课程意指教师在课堂上与幼儿密切互动，将教育目标与幼儿兴趣相结合，以引导幼儿朝着法定教育目标前进。[⑩] 狭义的游戏课程指的是作为课程本体的游戏，并体现为作为课程目标、课程内容、学习方式和课程资源的游戏等方面。[⑪] 本书采用的是狭义的游戏课程定义。

“以游戏为中心的课程并不是放任自流的课程，它是一个通过游戏的力量来促

① 李素梅:《游戏课程：学前教育课程改革新视角》，载《学前教育研究》，2005（3）。

② 郭元祥、杨洋、张越:《论游戏课程化的游戏观：游戏的课程本质、边界与层次》，载《教育理论与实践》，2020（4）。

③ 彭茜:《幼儿园游戏化课程的理论与实践》，封面，广州，广东高等教育出版社，2018。

④ [美]朱迪斯·范霍恩、[美]帕特里夏·莫尼根·努罗塔、[美]芭芭拉·斯凯尔斯等:《以游戏为中心的幼儿园课程》第六版，史明洁等译，封面，北京，中国轻工业出版社，2017。

⑤ 虞永平:《课程游戏化的意义和实施路径》，载《早期教育（教师版）》，2015（3）。

⑥ 黄瑞琴:《幼儿园游戏课程》第二版，38 页，台北，心理出版社，2011。

⑦ Turk K., “Parents’ beliefs and attitudes about a play curriculum,” PhD diss., Kent State University, 2015.

⑧ 黄瑞琴:《幼儿园游戏课程》第二版，3~7 页，台北，心理出版社，2011。

⑨ 刘焱:《儿童游戏通论》，335~336 页，北京，北京师范大学出版社，2004。

⑩ Oers B. V. & Duijkers D., “Teaching in a play-based curriculum: Theory, practice and evidence of developmental education for young children,” *Journal of Curriculum Studies*, 2013（4）, pp.511-534.

⑪ 郭元祥、杨洋、张越:《论游戏课程化的游戏观：游戏的课程本质、边界与层次》，载《教育理论与实践》，2020（4）。

进儿童的发展的课程。”[①] 游戏活动是游戏课程的实体依托，游戏精神是游戏课程的灵魂[②]，游戏性体验则是游戏课程实现儿童游戏与教师工作整合的基本条件。首先，游戏课程具体表现为游戏活动，一种可观察的游戏行为，它属于活动课程。区别于学科课程对学科内在逻辑的青睐，游戏课程更加关注儿童的心理逻辑，关注儿童的学习体验及有意义学习。依据想象的游戏与教学的连续体，儿童发起、领导的自由游戏与结构化的、成人领导的直接教学处于连续体的两端。[③] 据此，游戏课程与直接教学区别开来。其次，游戏课程强调基于儿童的需要设计与实施课程。能否真正落实儿童视角，与幼儿教师是否以及在多大程度上具备重过程、轻结果的游戏精神直接相关。最后，判断游戏与非游戏的主要标准是游戏者参与活动时的心理体验，这一体验常被称为游戏性体验。倘若工作或非游戏活动能够将游戏性体验整合在活动中并创造游戏的情境，则能更好促进儿童的学习。[④]

当然，界定幼儿园游戏课程时，需要注意课程的不同取向：学科取向与活动取向。以儿童为中心的游戏观念强调自由游戏附带的自发学习，而以成人为中心的课程理念则强调有目的、有计划的游戏组织与指导。“通过游戏的教”与“通过游戏的学”常被理解为是对立的。幼儿园评估与绩效考核严重威胁幼儿园游戏的存在生态。比如，在美国，受日益增加的儿童产出的标准化考核的压力及功利主义的影响，基于游戏的课程遭受贬值的冲击。米勒（Miller）等 2009 年的报告显示，教师导向的活动尤其是读写及数学技能的教学活动已经占据了幼儿园大部分活动时间，标准化考试及为考试进行准备已经是被研究的大部分幼儿园的日常活动，自由游戏或“选择时间”通常被限制在每天半小时甚至更短的时间内。许多课室甚至没有游戏时间；多数课室没有足够的材料让所有儿童同时参与游戏，积木、想象性游戏材料、沙、水尤其短缺。有的教师说幼儿园游戏的主要障碍是课程没有体现（包含）游戏、没有足够的时间、管理者不重视游戏；多数教师说，游戏在幼儿园重要，但是很少有教师或管理人员能够明确阐述游戏与学习的关系。游戏到底意味着什么？教师与园长有着很多不同的看法。许多成人描述为游戏的课室活动事实上是教师导向的，

---

① ［美］朱迪斯·范霍恩、［美］帕特里夏·莫尼根·努罗塔、［美］芭芭拉·斯凯尔斯等:《以游戏为中心的幼儿园课程》第六版，史明洁等译，4 页，北京，中国轻工业出版社，2017。

② 李敏:《“游戏精神”观照下的课程知识观》，载《湖南师范大学教育科学学报》，2007（3）。

③ Bubikova-Moan J., Hjetland H. N. & Wollscheid S., “ECE teachers’ views on play-based learning: A systematic review,” *European Early Childhood Education Research Journal*, 2019（6）, pp.776-800.

④ 彭茜:《幼儿园游戏化课程的理论与实践》，20 页，广州，广东高等教育出版社，2018。

只有极少甚至没有卷入儿童的想象与创造的活动。[①]

我国目前居于主导地位的是活动倾向的幼儿园课程界定，即幼儿园课程是指在幼儿一日生活活动中，帮助幼儿获得有益的学习经验，促进其身心全面和谐发展的各种活动的总和。[②] 因而，游戏课程的落脚点应在课程，这一课程应该体现游戏的特点，但其本体应该具备课程的要素，即具有课程目标、课程内容、课程实施、课程资源与课程评价等课程要素。从这一意义上说，黄瑞琴、郭元祥等对游戏课程的界定更加符合中文词语表达的习惯。

将游戏课程定位为活动 / 经验课程而不是一个学科或领域，能有效防止课程观念、组织与管理等环节对游戏的权威主义或控制主义倾向。台湾地区近几十年幼儿园课程标准的变革能很好地说明这一点。台湾地区 1975 年公布的《幼稚园课程标准》将幼儿园课程分为六个领域：健康、游戏、音乐、工作、语文、常识。[③] 可见，台湾地区的幼儿园课程标准曾经将游戏视为一个课程领域。2012 年台湾地区发布的《幼儿园教保活动课程暂行大纲》及 2017 年发布的《幼儿园教保活动课程大纲》均不再将游戏列为单独的一个课程领域，而是将游戏视为课程实施的原则之一，要求幼儿园重视幼儿自由游戏及幼儿通过游戏学习的价值。幼儿园游戏课程指的是以游戏为基本活动、游戏精神渗透于课程、游戏体验贯穿其中的活动取向或经验取向课程。当然，幼儿园游戏是发生在幼儿园的游戏，游戏发生情境的这种特殊性，使我们在讲“幼儿园以游戏为基本活动”时，从课程价值与课程技术两个层面，或者说从内容与形式两个层面来思考游戏课程的含义。

① Wisneski D. B. & Reifel S., “The place of play in early childhood curriculum,” in File N., Mueller J. J. & Wisneski D. B., *Curriculum in Early Childhood Education: Re-examined*, *Rediscovered*, *Renewed*, New York, Routledge, 2012, pp. 175-176.

② 王春燕、秦元东:《幼儿园课程概论》第 3 版，15 页，北京，高等教育出版社，2019。

③ 蔡秋桃:《幼稚教育课程通论》，7 页，台北，五南图书出版公司，1986。

第二章
幼儿园游戏“课程化”的基本理由

游戏课程化，其逻辑起点是游戏，是游戏进入课程的过程，是游戏从课程理解之外到成为课程组成部分的过程，或者说是对游戏对于幼儿发展价值的认同以及捍卫幼儿游戏权利的过程。

——周桂勋

问题情境

如何理解并发挥游戏的价值？应该赋予游戏在幼儿教育及幼儿园课程中怎样的地位？诸如此类的问题，既是理论家企图回答的问题，也是令幼儿教师、家长等颇感困惑的问题。

内容导读

珍视生活和游戏的教育价值，保障儿童从快乐的童年生活中获得有益于身心发展的经验，这些基本主张是我国一贯的幼儿教育主张。2001 年颁布的《幼儿园教育指导纲要（试行）》、2012 年颁布的《3—6 岁儿童学习与发展指南》等政策文件均强调，幼儿园以游戏为基本活动。《国务院关于当前发展学前教育的若干意见》继续坚持了这一基本主张，并提出防止和纠正幼儿园教育“小学化”倾向。可以说，游戏课程被视为解决幼儿园教育“小学化”问题的手段。教师应该如何理解幼儿园游戏的“课程化”？幼儿园游戏“课程化”的基本依据是什么？本章将重点探讨上述问题。

第一节 基于幼儿游戏的价值 >>>>>>>>

美国教育家黛安•E. 帕普利（Diane E. Papalia）等在《儿童世界——从婴儿期到青春期》中谈道：儿童在游戏中成长。[①]《3—6 岁儿童学习与发展指南》，在“教育建议”中如此说：经常与幼儿玩拉手转圈、秋千、转椅等游戏活动，让幼儿适应轻微的摆动、颠簸、旋转，促进其平衡机能的发展；鼓励幼儿进行跑跳、钻爬、攀登、投掷、拍球等活动，以及跳竹竿、滚铁环等传统体育游戏，发展幼儿动作的协调性和灵活性；在绘画和游戏中做必要的书写准备；主动亲近和关心幼儿，经常和幼儿一起游戏或活动，让幼儿感到与成人交往的快乐，建立亲密的亲子关系或师生关系等。《3—6 岁儿童学习与发展指南》以例举的方式，说明了游戏促进幼儿体质、体能、情感、认知及社会性等方面的发展。除此之外，对于幼儿园游戏，我们还能、还会期望什么？当今社会又凸显了哪些期望？在课程发展的过程中，社会、儿童和知识是主要的外部影响因素。其中，社会对课程发展的影响是最持久和最深刻的。社会需要什么样的人？能够培养什么样的人，这是确定课程目标、选择课程内容、编制教科书和评价课程实施的根据。社会政治、经济、文化各领域决定着课程的基本方面。儿童观则直接影响课程内容的选择和组织方式。在教育中，知识是课程的本质，课程是知识的具体存在和表现形式。不同的课程观在不同的知识观指导下诞生。人类对知识的探究方式影响着课程内容的组织方式。[②]幼儿游戏的价值，可以置于游戏与文化、游戏与社会、游戏与儿童发展的关系中考量。

一、游戏与文化的关系

（一）游戏承载并传承文化

文化是个非常宽泛的概念，它既指知识、信念、价值、行为方式等，也包括建筑、手工制品，甚至包括为幼儿提供的游戏环境等；既包括成人世界的文化，又包括儿童世界的文化。游戏构成了儿童文化的主要内容，学校、家庭及各种社会设施等则形成了儿童“栖息”其中的文化世界。游戏反映文化并承载着文化。首先，幼儿游戏存在于同伴文化中，比如，幼儿只有理解其游戏同伴的游戏意图，才能投入

① ［美］黛安·E. 帕普利、［美］萨莉·W. 奥尔兹：《儿童世界——从婴儿期到青春期》上册，华东师范大学外国教育研究所《儿童世界》翻译组译，425 页，北京，人民教育出版社，1981。

② 王本陆：《课程与教学论》第 2 版，52~54 页，北京，高等教育出版社，2009。

游戏。其次，不同地区、不同民族与不同文化存在游戏类型、游戏材料等方面的差异。中西文化差异导致的游戏差异自不用说，我国南北文化不同以致存在不同类型、取向的游戏也是不足为怪的。最后，民间游戏是传统文化的浓缩，积淀了丰富的文化底蕴，具有浓郁的地方特色和生活气息，是幼儿接触和认识民族文化的重要途径之一。

研究表明，游戏有助于塑造幼儿的文化意识，促进幼儿的文化认同，比如，传统文化以游戏的形式发展幼儿对传统文化的认同，培养幼儿对本文化应有的身份意识。近年，一些幼儿园开始挖掘民间文化或传统游戏的价值，试图通过游戏确立幼儿的文化身份，培养幼儿对本地、本民族文化的认同感与自豪感。比如，某幼儿园充分挖掘幼儿园所在社区的游戏资源，为幼儿提供与其家庭文化及生活方式息息相关的游戏内容，包括自编自演的木偶戏与皮影戏、编织渔具、串珠、编手链等以操作游戏为主的课程内容，通过游戏帮助幼儿搭建日常生活、家庭文化与学习之间的桥梁。又如，某幼儿园充分利用幼儿园所在社区的粤绣、粤语童谣等社区资源与传统文化资源，开展了刺绣、唱童谣、滚铁环、跳房子、跳皮筋等传统游戏。

游戏环境、游戏材料与游戏规则等反映了不同的文化取向，幼儿在接触、使用或学习文化要素时，文化要素自然而然也会影响幼儿的文化取向与文化态度。比如，自由拼拆的桌椅、自由取放的材料与自主计划的游戏等反映着自由、自律的文化诉求（图 2-1 至图 2-3）；幼儿活动室存放或张贴大量精美的成人作品，向幼儿暗示的是模仿成人、崇拜成人的文化取向；在幼儿游戏过程中为其提供原始朴素的游戏材料、允许幼儿展示自己的游戏作品等，彰显的是平等与尊重个性的文化取向。某幼儿园除了设计活动区域，还在活动室放置一个小帐篷，幼儿可以在不想参加任何区域活动时进入帐篷想点什么或做点什么，或者什么都不做。这一物质文化体现了教师对幼儿需要的尊重，幼儿在游戏过程中习得并内化这种文化。

图 2-1　自由拼拆的桌椅

图 2-2　绣旗袍

图 2-3　编织广州塔

（二）游戏展示并发展文化认同

游戏是一种限制行为及身份的意识形态，是一种思考的方式。[①] 通过日常的游戏，儿童既展示自己的文化，又发展自己的身份认同。身份认同源于个体与他人的约定俗成和互动经验。如果这些约定和经验是积极的，且是自我肯定的，那么个体就开始发展一致的自我认同，否则，个体可能陷入认同的危机。毫无疑问，今天的幼儿处于复杂的世界，通过游戏，他们寻求理解世界，理解世界与自己的关系，理解自己如何与世界中的他人相处。理想的游戏环境应该使个体的兴趣、动机与积极发展身份认同的机会一致。然而，如果早期环境限制对个体的兴趣、记忆与经验追求的可能性，那么，早期环境同样也会限制个体形成牢固的身份认同。

1. 家庭文化认同

案例 2-1：

斯巴汀连续几天都在玩与建筑工地相关的游戏。他用积木堆成墙，铺成长长的路，和别的孩子一起将土和水混合成泥浆。后来，他们一起建墙壁，将房砖涂上泥浆加在已经建好的墙壁上。后来，斯巴汀还和有个建筑师父亲的敦结下了友谊。

分析：看来，斯巴汀扮演的是建筑工人的角色。在整个游戏中，没有任何成人的指导，然而，孩子们却展示了他们所理解的筑墙技术。游戏内容与斯巴汀的家庭文化背景及孩子们的经验有关。斯巴汀的父亲是个建筑工人，他曾经到幼儿园建过一面墙壁。[②]

案例分析

显然，斯巴汀通过游戏的方式，认同自己的文化身份。斯巴汀基于游戏的文化身份的认同，缘于他在与同伴的游戏互动中获得了正面的信息。由此我们可以推断，斯巴汀生活在一个认同多元文化的幼儿园及班级环境中，类似斯巴汀这样的文化经验得到了认可。正是这种早期教育环境与同伴互动经验，使斯巴汀建构起一致的、较为稳定的身份认同：我是一个建筑工人的儿子、幼儿园集体的一分子，一个自我

① Brabazon T., *Play: A Theory of Learning and Change*, Cham, Springer, 2016, p. 2.

② Broadhead P. & Burt A., *Understanding Young Children's Learning through Play: Building Playful Pedagogies*, New York, Routledge, 2012, pp. 47-71.

兴趣可以得到尊重的人。

2. 班级文化认同

杜威（Dewey）将学校视为小社会，认为游戏是年幼儿童参与社会的重要形式。基于容纳、民主和爱心社区的理想描绘，早期教育者推动通过游戏活动建构班级社会的发展。游戏成了儿童与教师理解及经历社会的各方面，尤其是社会容纳的有效途径。比如，全美幼儿教育协会（National Association for the Education of Young Children，NAEYC）认为，推行发展适宜的幼儿教育实践，其首要目标是发展与维持班级社会。根据美国学者的定义，所谓班级社会，强调了经验的分享与交流，集体归属感，帮助他人，在集体中获得情感与身体安全等。同时，有关早期教育的文献也确认了无数建构班级社会及培养集体归属感的游戏形式。这些游戏包括成人导向的规则游戏，以及没有成人介入的幼儿自由游戏。比如，抢椅子游戏、合作性比赛、社会戏剧游戏及建构游戏。在合作性比赛中，幼儿需要知己知彼并学会帮助他人，学习分享、包容及一起工作；在社会戏剧游戏中，幼儿除了一起商量角色分配、角色扮演、建构什么、建成什么样的（如几个桥洞、桥洞形状）等，还要商量如何设立游戏规则。如何通过游戏发展幼儿积极的班级认同，对教师来说是一大挑战，如案例 2-2 所示。

案例 2-2：

我（佩利老师）注意到，我最近接手的班级存在同伴排斥的现象。该班被排斥者的身份认同并不是主要的障碍。事实上，被排斥者与他人并不存在不同，使他们被排除在外的原因仅仅是他们被视为外人。于是，我制定了一个班级规则：任何人不能跟别人说“你不能玩”。这一规则引起了全班极大的争议：规则公平与否。[①]

案例分析

班级文化影响幼儿的班级认同及集体归属感的形成。佩利接手的班级充斥着排斥现象，这种现象不利于该班幼儿形成稳固的班级认同。通过重设班级游戏规则，吸引幼儿参与讨论，佩利试图重新确立全纳式的班级认同文化。这种文化不仅有利

① Lobman C. & O'Neill B. E., *Play and Performance: Play & Culture Studies*, Volume 11, Lanham, University Press of America, 2011, pp. 33-37.

于被排斥的幼儿得到班级认同，而且有利于其他幼儿的身份认同。

总之，游戏既是文化传承与文化认同的重要载体，也是文化创新的重要方式。新时代背景下，从小培养幼儿对中华优秀传统文化的积极认同关乎国家认同、民族振兴与儿童发展。[①]幼儿的文化认同具有生活化、游戏化等特点。通过游戏，幼儿既展示了自己认知、理解、内化甚至认同的文化，也发展了自己的文化身份。正是在这种意义上，学者指出，游戏是一种限制行为及身份的意识形态，体现了人的思考方式。对于幼儿而言，游戏是培养未来公民的“社会实验室”，因为在游戏中，幼儿体验社会角色，并使其具有文化的特质。比如，幼儿以黏土做甘蔗，并在假装贩卖前先削皮；在玩看病游戏时明确告知同伴如何有礼貌地看医生。幼儿游戏中的同伴互动反映出独特的文化意义。[②]事实上，游戏及其材料反映的是某个时代、某个民族或某种文化的智慧，幼儿在游戏中通过与游戏主题、游戏材料等的互动，理解其中内在的精神与智慧。正是在这一意义上，我们说，发展幼儿对中华优秀传统文化的认同，有必要加强挖掘与利用民间传统游戏及民间游戏材料的课程资源意义。

二、游戏与社会的关系[③]

纵观历史，理论界早就开始争论儿童游戏是否有益于社会。在游戏与社会发展的关系上，存在两种基本观点。

（一）游戏有益于社会复制

相关主张较早的文字记载来自柏拉图（Plato）。柏拉图争辩道，儿童游戏为他们将来参与社会做好准备，因此，他强调了游戏的功能（实用）目的。柏拉图的观点为游戏的生活预备说奠定了基础。这种功利取向的观点在今天仍有市场，成为许多人在提供与选择游戏时的重要现实依据。教育的实用主义取向本身有其存在的理由，只是它因过度关注对未来生活的准备而忽视了当下的生活，所以受到众多批评。此外，其他学者则认识到游戏在传递社会和文化意识形态上扮演的角色，认识到利用游戏挑战或维持社会规范的可能性。比如，卢梭主张允许儿童进行自然游戏，以

① 彭茜、杨宁：《论文化认同启蒙取向的幼儿园中华文化课程建设》，载《当代教育与文化》，2020（5）。

② 彭茜：《论幼儿的文化认同及促进策略》，载《幼儿教育（教育科学）》，2018（1、2）。

③ Wong S. & Logan H.，“Play in early childhood education：An historical perspective，” in Brabazon T.，*Play: A Theory of Learning and Change*，Cham，Springer，2016，pp.16-17.

摆脱社会的不良影响。卢梭的游戏观点与其试图修复其所认为的堕落社会的政治愿望紧紧联系在一起。同样，杜威将游戏在教育中的地位理解为教授品行与美德。杜威说，在课程中为游戏和积极的工作分配明确的地位是有充分依据的，这些依据既有智力方面的理由，也有社会方面的考虑，游戏在课程中占有明确的地位绝不是权宜之计。①

（二）游戏推动社会改变

批判理论家对游戏的社会传递作用提出挑战。他们批评游戏再造了社会现存的偏见、社会不公正与权力关系。比如，基于性别分类的游戏持续塑造着女性与男性身份。在某些人的观点里，玩玩具枪、打闹、建构游戏等是属于男孩的游戏，一个男孩如果抱着个布娃娃，为“宝宝”换尿布，哄“宝宝”睡觉，似乎意味着“娘娘腔”；一个女孩如果玩粗鲁的游戏，则可能被视为不是女孩该有的样子。这些游戏现象都是对社会偏见的复制。然而，如果给儿童提供相反的话语或叙述，游戏也具有挑战、抵制与破坏这些权力关系的可能性。比如，为儿童提供游戏经验，培养他们对多元文化的理解，挑战不公平的性别规范及其他不公平的社会实践。通过支持儿童成为批判性思考者，教育者能够鼓励儿童进行多样性的移情、理解与评估，进而为一个更为公平的社会作出自己的贡献。

（三）游戏培养健全的幼儿

通过游戏培养具有健全人格、社会责任感的幼儿日益受到重视。精神分析理论重在解释幼儿通过游戏与周围环境中的人产生互动，从而调节情绪、释放压力。游戏者的情绪会鼓励他们自身，游戏者也可以通过游戏治疗的方法来解决情感困扰，促进人格健全发展。

1. 游戏丰富并深化幼儿的积极情感

游戏是幼儿已有生活经验的创造性再现，无外在强制目的，重视过程甚至结果，同时伴随大量想象，因此，游戏可发展幼儿的满足感、成就感、自由感等情感。在日常生活中，幼儿常羡慕成人的能力，希望自己也能像成人或电视剧里的人物一样有能力，然而，受能力所限、社会约束，幼儿希望早早长大的意愿常不能实现，幼儿通过游戏活动及角色扮演，获得成就感与自信心。例如，学会了滑轮，成功挖了个沙渠，或者是成功堆高积木，都能让幼儿体验到成功的快乐并增强对自己能力

① ［美］约翰·杜威:《民主主义与教育》第 2 版，王承绪译，211 页，北京，人民教育出版社，2001。

的信心。游戏可以发展幼儿的同情心。角色游戏为幼儿提供了站在他人角度考虑问题、体验他人情感的机会。

2. 游戏发展幼儿的责任感

游戏的进行需要幼儿克制此时的欲望或一己的愿望。在角色游戏中，幼儿体会到角色被赋予的期望与应有的行为，学会克制并增强责任感。在合作游戏中，幼儿学会为了共同的游戏目标而合作、谦让与付出努力。比如，几个幼儿商量着要在沙堆中挖一个水渠，在游戏过程中，他们可能会遇到困难或受到其他游戏的诱惑，然而，他们互相激励、共同努力，也许会在教师提供材料或提出建议后，最终获得成功。在这一游戏过程中，幼儿的责任感得到了增强。

游戏还可以发展幼儿与他人的亲密感。共同的游戏拉近了幼儿与其他游戏者的心理距离，增进了幼儿对他人的信任与情感依恋。凡与幼儿一起游戏的家长或教师，更容易与幼儿建立起亲密关系。

3. 游戏有助于幼儿释放消极情绪

精神分析理论支持游戏在幼儿情绪发展中扮演重要的角色。精神分析理论认为，焦虑、紧张、害怕、愤怒等消极情绪长期得不到释放会影响个体身心健康，影响个体健全人格的形成。成人可能通过注意力转移、向他人倾诉等方式排解消极情绪，幼儿则由于表达能力不足、心理调适能力尚不健全等不善于如此释放不良情绪。精神分析理论的创始人弗洛伊德指出，游戏具有宣泄的效果，可以让儿童摆脱创伤经历产生的消极情绪。游戏可让幼儿抛开现实，并将幼儿从被动的、不良经验的角色中转移出来，帮助其发泄情绪。例如，幼儿被父母训斥后，可能对玩具娃娃发火，或假装处罚他的玩伴。通过角色转换，从被动者成为主动者，幼儿可以将消极情绪转移至一个替代的物或人。埃里克森扩展了游戏的精神分析理论。依据他的观点，幼儿通过游戏可以创设模拟的情境，进而帮助自己满足现实中的要求。[①] 毕竟，幼儿的能力有限，无法充分满足现实生活中的要求及自身的愿望，游戏可以创设一个想象空间，让幼儿在安全、想象的游戏空间中实现自己的愿望、减小压力、缓解焦虑。正如埃尔金德（Elkind）指出的，儿童借助游戏可以缓解快节奏社会中社会化因素带给他们的压力。在现代社会，儿童承受着快速成长的巨大压力，家长、学校

① ［美］约翰逊等:《游戏与儿童早期发展》第二版，华爱华、郭力平译，9~10页，上海，华东师范大学出版社，2006。

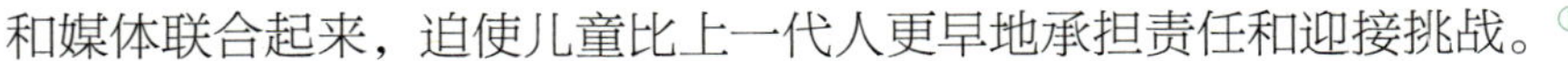
和媒体联合起来，迫使儿童比上一代人更早地承担责任和迎接挑战。①

三、游戏与儿童发展的关系

在游戏的发展价值问题上，游戏理论对它进行了不同程度的阐释。古典游戏理论主要包括本能—演练说、剩余精力说、松弛消遣说、生活预备说和复演说。在古典游戏理论看来，尽管游戏源于人类的先天本能，但是游戏的价值是功能性的，即或者消耗过剩的精力，或者恢复在工作中消耗的精力，或者仅仅是对世代生活历史的简约重演，或者做好对未来生活的准备。现代游戏理论主要分析游戏的意义、价值、影响因素等。现代游戏理论对幼儿教育影响较大的有精神分析理论与认知理论等。这些现代游戏理论主要解释了游戏对于儿童情绪情感发展、人格健全、创造力发展、社会适应能力提高、认知发展等方面的重要价值。不同游戏理论对应的游戏价值如表 2-1 所示。

表 2-1　不同游戏理论对应的游戏价值

游戏理论		游戏价值
古典游戏理论	本能—演练说	为日后成人生活所需做准备
	剩余精力说	消耗过剩的精力
	松弛消遣说	恢复在工作中消耗的精力
	生活预备说	做好对未来生活的准备
	复演说	对世代生活历史的简约重演
现代游戏理论	情绪理论	调节内部和外部刺激的速率
	元交际理论	提升了解各层面意义的沟通能力
	社会文化历史理论	促进抽象思维发展；最近发展区内的学习；自我调节
	儿童认知发展阶段理论	练习及巩固所学的技能及概念
	认知结构学习理论	在思想与行为上产生变通能力；想象与叙述

① 转引自［美］约翰逊等:《游戏与儿童早期发展》第二版，华爱华、郭力平译，51 页，上海，华东师范大学出版社，2006。

（一）促进能力的发展

1. 促进想象力的发展

游戏为幼儿提供运用其想象力与创造力的机会。在游戏中，幼儿运用语言创造性地“改变”现实，包括改变人的身份，改变物体或材料的性质或用途，表达替代动作及描述游戏情境。比如，幼儿说“我是警察”，哪怕没有穿着警察的服饰，在幼儿的想象空间里，他们的角色与身份也可以摇身一变；幼儿说“我飞起来了”，明明他们站在陆地上，这句话也能让参与游戏的幼儿心领神会。此外，在游戏中，幼儿可以充分发挥想象力，将一个物体想象成别的物体，将一个人想象成另一个人。幼儿有天马行空的想象力：一块石头可以变成一块可口的蛋糕，一个扫把可以飞上天。因而，随着表征能力的发展，幼儿不再需要真正的杯子才能进行给娃娃喂奶的游戏，一个杯状的手势就足以维持喂奶或喝水的游戏情节。正是游戏，为幼儿提供了通过语言、动作等方式创造性表达内心活动的机会，为幼儿的想象力发展提供了空间与机会。人们常说“创造教育”。其实创造力不是教出来的，而是实践出来的。正是游戏创造了一个安全、宽松而自由的游戏情境，激发了幼儿的想象力与创造力。

2. 促进问题解决能力的发展

游戏增加了幼儿的行为选择，从而促进他们解决问题能力的发展。研究者让幼儿将夹子和棍子接起来去拿一个用手够不着的石块或粉笔，结果显示，那些被允许玩一会儿夹子和棍子的幼儿与那些直接训练去解决这个问题的幼儿一样，都能很好地解决这个问题。研究者进一步指出，游戏与问题解决能力之间似乎受到游戏性质的影响。比如，镶嵌拼图或形状拼图游戏能更好地解决聚敛性问题，而非任务定向的游戏，如用积木构建一个村庄能产生更多种类的解决方案，促进分散性问题的解决。①

无论是串珠、玩沙，还是塑泥、建桥，或者是角色扮演，幼儿都会面临许多游戏情节设计、游戏材料选择或游戏角色分配等问题。游戏置幼儿于真实而有趣的问题情境之中，这些问题既激发了幼儿问题解决的欲望，又促进了其问题解决能力的发展。比如，在下午的自由活动时间里，小谭（3岁4个月）从一堆拼插玩具中拿起一个红色玩具，说：“这个放在哪里好呢？”他歪着头想了想，把它插在一个黄色的玩具上。当拼插出一个长条以后，他举起长条，大声说：“哇，我做好了！”然后就把它当成火车，在桌子上来回拖动，并说道：“呜——，火车来了！”在游

① ［美］约翰逊等：《游戏与儿童早期发展》第二版，华爱华、郭力平译，33~34页，上海，华东师范大学出版社，2006。

戏中，幼儿通过语言，思考如何解决问题。

3. 促进社会合作能力的发展

高品质的游戏能有效促进幼儿社会合作能力的发展。游戏能使幼儿习得如何与人磋商，解决游戏冲突；帮助幼儿克服自我中心意识，学会自我控制，学习实际交往技能；帮助幼儿学习站在他人的角度考虑问题，感受分享、让步、公平竞争、沟通、坚持己见、获得他人认同等的意义，实践领导才能。

案例 2-3：

两个 4 岁幼儿进行了一个持续时间为 45 分钟的游戏，第二天他们又继续玩这一游戏。

L：我们建个飞机场吧。

T：我们需要飞机。

L：那我们建一座高楼吧，像白云机场里的那座大楼。

T：我们需要许多车和停车场。我喜欢你建的。

L：这是停车场。

T：像白云机场的停车场。

T：我看你建的有飞机、车和建筑物。你看到机场里还有别的东西吗？

L：人。我们用点代表小人，好吗？

T：好。我们需要袋子。我们用小积木做袋子吧。

案例分析

在该案例中，两个幼儿 L 和 T 共同决定玩什么、如何玩。通过游戏，他们了解到自己是谁，了解了自己的所知、所能与所欲。同时，幼儿懂得如何向别人示好（如“我喜欢你建的”），懂得如何激励别人表达（如“你看到机场里还有别的东西吗”），懂得用商量的口吻表达自己的想法（如“我们用点代表小人，好吗”）。由此我们可以看出，游戏为幼儿提供了最初体验与实践社会交往、合作、协商、较量等社会化活动的机会。

4. 促进语言表达能力的发展

无论是单独游戏，还是合作游戏，在游戏中幼儿都会有独白语言或对话语言。在维果茨基看来，自言自语在幼儿的发展中有着非常特殊且重要的作用，它是幼儿

“自我规范的社会本源”。不仅如此，幼儿在游戏中的语言，为其语言发展提供了有利刺激、安全情境与练习机会。在游戏时，幼儿不用担心语法是否恰当、词汇是否准确，因为是游戏，所以，没有人会指责游戏者语言使用的问题。这种宽松的情境为语言发展提供了安全且充分的练习机会，帮助幼儿树立了能说、会说、想说的意识。

5. 促进游戏能力的提高

尽管曾有研究者用“精通的游戏者”这一术语描述高水平的儿童游戏者：儿童通过长期且复杂的协商进行游戏计划，游戏情节能持续几个星期，关键想法不断得到修订与扩展，经常使用替代物，相关游戏角色变得更加复杂，游戏充分地基于语言，参与规则对于游戏者而言是心知肚明的而不需要经常重申。然而，布罗德黑德和伯特（Broadhead & Burt）强调，不存在所有幼儿都应达到的“比较性”优秀。“精通”是每个幼儿在恰当的游戏环境下可以达到的状态，这种状态可以通过观察与反思幼儿的游戏得以辨别。在恰当的、游戏化结构的、教育性的环境中，所有幼儿都可以获得进步，所有幼儿都掌握某种程度的参与游戏所必需的技巧。开放式的游戏空间、自由选择的机会、开放且多样化的游戏材料，能有效刺激幼儿多样的创造性，促进问题解决、注意力高度集中及合作性参与。①

反观现实，教师为幼儿提供了达到精通游戏者的水平的环境与条件了吗？事实上，很多时候，教师并没有为幼儿提供成为精通游戏者的条件。比如，幼儿没有自由选择的机会，游戏角色、游戏区域甚至游戏同伴常是由教师分配的；幼儿活动室有许多家具超过幼儿头的高度，妨碍幼儿游戏；幼儿园的许多游戏材料是高结构性材料。又如，教学目的非常明确的材料（如一一对应、量词搭配等操作材料），分割成块的游戏区角，禁止串区的游戏规则。作为专业的教育者，教师有责任帮助幼儿成为更具游戏精神的个体，提高其游戏能力，使他们成长为精通游戏者。精通游戏者善于在自己发起的、即兴创作的戏剧性事件中象征性地表征自己的经验，有时单独游戏，有时与他人合作，他们通过游戏表达自己的幻想与对日常生活事件的理解。通过假装游戏，幼儿巩固自己对世界的理解、语言及社会技巧。熟手教师善于促使这种游戏成为可能，并使它变得更好。

① Broadhead P. & Burt A., *Understanding Young Children's Learning through Play: Building Playful Pedagogies*, New York, Routledge, 2012, pp. 121-122.

（二）提升学习品质

积极主动、认真专注、不怕困难、敢于探究和尝试、乐于想象和创造等良好学习品质是幼儿终身学习与发展所必需的宝贵品质。基于游戏的学习有助于发展与提升幼儿的学习品质。

1. 游戏有助于提升幼儿的学习品质

当幼儿将学习理解为内在的兴趣并觉得它对自己的生活有用时，他们学得最为主动，学习效果也最好。发展适宜的教育是建立在幼儿的内在动机之上的，而幼儿对基于游戏的学习具有高度的内在动机。我们常抱怨幼儿注意力集中的时间过短。实际上，如果幼儿做的事情是他们自己想做的，那么，他们完全可以延长注意力集中的时间。同时，在游戏中，幼儿展示自己的最大能力。这是因为，精通游戏的幼儿常有一种主人翁感，他们会用游戏表现自己及自己的想法，正如他们通过画画、写作表现自己的想法一样。

苏联心理学家做过实验：让幼儿在游戏和单纯完成任务两种不同的活动方式下，将各种颜色的纸条分装在与之同色的盒子里，观察幼儿注意力集中的时间。结果发现，在游戏的形式下，4 岁幼儿可以持续 22 分钟，6 岁幼儿可以持续 71 分钟，而且分装纸条的数量比在单纯完成任务形式下多 50%。在单纯完成任务的形式下，4 岁幼儿只能坚持 17 分钟，6 岁幼儿只能坚持 62 分钟。可见，在游戏活动中，幼儿注意力集中的时间更长。一位幼儿教师曾经委任一个专注力相对较弱的幼儿担任“超市收银员”，结果发现他在游戏中表现出了极大的专注力与耐心。研究与实际的观察均表明，游戏可以促进幼儿专注力的发展，更好地为幼儿在幼小衔接的学习适应上做准备。

当然，学习品质不是孤立存在的，而是幼儿通过实际的生活、游戏活动长期培养出来的。《3—6 岁儿童学习与发展指南》在“教育建议”部分多次提到游戏活动。比如，“经常和幼儿一起在户外运动和游戏”，“激发幼儿参加体育活动的兴趣，养成锻炼的习惯”（健康）；“在绘画和游戏中做必要的书写准备”（语言）；“幼儿园应多为幼儿提供自由交往和游戏的机会，鼓励他们自主选择、自由结伴开展活动”，“利用生活机会和角色游戏，帮助幼儿了解与自己关系密切的社会服务机构及其工作”，“利用民间游戏、传统节日等，适当向幼儿介绍我国主要民族和世界其它国家和民族的文化，帮助幼儿感知文化的多样性和差异性”，“经常和幼儿玩带有规则的游戏，遵守共同约定的游戏规则”，“在幼儿园的区域活动中，创设情境，让幼儿体

会没有规则的不方便，鼓励他们讨论制定规则并自觉遵守”（社会）；“帮助幼儿不断积累经验，并运用于新的学习活动，形成受益终身的学习态度和能力”（科学）；等等。能够让幼儿带着这样一种好奇心和快乐感，慢慢地长大成人，就是一项真正的成就。①

2. 游戏促进幼儿学习品质的提升是有条件的

受传统课程模式与游戏观念的影响，游戏在我国幼儿园的存在形态主要有两种：一种是“放羊式”的自由游戏，另一种是高结构的教学游戏。与此同时，我国幼儿教育界存在一种悖论，即一方面认为游戏与入学准备矛盾，只有高结构的集体教学活动才能有效进行入学准备；另一方面，游戏又常被错误地理解为在游戏环境下幼儿自动产生学习行为的催化剂。这一悖论对教育实践及教师观念的影响是教育实践在要不要游戏这个问题上摇摆不定，由此，教师对游戏产生这样几种态度：一是排斥游戏，或者对“幼儿园以游戏为基本活动”政策阳奉阴违；二是放任游戏，尤其是放任幼儿的自主性游戏；三是对游戏持从期望到失望的态度。

依据齐格乐（Zigler）的观点，形式化和高度结构化的教学将剥夺幼儿最珍贵的童年时光并取代珍贵的游戏时间，而使得现代的幼儿成为“没有童年的儿童”。②全美幼儿教育协会 1986 年发表的《发展适合的幼儿教育实施方案》声明，幼儿最有效的学习是经由游戏导向的学习。美国教育目标小组指出：如果给幼儿提供以游戏为中心的探索活动，允许幼儿根据自己的发展水平互动、选择并参与活动，那么，幼儿的入学准备将做得更好。③研究指出，由于自然主义的游戏学习论，教师对幼儿游戏不闻不问、不加引导，以致错失了游戏蕴藏的教育价值与教育契机，导致游戏未能产生期望的学习效果与教育效果，从而使人们对游戏与学习的关系及游戏本身产生怀疑与失望的情绪。研究表明，游戏提升幼儿的学习品质，有待教师对幼儿游戏的指导，并将幼儿游戏提升为具有教育性的游戏。

（三）做好入学准备

东北师范大学儿童发展研究中心围绕“入学准备”课题开展的数十项研究的结

① ［英］珍妮特·莫伊蕾斯：《游戏的卓越性》，刘峰峰、宋芳译，78 页，北京，北京师范大学出版社，2010。

② 黄瑞琴：《幼儿园游戏课程》第二版，26 页，台北，心理出版社，2011。

③ ［美］安·S. 爱波斯坦：《学前教育中的主动学习精要——认识高宽课程模式》，霍力岩、郭珺等译，13 页，北京，教育科学出版社，2012。

果被误认为“学业知识才是最有价值的知识”“幼儿园教育重在对读写算知识与技能的掌握”等，这种观点在我国幼儿教育领域仍大有市场。

1. 入学准备的实质

针对幼儿园教育“小学化”现象，2012 年 10 月 15 日，教育部基础教育二司巡视员在《3—6 岁儿童学习与发展指南》培训班上的讲话中提到，加强规范管理，做好幼小衔接，幼儿园要科学、合理地帮助幼儿做好入学准备，重点做好语言、初步逻辑思维等学习适应能力的准备，以及主动性、规则意识和遵守规则的能力、任务意识和执行任务的能力等社会适应能力的准备，坚决整治幼儿园“小学化”的教育内容和教育环境。[①] 这里所指学习适应能力与社会适应能力，即一般所说的“学习品质”。

重视幼儿学习品质的培养是世界幼儿教育的潮流。美国 1991 年在国家教育目标委员会提交的有关“入学准备”工作报告中，首次提出了学习品质的培养，其中，华盛顿州提出培养幼儿的好奇心与兴趣、坚持性与注意力、创造力与发明、反思与解释。约旦希望 4～6 岁幼儿“在各种不同的情况下，表现出积极的态度”，“在游戏、活动或任务中表现出热情、好奇心、兴趣、创造性”，“参与活动或者任务并能够坚持完成”。巴拉圭要求幼儿“能够发起行动或活动，提出建议，投入新的未知的活动”，“表现出多方面的兴趣和动机”，“乐于参与活动与家务劳动，不总是要成人监督，能够坚持做完”。“学习品质”一词在我国较早为冯晓霞教授等在 2010 年使用，对应英语“approach-to-learning”，表达的是儿童以多种方式进行学习的倾向、态度、习惯、风格等，表现为主动性、目标意识、专注程度、独立性、想象和创造能力、抗挫折能力、坚持性和好奇心等。《3—6 岁儿童学习与发展指南》在“说明”中明确指出了幼儿期应该培养的良好学习品质，包括“幼儿在活动过程中表现出的积极态度和良好行为倾向”，“幼儿的好奇心和学习兴趣”，“积极主动、认真专注、不怕困难、敢于探究和尝试、乐于想象和创造等”。《3—6 岁儿童学习与发展指南》在“说明”中同时指出：“忽视幼儿学习品质培养，单纯追求知识技能学习的做法是短视而有害的。”学习品质对儿童在学校能否取得成功尤其重要，因为，获得单纯的知识和技能是不够的，拥有某种才能并不意味着这种才能能够发挥作用，儿童必须能够整合这些知识和技能，如果没有儿童的主动性作支撑，这些知识和技能对儿童的发展都是徒劳的。麦克德莫特（McDermott）及其团队的研究证明，学习品

① 李季湄、冯晓霞：《〈3~6 岁儿童学习与发展指南〉解读》，6 页，北京，人民教育出版社，2013。

质对学业成就的预测功能超过智力条件，而且学习品质的培养在入学前最为有效。因此，在2000年，加强儿童学习品质的培养就已经成为美国政府早期教育中的优先发展项目。[①]

2. 游戏提升入学准备的质量与效率

当然，即使是将入学准备仅仅理解为读写能力的发展，幼儿的读写能力也可以通过游戏得以提高。罗斯科斯（Roskos）主张，关键的读写技巧，如印刷字体的概念、字母表知识，能够通过一系列策略（包括强化读写的戏剧性游戏、比赛，阅读故事书，适宜年龄的直接教学等）得以发展。[②] 幼儿在被正式教以读写以前，早就开始建构对读写的理解。读写始于涂鸦和画画，因为涂鸦和画画促进了幼儿小肌肉动作及表征能力的发展。当幼儿发现人们不仅画事物，而且“画”语言时，书写概念逐步形成。3岁的幼儿就开始既“画”又“写”，比如，他们乐于制作标牌、列清单、写字母。读写活动对于幼儿而言成了游戏的剧本。同时，幼儿通过观察成人阅读，开始学习阅读的顺序：拿起一本书，正拿着书（不是反着拿或倒着拿），打开书，一页一页地翻书，如果是自己熟悉的书则说着自己记住了的词语和图片。

对语言、读写具有复杂影响的游戏是戏剧性游戏。为幼儿提供语言、读写实践最好机会的戏剧性游戏具有如下特点。

①使用各种道具与物体（例如，“让我们假装这块积木是电话，我们的车发生故障了，要打电话求助”）；

②联合多种角色和主题（例如，“托比是爸爸，也是医生”）；

③创设假想的情节，通过交谈与磋商解决争端（例如，“我们玩医院游戏吧。好，好，你先做医生，然后我做医生，现在你穿上这件衣服”）。[③]

实践中曾出现许多成功的案例，且主要集中在角色游戏或假装游戏。比如，创立书写游戏工作坊，为幼儿提供接触文化知识的机会，同时使幼儿有时间表演他们最为熟知的故事，激发幼儿对读写活动的兴趣，促进幼儿进行初步的读写活动。类似的还有读写嵌入的游戏中心。该游戏中心为幼儿提供机会，使幼儿通过参与游戏，练习他们初步形成的读写能力。在主题式读写游戏中，当幼儿重新扮演曾经分享或

① 王宝华、冯晓霞、肖树娟等：《家庭社会经济地位与儿童学习品质及入学认知准备之间的关系》，载《学前教育研究》，2010（4）。

② Roskos K. A., Christie J. F. & Widman S., et al., “Three decades in: Priming for meta-analysis in play-literacy research,” *Journal of Early Childhood Literacy*, 2010 (1), pp.55-96.

③ Bodrova E. & Leong D. J., “Building language & literacy through play,” *Early Childhood Today*, 2003 (2), p.38.

大声朗读过的读物中的角色时，游戏中心提供的读写道具（如纸、笔、自制图书）为幼儿提供了探究印刷文字的功能与特点的机会。

事实上，我国幼儿教师存在利用建构游戏、角色扮演游戏、语言游戏、数学游戏及各种区角促进幼儿读写算发展的成功实践：有文字、数字和配有相应图片（印刷体或师生书写）的标识与道具，教师记录幼儿口述的文字并张贴在墙壁上，游戏过程中作为道具、工具或参考资料使用的图书、图表（比如，建构区投放幼儿自制的建构流程图、相关建筑图片）。通过游戏情境创设，置幼儿于真实的读写算任务中，促进幼儿在读写算方面的相互学习，激发幼儿的学习兴趣与有意义学习，使他们知道原来数字和文字能解决他们游戏中、生活中的真实问题，促进他们将幼儿园知道的文字、阅读、数字、计算等知识与技能同生活联系起来。

总之，游戏有助于幼儿发展早期读写技能、获得入学准备的技巧。然而，越了解幼儿是如何学习的，我们越清晰地意识到，不必为了满足学术要求而牺牲游戏。相反，只有支持成熟的、高品质的游戏，我们才能真正帮助幼儿充分发展语言和读写技能。[①]

第二节 基于幼儿园游戏的教育性本质

一、幼儿园游戏的本质

尽管自由游戏仍然被视为幼儿教育课程的基础，然而，这种开放结果的游戏已经受到人们的批评。越来越多的研究指出，儿童单独通过自由游戏并不必然建构知识。进一步说，仅仅将自由游戏作为学习的基础可能导致儿童忽视那些有目的地嵌套于游戏经验中的概念。儿童需要成人的支持、参与以获得那些嵌套于游戏经验中的知识。如果缺乏成人的支持，儿童可能仅仅发展涉及自己日常生活经验的游戏脚本，而不关注有目的地与活动有联系的概念性知识。[②] 正如莫伊蕾斯指出……境中的游戏应当追求一个学习效果，这是教育情境中的游戏和……

① Bodrova E. & Leong D. J., "Building language & lit…
Today, 2003 (2), p.34.

② Edwards S. & Cutter-Mackenzie A., "Pedagogical pla…
learning about sustainability in early childhood educati…
Childhood, 2013 (3), pp.327-346.

③ ［英］珍妮特·莫伊蕾斯:《游戏的卓越性》，刘峰峰、宋…
出版社，2010。

教育性游戏试图整合各种关于在儿童游戏活动中需要教师参与以支持儿童学习的争论，它通常被描述为寻求在以儿童为中心和以教师为中心的活动之间取得平衡的努力。[①] 教育者需要清楚地认识到，幼儿通过游戏的学习需要在教育情境中进行，通过帮助幼儿制定游戏规则，通过互动和干预，才能确保早期教育课程的进程、差异性和适用性。幼儿园游戏是有目的、有计划的教育活动与安排。教育情境中的游戏不同于娱乐性的自由游戏。若要使幼儿的游戏更有价值，则需要教师的指导与推动。在教育性游戏情境中，教师帮助幼儿制定游戏规则，与幼儿进行游戏互动，或者指导幼儿的游戏互动，确保课程的进程、差异性和适用性。

案例 2-4：

近段时间，我发现在美工区活动的孩子常常玩切橡皮泥的游戏，一盒原本五颜六色的橡皮泥很快就被玩成黑乎乎的。我曾提醒孩子们可用橡皮泥做蔬菜、水果、玩具等，可他们依旧对切橡皮泥情有独钟。后来，我还特意用橡皮泥制作了沙发、椅子、热带鱼等，把它们展示在美工区，并投放了干果壳、毛线、纸盒等辅助材料，想引导孩子们，可收效甚微。于是，我决定重点指导孩子们的美工区活动。我对孩子们说："娃娃家需要一些家具，你们愿意帮帮他们吗？""愿意。"孩子们的态度很积极。接着，我就和孩子们一起为娃娃家制作了小沙发、小椅子、小桌子等。过了一会儿，乐乐问我："老师，什么时候让我们玩儿呀？"

案例分析 >>>>>>>>

在日常口语中，游戏就是玩，玩就是游戏，为何乐乐会将两者加以区分？其中的原因无非教师嘴里的游戏与幼儿眼里的游戏不能对等，教师的游戏有着太多的教育目的或教育意图。案例中的"我"在组织幼儿游戏时带有强烈的教育意图。幼儿园游戏应该具有教育目的性，教师亦有教育责任。然而，如果教师无视幼儿的游戏乐趣、自主、自控、自由等游戏性体验，那么，幼儿园游戏将缺失教育性游戏的儿童基础。

---

① Edwards S. & Cutter-Mackenzie A., "Pedagogical play types: What do they suggest for learning about sustainability in early childhood education?" *International Journal of Early Childhood*, 2013 (3), pp. 327-346.

二、教育性游戏需要幼儿自由游戏与教师教育意图的双向互动

要充分发挥游戏的教育价值与发展价值，教师就要学会平衡幼儿的自由（自发）游戏与教师对游戏的指导与介入，如图 2-4 所示。

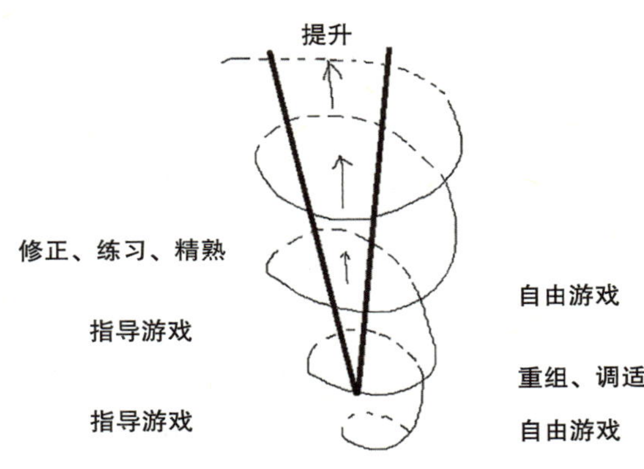

图 2-4 游戏螺旋图

（注：根据莫伊蕾斯的游戏螺旋状模式改编）

莫伊蕾斯提出，游戏与教学工作、儿童的学习是连续体，可以相互转化。[①] 两类游戏交织形成的涟漪延伸成如螺旋外扩般的学习经验，向上提升儿童的技能。儿童首先在自由游戏中探索，产生认知上的重组、调适，其次经过教师的游戏指导，得以修正、练习与精熟掌握，进一步激发与强化之后的自由游戏。

案例 2-5：

在沙坑挖沙子时，四个幼儿挖到了水。其他幼儿蜂拥而至。教师看他们玩得兴高采烈，便提议他们筑一个水坝、桥梁或渠道。

有些幼儿在院子里寻找引水的材料，有些幼儿则到室内找大本的书以搭建桥梁，有些幼儿继续挖着沙坑，希望找到更多的水。有个幼儿找到一个胡桃壳，让它漂浮在水面上。教师赞赏他并鼓励其他幼儿也试试。

小芬正在沙坑里画桥梁，但在画拱门时遇到困难。因为她是个在大团体里容易感到害羞与不安的孩子，教师便要求外向活泼又喜欢绘画的小多去看看是否能帮上忙。

① ［英］珍妮特·莫伊蕾斯：《仅仅是游戏吗——游戏在早期儿童教育中的作用与地位》，刘焱、刘峰峰、雷美琴译，15~16 页，北京，北京师范大学出版社，2010。

案例分析 >>>>>>>>

教师并未贸然介入幼儿游戏，也没有将幼儿游戏引入自己预设的游戏框架里。教师在观察幼儿自由游戏的基础上，抓住幼儿游戏兴趣点与可能的教育目标之间的关系，在回应幼儿游戏需求的基础上，提出了幼儿可完成的适度挑战，即不改变而是顺应幼儿的游戏主题，顺着这一兴趣点提出能推动游戏往前走的建议（指导游戏）："筑一个水坝、桥梁或渠道"。显然，教师表现出了对幼儿的充分尊重，只是建议而不是强制，也不是千方百计地引导所有幼儿往自己设想的游戏内容上走，而是允许幼儿的个别差异及有差异的个别反应。同时，教师充分了解到，游戏指导并不仅仅意味着教师可以指导、启发幼儿，还意味着幼儿之间的相互学习。这位教师充分理解到，师幼互动与幼幼互动都可以是有效的教育互动形式，有时候（比如害羞的小芬遇到的困难恰好可以为外向的小多提供帮助他人、展现自我的机会）更适合用同伴互动的形式。这里既体现了教师因材施教的理念，也体现了其与同伴互动的学习理念。

三、教师有责任提升游戏的教育性

幼儿园游戏不同于其他情境中幼儿自由、自发的游戏。幼儿园游戏作为幼儿在园的基本活动，是幼儿园课程的基本内容与课程实施的基本方式，因此，教师在幼儿游戏的过程中负有促进在游戏中发生学习的教育责任。为此，教师有必要清楚地了解每个幼儿，包括能叫出所有幼儿的名字，列出每个幼儿的经验及爱好；确认了解每个幼儿的兴趣，以及自己是如何确认这些兴趣的，如何帮助他们根据兴趣进行游戏，与幼儿讨论并重视他们的兴趣。[①]

不仅如此，今天比起以往任何时候，我们都更需要这样的支持者与倡导者：他们将游戏理解为既支持社会目标，又支持幼儿的学习和发展；他们既能理解游戏在早期教育课程中的地位，也能促进幼儿的游戏权利。[②] 幼儿教师应该成为如上描述的游戏支持者与倡导者。

学者指出，教育性游戏或者说基于游戏的教育可以被理解为一个连续体，这一连续体依据幼儿在游戏中的自由度及游戏的开放度，包括了从结果更为开放与有更

① Jones E. & Reynolds G., *The Play's the Thing: Teachers' Roles in Children's Play* (2nd ed.), New York, Teachers College Press, 2011, p.83.

② Wong S. & Logan H., "Play in early childhood education: An historical perspective," in Brabazon T., *Play: A Theory of Learning and Change*, Cham, Springer, 2016, pp.7-24.

多自由选择的游戏到更多引导的游戏性活动。[①]

华东师范大学华爱华教授指出，幼儿园教育在实现教育和游戏的结合时，存在两种认识，即游戏的教育化与教育的游戏化。游戏的教育化，是针对游戏的放任状态而提出的，目的是改变重上课、轻游戏的现状，用教育目标来关注游戏，以教育的内容和任务来分类组织游戏活动，以幼儿游戏的年龄特点为依据，加强对游戏的引导，使游戏对幼儿的发展能够迎合教育的方向。教育的游戏化，是针对幼儿园教育“小学化”而提出的，目的是使心理机能尚未完善的幼儿，不至于过早地承受正规教育所带来的强制性压力，使他们在轻松、愉快的活动中发展个性。具体就落实在以游戏的特点来组织教育活动上，在教育的过程中谋求游戏般的乐趣，使枯燥的说教变成生动有趣的活动，从而使幼儿获得游戏的心理体验。然而，必须指出的是，作为一种宏观的认识和把握，以上对游戏的教育化和教育的游戏化的解释，似乎在情理之中。但是一旦将这一认识转化为实践时，偏差和误解便会产生在游戏的教育化上面，即将教育的功利性、严肃性带入游戏，用功利主义、效率至上的观点评价幼儿游戏，在游戏过程中引进由教育规范带来的教育的严肃性。

为提升幼儿园游戏的教育性，本内特等根据教师的描述，将教师在幼儿游戏中扮演的角色分为以下三种：游戏环境的提供者、幼儿游戏的观察者及参与者。[②] 其中，教师为幼儿游戏所做的选择非常重要，且构成了游戏活动的部分维度。罗杰斯建议，成人明确可见的游戏选择包括：游戏材料（用什么玩）、游戏场所（在哪里玩）、游戏同伴（与谁玩）、游戏内容（玩什么）与游戏时间（玩多久）。这些选择对于计划与组织游戏互动非常重要，也将会影响幼儿选择与谁玩、如何玩、何时玩、在哪里玩。[③]

教师促进幼儿在游戏中的学习所应扮演的角色是什么？尤其是，如何处理幼儿的自由选择、游戏性活动与成人的角色？面对这些问题，教师可能存在诸多疑惑与挑战。我们先来看一位教师的反思与教师团队是如何工作的。[④]

---

① Edwards S. & Cutter-Mackenzie A., “Pedagogical play types: What do they suggest for learning about sustainability in early childhood education?” *International Journal of Early Childhood*, 2013 (3), pp.327-346.

② Bennett N., Wood L. & Rogers S., *Teaching through Play: Teachers' Thinking and Classroom Practice*, Buckingham, Open University Press, 1997, p.37.

③ Ridgway A., Quiñones G. & Li L., *Early Childhood Pedagogical Play: A Cultural-Historical Interpretation Using Visual Methodology*, Singapore, Springer Singapore, 2015, pp. 48-49.

④ Broadhead P. & Burt A., *Understanding Young Children's Learning through Play: Building Playful Pedagogies*, New York, Routledge, 2012, pp. 78-80.

案例2-6：

我看见三个女孩从室外大黑板那里拿了彩色粉笔，她们开始装饰一个大大的轮胎。她们注意到轮胎边成脊状，开始给轮胎边涂各种颜色。一个较小的轮胎藏在了一个较大的轮胎里面，同时，厚木板横靠着大轮胎。

我想，她们应该有一个人坐到轮胎里去画，另外两个人则继续在轮胎外面画。她们似乎讨论了，但不多，然而，似乎每个人都知道自己要做什么。这是我第一次看到这样的游戏，所以我饶有兴趣地观察着。大约一小时之后，她们有组织地、富有创造性且高效率地画完了轮胎一边，完成了一幅艺术作品。作品令人印象深刻，同时，对于三个女孩而言，她们觉得三人还要一起工作，画完轮胎的其他部分。

对于整个游戏过程，我拍了大量的照片，根据与教育纲要的关系思考她们的成就。我感觉我已经看到了学习正在发生的强有力的东西，然而，我也疑惑自己的角色到底是什么。我什么都没做，我增加了什么吗？我决定上网搜索关于轮胎的图片。我很快注意到比这个轮胎还要大的巨轮卡车轮胎。第二天，我先给全体孩子看了三个女孩游戏及其作品的照片，然后，我将自己在网络上收集到的资料呈现给孩子们。我正在试图告诉孩子们，他们的游戏非常重要，他们的想法也可以被其他人用上。

几个星期后，我们的早期教育团队注意到幼儿使用了许多不同的方式探究斜坡与梯度。他们使用窄的厚木板，跑上跑下。他们将木板放置在不同水平，用跑上、滑下或走上斜坡等方式探究斜坡。

案例分析

教师在幼儿玩轮胎的过程中做了什么？扮演了哪些角色？显然，“我”并未贸然介入幼儿的游戏，而是先观察、倾听、记录与了解幼儿游戏开展的过程，并与教育纲要比对，分析幼儿游戏反映出的幼儿游戏水平及学习成就水平，揣摩自己介入幼儿游戏的方式、动机与内容等。通过呈现照片、图片等信息，“我”组织幼儿主动关注、讨论、反思及参与同伴的游戏过程，讨论游戏的可能发展方向。讨论既让幼儿同伴分享了经验，又拓宽了幼儿游戏的视野。在此过程中，“我”扮演了幼儿游戏的观察者、支持者、讨论组织者、信息提供者等多种角色。

幼儿游戏环境、游戏材料、游戏经验及游戏互动相互关联、富有意义且均值得尊重。为保障幼儿的游戏权利，成人提供游戏的责任包括确保适合游戏发生的环境。显然，一位幼儿教师带着对幼儿游戏的极大兴趣，基于观察，开始了自己的反思型研究之旅；在研究的基础上，他开始了一个新的课程计划形式；为全班幼儿创造了在游戏经验与更广泛的艺术世界及文化之间建立联系的机会；同时，他也通过使用照片、图片组织全班讨论，以扩展幼儿的理解。然后，在幼儿园的课程领导下，教师团队组织了课程讨论，在黑板上罗列每个幼儿的兴趣点及学习得以发生的地方。这种课程讨论甚至扩展到家长，教师请家长将幼儿在家进行的活动添加在幼儿兴趣列表中。正是基于这样的分析与反思活动，教师可以思考如何扩展与支持幼儿正在进行的学习。教师团队罗列的某幼儿的兴趣点如图 2-5 所示。

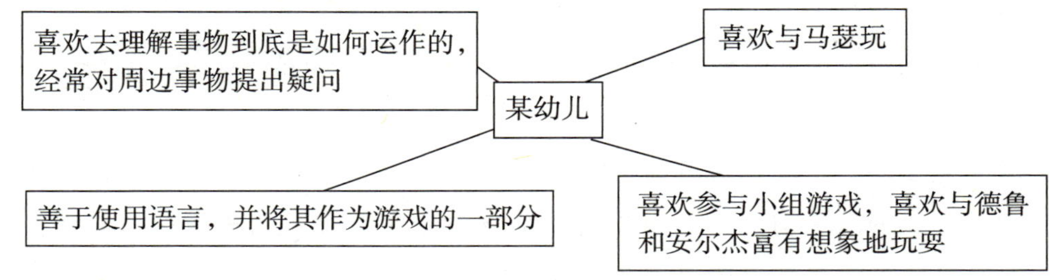

图 2-5　教师团队罗列的某幼儿的兴趣点

综合起来，在整合游戏与教育的过程中，教师有责任加强教育性指导，责任如下。

第一，游戏环境与游戏条件的提供。教师有责任提供良好的游戏环境与教育环境，因为游戏环境的质量影响着幼儿游戏的能力。这种环境应该是开放式的，即幼儿所说的“任何你想要的地方”。

第二，一日生活渗透游戏。游戏似乎与日常生活交织在一起，而不是幼儿在一日常规的特定时空发生的活动，也不是与真实世界分离的专门建构的活动。①

作为幼儿主要的参与世界的方式，游戏与幼儿的日常生活交织在一起。比如，早晨幼儿入园后，教师为幼儿安排一个专门的讨论与计划时间。在这一环节，师幼一起既讨论与分享前一天在幼儿园或家庭中所参加的活动，又计划今天的活动。教师在倾听幼儿分享的过程中，要善于抓住与选择幼儿所述的有意义的活动经验，并

① Sutton-Smith B., *The Ambiguity of Play*, Boston, Harvard University Press, 1997, pp. 203-204.

进一步提供信息（如书本信息、网络资源）以促进幼儿的讨论。

第三，游戏的干预者。教师富有童心地参与幼儿的游戏，同时扮演游戏参与者及游戏引导者的角色，通过游戏参与或游戏建议引导幼儿游戏水平的提升，促进游戏的深入。然而，任何促进游戏的干预都必须承认游戏的特点，并且满足充分的灵活性、不可预测性和安全性的要求，保证幼儿能自由游戏。教师不该因对预定计划或对其他议事日程的追求，而忽视幼儿的游戏权利。

第四，游戏的观察者与反思者。游戏观察将在下文具体提及，此处我们讲讲反思。基于观察的游戏反思能促进教师深入思考有关游戏环境、自身的游戏理解等问题，如案例 2-7 中凌老师组织幼儿对游戏进行反思。

第五，游戏的评估者。依据《3—6 岁儿童学习与发展指南》所列不同年龄阶段各领域的发展目标，教师要能够评估幼儿在游戏中所获得的学习机会与学习成果。

《3—6 岁儿童学习与发展指南》暗示，幼儿教师需要做出匹配幼儿发展与年龄特点的评估与决策，同时，教师的课程决策还应适应个体差异及文化差异。为幼儿提供持续的自我选择游戏的机会是对这些差异做出反应的最为有效的方式。

案例 2-7：

孩子们在水池边玩起了浮沉游戏，小羽试探着踏上漂浮在水上的浮板，成功地站在了上面。其他小伙伴也开始尝试，可是浮板却很快掉下水去。

在分享环节，凌老师给孩子们看游戏时的视频和照片，请他们说说自己是怎样玩浮板的。小羽说："我站在上面，身子在晃动，脚是抖的，然后就掉下来了。"凌老师问大家："小伙伴为什么会掉进水里呢？"小轩说："我们可以一个在岸上拉，一个站在浮板上，这样就稳了。"馨馨说："我们要把两只脚分开一点儿，像这样，再蹲下一点点就平衡了！"她边说边做动作。越越说："我用长捕鱼竿顶着先站好就可以了！"凌老师鼓励道："你们想了这么多不同的方法，那我们明天再去水池里试试，看看能不能平稳地站在浮板上！"[①]

① 教育部基础教育司：《游戏·学习·发展——全国幼儿园优秀游戏活动案例选编》，40~41页，北京，人民教育出版社，2020。

案例分析

凌老师充当了幼儿游戏讨论的组织者。通过视频和照片，凌老师既为幼儿提供了具体形象的回顾与反思线索，又让幼儿产生一种情感共鸣。当幼儿看到自己的视频和照片时，他们都会发出惊呼声，或者嘻嘻地笑着，成就感、自豪感及对他人的认同感由此而生。通过提问，凌老师有意识地组织幼儿去把握及思考游戏的关键问题，促进相互的分享，拓宽了幼儿的视野。比如，使幼儿思考、讨论游戏中遇到的问题应当如何解决。通过对游戏的记录、回放与反思，凌老师既促进了幼儿的同伴互动，增进了同伴情谊，亲密了师生关系，又激励了幼儿对游戏相关问题的深度思考。比如，如何继续推进游戏、怎么创造性地解决游戏中的问题等。

然而，诚如研究者指出的，游戏的定义不明，幼教师资培育机构对游戏课程的规划不足，幼儿园行政单位与教师欠缺游戏性课程的专业知识，幼儿教师对游戏的教育信念、家长态度及传统社会文化价值等，均影响基于游戏的课程质量。进一步说，无论是幼儿教师的职前教育还是在职教育，在游戏指导的培训上均有待增强。以社会戏剧游戏为例，如果被问及，大多数学前教育的教师会说自己重视社会戏剧游戏的价值。然而，少有证据表明，教师在计划幼儿教育课程的过程中，会自觉将社会戏剧游戏作为课程计划的一部分，更别说教师力图促进社会戏剧游戏的发生。之所以出现这一情况，部分原因是：在教师教育项目中，很少有对幼儿教师进行有关具体游戏促进技巧的培训。无论是职前还是在职的幼儿教师教育与培训，有关游戏知识与技巧的内容都应该成为培训的主要焦点或嵌套于其他教育与发展培训中。早期教育的教材及网站常包含许多专业术语，如“支持”与“促进”游戏，“有准备的环境”等，这些术语的确切意思应该加以界定，并为教师理解。同时，社会应为教师提供促进游戏发展的有用资源。[①]

① Nwokah E. E., *Play as Engagement and Communication: Play & Culture Studies*, Volume 10, Lanham, University Press of America, 2010, pp. 165-183.

第三章
幼儿园游戏课程的存在方式

课程可以理解为儿童在校经历的“学习轨迹”。教师根据儿童的兴趣、法定教育目标及自己的个人抱负，通过课堂上与儿童的密切互动不断建构课程。在此过程中，教师整合个人目标、正式目标与儿童的兴趣，以达到某一年龄的法定教育目标。显然，这种以游戏为基础的课程并不是“自由放任”的事件。

——伯特 · 范厄斯、黛比 · 杜伊克尔斯

问题情境

游戏是课程吗？从领域 / 学科课程、活动 / 经验课程等课程门类看游戏课程，这里的“课程”指的是什么？也有一线教师担心，游戏课程是不是意味着有了课程就没了游戏呢？这一担忧的实质是不是将游戏课程中的课程理解为了领域 / 学科课程？游戏课程以满足儿童的游戏需要、提高儿童的游戏能力抑或实现教育意图为课程目标，游戏课程以预设为主还是生成优先？儿童在积极与人、事物及符号发生相互作用时，游戏是组织与理解他们的世界，抑或传递已有文化知识的手段？

内容导读

第一、第二章主要探讨了游戏课程的概念及存在理由，本章将进一步借用生态学的隐喻，分析游戏课程的存在样态。借用生态学的“寄生”、“互生”与“共生”概念分析游戏进入课程并与课程融合的历史进程。 借“寄生”概念隐喻游戏被不断异化为教育手段的过程，借“互生”概念描述游戏课程与学科课程基于功利需要而形成的相互转化关系，借“共生”概念描述游戏与课程异质共存的未来发展趋势及应该遵循的伦理规范。

第一节 游戏课程寄生存在方式的历史演进及其危害

在幼儿教育史上，游戏最初是以“寄生”的姿态跻身于幼儿园课程中的。借用生态学“寄生”的概念，“游戏寄生于课程”意在说明，在某些课程体系中，游戏存在的理由仅仅在于其工具价值，一旦失去工具价值，游戏就失去了独立存在的意义与理由。

一、游戏课程寄生式存在的历史演进

西方国家的游戏课程先后出现过三种存在方式：游戏与课程的分离、游戏作为课程工具存在及游戏课程作为学科课程的对立面存在。一直以来，西方国家的游戏与课程分离，直到裴斯泰洛齐仍保持以往学校在上课和游戏之间交替的做法。[①]至此，游戏与课程仍为分离式存在。福禄培尔将游戏纳入幼儿园课程，同时设计“恩物”与“工作活动”来指导及组织游戏，以掌握三大基本知识形式[②]，经蒙台梭利等的推动与发展，从此，游戏成为幼儿园课程的内容与手段，游戏课程作为实现特殊价值、达到教育目的之工具的存在方式逐渐确立。随着现代儿童中心主义教育思潮的兴起，尤其是第一次世界大战后的十年，行为主义的影响及其与进步主义的抗衡，历史上形成了以游戏为中心的课程及习惯训练模式的分野。[③]

（一）游戏仅仅被视为课程的工具由来已久

西方社会从古希腊开始，就已经注意到游戏的工具价值。比如，柏拉图根据国家安全、公民教育的需要，强调选择简单易行、适合儿童年龄特点，且符合法律精神的规则游戏；亚里士多德（Aristotle）主张，游戏要能与将来的工作相联系；西方古典游戏理论中的生活预备说也是从做好对未来生活所需技能的准备的角度解释“人为何游戏”的问题的。较早从课程工具的角度思考儿童游戏的是夸美纽斯。洛克进一步阐述了游戏的课程工具价值。在他看来，学习内容是“苦口的药”，游戏不过是哄骗儿童学习某一内容时，在其上包裹的一层“糖”。此后，为利用游戏的课程工具价值，福禄培尔、蒙台梭利等均做出了许多实质性改进。至此，可以说，

① ［美］贾珀尔·L. 鲁普纳林、［美］詹姆斯·E. 约翰逊：《学前教育课程》第六版，赵俊婷译，9页，上海，华东师范大学出版社，2014。

② ［美］贾珀尔·L. 鲁普纳林、［美］詹姆斯·E. 约翰逊：《学前教育课程》第六版，赵俊婷译，10~12页，上海，华东师范大学出版社，2014。

③ 刘焱：《儿童游戏通论》，346~356页，福州，福建人民出版社，2015。

西方幼儿教育对游戏的重视，看重的是游戏作为课程手段的工具价值。

事实上，人们对游戏的消极态度由来已久，至今仍存。在推崇“学而优则仕”“业精于勤而荒于嬉”的东方儒家文化中，游戏和学习是二元对立的。在我国，传统的课程模式是一种非游戏课程模式，即使是允许游戏存在的课程体系，也更多地将游戏视为紧张学习之余的休息与放松。在西方，从柏拉图开始，人们就将游戏与真实或严肃的活动对立起来。在《尼各马可伦理学》中，亚里士多德认为，游戏充其量是为了工作而允许的间歇。[①]

（二）游戏课程寄生于课程的表现

为更好实现游戏的课程工具价值，筛选、改造或再造儿童游戏是迄今为止人们提出的三种基本策略。[②]从而，游戏与课程建构的寄生关系有：分离关系、过滤关系和包含关系。当然，严格来讲，分离关系并不是游戏课程的存在方式，因为此时游戏尚未进入课程的视野。

筛选游戏中有课程价值的部分进入课程，便形成游戏与课程的过滤关系。当游戏被理解为一个科目或领域时，这就构成了游戏课程与整个幼儿园课程体系的包含关系。我国台湾地区1987年修订的《幼稚园课程标准》体现了游戏与课程的包含关系。在该标准中，游戏与健康、音乐、劳动等其他五门课程并列。[③]从分离关系发展为过滤与包含关系，彰显了游戏的课程地位。然而，游戏被当成一个科目，教师很容易根据自己的判断，对游戏加以改造、引导甚至导演，幼儿的游戏权利和游戏性体验无法保障。

将游戏课程理解为学术学习的对立面，很容易走入工具取向或价值取向的“死胡同”，以致游戏课程经常受到学术标准化考核、教育市场化等的冲击，游戏课程在幼教课程体系中被“工具化”“边缘化”。游戏对于课程的寄生，其实质是以工具理性理解幼儿园游戏及其价值。进一步说，游戏课程寄生的存在方式，使得在游戏课程的设计与实施中，儿童视角被遮蔽，儿童声音被忽略，儿童游戏权利被无视，教师通过“请你跟我这样游戏”等指令掌控游戏的启动、开展、角色分配等全过程。仅仅作为课程工具存在的游戏活动，受重视的主要是教学游戏，幼儿的自由游戏只被当作教学活动的奖赏，甚至未进入教师的课程视野。

① 王炳钧：《游戏话语的历史转换》，载《外国文学》，2018（6）。

② 黄瑞琴：《幼儿园游戏课程》第二版，326~333页，台北，心理出版社，2011。

③ 李云淑：《台湾幼儿园课程标准及实施研究》，载《闽台文化交流》，2009（2）。

二、寄生关系致使游戏与课程“两败俱伤”

一方面，时至今日，游戏作为教育工具的价值尚未被所有文化接受。[①]另一方面，“伪游戏”与“超载”课程盛行。幼儿教育领域普遍存在理论上、口头上重视游戏，实践上、行动上轻视游戏的“游戏困境”。[②]工具价值取向下，游戏课程的寄生式存在常呈如下情形。

（一）放任主义致使游戏缺失课程意义

游戏常被错误地理解为幼儿自动产生学习行为的催化剂。[③]“游戏自然产生学习”的想法必然带来两种态度：一种是对游戏放任自流的态度，另一种是对游戏“从期望到失望”的态度。后一种态度与前一种态度关联紧密。不要求幼儿园游戏产生实际的结果，或者误以为教师只需观察和等待，以致错失游戏蕴藏的教育契机与学习机会，使人对游戏与学习的关系及游戏本身产生怀疑与失望情绪。

还有一种情况是，游戏仅仅作为学习的“按摩仪”，即仅仅作为消解学习疲劳的工具。在此背景下，教师不会意识到游戏作为幼儿园基本活动的课程意义。教师既对游戏缺乏课程意识与课程自觉，又将幼儿游戏与教师指导对立，这种观念也导致游戏在幼儿园呈现放任自流的状态。放任主义使得幼儿园游戏既未经过筛选、改造或再造，也未经由教师指导而提升质量。幼儿园游戏的教育性不足和幼儿园课程的游戏性欠缺现象，加强了人们的执念：游戏并无什么课程意义与课程价值，从而，游戏的工具价值大打折扣，更遑论游戏的本体价值。

（二）控制主义导致课程失去游戏精神

当直接教学、高结构的集体教学活动作为一个教育传统影响至深时，即使是游戏应用于幼儿教育，教师也容易陷入对幼儿游戏的控制主义“泥沼”，游戏的工具价值被无限扩大。具体而言，幼儿园以集体的规则性、高结构性游戏为主，游戏角色的分配、游戏情节的设定、游戏冲突的解决、游戏环境的创设、游戏材料的提供、游戏规则的制定，甚至游戏作品的展示，均由教师控制，幼儿只能再现教师的意愿，重演预设的情节，失去对游戏的控制，未能体验到游戏的自由、自主、自控和愉悦

① ［英］珍妮特·莫伊蕾斯:《游戏的卓越性》，刘峰峰、宋芳译，26页，北京，北京师范大学出版社，2010。

② 刘焱:《儿童游戏通论》，前言4页，福州，福建人民出版社，2015。

③ Yelland N., “Reconceptualising play and learning in the lives of young children,” *Australasian Journal of Early Childhood*, 2011（2）, pp. 4-12.

等。游戏异化为教师“游戏”儿童。

当然，这并不是说，游戏课程不需要教师的干预。认可并提升游戏的发展价值与教育价值，需要教师对游戏的适时、适度且有技巧的干预。银行街方案、高瞻课程、瑞吉欧方案均属于干预性游戏课程模式，即教师基于课程目的，采用教育策略，有技巧地干预幼儿的游戏。

第二节 游戏课程互生存在方式的表现及其基础 >>>>>>>>

迄今为止，理论与实践都有探讨或探索游戏课程与领域课程互生的范例。在互生关系中，游戏课程既独立存在，又与其他类型的课程相互促进。

一、游戏与课程互生的表现

《幼儿园工作规程》规定，幼儿园教育应当综合组织健康、语言、社会、科学、艺术各领域的教育内容，以游戏为基本活动，寓教育于各项活动之中。据此可知，在我国现行的幼儿园课程体系中，游戏课程与领域课程并存。如何促进两类课程的互生关系？相互转换与交互生成是两种基本的实践路径。

（一）课程生成游戏

认识到课程可以生成游戏，与幼儿园课程的游戏化改革密切相关。“课程游戏化”源于 2014 年江苏省启动的幼儿园课程游戏化建设项目。该项目以南京师范大学虞永平教授的团队的理论为引领。依据虞永平教授的观点，课程游戏化只是诸多课程改革路径（如课程生活化、课程经验化）中的一种，是优化课程实施的需要。课程游戏化不是把幼儿园所有活动都变为游戏，而是确保专门的游戏活动时间，同时将游戏的理念、游戏的精神渗透到一日生活、区域活动、集体教学活动等各类活动中去。①

目前大部分幼儿园都是以主题形式来实施课程的，如何通过有内在联系的各类活动来展开主题，决定了游戏在主题活动中的地位和作用。比如，教师可以把主题活动做成围绕主题进行的探索活动，围绕幼儿的问题展开主题，这样，具有游戏意义的自主探索和自发表现会渗透在主题开展的过程中。

① 虞永平:《课程游戏化的意义和实施路径》，载《早期教育（教师版）》，2015（3）。

案例 3-1：

台中市爱弥儿幼儿园的哈密瓜班围绕“书”的主题，在进行故事讨论、参观书店、认识书的分类及摆设方式等活动后，师生一起回忆参观经验，讨论了如何将教室中的图书进行分类的问题。在学习区分教室里的图书时，有孩子提出：需要盖一间书店放分类好的书。对这项建议感兴趣的孩子便进入积木区开始尝试搭建书店的积木游戏。围绕搭建书店的主题，孩子们探究了单元（小）积木、空心积木的性质，理解了建筑设计图的重要性，解决了如何整体规划书店、如何保证建筑的稳固等问题。①

案例分析

搭建书店的积木游戏起源于“书”的主题课程。围绕“书”的主题，教师充分利用各种机会（参观、讨论等），丰富幼儿有关书的经验（阅读书、书的分类、书的摆放等），基于幼儿的游戏兴趣与经验，教师从游戏材料上回应了幼儿提出的游戏主题。在教师的引导下，幼儿以搭建书店的积木游戏为基础，围绕“书”的主题，进行了科学探究、数学学习、语言学习等各领域的主题综合活动。

教师充分利用一日生活各环节，在课程实施的过程中利用游戏的方式，提高幼儿学习的效能。不少幼儿园借助有趣的游戏内容与形式，使幼儿在愉快、自主的情绪体验中习得必要的规范、养成良好的习惯。例如，在生活活动的等待环节，教师适当组织幼儿玩一些手指游戏，可以让幼儿在不知不觉中学会等待；在学习穿衣服、系鞋带时，教师可以组织幼儿玩照料宝宝的游戏或其他建构游戏，发展幼儿手部肌肉的协调能力，使幼儿自然而然地掌握生活技能；教师教幼儿学习一首朗朗上口的儿歌，使幼儿理解搬放椅子的诀窍。

如果要开展一项了解社会角色的课程，教师可以组织幼儿到实地（如消防队）参观，请家长义工或社区义工来园演示或介绍个人职业，和幼儿一起阅读相关职业的书籍，与此同时，在角色游戏区提供相应角色扮演的道具，在建构区提供交通工具、交通标志等角色扮演的材料，这将鼓励幼儿将课程学习经验创造性地表现与整合在游戏活动中。看看下面的例子，你很快就能明白科学探究课程与幼儿游戏之间的内在一致性。

① 马祖琳:《点燃孩子的创意火花：台中市爱弥儿幼儿园积木活动实录及解析》，45~82 页，南京，南京师范大学出版社，2018。

案例 3-2：

离园前，小轩在窗户防护栏的影子下专注地摆弄着积木，一会儿试着把积木立起来，一会儿又平放下来，尝试不同角度下影子的变化。王老师观察到小轩的行为，询问他发现了什么。听到老师与小轩的交谈和讨论，更多的孩子被吸引着参与进来，拿起积木在防护栏的影子下摆弄和观察。他们发现，随着积木形状的变化，影子也发生了变化。在之后的户外活动中，孩子们开始在阳光下寻找会变化的影子，探索影子什么时候会拐弯、什么时候不会拐弯、为什么会拐弯等问题。为了对孩子们提出新的游戏挑战，王老师为孩子们准备了不同的辅助材料，供他们继续在游戏中探究。后来，孩子们开始通过捡被虫子咬过的小树叶、在硬卡纸上剪出图案、在磁力操作桌上拼摆积木形成立体背景等方式，试图让影子产生不同形状、样式的丰富变化。①

案例分析 >>>>>>>>

一个偶然的机会引发了幼儿感兴趣的主题——“影子”，通过基于游戏的学习，幼儿探索了关于影子的游戏，进行了“让影子发生变化”的探索活动。看到这一幕，你可以肯定，幼儿在投入地玩，也在主动地学习。这些案例使我们相信：游戏式课程的设计与实施，有助于幼儿教育同时实现知识与技能、情感与态度、过程与方法的三维目标。

总之，课程生成游戏存在两条基本路径，一是课程获得的学习经验自然延伸到游戏课程中，二是课程通过游戏或创设游戏化情境加以组织与实施。比如，在“认识影子”的科学领域教学活动中，教师组织幼儿开展“踩影子”“比比谁的影子长”“制造影子”“让影子消失”等游戏，巧妙地将课程内容转换成游戏的内容。再如，在绘本《爱心修补店》教学时，教师帮助幼儿在区角创设“爱心修补店”，引导幼儿通过区域游戏理解绘本内容。②

领域课程生成游戏课程，可以使双方获利。从领域课程的获利看，领域课程通过游戏，既提高了课程的趣味性、丰富性与变化性，又促进了幼儿基于游戏的学习，帮助幼儿产生与领域课程同源异质的学习经验，大大提高了领域课程发展幼儿核心

① 教育部基础教育司:《游戏·学习·发展——全国幼儿园优秀游戏活动案例选编》，285~290 页，北京，人民教育出版社，2020。

② 刘焱:《儿童游戏通论》，326~333 页，北京，北京师范大学出版社，2004。

素养与关键经验的效果。从游戏课程的获利看，在领域课程相关主题、学习经验的推动下和在教师的指导下，游戏课程的目标得以扩展或聚焦，内容得以丰富或深入，资源亦不断丰富。当然，在此过程中，游戏课程与领域课程是相对独立存在的，这种相对独立性表现在，幼儿园课程表（如周计划）上分别列有游戏课程（如自主游戏、民间游戏）与领域课程，且两类课程在幼儿园课程体系中各占一定比例。

（二）游戏生成课程

游戏生成课程与游戏的课程化，尤其是安吉游戏课程化的理念与实践相关。安吉幼儿教育模式曾用八个字总结安吉游戏的特点，即放手游戏，发现儿童。[①] 近年来，安吉游戏开始追问，“发现儿童”后应该做什么？这一追问，是对游戏课程与其他类型课程关系的追问。游戏课程生成领域课程的基本路径为：基于游戏观察，把握其中蕴含的关键经验与核心概念，生成有价值、有意义的领域课程。比如，斜坡搭建积木游戏之后，教师有意识地组织幼儿讨论，或者让幼儿绘制游戏故事画，帮助幼儿表征与分享游戏体验，聚焦问题与关键经验，并以此为契机，组织幼儿开展与摩擦力相关的主题探究，或者推动新的游戏活动。在这里，游戏活动就生成了新的教育教学活动以及更高质量的游戏活动。

游戏的经验、游戏产生的问题、游戏生成的兴趣等都可以为课程的生成或开展提供条件。比如，沙水区游戏结束后，教师提出诸如“你在沙水区玩了什么？和谁一起玩的？”“你和谁一起挖了一个‘水渠’？”“你是怎么解决沙子不断往下掉的问题的？”等问题，引导幼儿回忆、总结与分享游戏经验，由此激发幼儿对科学探索（不同比例的沙和水混合后的变化）、语言表达、想象游戏、故事创作、美术表达等多个课程领域、多种表达方式的兴趣。如果教师在组织传统游戏“拉绳”时，引导幼儿观察拉动绳子时中间圆环的变化，提问“为什么拉绳子两头没有直接动圆环而圆环能不停地转动”，此类游戏可增进幼儿有关力的科学经验。

此处需要注意区分两种课程概念：现代科学化的课程概念与后现代观点的课程概念。[②] 持现代课程观念者，在领域课程派生游戏课程时，强调特定的游戏方法与游戏内容，因而，游戏课程可能出现较多的教师介入与指导。持后现代课程观念者，可能组织更多的自由游戏，游戏的内容可扩展为多元丰富的脉络内涵及与文化脉络

① 程学琴：《放手游戏 发现儿童》，1~16 页，上海，华东师范大学出版社，2019。

② 黄瑞琴：《幼儿园游戏课程》第二版，28~29 页，台北，心理出版社，2011。

相关的文本经验，游戏更可能延伸到教学活动中。[①]

二、游戏课程与领域课程互生的基础

游戏课程与领域课程的互生，以幼儿园课程的经验基础与幼儿园游戏的教育性为前提。

（一）互生关系的经验基础

杜威曾指出："在幼儿园和中小学各年级里，把游戏和工作截然分开的现象非常盛行。""不论什么事情，凡是能引起儿童兴趣的，完全是因为那些事情本身对儿童有直接的兴趣。这样，为了功用而做事，和为了娱乐而做事就没有什么差别了。"[②]在心智生活中，过程与结果、工作态度和游戏态度应该实现平衡。工作和游戏的分离，结果和过程的分离，造成了对理智的伤害。游戏与工作不应分离，否则游戏就会退化为傻淘傻闹，工作也就变成了苦役。[③]杜威在经验主义的基础上强调了游戏和工作的结合。

幼儿园游戏课程与领域课程的互生关系，建立于二者均可以是幼儿获得游戏性体验的过程的基础上。游戏性体验实质上是一种主体性体验，是游戏活动不可或缺的构成要素。[④]对于领域课程而言，即使是由教师引发或事先规划的课程，如果能够激发幼儿了解事物或问题的欲望，能吸引幼儿积极参与，且以幼儿为中心，让幼儿乐在其中的，也是一种游戏。[⑤]幼儿园课程应该重视儿童课程学习的经验性、过程性、愉悦性等游戏性体验，承担起促进幼儿基于游戏产生有意义学习及深度学习的道德责任，建立游戏课程与领域课程的经验关联，促进二者的相互转化。

（二）互生关系的教育依据

首先，幼儿园游戏课程与领域课程一样具有独立存在的价值。经济合作与发展组织（Organization for Economic Co-operation and Development，OECD）在"未来的教育与技能2030"（The Future of Education and Skills 2030）的项目中指出，

① 黄瑞琴:《幼儿园游戏课程》第二版，237~238页，台北，心理出版社，2011。

② [美]约翰·杜威:《我们怎样思维·经验与教育》，姜文闵译，175、177页，北京，人民教育出版社，2005。

③ [美]约翰·杜威:《我们怎样思维·经验与教育》，姜文闵译，230~232页，北京，人民教育出版社，2005。

④ 刘焱:《儿童游戏通论》，149页，北京，北京师范大学出版社，2004。

⑤ 陈淑敏:《幼儿游戏》第三版，244页，新北，心理出版社股份有限公司，2016。

未来是不确定的、无法预测的。幼儿游戏具有的开放性、不确定性与规则性等特点，有助于培育幼儿应对不确定情境所需的好奇心、想象力、同理心等核心素养。只有自觉将作为学习方式的游戏建立在作为存在方式的游戏基础上，才可能避免幼儿园课程实践中的游戏异化。①

其次，幼儿园游戏课程以教育目的为前提。教育情境的游戏应当追求学习效果，这是教育情境的游戏和娱乐性游戏的区别。如果将幼儿园游戏的本质视为无目的的活动，那么，理论与实践上就将“通过游戏来教”与“通过游戏来学”这一双边统一的过程对立起来，从而走入困境。解决困境的方法是：区分游戏的外在目的与内在目的，或者说，区分幼儿的游戏目的与教师赋予游戏的目的。对于幼儿而言，游戏的目的在于游戏本身；对于教师而言，游戏却是需要追求教学效果的有目的的教育活动。

最后，游戏课程与领域课程的互生提高了教育目标的达成度。游戏生成的问题、游戏体现的学习兴趣等可为课程的生成或有效开展提供良好的心理条件；教师基于游戏的观察与诊断，为幼儿提供支架式支持，有助于增进课程目标的达成度及课程学习的效能。充分的证据表明，相较于“说教式项目”而言，基于游戏的课程至少同样多地支持学术成就。同时，它们更少带来焦虑与低自我评估的风险。②

第三节 游戏课程的理想存在方式及其改革与实践

共生与互生的种间关系均强调不同物种间的合作互利关系，二者的主要区别在于物种之间关联的程度。互生关系基于功利需要而合作，关系松散；狭义的共生概念则强调了多元并存、异类同生、互利共赢等关系。此处借用生态学的共生理念，旨在隐喻游戏课程与其他课程异质兼容、互利共赢乃至形成共同体的关系。

一、共生是幼儿园游戏课程的理想存在方式

首先，在本体论意义上，游戏与课程相融共生、真正结合的产物才是“游戏课程”。③共生是游戏课程应有的存在方式。这里有两层意思：一是指游戏作为课程活

① 李召存：《追寻课程政策背后的教育意义：基于学前课程纲要的国际比较研究》，127页，上海，华东师范大学出版社，2012。

② Elkind D., *The Power of Play: Learning What Comes Naturally*, Philadelphia, Da Capo Press, 2007, p. 212.

③ 周淑惠：《游戏 VS. 课程——幼儿游戏定位与实施》，68~76页，台北，心理出版社，2013。

动，与其他课程活动共存共生；二是在游戏课程内部，不同结构程度的游戏课程及游戏课程各要素之间共生。基于莫伊蕾斯的从“纯粹的游戏”到“非游戏”的连续体观念[①]，游戏活动与领域教学可以相互作用并形成螺旋上升的态势，结构性不同的游戏课程也可以相互作用、动态延伸。游戏与课程“交融共构”的观点认为，游戏课程是一个在游戏中师生协商共构、权力分配的社会建构过程。教师指导的游戏与幼儿主导的游戏可以共存且均衡交织。[②]

其次，在价值论意义上，游戏课程实现了儿童游戏需要与成人教育意图的统一。解决游戏需要与教育意图的矛盾，学者开出的“处方”叫教育性游戏。教育性游戏的特征在于它既服务于教育目的，又使儿童获得快乐与满足。教师的任务在于改造儿童的自由游戏，使之既具有教育上的价值，又保持游戏的性质。[③]基于自觉的课程意识，自由游戏课程[④]得以产生；教育性游戏的规划与实施，激发游戏并实现教学目标，学术游戏课程[⑤]得以产生。从此，游戏课程出现两种模式。如果说，效用性和合理性可以作为事物价值评价的两个维度，那么，二者还需要以共生性融贯。这是因为，效用性与合理性必须以能否改善和优化共生关系为目的。[⑥]

最后，从伦理学角度看，游戏课程是师生共创共长、均权协商、动态生成关怀关系的过程。依据多尔（Doll）的后现代课程思想，课程应具有开放性、丰富性、不确定性等特点。理想的课程生态是：创建以“课程自由、教学自律和学习自主”为学习共同体主导文化范型的学校生态环境，创设师生平等对话的课程情境，实现个体“知识建构、道德践履和人格养成”三位一体的课程目标。[⑦]游戏的开放性、不确定性及游戏者的主体性与平等性特点同后现代课程观不谋而合。基于游戏的课程更易于建构后现代主义描述的课程生态，即师生和生生对话、尊重、平等、交融、协作的主体间性关系与关怀伦理关系。正如关怀伦理学所主张的，幼儿教育工作者

① ［英］珍妮特·莫伊蕾斯:《游戏的卓越性》，刘峰峰、宋芳译，61~67 页，北京，北京师范大学出版社，2010。

② 周淑惠:《游戏 VS. 课程——幼儿游戏定位与实施》，61~67 页，台北，心理出版社，2013。

③ Edwards S. & Cutter-Mackenzie A.，“Pedagogical play types：What do they suggest for learning about sustainability in early childhood Education？” *International Journal of Early Childhood*，2013（3），pp. 327-346.

④ ［英］珍妮特·莫伊蕾斯:《游戏的卓越性》，刘峰峰、宋芳译，18~24 页，北京，北京师范大学出版社，2010。

⑤ 吴幸玲:《儿童游戏与发展》，439 页，台北，扬智文化事业股份有限公司，2003。

⑥ 王世进、胡守钧:《共生哲学论纲》，载《长安大学学报（社会科学版）》，2016（3）。

⑦ 岳刚德:《论课程的丰富性——多尔后现代课程思想研究》，载《全球教育展望》，2006(4)。

应最优先保护儿童和促进适当的儿童发展，满足儿童情感、身体和教育的需要，所有儿童都能得到尊重和公平对待，同时，与儿童建立信任、关怀和关注的关系。[①]

二、游戏课程共生存在方式的改革与实践

提高游戏课程存在方式的共生性，已然成为部分发达国家学前教育课程政策的基本取向，例如，澳大利亚发布了《归属、存在和成长：澳大利亚儿童早期学习框架》(Belonging，Being & Becoming：The Early Years Learning Framework for Australia，EYLF)。[②] 基于海德格（Heidegger）的社会共生理论及主体间性理论，澳大利亚早期教育课程强调师幼之间建立安全、尊重、信任和互惠的共生关系。同样，在对现在与未来关系的思考上，该框架体现的是社会共生论。该框架提出，幼儿期不仅是对未来的准备，也是对现在的准备。该框架致力于创造基于游戏的学习环境。在这一环境中，儿童积极建构自己的理解，并为他人的学习作出贡献。在该框架中，教师将儿童视为积极的参与者和决策者，儿童视角的确立为教育者提供了超出预设课程效果的可能。一方面，游戏被视为自我驱动的活动；另一方面，游戏又有助于幼儿完全被经验吸引，且满足于这种卷入。正是内在动机与高度卷入带来了幼儿的深度学习。[③]

儿童视角的引入，重构了游戏课程的师生权力并实现权力的博弈，体现为：游戏主题、游戏材料、游戏环境、游戏互动和游戏规则，均不完全由教师预设或规定，而是由儿童在游戏中与同伴、教师一起决定，游戏的主动权从教师回到儿童，由此可能创造一种能够反哺成人文化的儿童游戏文化。在此课程框架下，幼儿园课程与游戏基本重叠，教育意图与儿童意图整合，儿童视角与成人视角平衡。在这里，幼儿的自由游戏本质上是游戏课程，因为它贯穿了教师的课程意图与课程设计，同时，游戏的过程又涉及科学、数学、语言等领域的知识与概念。遵循支持幼儿在游戏中聚焦与解决一个有意义的问题，推动一个新问题的产生与解决这样的课程逻辑，在师生丰富的游戏互动中，教师不断赋予幼儿对游戏的决策权、选择权与问题解决权，幼儿也在主动探究、协商解决问题的过程中，彰显了他们的主动性，师生共同编织了共存共生、相互滋养、彼此成就的课程愿景。

① ［美］弗吉尼亚·赫尔德:《关怀伦理学》，苑莉均译，52~67 页，北京，商务印书馆，2014。

② Knaus M.，"'Time for being'：Why the Australian Early Years Learning Framework opens up new possibilities，" *Journal of Early Childhood Research*，2014（3），pp. 221-235.

③ Ridgway A.，Quiñones G. & Li L.，*Early Childhood Pedagogical Play: A Cultural-Historical Interpretation Using Visual Methodology*，Singapore，Springer Singapore，2015，p.21.

共生的存在方式重构了一种可能的课程生态。它既是一个值得期待的课程愿景，也是"在路上"的幼教实践。在这个生态系统中，游戏成为幼儿在园的生活状态与童年应有的生存方式，课程亦表现出更多的不确定性与生成性特点。游戏课程"寄生"、"互生"与"共生"存在方式，对应的是从过去、现在到未来的时间序列。这种对应旨在表明，人类在认识或实践游戏课程时，呈现一种随社会文化变迁而变化的时间属性。游戏课程的工具价值最早得到认可，反映了当时幼儿教育的进步，最近以来，基于对工具理性的批判，游戏仅仅作为课程工具的存在被批判为寄生的存在方式，游戏与课程、游戏课程与领域课程的互生价值逐渐为人们认识并得到实践应用。至于游戏课程的共生存在方式，则伴随儿童游戏权利的彰显、社会共生伦理的应用而萌芽，并将成为未来幼儿教育发展的趋势，成为解决游戏课程困境的"处方"。需要注意的是，一种文化在一个地域内的确立与延续必须有适宜的环境作为保障。游戏课程主要是 20 世纪初中国从西方引进的课程类型与文化模式，它在中国的发生发展离不开对中国本土文化的适应过程。游戏课程实践在当前我国幼儿园课程体系中的复杂存在，是对我国当前文化环境的多样性、复杂性的适应与反映。从这一意义上说，当前我国幼儿教育只允许一种游戏课程的存在方式出现且以它为理想模样是不切实际的。也就是说，游戏课程的三种存在方式在当前及将来的较长时间内还将并存，并且由于幼儿教育发展的不均衡性，三种存在方式在具体幼儿园课程中的占比可能有所不同，从而显示出不同存在方式的主次或强弱结构关系。

第四节 幼儿园游戏课程存在的当代典型：安吉游戏

安吉游戏 2002 年发源于浙江省安吉县。从户外游戏研究开始，安吉幼教人逐步将游戏的自由自主精神向室内活动及一日生活的各个环节渗透，逐步形成了基于游戏与生活、游戏与教学相互促进、预设与生成相统一的课程体系。为了传承、发展与介绍改革成果，安吉幼教人在 2014 年申报基础教育国家级教学成果奖时正式使用"安吉游戏"这一专用名称。在华爱华教授看来，安吉游戏已不仅仅是游戏，而且是完整的、基于游戏的理想的幼儿园课程，是在本土文化中孕育，在不断解决问题中逐步建设、形成并仍在不断完善的课程。①随着游戏课程观念的确立及系统的理论阐释②，安吉游戏课程指称既有中国特色又带有普遍适用性的游戏化课程

① 华爱华：《我所认识的"安吉游戏"》，载《学前教育》，2019（5）。

② 彭茜：《幼儿园游戏课程存在方式的生态学分析》，载《教育研究》，2021（12）。

模式。

安吉游戏课程具有自主、有爱、自然、生成等特征，遵循“爱、冒险、喜悦、投入、反思”的游戏精神，形成了以自主为基本特征的游戏课程体系。安吉游戏课程契合了当今世界学前教育课程发展方向，至今已扩展至我国 34 个省级行政区和 100 多个国家。教育部—联合国儿童基金会将“安吉游戏”教育模式列入学前儿童质量提升项目，2020 年 1 月世界经济论坛（World Economic Forum）发布的最新报告《未来学校：为第四次工业革命定义新的教育模式》将安吉游戏列为“教育 4.0 框架”。依据华爱华教授的理解，安吉游戏课程包含了课程该有的全部要素，且具有朴素、简单的特点。[①]

一、课程目标

安吉游戏课程既参照了《3—6 岁儿童学习与发展指南》提出的三十二条目标和五大领域中关于幼儿发展典型行为的表述，又对照了学者研究的五大领域核心经验，将它们作为确定安吉游戏课程目标的依据。安吉游戏课程没有分解目标层级，即没有把目标与幼儿的年龄直接对应。这并不是说安吉游戏课程不关注目标，它只是不追求目标的即时达成。安吉游戏课程的目标就是《3—6 岁儿童学习与发展指南》中的三十二条目标，这三十二条目标是一种长程目标，是课程在实施过程中任何一个阶段的方向性指引。[②] 依据安吉幼教人自己及旁观者对安吉游戏课程的描述，安吉游戏课程倾向于培养幼儿的基础能力或长期能力，并将此作为长远或一般性的课程目标。

（一）游戏力

游戏力表现为与同伴协商合作的能力，不断创造新玩法的能力，高难度的运动能力，自我保护能力，自主、自律、专注、坚持的学习品质，整理和自理方面的良好习惯。[③] 当然，游戏促进幼儿能力的发展是有条件的。只有高品质的游戏才能有效促进幼儿游戏能力的发展。教师有一个基本的专业责任，那就是帮助幼儿成为“游戏的精通者”。布罗德黑德和伯特强调，不存在所有幼儿都应达到的“比较性”

① 韩康倩：《华爱华教授访谈录之六“安吉游戏”中的一日生活》，载《幼儿教育（教育教学）》，2021（11）。

② 韩康倩：《华爱华教授访谈录之六“安吉游戏”中的一日生活》，载《幼儿教育（教育教学）》，2021（11）。

③ 华爱华：《我所认识的“安吉游戏”》，载《学前教育》，2019（5）。

优秀。“精通”是每个幼儿在恰当的游戏环境下均可达到的状态。在恰当的、游戏化结构的、教育性的环境中，所有幼儿都可以获得进步，所有幼儿都可掌握某种程度的参与游戏所必需的技巧。开放式的游戏空间、自由选择的机会、开放而多样化的游戏材料，能有效刺激幼儿多样的创造性，促进问题解决、注意力高度集中及合作性参与。①

（二）思考力

在安吉游戏课程中，“教”主要是为了激发幼儿的思考力，引出幼儿的精彩观点，教幼儿知识不是目的，教幼儿如何学才更重要。因此，在话题讨论中，教师特别鼓励幼儿猜测、提出假设、说明理由、提供依据、尝试验证、阐明方法、表述关系，这种思维能力的锻炼和学习能力的提升，对幼儿的长远发展具有重要的意义。②准确地说，安吉游戏课程强调在自由游戏与自主探究中发展幼儿发现问题与解决问题的能力。

（三）适应力

乌卡（volatile，uncertain，complex，ambiguous，VUCA）时代已经来临。VUCA 是四个单词的缩写，四个单词分别是易变、不确定、复杂和模糊的意思，表达了对我们所处社会特点的认识，即当今世界日益具有易变性、不确定性、复杂性和模糊性。在此背景下，今天的教育要培养幼儿对瞬息万变的世界具有适应力。这种适应力意味着幼儿在基于游戏的课程中发展冒险精神、创造力与想象力，发展一种积极的心态勇敢应对各种变化，同时，具有自我管理、安全评估、自我保护的能力等。从表面上看，安吉游戏课程，尤其是其户外游戏有一定的安全风险。这是因为，安吉幼教人相信：幼儿的自我保护本能让他们能够自我判断，在此过程中发展安全意识、自我保护与自我挑战的能力，培养在面对未来不确定性时所需要的勇气。

（四）主体性

安吉幼教人将游戏精神渗透于幼儿园课程，安吉游戏课程的儿童观相信，游戏的主体是幼儿而非成人，游戏主题、游戏水平等反映的是幼儿的生活经验与游戏经验，因此，幼儿有自主选择游戏同伴、游戏主题、游戏情节等的权利。正是这种对

① Broadhead P. & Burt A., *Understanding Young Children's Learning through Play: Building Playful Pedagogies*, New York, Routledge, 2012, pp. 121-122.

② 韩康倩:《华爱华教授访谈录之六“安吉游戏”中的一日生活》，载《幼儿教育（教育教学）》，2021（11）。

儿童游戏权利的信任与尊重，安吉游戏课程旨在培养有主见、有创见、有动力的学习者，培养自主、自信、专注的探索者。高品质的游戏自然而然地可以提高幼儿自主与自律、专注与坚韧等的学习品质，以及整理和自理方面的良好习惯等。

二、课程内容

安吉游戏课程相信，幼儿在有准备的环境中所习得的经验，就是教师想让幼儿学习的课程内容。①

（一）以游戏与生活为基本活动

安吉游戏课程放弃了统一征订的教材、部分无意义的集体教学，将教学的起点与内容聚焦于儿童的游戏与生活。②经过无游戏、假游戏、真游戏三个阶段的发展，安吉游戏课程形成了以游戏为基本活动的幼儿园课程体系，把游戏放在教育教学活动的核心地位，为幼儿创造空间、提供条件并支持幼儿进行真正体现幼儿愉悦、自由、自主、创造的真游戏。安吉游戏课程的这一做法符合安吉游戏课程改革的初衷，与国家“以游戏为基本活动”及防止、纠正“小学化”的幼儿园课程政策一致。比如，2016 年 3 月起开始施行的《幼儿园工作规程》强调幼儿园课程的游戏化取向，强调“幼儿园不得提前教授小学教育内容”。

安吉游戏课程通过捕捉游戏和生活中的教育契机，以适宜的时机和方式回应游戏，生成与《3—6 岁儿童学习与发展指南》目标一致的教学内容，推动幼儿基于游戏和生活的学习。比如，充分发挥主题墙的教育价值，让主题墙不仅成为幼儿记录自创符号与表达游戏故事的平台，而且可以呈现师生由一起反思游戏而产生的共同经验，呈现游戏中不断发现问题、解决问题的过程与方法，使主题墙真实呈现幼儿发现世界、教师发现幼儿并支持幼儿学习的精彩过程。又如，在幼儿建构房子总是倒塌时，教师联系幼儿的生活经验提问：“房子为什么容易倒？要怎样建才更牢固？我们平时住的房子是怎样建造的？你是怎么想到这样搭建房子的？”这样，教师想要幼儿解决的问题就转换成幼儿依据自己的生活经验可以解决的问题，并成为他们自己想要解决的问题。将幼儿在游戏与生活中想解决的问题作为课程内容，很好地解决了传统教学中幼儿对教学内容不感兴趣的问题。

① 韩康倩:《华爱华教授访谈录之六“安吉游戏”中的一日生活》，载《幼儿教育（教育教学）》，2021（11）。

② 程学琴:《源起与发展：一场深刻的儿童游戏革命》，载《学前教育》，2019（3）。

（二）回应文化要求，选择课程内容

从 2017 年开始，安吉县所有幼儿园不再使用统一的教材，而是强调基于游戏生成课程与教学，满足因地域、家庭等中观、微观层面的文化差异而带来的幼儿文化经验与水平的差异化需求。过去，幼儿园课程过多按照学科逻辑组织课程内容，以知识传授为促进幼儿发展的重要形式。现如今，我国幼儿园课程建设普遍强调幼儿本位，这是因为，幼儿园课程建设“文化回应”的落脚点终究是幼儿，无论是游戏的选择还是表征都要符合幼儿的学习特点、水平与发展规律。意大利教育家马拉古奇（Malaguzzi）提出“儿童的一百种语言”。这“一百”并非具体数字，而是说明儿童的学习方式和理解周围世界的方式并不单一，是多种多样的。安吉游戏课程信任与尊重幼儿，尊重他们已有文化经验的差异及游戏故事或表达的多样性。

同时，鉴于我国文化情境下阅读的重要性，安吉游戏课程每天安排一定的阅读时间，使幼儿在园的每一天都有充分的自主权，都能自主决定在什么时间读什么书、以什么方式阅读。他们每天利用零散的或整段的时间，自主选择感兴趣的、与自己的游戏及生活联系紧密的绘本，独自或者与同伴一起，反复看、反复听，用自己的办法理解图文的意思，以自己喜欢的方式记录对故事的理解，复述、创编故事等。教师创设开放的阅读空间，提供自由自主的阅读机会，观察和陪伴幼儿的阅读，根据幼儿的阅读需求调整和投放绘本。一对一倾听幼儿的阅读并指导幼儿做好阅读记录，解读和分析幼儿的阅读记录，组织小组或集体分享阅读的故事。教师还每日为幼儿读睡前故事，引导家长在家庭中延续幼儿的阅读行为，做好亲子阅读。当渗透了游戏精神的阅读活动常态化了，幼儿的阅读习惯就不知不觉地养成了。在安吉幼儿园中，每个幼儿在园三年平均阅读量不少于 300 本，其中精读不少于 50 本，阅读记录 120 篇，午睡前累计听故事不少于 120 个。随着阅读量的积累，幼儿对绘本细节的观察更细致了，对故事情节、科普知识、寓言寓意、语言表达的理解更敏锐、更深刻了，对绘本内容在一日生活的运用更丰富了。幼儿在各种记录中使用绘本中的符号表征就是很好的例子。

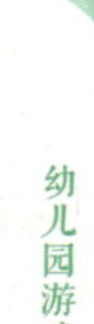

（三）根据幼儿经验的连续性组织整合性课程

在生活和游戏中，幼儿的自发行为具有经验的连续性，这种连续性不仅能在同一类游戏行为中看到，而且即使在不同的游戏类别中也能显示出相同经验之间的联系。比如，在建构游戏中，幼儿从只会垒高到能架空垒高，从单面垒高到能围合垒高，这些建构技能的发展一定是有先后顺序的。又如，当幼儿获得了以对称的方式保持平衡的经验时，他们关于对称的经验就会从形状对称发展到数量对称，再发展到形状组合的对称乃至等量代换的对称。幼儿一旦在某种游戏中学会了应用对称，就会在其他各种活动中应用对称，如绘画中的图形对称、颜色对称等。这一切都是自然而然的，教师不用教，幼儿就能自然习得，因为幼儿的自发行为是循着其发展的心理逻辑而展开的。[①]

安吉游戏课程给幼儿创造了综合利用各领域知识、获取整合的学习经验、获得全面发展的机会。比如，讨论建构游戏中的平衡问题时，涉及科学问题（如结构支撑和重力关系）、数学问题（如数量和测量等）、审美问题（如结构的美观），而且话题讨论本身就与语言表述关系密切，幼儿需要表达自己的观点，需要叙事，需要与同伴辩论。我们看到，幼儿表达时为了让同伴听懂，运用了大量隐喻和情境性词语，尽可能把话说完整。

三、课程实施

安吉游戏课程把课程目标和内容隐含于教师为幼儿创设的环境和提供的机会中，渗透到一日生活的惯例性环节中并转化为幼儿的惯例性行为，课程实施呈现如下特点。

（一）生活化

安吉游戏课程体系中的教学可分为预设性的教学与生成性的教学。安吉游戏课程中的预设性教学大多以生活中的惯例活动的形式来开展，既包括教师围绕幼儿的各种记录与幼儿进行的个别对话（对话的内容是随机生成的），也包括每周固定时间的师幼共读图书，或者学期中要开展的节庆活动等。

在安吉幼儿园中，幼儿在园的一日生活除了游戏外，还有很多与幼儿生活密切相关的惯例活动。在一日生活惯例中，教师让幼儿进行天气记录、植物记录、游戏记录、阅读记录，通过惯例的记录渗透科学探究、环境观察、表达表述、肢体表现等课程目标和内容的要求，丰富幼儿多个发展领域和各个学科的知识经验。比如，幼儿的表达就是在每天绘画表征和图符表征的记录中日益丰富和流畅起来的。他们在每日的天气记录活动中学会了通过温度计了解气温的变化，进而感知其与季节的关系；在每天的植物观察活动中通过使用尺子和放大镜等工具学会了测量和估算。

幼儿园每天都有丰富的室内外游戏，玩具材料的收纳整理是幼儿园重要的日常

① 韩康倩:《华爱华教授访谈录之六“安吉游戏”中的一日生活》，载《幼儿教育（教育教学）》，2021（11）。

工作之一。将种类繁多、数量巨大、体积各异的玩具材料在游戏后物归原处，涉及分类、摆放、运送等多方面的问题，需要合作、坚持等多种能力和品质。将游戏精神渗透在整个收纳整理过程中，教师放手支持幼儿用自己的方式进行收纳活动，并耐心等待，边观察边参与其中。教师从幼儿刚入园开始，就陪伴幼儿做力所能及的收纳整理工作。经过日复一日的积累，幼儿对形状、颜色、大小、功能等属性越来越熟悉和敏感，收纳整理的技能也越来越强，他们变换着花样运送和取放材料，还创造出既快速又省力的方式，把游戏场上数量巨大、形状丰富的材料整理到位。这项贯穿每个幼儿三年生活的惯例性活动，让幼儿在潜移默化中获得了如搬、抬、推、举、拉，分类、组合、计数、排序，合作、沟通等各个领域的整合经验。

（二）生成性

安吉游戏课程遵循这样的教学理念：幼儿园教学不能等同于上课，它是一切教师有目的、有意识地影响幼儿发展的行为，因此，幼儿园教学可以是个别化的，也可以是集体的。在安吉游戏课程体系中，幼儿园的集体教学活动完全是生成的。与其他幼儿园不同的是，安吉幼儿园直接将游戏后的分享活动定位成每日“生成教学”，这是他们在比较了长期以来从“游戏讲评”（教师高控）到“游戏分享”（幼儿平行叙事）的价值取向和利弊后做出的抉择。这种生成的教学，其素材就不可能来自教材，而是源自游戏中幼儿的问题探究，这就要求教师认真观察幼儿在游戏中的学习生长点，即幼儿的自发学习发生了没有，发生在哪里，将此作为生成教学的主题。由于这样的教学大多直接针对幼儿游戏中的认知冲突，因此这种教学过程是以对话和讨论的形式展开的，与传统的集体教学的最大区别是，幼儿有掌控教学进程的机会。如果说教师需要备课，那么，这个所谓备课在游戏中就开始了，备的是教学素材的选择，包括记录游戏中幼儿经验习得过程或解决问题过程的视频和记录幼儿关键行为的照片，这就要求教师对具有集体讨论与对话可能性的幼儿游戏行为做出选择，对有可能延伸为深度学习的游戏行为做出价值判断。①

（三）渗透性

安吉游戏课程强调通过环境创设支持幼儿主动学习，在环境中渗透教育目标。

1.“有爱的”教育生态

安吉游戏课程致力于打造“有爱的”教育生态，实施“家园共同体”建设，通

① 韩康倩:《华爱华教授访谈录之六“安吉游戏”中的一日生活》，载《幼儿教育（教育教学）》，2021（11）。

过开放幼儿游戏、开展家长驻园和家长学校等，邀请家长入园观察游戏、解读游戏、参与游戏，使家长切身体会游戏的教育价值，认同游戏理念与实践，建构安吉游戏的教育生态系统。它的核心理念是任何环境都可以成为学习环境。在幼儿园里，幼儿每天至少有 90 分钟在户外使用梯子、滚筒、木箱等材料进行游戏。这种模式成功的关键在于，它创造性地使用了低成本甚至无成本的生活中的物品，从而确保经费不足的幼儿园也能获得这些物品。

2. 真实的游戏环境

安吉游戏课程努力打造“游戏产生学习”的物理环境与心理环境，这样的环境是具有自然、开放、自主、野趣等特点的游戏学习环境。安吉幼儿园充分利用当地的自然资源，就地取材，将竹、木等材料变成低成本、自然的、高探究、高挑战性的游戏用具，开发安吉积木、安吉梯、安吉滚筒等 150 多种具有超前设计理念的游戏材料，创设高度、坡度、质地、植被等均有变化的游戏空间。此外，还设计开放、真实的游戏活动情境。对一天的活动时间进行模块化安排，教师可以根据情况，自行将多项活动整合放进块状时间内，使幼儿拥有长时间完成一件事情或跨时间完成一件事情的可能，确保每次游戏的时间不少于 1 小时。幼儿在游戏中使用的是低结构的、自然的、本土化的游戏材料。[①]

3. 安全的心理环境

安吉游戏课程强调营造安全、自由、轻松的游戏环境。首先，安吉游戏课程去掉了在环境创设上取悦成人的功利追求，通过去除传统的区域标签，取消区域里的约定、规则和步骤，创设开放的游戏空间与游戏材料，为幼儿争取到玩什么、怎么玩、跟谁玩等游戏自主权。[②] 其次，赋予幼儿自主探究的权利，并给予幼儿智慧的支持。在“把游戏的权利还给幼儿”的理念的指导下，教师在游戏中充分放手，让幼儿按照自己的游戏设想开展游戏，给幼儿充足的时间按照自己的想法、方式和节奏观察、记录、思考和感受，尊重幼儿自主探究的规律，给予幼儿与同伴、教师、家长交流的学习机会，确保幼儿自主游戏的权利。

为此，在幼儿自主游戏期间，教师要“闭上嘴，管住手，睁大眼，竖起耳”，通过观察、记录、倾听和反思，重新认识与了解幼儿（消除对幼儿的成见，看到不一样的幼儿），发现游戏背后的学习（水平、困难与契机），挖掘游戏和教学的生长

① 浙江安吉县幼儿教育研究中心:《“安吉游戏”的环境、材料与儿童》，载《幼儿教育（教育教学）》，2021（7）。

② 程学琴:《源起与发展：一场深刻的儿童游戏革命》，载《学前教育》，2019（3）。

点，并给予幼儿专业且充满智慧的支持。在安吉游戏课程中，教师给予了幼儿许多支持。比如，在发现幼儿的兴趣点或有价值的教学生长点时，教师会给予支持；在发现幼儿在活动过程中对某一观点有争议、无法统一时，教师会给予支持；在发现幼儿在活动过程中遇到困难无法解决时，教师会给予支持。①

四、课程资源

游戏作为课程资源，既包含幼儿的游戏体验、游戏行为、学习兴趣和个别化差异等主观因素，也包含游戏场所、材料、工具、设施等客观因素。游戏把幼儿置身于一个开放的环境中体验乐趣、体验生活、体验自主、体验过程、体验创新、体验成功。教师可以通过对游戏的观察收集有关幼儿行为的描述性资料或信息，了解每个幼儿在身体、文化工具的运用和社会性发展等方面的发展情况；挖掘游戏活动背后的知识与概念，如让幼儿了解稳定性、摩擦力等方面的知识；分析游戏承载的文化及其教育价值，如民间游戏承载的传统文化对启蒙幼儿的文化认同的作用；挖掘游戏产生的经验及经验间的关联，利用游戏生发的问题生成新的教育活动或游戏活动；甚至是了解幼儿的游戏经验、游戏信念。这些均可被视为课程资源。

在课程资源上，安吉游戏课程秉承的是大课程观，即一切被有目的地用以影响幼儿发展的因素，都可作为课程的资源或载体。依据朴素资源观，竹梯、竹筒、木块、木板、箱子、石头、树墩、木条、轮胎……这些充满乡土气息的本地资源或废旧材料都可以成为游戏材料，沙、水、坡、植被等自然资源是安吉游戏的必备元素。首先，安吉游戏课程利用乡土资源打造多功能、开放的游戏活动空间，将场地创设的主动权交给幼儿，使户外场地的各种自然资源的利用更符合幼儿的探索和学习需要。例如，幼儿用积木自主搭建舞台，在大树下搭几张简易的桌子和几把椅子等。对户外场地的多元综合利用，打破空间的束缚，不受材料玩法的限制，能够让幼儿享有充分的自主权，从而获得更多的游戏体验，拥有更多游戏的乐趣。其次，安吉幼儿园提供了数量与种类丰富的乡土资源和废旧物作为游戏材料，这些材料大多摆放在幼儿容易取放的位置，分门别类，有序放置。在游戏的过程中，材料功能的使用，完全由幼儿自主决定。无论材料体积大小还是如何取放，幼儿都不需要依赖成人，完全可以自己或通过合作完成。游戏材料体现实用性和多用性。将木、竹、石头、泥土、稻草等随处可见的低结构材料整理成游戏材料，能引发幼儿积极主动参

① 周莉、林蝶：《"安吉游戏"课程中关于天气的活动》，载《幼儿教育（教育教学）》，2021（11）。

与游戏。[①] 最后，幼儿的游戏经验被转化为课程 / 教学资源。[②] 可移动、可组合、低结构的游戏材料为幼儿自由且创造性地开展游戏提供了良好的条件。事实上，基础资源 + 辅助资源 + 工具 = 无数经验。比如，（一根树枝 + 几根相同的树枝 + 更短的树枝 + 更长的树枝 + 更粗的树枝 + 更细的树枝 + 更直的树枝 + 更弯的树枝 + 不同树的树枝）+（带皮电线 + 绳子 + 布条 + 稻草或麦秸 + 芦苇或麻秆）+（尺 + 秤 + 钉子 + 榔头）+（笔 + 纸 + 颜料）+（沙池或沙箱 + 泥地）= 无数经验，其中可能发生的学习行为包括观察 、比较、测量、称重、捆扎、连接、编织等。

五、课程评价

在课程评价上，安吉的教师认为，实施质量监控不应让教师成为被监控的对象，而应努力使教师在课程实施过程中自然地进行自我监控。课程实施的效果主要体现在幼儿的发展状态上，而对幼儿发展状态的评价就是教师对幼儿行为的日常观察与解读。每个教师都是评价者和监控者，因为幼儿的发展状态在游戏的表现性评价中是自然外显的（不需通过量表来测查），游戏材料就是表现性评价的工具，每个班级的每个幼儿在每月、每周、每天作用于同样的环境和材料时，所表现出的发展水平是如此清晰。通过观察、教研和案例分享，每个教师不仅能比较出自己班级幼儿的个体差异，而且能清晰地比较出自己班级与其他班级幼儿的发展状态。比如，教师发现自己班级的幼儿在游戏故事记录中的表达普遍比其他班级幼儿简单时，或者发现自己班级的幼儿在积木游戏中搭建的作品普遍不如其他班级幼儿的作品复杂时，就会查找原因，反思自己的教育行为：自己是否有足够的耐心倾听幼儿的表达、欣赏幼儿表征的作品？自己是否限制了幼儿作品搭建所需的人均空间？……而后的环境调整、机会调整、支持策略调整对改善课程实施质量所起的作用，让教师越来越理解影响幼儿发展的因素有哪些。正因为如此，安吉游戏课程总是处在不断完善的过程中。[③]

① 曾长英：《"安吉游戏"朴素资源观的启示——"朴素资源观"理念下幼儿园自主游戏环境的创设》，载《早期教育（教育教学）》，2018（12）。

② 程学琴：《源起与发展：一场深刻的儿童游戏革命》，载《学前教育》，2019（3）。

③ 韩康倩：《华爱华教授访谈录之六"安吉游戏"中的一日生活》，载《幼儿教育（教育教学）》，2021（11）。

第四章
幼儿园游戏课程的要素分析

可以从三个层面理解连接游戏、学习和教学的过程。第一个层面：游戏能够促进幼儿在认知、情感和身体发展各领域的学习。第二个层面：连接游戏和学习的认知过程、心智倾向是相关的，这种相关性是跨越儿童年龄、教育阶段和课程领域的。第三个层面：只要学科领域中知识的呈现方式是与情境相适宜的、有意义的，实践工作者便可以向幼儿介绍这些领域的知识、技能和概念。这三个理解连接游戏、学习和教学过程的层面为课程设计提供了一个框架。

——伊丽莎白·伍德

问题情境

在设计游戏课程时，教育工作者关心的基本问题是如何整合幼儿的兴趣与教育的目标或教育意图。[①] 具体问题包括：

如何设计游戏活动能有效整合幼儿的兴趣与教育目标，或者说，在制订游戏计划时，如何将游戏既建立在幼儿兴趣与自主控制的基础上，又使游戏符合教育目标的要求？

如何通过设计，为幼儿提供无限学习可能的学习环境？学习环境既包括物理的学习环境及幼儿可获得的学习资源，也包括情感氛围、幼儿的兴趣与组织等。其中，有争议的问题涉及：幼儿是否需要更长的游戏时间，游戏是否需要满足幼儿的兴趣，幼儿是否需要建立安全的关系，幼儿是否应被视为有能力的学习者，以及幼

① Heidemann S. & Hewitt D., *Play: The Pathway from Theory to Practice* (2nd ed.), St. Paul, Redleaf Press, 2010, pp. 103-191.

儿是否应该探究重要的问题、获得开放的资源等。在支持、示范幼儿的无限学习并使之成为可能的过程中，教师的信念至关重要。

如何保障课程适应幼儿的个性、文化及种族差异？

上述教师疑惑的问题涉及课程的基本要素。那么，依据课程的基本要素，如何理解游戏课程的要素呢？

内容导读

以游戏为中心的课程本质上是一种生成性的、变化着的课程。[①] 游戏课程是过程取向的个别化经验，幼儿在游戏环境中的经历不同，因此每个幼儿都有自己的课程。[②] 当然，这并不是说，游戏课程无须计划与设计。课程目标、游戏经验、课程主题、游戏环境、游戏关系等课程要素兼具可计划性与可变化性。课程的基本要素包括课程目标、课程内容、课程实施与课程评价。从课程视角思考幼儿园游戏，意味着对游戏作为课程目标、课程内容及课程实施（手段）的基本内涵的把握。

第一节 幼儿园游戏课程的目标

幼儿园课程的核心价值问题是如何理解知识、儿童与社会及其关系，教师在设计和实施课程时，其侧重点在哪一方面，就会形成哪一种课程价值取向。[③] 就幼儿园课程目标来说，对幼儿发展、社会需求和知识关注的程度不同，就会形成不同价值取向的课程目标。对幼儿而言，游戏本身“无目的”，这是由游戏重过程轻结果的特点而决定的，这就意味着幼儿游戏的目的在于游戏本身，即享受游戏过程带来的乐趣。据此有人认为，游戏不应该有目的，游戏若有目的会使游戏丧失原本的自由、自主、愉悦、自控等特点。这个说法从幼儿的立场看是没错的。然而，作为一门课程，游戏课程是有教育目的与教育意图的，否则，游戏就失去了其作为课程存在的理由。这里其实要区分教师的教育目的与幼儿的游戏目的。幼儿园游戏是存在于幼儿园这一特殊空间与情境下的游戏，游戏是幼儿园课程的基本内容与适宜手段，因而，幼儿园游戏必定带有教育目的。教师的智慧在于让幼儿在玩中学，让幼

① ［美］朱迪斯·范霍恩、［美］帕特里夏·莫尼根·努罗塔、［美］芭芭拉·斯凯尔斯等：《以游戏为中心的幼儿园课程》第六版，史明洁等译，29页，北京，中国轻工业出版社，2017。

② 黄瑞琴：《幼儿园游戏课程》第二版，166页，台北，心理出版社，2011。

③ 彭茜：《幼儿园教师课程决策的价值困境及其应对策略》，载《学前教育研究》，2013（12）。

儿在真正的游戏中富有智慧地实现教育目的。

一、游戏课程目标的基本内容

从教育的视角看，教育期待、学习标准等术语被用于指称教育目标，而课程则是达到教育目标的路径。游戏作为课程目标有两层含义：一是将游戏本身的催生与推动预设为课程目标，即教师在组织游戏活动时，将更高水平、更高质量的游戏活动视作课程开发的目标与幼儿发展的方向；二是随游戏的进展而不断生成的课程目标，这样的目标是一种生成性目标或表现性目标，以过程为中心，以幼儿在游戏场上的具体表现为基础，指出游戏应朝着什么方向发展。具体而言，幼儿园游戏课程的目标至少有以下两个方面。

（一）培养游戏的精通者

游戏课程是一门通过游戏的力量促进儿童发展的课程。[①] 前文在讲游戏的发展价值时，已经提到了游戏能够促进儿童的全面发展，即情感的、社会性的、个性的、智力的、语言和身体的等方面的发展。以台湾地区 1987 年修订的《幼稚园课程标准》为例，该标准将游戏列为一个课程领域，规定游戏领域的课程目标：第一，增进幼儿的身心健康与快乐；第二，满足幼儿爱好游戏的心理与个别差异的需要；第三，增加幼儿知识，丰富幼儿生活经验；第四，发展幼儿的创造思维与解决问题的能力；第五，培养幼儿互助、合作、公平竞争、遵守纪律、爱惜公物等社会品德。此处需要特别强调的一点是，教师有责任通过与幼儿的互动来丰富幼儿的游戏经验，帮助幼儿成为“游戏精通者”。[②] 游戏概念从具体到抽象的三个层次为游戏行为、游戏体验与游戏精神。游戏的精通者，指的是幼儿乐于并擅长进行游戏活动，在游戏中表现出冒险精神、想象能力、创造性能力等主体性人格特征，表现为游戏中能主动制订计划、执行计划及反思总结游戏经验等综合能力。这些能力是素质教育与主体性教育，或者说中国学生发展核心素养的基本内容，可以理解为游戏课程的目标。

（二）提高幼儿学习的游戏性体验

研究表明，幼儿的好奇心、求知动机与胜任感是其日后学业成功的关键。将教

① ［美］朱迪斯·范霍恩、［美］帕特里夏·莫尼根·努罗塔、［美］芭芭拉·斯凯尔斯等:《以游戏为中心的幼儿园课程》第六版，史明洁等译，4 页，北京，中国轻工业出版社，2017。

② 成为一个游戏精通者（a master player）据说是 3~5 岁幼儿最高的发展成就。见 Jones E. & Reynolds G.，*The Play's the Thing: Teachers' Roles in Children's Play*（2nd ed.），New York，Teachers College Press，2011，p.7。

室布置成各种活动区域（如积木区、戏剧区、美工区、阅读区、科学区等），鼓励幼儿自主选择活动，有助于幼儿享受学习的乐趣，激发幼儿的学习兴趣并使他们获得胜任感。通过假装游戏及其他游戏，幼儿获得口语技巧（如跟动物“对话”）与故事讲述的机会，这些既是其日后读写的基础，也是社会学习与科学研究的基础。事实上，正是在各种假装游戏中，比如，幼儿拿起一块积木放到耳边假装打电话，扮演一位理发师为顾客提供服务，幼儿有机会实操以物替物，发展抽象思维能力、站在他人的角度考虑问题及解决问题的能力。相较“说教式项目”而言，基于游戏的项目（课程）至少甚至更多地支持学术成就。同时，它们更少带来焦虑与低自我评估的风险。[①] 游戏有助于营造合作、积极主动、愉悦的学习氛围，也可以激发幼儿主动迎接各种挑战的兴趣，在此过程中幼儿获得更多的成就感与自信心，以及自主、自由、自控、愉悦等游戏性学习体验。

进一步说，正如《归属、存在和成长：澳大利亚儿童早期学习框架》、全美幼儿教育协会的立场声明《0～8岁儿童发展适宜性教育》(Developmentally Appropriate Practice in Early Childhood Programs：Serving Children from Birth through Age 8）所提示的，童年期不只是一个学习的时期、成年生活的准备时期，更是一个充满欢笑、爱、游戏和拥有乐趣的时期。如何通过游戏奠定幼儿未来学习与发展的良好基础，应该成为游戏课程的关键目标。

二、游戏课程的目标体系

（一）个别幼儿的游戏提升目标

运用游戏量表可以发现某一幼儿在某一游戏领域的问题，如教师发现4岁的安很少参加社会戏剧游戏。进一步观察可能发现：安的主要问题是不懂得如何用语言表达自己的想法。基于对安的游戏观察及发展可能性的解读，教师将课程目标暂时确定为：(安）能参与社会戏剧游戏××分钟。

（二）班级性游戏活动目标

此目标是教师基于定点观察或扫描式观察，比对《幼儿园教育指导纲要（试行)》与《3—6岁儿童学习与发展指南》中各年龄阶段幼儿的发展目标，同时基于对具体领域中幼儿应有的发展水平，发现本班幼儿在游戏中普遍存在的某些问题，

① Elkind D., *The Power of Play: Learning What Comes Naturally*, Philadelphia, Da Capo Press, 2007, p. 212.

制定游戏活动目标。例如，（幼儿）愿意主动与他人分享游戏成果，能根据自己的水平自主选择相应难度的游戏材料。

（三）游戏课程目标的特点

根据课程目标三种叙写方式的特点，即一般性目标、行为性目标与表现性目标，游戏课程的目标具有弹性或可变性。游戏对幼儿的发展与学习可能产生近期或远期的影响。游戏的近期影响，如角色替代游戏影响幼儿站在他人角度思考问题的能力；远期影响，如象征性游戏预测幼儿一年后的书写能力。一般而言，游戏对幼儿的影响大多不能立竿见影，所以，游戏课程应该更多关注远期发展目标，在陈述方式上多为一般性目标与行为性目标（表 4-1）。

表 4-1　课程目标的陈述形式

目标领域	一般性目标	行为性目标
认知领域（知识）	记住故事的内容	能说出故事人物的名称
认知领域（应用）	应用数的概念于日常生活	能发给每个同伴五块饼干
情意领域	遵守交通规则	看到红灯会停下
动作技能领域	知道洗手的步骤	能说出活动的步骤

第二节　幼儿园游戏课程的内容

对于课程内容的理解大致有三种取向：一是课程内容即教材；二是课程内容即学习活动；三是课程内容即学习经验。依据当下的主流理解，幼儿园的课程内容是根据幼儿园的课程目标和相应的学习经验选定的，通过一定的形式表现和组织的基本知识、基本态度、基本行为。游戏作为课程内容，是课程内容的“生成源”，将课程内容的关注点从教材转向幼儿的学习活动和经验的不断建构上，即以游戏为中心的课程并不是由固定的内容组成的，而是由幼儿在游戏上产生的主题和概念形成的。[①]

一、游戏主题及其组织

游戏有表层的和深层的结构，表层的结构包括题目（topic）和主题（thems），

① ［美］朱迪斯·范霍恩、［美］帕特里夏·莫尼根·努罗塔、［美］芭芭拉·斯凯尔斯等：《以游戏为中心的幼儿园课程》第六版，史明浩等译，81 页，北京，中国轻工业出版社，2017。

深层的结构则触及幼儿的主观经验。幼儿需要大量且广泛的能调动其积极性的活动、经验及通过游戏表达自我的途径。研究表明，选择与提供适宜个别幼儿及全班幼儿发展的活动，促进幼儿以有趣的方式积极参与活动有助于发展幼儿的主动性，尤其是有助于发展幼儿自我管理的能力。这些活动包括了室内游戏与室外游戏、电子游戏与传统游戏、混龄游戏与同龄游戏、主题游戏与分区游戏、戏剧游戏与建构游戏等各类各区的游戏活动。不同类型的游戏活动将为幼儿提供不同的经验与发展机会。比如，混龄游戏为不同年龄的幼儿提供了发展合作、领导、谦让、顺从等方面能力的机会，为较大年龄的幼儿提供了发展责任感、同情心、照顾他人等方面的机会，为较小年龄的幼儿提供了虚心学习、顺从、认真听等方面的机会（图 4-1）。过去，人们常将戏剧性游戏局限于室内，将室内室外游戏截然分开。事实上，许多实证表明，室内室外游戏活动可以很好地统一在戏剧性游戏上。比如，图 4-2 所示的户外游戏中，幼儿利用朴素的自然材料，创造性地运用已有经验，玩起了反映当地饮食文化的游戏。如果教师将娃娃家搬到户外，或者引导幼儿将室内娃娃家的游戏内容与户外游戏结合起来，相信幼儿能玩出更高质量的游戏。

图 4–1　混龄游戏

图 4–2　做早茶

不同主题的游戏可能有着不同的价值，从综合的角度处理各类游戏可能为幼儿带来综合的经验。比如，餐厅游戏需要制定的菜单在美工区得以完成；爸爸妈妈打电话给出租车公司为生病的宝宝叫来出租车，并将宝宝送到了医院。这些生活中本来自成一体的经验，由于区域活动可能被割裂，教师有必要帮助幼儿重新统整这些经验。

通过运用语言、操作材料、身体动作及假装性想象，幼儿表征着自己的经验。他们即兴创作脚本，成人通过观察，可以很容易地为幼儿的游戏内容命名：我在为顾客理发，我在开车，我在开超市，我在餐厅吃饭，我在医院看病，我在给宝宝喂食。游戏脚本是幼儿带进游戏中的经验与幼儿园环境提供的游戏材料、游戏设备的整合。一个脚本是基于幼儿真实或想象经验的一个游戏主题，是一系列事件的可预期的戏剧性描绘。当然，在磋商形成脚本时，幼儿可以通过添加新材料与对话，使脚本保持某种不可预期性。同时，幼儿可能将一些游戏情节或片段联系起来，从而创作出更加复杂的游戏脚本。比如，开车去超市为宝宝买生日礼物。①

游戏内容根据幼儿经验组织成一定的脚本，这是基于幼儿视角的游戏内容组织方式。然而，教师会根据目的，按照一定的方式将幼儿游戏以某种方式加以组织，具体组织方式有以下几种。

（一）主题型组织

有的幼儿园依据主题课程的需要，安排一些游戏活动以配合主题教育。例如，根据母亲节主题课程的目标，教师设计了扮演妈妈怀孕的游戏活动。活动过程如下：①午睡醒来后，每个幼儿把自己的枕头塞进自己的衣服内，把枕头当成自己的小宝宝，教师让怀着“宝宝”的幼儿参加户外游戏，提醒他们玩耍时保护好自己的“宝宝”。②活动后请幼儿谈谈自己的感受。幼儿说：“我的宝宝掉下来了。”“比平时玩累多了。”

案例 4-1：

以车子为主题的系列游戏活动如表 4-2 所示。

表 4-2 以车子为主题的系列游戏活动

主题：车子　　班别：大班　　时间：2 月 22 日—3 月 22 日

活动区域	活动内容
美工区	~小组合作设计，制作与创造各种车子 ~做交通标志，或拼接“车子模型”拼板，进行“识别车子标志”“了解车子号码牌”游戏 ~绘制一本有关车子的书 ~用橡皮泥或黏土做车子与车库（做车子外形的东西，如车灯、车窗、车门、驾驶室、乘客室、车厢、车盖、车轮等） ~举行车子成果发布会（欣赏、比较车子，讨论、发现彼此的优缺点）

① Jones E. & Reynolds G., *The Play's the Thing: Teachers' Roles in Children's Play* (2nd ed.), New York, Teachers College Press, 2011, pp.15-17.

续表

活动区域	活动内容
建构区	~ 搭建修车厂 ~ 搭建汽车销售服务 4S 店 ~ 制作车子 ~ 搭建行车环境（一般公路、高速公路、桥、铁轨、隧道或山洞）
音乐区	~ 倾听各种交通工具发出的声音，学习或模仿各种车子的声音、节奏或动作 ~ 配合与车子有关的儿歌，随着节奏的快慢移动，模仿车子的动作、节奏（如动与静、快与慢、前进后退、加快减速、慢渐快、快渐慢等） ~ 布置情境，进行车子大游戏表演（如假装自己的车子在上下坡、过环岛、转弯、过颠簸路、倒车等） ~ 运用身体来表现交通工具的形状，同心协力以肢体动作展示想象中的车子
角色扮演区	~ 自编童话故事或以教师讲的故事，开展社会戏剧游戏 ~ 演绎司机开车守法、礼貌等情境 ~ 扮演修车厂的技师、车主、老板 ~ 扮演卖车的销售员、买车的顾客 ~ 表演车祸现场（用竹竿、硬纸板等创造 X 射线机等），进行救护等角色游戏

案例分析

该案例围绕车子主题，在美工区、建构区、音乐区、角色扮演区等活动区域提供了与车子有关的游戏材料，组织幼儿进行与车子有关的游戏活动，且这些游戏活动均以幼儿日常生活经验为基础。通过主题游戏与区域关联性游戏，幼儿将生活中零散的经验加以统整，形成与车子相关的系统性知识经验。

（二）问题型组织

此类游戏活动的组织围绕着幼儿感兴趣的问题进行。问题产生于幼儿的疑惑，或许是户外活动时幼儿的一声惊呼、一阵讨论，或许是教师有意识提出的“对于某某东西，你有什么想问的”的问题。经过对幼儿兴趣、好奇与问题的观察与倾听，教师了解了幼儿感兴趣的问题，这些问题进一步唤醒了教师的课程意识，经过教师的课程价值筛选，从而生成一系列有意义的以幼儿问题为中心的游戏活动与教育活

动。以“影子”为例。关于影子，幼儿提出了许多有意思的问题，或者产生了争议，比如，是不是所有的东西都有影子？我们的影子是一样的吗？为什么我走影子也跟着走？如何让影子消失？什么情况下会出现影子？皮影戏是如何工作的？出现影子需要什么条件？围绕幼儿提出的问题，教师设计了系列游戏活动。

1. 读与影子有关的故事书

欣赏故事书《皮皮的影子》，与幼儿讨论：为什么皮皮没有成功做成其他动物的影子？是不是每个人都有独一无二的影子？

2. 踩影子游戏

游戏场地：户外有凉亭的运动场。游戏规则：请几个幼儿当踩影子者，其余幼儿当被踩影子者；看到别人的影子才可以去踩，踩到者算赢；被踩影子者可以跑与躲，没有影子时，踩影子者就只能等待影子出现才可以踩。如此，幼儿轮流当踩影子者与被踩影子者。

3. 制造影子

有条件的幼儿园可以先请幼儿观看皮影戏，让幼儿到幕后看看表演者的操作。之后再进行制造影子的游戏活动。在阳光明媚的日子，教师组织幼儿到户外做手影游戏，在没有阳光的日子里，教师可以制造一个黑暗的房间，以手电筒或投影仪为光源，并辅以“在早晨、中午与晚上，你的影子是一样的吗？”的问题，引导幼儿观察光线位置与物体影子之间的关系。

4. 让影子消失

这是瑞吉欧方案教学中非常著名的案例。在教师的组织下，幼儿对如何让影子消失这个问题进行了很有意思的游戏性探索，如图 4-3 所示。

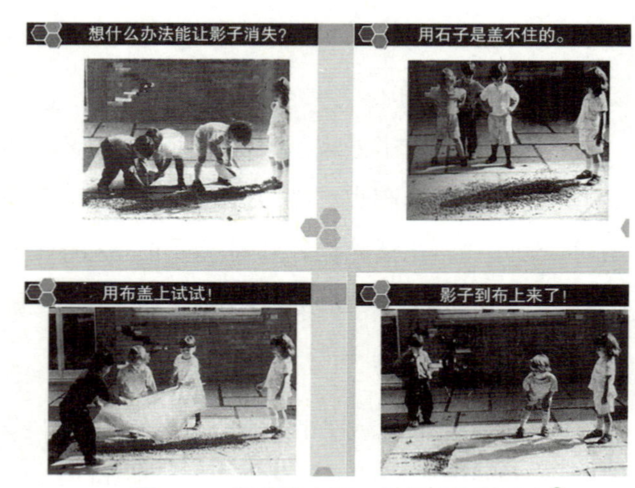

图 4-3 瑞吉欧方案：如何让影子消失[①]

（三）系统型组织

此类游戏活动在组织上依据的是某一文化要素，围绕某一文化要素组织游戏活动。例

① ［意］瑞吉欧儿童国际中心:《除了蚂蚁，什么东西都有影子》，周菁译，61、63 页，南京，南京师范大学出版社，2014。

如，某幼儿园选择中华优秀传统文化中较适合幼儿游戏与学习的内容，设置了茶之家、竹之家、绳之家等主题游戏内容，班级教室在游戏活动的开展、区域的创设与材料的提供等方面均密切联系班级主题。同时，为保证幼儿获得全面的游戏经验与学习经验，教师组织幼儿定期轮换教室。

无论是采用主题型、问题型还是系统型方式组织游戏内容，教师都要时刻注意游戏内容和幼儿兴趣、年龄与发展需求的一致性，注意根据幼儿经验设定游戏内容。比如，中国人民解放军第210医院幼儿园在“超市”游戏中，针对小、中、大班三个年龄段幼儿的特点及生活经验，对幼儿进行了如下引导。

根据小班幼儿的特点，教师带领幼儿参观了解超市的环境、用途，观察工作人员的言行举止，激发幼儿模仿的欲望。小班幼儿在游戏中可以在教师或中、大班幼儿的帮助下学会付款，并建立起初步的规则意识。中班幼儿已经积累了一定的生活经验，教师可让幼儿亲自购物，观察、感受工作人员的工作。在游戏中，教师让幼儿商量制定一些简单的规则，如轮流扮演角色、两人发生争执时可以采用猜拳的方式解决等。中班幼儿在认识人民币的基础上，可以选择与商品价格一致的钱币付款。对个别有困难的幼儿，教师可以请大班幼儿扮演的收银员来帮助他。针对大班幼儿的发展需求，教师指导幼儿通过已有购物经验商量设施、材料及商品的分类摆放情况，收集废旧材料或自制商品并贴上标签。幼儿可以自己选择游戏角色进行模仿，并制定游戏规则，如要从入口进、出口出，买了东西要付款等。教师会引导幼儿将数学知识运用到游戏中，知道找零或凑整，练习简单的加减运算；鼓励幼儿宣传自己的商品，用绘画等形式为商品做广告。[①]

二、游戏经验及其组织

现代主义学科课程观中的游戏，强调的是包括在健康、社会等课程领域的特定游戏行为。后现代主义的课程观指出，游戏课程首先是幼儿的自主游戏，是幼儿个人的创造性表现，也是幼儿在与同伴相互配合与分享中即兴演奏的“交响乐”。幼儿教师叙写的游戏故事、幼儿自己绘制的游戏表征图等，都显示了幼儿在游戏中发展各自的游戏故事、形成课程故事的过程。对于幼儿而言，有着怎样的生活或经验，才可能有怎样的游戏。这大概是古今中外、不同文化之间儿童游戏内容、形式、主题等方面发展变化的重要原因。

这里所谓“经验”，也许是直接经验（做过），也许是间接经验（看过）。回想

① 张爽：《幼儿园怎样开展社会角色扮演游戏》，载《中国教育报》，2014-11-02。

自己童年时候的游戏，与你的同龄人交流交流，你会发现，在过去，当全国时兴自己烧制陶瓷制品或砖瓦时，农村孩子玩得更多的可能是捏泥巴、烧泥巴的游戏，或者是学着自己的长辈下河捞鱼；城市孩子玩得较多的可能是男孩们人手一个弹弓，在夏天打知了。现代文明对当今儿童游戏的重大影响也许体现为：孩子们看电视、打电子游戏、看手机等时间增多了，在自然中进行的与自然相关的游戏变少了。

经验对儿童游戏的影响除了反映出文化的差异，还体现在电影，电视，家庭、学校与社区环境形塑着幼儿扮演的角色及发展的游戏情节上。比如，20 世纪七八十年代，当时流行的电影节目是地道战、游击战等，幼儿玩的游戏也是打敌人。因此，幼儿如果没有相关的经验，没有观察过某一社会角色的行为，或者说，不了解社会对某一角色的期望及其行为先后顺序，那么，他们要扮演某一游戏角色则是十分困难的。比如，让一个不了解造纸厂如何工作的幼儿扮演造纸工人是不太可能的。因而，教师在组织幼儿游戏时，需要联系、丰富、整理幼儿的生活经验。

（一）联系生活经验

生活与游戏相互渗透、相互联系。幼儿的游戏水平与其生活经验密不可分，幼儿如果缺乏某一方面的经验，则其游戏水平会在原有水平上徘徊，因此，帮助幼儿联系生活经验对于提高幼儿游戏的深度与广度十分重要。幼儿可能经历过一些事情，对某些游戏内容或游戏主题有片断经验或个别经验，此外，经历过并不能等同于获得了完整或正确的经验。比如，幼儿基本都有去医院看病的经历，他们是否都能扮演好挂号医生与病人的角色呢？不一定。某日，医院游戏开始了。挂号医生处空无一人。张老师拿着游戏币走去挂号。可是，挂号医生对病人挂号的要求置若罔闻，直到病人把游戏币递过去后，比画着说：“医生，您忘记给我一张这样大小的挂号单了！”挂号医生才明白过来。为何幼儿无法在游戏中表现出挂号医生的行为、履行挂号医生的职责呢？可想而知，尽管幼儿有看病的经历，但是他们不一定观察过或经历过挂号的流程，无法了解挂号医生与病人之间的对话及互动行为。因此，教师要促进幼儿游戏，就有必要通过各种方式启发幼儿在游戏中联系生活经验。这些方式可能包括：为幼儿提供熟悉的游戏道具与游戏材料，比如，医生的听诊器模型、交警的口哨等；与幼儿讨论生活经验，比如，组织幼儿讨论“售货员是如何推销自己的产品的”；呈现图片、视频或图书等相关资料，比如，建构游戏前呈现各种桥的图片或 PPT，组织幼儿讨论桥的结构、属性（如请幼儿关注桥墩、桥洞的特点）等问题。

（二）丰富生活经验

鉴于经验之于游戏的重要性，在介绍新的游戏或接触新的游戏主题时，幼儿可能需要教师有计划地提供、补充、丰富或总结相关经验，以备他们能在社会戏剧游戏中成功扮演某些不熟悉的角色。这些经验可能包括：田野旅行；户外参观，如参观汽车厂、商店、医院、所在地的各类桥梁、动物园、农场等；或者邀请社区人员与家长，邀请不同行业与职业的志愿者来园分享工作经验，通过这些方式丰富幼儿与游戏相关的直接经验；也可鼓励幼儿阅读有关不同工作的绘本等，帮助幼儿丰富相关的间接经验。当然，教师及家长也可通过一些小游戏丰富幼儿的生活经验。比如，触觉游戏。

案例 4-2：

“神秘的口袋”游戏

游戏目的：

1.发展幼儿根据触摸觉区分物体形状（圆形、三角形与方形）及材质的能力。

2.使幼儿学习使用关于感觉的词汇，如软软的、光光的、毛茸茸的、扎手的、黏乎乎的等，丰富幼儿的词汇，发展幼儿的语言能力。

游戏内容：

1.猜一猜游戏。

（1）成人拿来一个口袋，把手伸进去摸，边摸边说：“哎呀，我摸到了一个光光的、硬硬的、圆圆的东西，猜猜它是什么？”请幼儿根据平时的感觉经验，根据描述猜测物体。

（2）请幼儿成对互相描述与猜测。

2.摸一摸游戏。

让幼儿伸进口袋摸一摸，并说一说摸到的东西是什么样的，猜猜摸到的东西，然后拿出摸到的东西，验证猜测对不对，同时完善幼儿对物体的描述。

在日常生活中，成人随时可以与幼儿进行这种触觉游戏。教师亦可教家长与幼儿进行此类游戏。比如，在洗澡时，家长问幼儿：“什么是湿湿的呀？”“什么是干干的呀？”让幼儿指出湿的和干的东西。如果幼儿在盆外，家长可以问他：“宝宝是湿的吗？怎么才能让宝宝变湿呢？”让幼儿回答进盆或做出往身上撩水的动作。另外，成人要随着幼儿生活经验的不断丰富，增加幼儿的词汇量。

案例分析

通过猜一猜、摸一摸的感官游戏，幼儿得以在游戏中发展触摸觉，丰富触摸方面的生活经验。

（三）整理生活经验

教师可能通过与幼儿一起分享与讨论，帮助幼儿架构有关游戏流程、成就与问题等游戏经验的思路图或主题网络图，以帮助幼儿整理经验。

主题网络图指的是围绕某一主题，依据内容的逻辑关系而形成的相互联系的内容或分主题树状图。由于知识或内容彼此之间可能产生多种关系，在某一知识点上可能生发出许多个小主题，如此反复，形成的知识网络图犹如一棵树，因此，主题网络图也可称为主题树状图。很多教师提供的主题网络图都是事先自己建构的，缺乏一个师幼互动、动态建构的过程。首先，主题网络图的建构应该成为在教师的引导下幼儿回顾、反思与总结游戏与学习的过程。比如，在游戏结束环节，教师组织幼儿通过口语交流、绘画活动等方式，围绕游戏主题，对游戏情节、游戏材料的使用、游戏过程等进行讨论。讨论的过程成为幼儿分享智慧、学习认真听的过程。讨论话题涉及“你是如何使用这些材料的？”“司机要怎么跟乘客有礼貌地说话？”“当你想玩的游戏已经满人了怎么办？”“游戏中有没有什么令人不满意的地方？”“今天你制订游戏计划了吗？你是否按照游戏计划进行了游戏？”“你为什么调整你的游戏计划？”。在组织幼儿讨论的过程中，教师可适当利用流程图或思路图，帮助幼儿架构关系。其次，主题网络图可以基于粗略的主题大纲，在游戏开展过程中不断补充完善。

案例 4-3：

自上学期开展《奇先生妙小姐》的绘本主题学习活动后，中二班的孩子们对与人有关的活动表现出浓厚的兴趣。李老师发现，最近不少幼儿热衷于在角色游戏区、建构区等区角进行各种与职业角色相关的游戏。然而，由于幼儿对不同职业、不同角色之间的关系缺乏了解，以致不同区角缺乏必要的游戏互动，幼儿游戏一直处于较低水平的重复阶段，比如，“警察”只是到处闲逛，“医生”没有病人，“木匠”也不会想到要逛市场或去吃饭。如何改变不同角色的孤立状态？如何帮助幼儿认识到真实生活中不同职业、不同角色的分工合作关系？李老师决定帮助幼儿绘制“各行各业”主题网络图（图 4-4），提升与整合他们的相关经验。

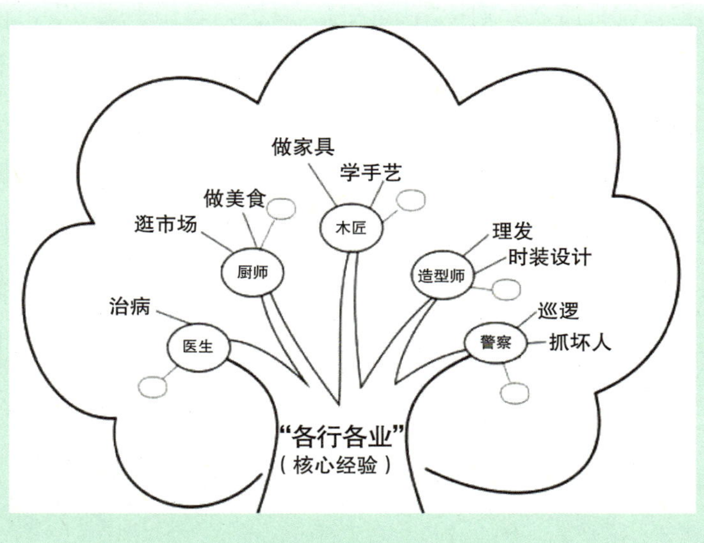

图 4-4 "各行各业"主题网络图

案例分析

在角色游戏区，幼儿扮演了警察、理发师、服务员等各种角色；在建构区，幼儿俨然一个小木匠，敲敲打打好不快乐。然而，教师发现，幼儿在扮演各种角色时，对角色的行为及他们的相互关系缺乏深入且具有关联性的理解，由此，教师萌发了一个想法：用"各行各业"作为支撑幼儿游戏的核心经验，通过绘制主题网络图的方式帮助幼儿整理零散的生活经验。通过组织幼儿讨论，提供图片、视频、请人分享经验等方式，教师进一步丰富了幼儿的相关经验，并围绕"各行各业"的主题，通过张贴知识树的形式，帮助幼儿建立了关联各种职业、角色的直观图像。

第三节 幼儿园游戏课程的实施

从广义上说，游戏课程的实施涉及影响游戏课程开展的诸因素，这些因素包括：游戏区域、游戏材料、游戏时间等。教师要做好各种准备，依据以下问题观察、思考并调整：游戏空间合适吗？游戏材料的品质与结构如何？游戏材料的数量与种类能否满足每个幼儿学习的需要？游戏材料是如何被使用的？游戏时间能否满足幼儿进行高水平游戏的需要？

一、日程的安排

游戏活动作为幼儿园课程的基本内容，需要体现在幼儿园课程的月计划、周计划或一日安排里。制订游戏计划非常重要的一点是，幼儿不应匆匆忙忙地在不同活动间转换，教师应给幼儿充分的时间，以帮助他们发展高质量的游戏情节。为了保证游戏时间，教师有必要先列出必须做的事情，而且必须做的事情越少越好。这些必须做的事包括：团体讨论、吃点心、休息与洗漱等。排除这些必须做的事，建议教师看看自己目前为幼儿安排的一日时间表，想一想如下问题：你的计划是什么在起作用？你喜欢什么样的计划？目前的一日计划有什么问题？你花了多少时间用于完成一日及一周必须做的事情？有没有什么事情是你想增加的？让我们先来看一个一日安排表。

案例 4-4：

一日安排（一）[①]如表 4-3 所示。

表 4-3　一日安排（一）

时间	活动
7：00—7：30	开门迎接家长与孩子（对每位到来者都能叫出名字，报以微笑）
7：30—8：00	早餐
8：00—9：00	艺术活动
9：00—9：30	第一组幼儿晨圈活动
9：30—10：00	上午点心
10：00—10：30	第二、第三组幼儿晨圈活动
10：30—11：00	第一组幼儿进行手工活动
11：00—11：30	第一组幼儿午餐
11：30—12：00	第二组幼儿午餐
12：00—12：30	第三组幼儿午餐

① Wurm J. P.，*Working in the Reggio Way: A Beginner's Guide for American Teachers*，St. Paul，Redleaf Press，2005，pp. 60-63.

续表

时间	活动
12：30—14：30	所有幼儿午休
14：30—15：00	下午点心
15：00—15：30	第二、第三组幼儿进行手工活动
15：30—16：00	户外活动
16：00—16：30	室内活动
16：30—17：00	开放性室内活动
17：00—17：30	听故事
17：30—18：00	桌面活动，准备回家

经调整，一日安排（一）如表 4-4 所示。

表 4-4 调整后的一日安排（一）

时间	活动
7：00—7：30	开门迎接家长与孩子（对每位到来者都能叫出名字，报以微笑）
7：30—8：00	早餐
8：00—9：30	艺术活动
9：30—10：00	点心与晨会
10：00—11：30	手工活动、户外活动与艺术活动（幼儿可以自由选择与转换活动）
11：30—11：45	过渡环节（洗手、上厕所、喝水等活动）
11：45—12：30	午餐
12：30—14：30	午休
14：30—15：00	下午点心
15：00—15：30	手工活动

续表

时间	活动
15：30—16：00	户外活动
16：00—17：00	室内活动
17：00—17：30	听故事
17：30—18：00	桌面活动，准备回家

案例分析

在案例 4-4 中，调整后的一日安排将三个小组合并成一个大组，执行同样的时间计划。如此一来，早晨组织集体讨论、开展更长时间的艺术活动及延长午餐时间等才有可能，也只有这样，幼儿才可能有大块时间、更多自由选择的机会并可能根据自己的能力参与相应的活动。使用开放设计的教师注意到，延长自由选择活动和游戏时间能够提高幼儿聚焦并投入所选活动的程度，还能鼓励他们在与喜欢的旧玩具接触后尝试新的经验。① 需要注意的是，如果要对日程安排做出调整，建议不要一次改变全部，而是每次改变一点点。

显然，吃点心、户外活动、午休、上厕所、洗手所用时间是一日课程计划“必须”的时间，其他活动时间的安排则体现了幼儿园的课程重点与特色，如案例 4-5。

案例 4-5：

一日安排（二）①如表 4-5 所示。

表 4-5　一日安排（二）

时间	活动
8：00—9：30	入园与个人游戏
9：30—10：00	晨会（集体时间 / 晨圈时间）
10：00—10：45	学习中心和小组活动
10：45—11：00	上午点心

① ［美］朱迪斯·范霍恩、［美］帕特里夏·莫尼根·努罗塔、［美］芭芭拉·斯凯尔斯等:《以游戏为中心的幼儿园课程》第六版，史明洁等译，97 页，北京，中国轻工业出版社，2017。

续表

时间	活动
11：00—11：45	户外活动
11：45—12：00	音乐与运动
12：00—12：40	午餐与清理
12：40—13：00	听故事、上厕所
13：00—15：00	午休
15：00—15：30	起床、上厕所与个人游戏
15：30—15：45	下午点心
15：45—16：30	户外活动
16：30—17：00	听故事、准备回家

案例分析

案例中的日程安排体现了对幼儿户外活动的关注（上、下午总共1.5小时），在组织形式上关注个人活动（如个人游戏）及小组活动（学习中心以小组形式进行）。

除了一日安排，教师的时间计划还应扩展到周计划、月计划、学期计划与年计划。越往后，计划可能越抽象。请看案例4-6的周计划表。

案例4-6：

周计划表如表4-6所示。

表4-6　周计划表

主题：动物乐园　　班级：　　设计者：　　实施时间：

周课程目标	健康：学习并乐于用手脚着地屈膝爬行的方法 语言：能用自己的语言描述动物的外形特征，愿意与同伴交流自己的想法	环境创设： 1.动物头饰与文字标识若干套 2.在图书区投放有关动物的图书

① McClelland M. M. & Tominey S. L., *Stop, Think, Act: Integrating Self-Regulation in the Early Childhood Classroom*, New York, Routledge, 2016, p.33.

<table>
<tr><td rowspan="2">周课程目标</td><td rowspan="2">科学：能认识动物的习性，在游戏中进一步认识数字1～10，体会数字的意义
社会：懂得表达自己的想法，体会交朋友的乐趣
艺术：感受动物音乐的节奏与旋律，喜欢用简单的动作表达自己的感受</td><td>3. 开放动物餐厅，投放1~10数字卡与图文结合的菜谱
4. 建构区投放大型空心积木与实木
5. 动物泡沫模型</td></tr>
<tr><td>家长工作：</td></tr>
<tr><td>星期</td><td>上午</td><td>下午</td></tr>
<tr><td>星期一</td><td>1. 升旗仪式与小主持人的新闻播报
2. 体育（操场）：小蜘蛛请客
重点：掌握手脚着地屈膝爬行的方法，即双脚打开、双手分开按地弯腰前行
3. 绘本（教室）：《我家是动物园》
重点：根据画面猜想故事内容，感受动物的主要特征</td><td>建构区：动物园的围墙
重点：学习用横向排列和向上堆高的方法搭建围墙</td></tr>
<tr><td>星期二</td><td>1. 音乐：《懒惰虫》
重点：感受歌曲的节奏，并能按节奏自创动作表现节奏
2. 户外（操场）：踩影子
重点：学习灵活躲闪
3. 科学室：制造影子
重点：了解影子形成需要集中的光、遮挡物</td><td>户外：动物的影子
重点：戴上不同动物的头饰制造影子，了解不同形状的物体有不同的影子</td></tr>
<tr><td>星期三</td><td>1. 社会：爱护动物
重点：了解动物与人的关系，知道应该爱护动物
2. 户外：皮球听我话
重点：练习单手原地拍球
3. 绘本：《小老鼠和大老虎》
重点：理解两只动物的关系发生了怎样的变化</td><td>表演游戏：小老鼠和大老虎
重点：知道每个人都有自己的想法，懂得表达自己的想法，认真听他人的想法</td></tr>
</table>

续表

星期四	1. 计算：按照要求为动物配上相应数字的食物 2. 户外：参观菜园，找动物 3. 科学：讨论菜园里的发现并提出问题	区域游戏：动物餐厅 重点：根据价格牌结账，正确点数食物数量
星期五	1. 泥工：蜘蛛侠 2. 户外比赛：可爱的毛毛虫 重点：保持身体平衡，能与同组的小伙伴一起半蹲着往前走 3. 混龄游戏：动物餐厅 重点：学习大班幼儿扮演服务员与顾客，在游戏中能使用礼貌用语“你好”“欢迎光临”“谢谢”	户外：动物蹲蹲乐 重点：听信号迅速做出反应

案例分析

教师围绕周课程目标与“动物乐园”的主题，从五大领域出发，结合区域游戏、小组活动与集体教学等多种教育组织形式，从各活动的时间安排、环境创设与家长工作等方面制订周计划。

合适的游戏时间因幼儿年龄、游戏需要而异，间断的游戏时间也可以通过保留游戏成果，使得游戏得以延续与深入。比如，一个半成品的建构物“我们的城市”，由于教师提供场所保存了幼儿每次合作建构的成果，因此，游戏得以延续与深入。

一日流程的安排会对幼儿如何学习及他们对学习持有怎样的态度产生巨大的影响。当然，游戏课程的日程安排宜粗不宜细，如案例 4-7 所示。

案例 4-7：

游戏课程的日程安排如表 4-7 所示。

表 4-7　游戏课程的日程安排

4 月 4 日—30 日	5 月 2 日—28 日	5 月 30 日—6 月 27 日
收集不同形状、材质与大小的瓶子，装饰瓶子（美工区）	利用多种方法玩瓶子（建构区、角色游戏区、美工区、沙池等）	埋瓶子并“淘宝”（沙池），发现不同材质的瓶子是否生锈、腐烂等

案例分析

该案例中的日程安排是粗线条的，即只计划了大致的活动内容及开展活动的日期范围。这种粗线条的计划执行性较差，极易受到其他事务的影响，也不易于及时监测计划的执行与完成情况。

总之，教师在制定日程时要保证：游戏时间的总量，断续时间可连接，减少等待与过渡时间。然而，在实际工作中，教师可能还需要计划得更具体。比如，想一想，每次游戏时，教师是否计划了一个游戏开始时间或“欢迎时间”。之所以要有这个时间，是因为教师需要向每个幼儿传达一个信息，即教师重视与尊重他们。在游戏时间内，幼儿可以挂衣服，移开他们借的书，或者在阅读区看书。这都没有关系。在游戏时间内，教师要允许幼儿自由选择自己的游戏及游戏的区域，或者允许幼儿决定到底是单独玩还是与别人一起玩。同时，游戏计划应有一定的弹性，以迎合幼儿的兴趣与需要。游戏计划应包括对游戏场所的考虑，不过，游戏场所的计划也要有弹性。实际上，如果条件与天气允许，许多游戏既可以在室内也可以在室外进行，而幼儿当然会更喜欢室外游戏。

常有教师抱怨时间不够用。确实，除去吃饭、睡觉等生活活动时间，幼儿一日在园时间总是有限的。如何充分利用时间组织幼儿游戏？教师可以使用的小策略有以下两点。

①见缝插针。也就是说，教师可利用餐前、离园等碎片时间，组织幼儿开展手指游戏、念童谣、唱儿歌等简短的活动。如此，既可以起到有效组织活动的作用，又可以让幼儿在潜移默化中学习等待。

②教师可学习连接被分割的时间。比如，以保存游戏作品的方式将碎片化的游戏时间联系起来。当然，至关重要的是，教师应在一日计划中保障幼儿的自由游戏时间。

二、空间的组织

多种方式可以提供高质量的游戏环境：时间，秩序，安静与噪声，交谈的地方，制作标记，挑战与智力刺激，学习动机，儿童所有感官的使用，单独游戏或与他人一起游戏的机会，运动经验，接触自然世界的机会，角色扮演的服饰，表达感受的机会。[①] 此处，我们重点讲活动区域的组织问题。

① Moyles J., *A-Z of Play in Early Childhood*, Berkshire, Open University Press, 2012, p. 50.

活动室家具如何摆放能保证各区域相对独立且整体和谐统一？如何保证环境能满足小组活动、集体活动与个别活动的需要？如何确保幼儿安全？如何充分利用空间？高瞻课程游戏组织的成功经验是：将游戏区域按主题分类，如沙 / 水游戏区、语言 / 读写游戏区、娃娃家 / 角色游戏区、建构区等。据观察，游戏环境组织的小策略包括以下几点。

①留出全体幼儿可以坐下的空间（如一块地毯、木地板）。

②使用可自由拆分、组合的圆桌。

③提供符合幼儿身高的桌椅，如果混龄，可提供多种尺寸的桌椅。

④加强区域联系。

许多教师强调区域的相对独立性，忽视了区域联系带来的游戏丰富性与深入性，强调入区幼儿的分配，反对幼儿跨区游戏。实际上，相关区域串联成学习区可以增强区域的功能，鼓励幼儿产生正向的互动。例如，图书角的幼儿可以到美工区画出他们读到的故事，还可以到表演角演绎图书中的情节；手工区编织的珠子、手链可以拿到超市区标价出售。教师应看到区域可能产生的联系，并将它们有目的地设置在一起。[①]

能让幼儿从一个区域转换到另一区域或者在不同区域间搬运材料非常重要，因为它可以鼓励幼儿自由探究自己的想法，扩展他们的游戏，并引发一些超越课程内容领域的更复杂的游戏，对较大年龄的学前儿童而言尤其如此。如案例 4-8 所示。

案例 4-8：

游戏材料串区

有一天，毛豆一边给豆芽穿衣服，一边说：“她不用穿裤子，我要给她穿尿不湿。”说完，她去美工区寻找材料制作尿不湿。可是翻了一遍，她没有找到合适的做尿不湿的材料。毛豆皱着眉头，愣在那里十几秒。

看到这个场景，我主动询问：“需要我帮忙吗？”毛豆表示想和我一起给豆芽做尿不湿。我从手机上下载了尿不湿图片，拿给毛豆看，并找到一段视频。我们尝试了皱纹纸、普通的 A4 绘画纸、彩色卡纸、涤纶纸等各种材料。通过反复比较和讨论，最终我们决定用柔软且不容易破的海绵纸制作尿不湿。[①]

① 教育部基础教育司：《游戏 · 学习 · 发展——全国幼儿园优秀游戏活动案例选编》，362 页，北京，人民教育出版社，2020.

案例分析

毛豆在娃娃家给玩具娃娃穿衣服，她认为可以给娃娃穿纸尿裤，于是跨区从娃娃家走到美工区，开始了制作尿布湿的游戏。如果教师规定不能串区游戏或不能串区使用游戏材料，那么，幼儿就无法将日常生活经验与情节运用于游戏中。由案例可知，由于教师允许幼儿跨区游戏与使用材料，这就赋予了幼儿游戏的自由，为幼儿提供了在游戏中整合生活经验的机会，推动了幼儿游戏向更加复杂、更加丰富的水平发展。

⑤体现区域特点。

不同区域通过材料提供、位置分布等显示自己的区域特点。例如，美工区强调自由创作，教师宜提供各种美工材料，如各种颜色的笔，纸，绳线，废旧物品（纸筒、废瓶等），自然材料（麦秸、稻草、长藤、沙等），黏合剂，儿童安全剪刀，洗手台，地砖或水泥地等。同时，应有展示幼儿作品的区域。例如，为了与班级教育主题“桥”配合，教师为幼儿创设了设计桥、制桥、展示桥的区域，并提供与桥有关的绘本等资源，如图 4-5 所示。

阅读区：营造温馨、安静、舒适的氛围，提供沙发、地垫、靠垫、小书架、书等必备物品，且有充足的自然光。也可以将书悬挂起来，营造艺术氛围。

娃娃家：幼儿熟悉的家庭照片、用具，可以在娃娃家进行阅读、聊天、照顾“孩子”等活动。

表演区：为幼儿提供自由表现的材料与氛围，如麦克风、表演服饰、乐器、电视、录音设备等，如果能加一些小背景，用纸筒做个霓虹灯，则更容易激发幼儿的表现欲望，如图 4-6 所示。

图 4-5　有关“桥”的主题区

图 4-6　走廊表演区

当然，特别的游戏可能需要特别安排或布置的游戏场地。比如，混龄游戏可能需要较大的空间用于两个年龄段幼儿甚至全园幼儿同时活动或流动，专门游戏室可能需要全园统筹安排，如竹梯建构需要较大的空间，“悄悄话”游戏需要一个隐蔽的较小的空间，玩泥巴需要为幼儿提供一个能让他们放开手脚的瓷砖地面或者铺上塑料桌布的桌面。可见，不同类型、不同主题的游戏需要相应的游戏场地，这些都应该在游戏计划中体现出来。

案例 4-9：

××中心幼儿园中班游戏安排如表 4-8 所示。

表 4-8 XX 中心幼儿园中班游戏安排

活动内容	活动方式	地点安排	时间安排
迷路的小花鸭	看图讲故事（集体教学）	集体活动区	每天 9：00—9：30
	合作表演（教师带领幼儿表演故事）	集体活动区	每周一次，每次半小时
	小组活动	美工区（道具制作）	周四下午 3：30—4：00
	小组或个别活动	表演区	每天半小时
	自由分区活动	建构区	每周一至两次
	表演	果果剧场	每月一次大型活动

案例分析

围绕“鸭子”主题，教师为幼儿安排了故事讲述、故事表演、道具制作、建构房子等活动，同时，依据不同游戏活动的要求，为幼儿安排了不同活动区。

三、材料的组织

幼儿园教师惯常的做法是将游戏材料放在桌上或柜子里，不过这种做法需要仔细斟酌。教师应自问：游戏材料的这种组织方式是否真的促进了幼儿的自我调整与自我选择？或者，给游戏设备与游戏材料贴上清晰的标签是否可能更好？比如，为游戏材料贴上标签可以让幼儿自由选择材料与操作材料。同时，让幼儿知道材料放在什么位置可以发展其安全感、增强其信心，使游戏与学习真正基于幼儿的经验而发起。

（一）摆放

①小型材料、小零件的结构玩具等放在简便、轻巧、易搬动的储物盒中，储物盒与较大的玩具均放置在储物架上。

②材料陈列在幼儿易取、易放的架子上，且放在某一固定位置上，可在盒子及储物架上贴上对应的标签，或使用透明的盒子，以便幼儿清楚游戏材料可在哪里找到、材料用完应该放回哪里。

③区域游戏材料应有分类架或游戏筐，并在游戏材料及分类架或游戏筐上贴上相应标识或图案，便于幼儿按类取材、分类整理及自我管理。所谓相应，指的是游戏材料上的标识要与分类架或游戏筐上的标识一致。而标识的方式可以依据幼儿年龄分为数字、文字、动植物图案或实物图片等，也可以是幼儿自制的标识物。图 4-7 是实物图片标识的方式，图 4-8 是形状标识。一般而言，年龄较小的幼儿适宜使用实物图片的方式，当幼儿对数字、文字产生了敏感性且教师有意渗透这些方面的学习时，可以考虑使用数字或文字标识。形状标识则适用于幼儿将要接触或学习认识形状的班级。

图 4–7　实物图片标识

图 4–8　形状标识

④游戏材料可以按照主题分类投放，比如，木工坊的材料（图 4-9 至图 4-11）。

图 4–9　木工坊材料（1）　图 4–10　木工坊材料（2）　图 4–11　木工坊材料（3）

⑤不要将玩具随意地丢在地上。

通过上述方式，幼儿能够学会如何存放玩具，学习有序地管理游戏材料及自己的生活。

（二）使用

①幼儿如何使用游戏材料、使用材料的规则等应有明确的图示或要求，同时，如果提供新材料，教师应告知幼儿新玩具的使用方式与使用限制。

②用标签如用图片、照片、文字等方式标明材料使用的规则，将标签贴于柜子上，让幼儿清楚地知道规则，发展独立性与责任感。

③材料分为基本材料与辅助材料。基本材料可全年大部分时间不变；辅助材料可定期更换，因为辅助材料可增加游戏经验的复杂性，引导幼儿进入新的游戏。

④行走线路与嘈杂水平的控制。比如，建构区幼儿如果不断受到其他路过幼儿的打断，他们可能会感觉沮丧进而阻止别人，针对这种情况，教师可通过柜子、桌子等阻断奔跑路线以保护建构区。也就是说，通过柜子、桌子等的安置来引导幼儿在特定领域富有成效地使用材料，将类似嘈杂水平的游戏区域邻近设置。

⑤适时增加或更新材料。为提高或扩展幼儿在特定主题上的兴趣，教师偶尔添置一些新材料放在桌上或地板上，可以促进幼儿进入一个新的游戏焦点，激起幼儿新的兴趣。比如，教师将水龙头与装水材料放入沙池区后，幼儿一改铲沙、挖沙等动作游戏，发展出用水混合沙子制作水泥及为隧道倒入水泥等想象性游戏情节（图4-12）。又如，“晓港一条街”的角色扮演活动开展一段时间了，幼儿逐渐失去对超市收银员、理发店老板等角色的兴趣，通过观察，教师发现，超市缺少可以操作的收银机，也没有钱币，当其他幼儿四处走动选购物品时，收银员只能无趣地待着。于是，教师为超市添置了可以敲击的电脑键盘、可以来回抽放的钱盒及收款码；为理发店增加了吹风机、镜子、洗护用品等材料。这一改变不仅重新激起了幼儿的游戏兴趣，而且促进了游戏主题的深入。表 4-9 具体呈现了教师如何根据幼儿游戏情节的进展适当增加适宜的游戏材料。当幼儿建构多层停车场时，教师提醒：“这么高的停车场，车子怎么开上去呢？”于是，幼儿找来一块纸板做成了过道（图4-13）。

表 4-9　材料增加计划表

提供材料的时间	材料名称	幼儿游戏情况
第一、第二周（每周活动 2 次）	长短不一的草、编草帘的架子、棉绳	幼儿三四个人玩编草帘
第三周	增加：剪刀、皱纹纸、即时贴	幼儿编草帘时，用皱纹纸把草卷一下再编，编出了彩色的草帘；有的幼儿用即时贴剪贴花纹装饰草帘
第四、第五周	增加：长棒、丝带、塑料袋	在玩编草帘、装饰草帘时，有多名幼儿玩扎草人的游戏，并用塑料袋做头，用大张的皱纹纸做草人的裙子
第六、第七周	增加：小棒，小草龙、小飞机等形象	幼儿编草帘、扎草人，作品只能陈列在那儿；幼儿使用小棒，用较少的草编小草龙、小飞机以后，在手里上下翻飞，幼儿玩得非常快乐
第八、第九、第十周	增加：绘画材料、双面胶等	幼儿用草来装饰图画，剪剪贴贴。贴出的作品有太阳、篱笆墙……

图 4-12　加点水泥吧

图 4-13　多层停车场

总之，游戏材料应有弹性且开放式地加以组织，以便幼儿可以依自己的需要将自己选择的材料移到教室的其他地方甚至户外，用这些材料进行不同类型的游戏。

四、活动的组织

既然游戏本身就是课程，作为课程内容的游戏，在其组织上可分阶段采取不同的方法，同时，教师要处理好游戏中的师幼互动关系。

（一）游戏活动的阶段

一般而言，游戏活动的组织可分为两个阶段。

1. 过渡阶段

此阶段是幼儿尚无区域活动经验的时期。教师在介绍活动区时，通常可以采用以下做法。①先介绍，后开放。介绍一个区，开放一个区，以提高活动区的功效，增强有序性。在幼儿有了一定的区域活动经验后，教师可以同时介绍两个有新玩具的活动中心，以给幼儿提供选择的机会。②开始最好以小组教育活动的方式进行，以保证每个幼儿都能熟悉各区的内容、材料和工具的使用方法。③每天每组只介绍一个活动区。这样循序渐进地进行，有助于幼儿很好地领会和掌握。④介绍的过程，就可以给幼儿提供实际练习的机会。

2. 自主阶段

幼儿按各自意愿有序地进入活动区。此时，教师的角色、工作重点、指导方法都必须做出相应的改变。此阶段教师的主要任务：一是观察幼儿的活动情况，根据幼儿的需要及时调整活动区；二是了解幼儿的发展水平，有针对性地进行指导；三是借助小规模旅行、影片展示，或阅读一些相关主题的书籍来激发幼儿的某种游戏兴趣，从而引导幼儿进入新的游戏主题。

（二）游戏关系的组织

回想一下，如下情境是否司空见惯："如果你与同伴发生冲突，你应该怎么做？"在全班回顾规则时，教师问幼儿。幼儿的回答可能是："告诉老师！"教师对此回答非常满意："对，如果出现冲突，我们应该找老师，老师会帮助你解决冲突。"显然，这里的幼儿依赖教师为他们解决问题。相比而言，如果教师的目标是发展幼儿独立解决问题的技巧，教师可能采用一种自由放任的回答："你可以解决的。"当然，更为有效的方法是，教师解释并示范日后幼儿可以独立操作的问题解决技巧。教师的这种角色可称为调停者。[①] 教师如何帮助幼儿处理游戏中的同伴关系？这是游戏关系组织的基本内容。

在游戏关系的组织中，教师可问自己一个非常核心的问题：教师在游戏中应该扮演何种角色？显然，幼儿的游戏既离不开教师为幼儿提供游戏时间、空间、材料

---

① Jones E. & Reynolds G., *The Play's the Thing: Teachers' Roles in Children's Play* (2nd ed.), New York, Teachers College Press, 2011, p.32.

与游戏经验，也离不开教师帮其解决冲突，扩展游戏想法，或者使他们以更高水平的游戏技巧与其他幼儿一起游戏。归根结底，教师要提高幼儿参与游戏、在游戏中学习的主体性。其策略涉及以下方面。

1. 促进幼儿自我调节

教师可以根据自己的预判、教育原理与经验，事先制定一些基本的游戏规则。比如，按标签分类与取放材料，轮流使用材料，别人正在使用的材料未经允许不可拿走，进区前插卡等。此外，教师也可以就某些问题，有针对性地补充游戏规则。比如，某教师针对班级存在排斥幼儿游戏的现象，制定“禁止不让别人游戏”的规则。

教师以形象、具体的方式，组织幼儿讨论，或者组织幼儿制作卡片，以幼儿能够理解的或可操作的方式表达规则，并张贴出来。图 4-14 与图 4-15 是幼儿可以操作的进区卡。教师将幼儿的自画像或自制卡片过塑加膜，制成进区卡，幼儿凡是进区须先行插卡。图 4-16，教师以图文方式，将经过讨论、幼儿已经理解的规则，张贴在区角。这里的规则可能包括进区插卡、人数限定、游戏提示等。

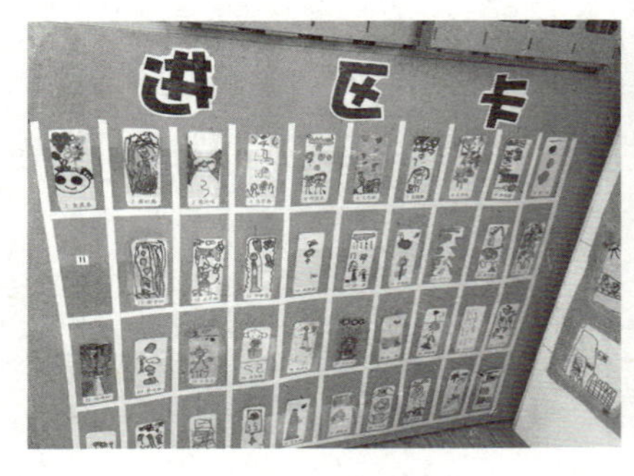

图 4-14　可操作进区卡

图 4-15　自画像进区卡

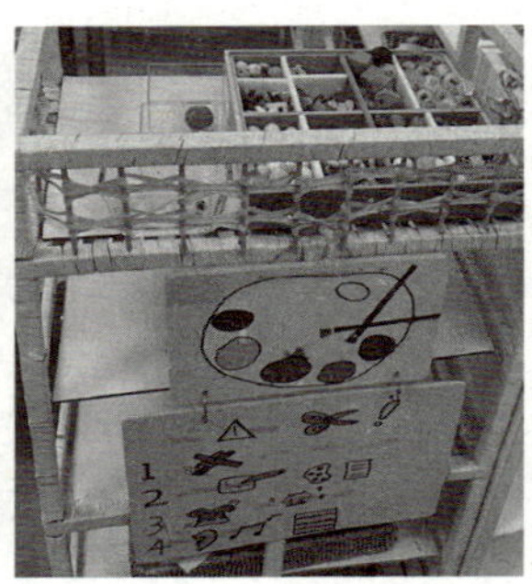
图 4-16　游戏规则图示

幼儿教师支持幼儿自我管理能力发展的一个重要方式是，将自我管理嵌套于班级管理实践之中。班级管理技术可以为幼儿提供外在规则，确保课堂运作的流畅。教师如果能帮助幼儿预知一日生活中将要发生的事情，能够让幼儿清楚一日生活的流程与常规，能够向全组更好地解释活动及其背后的原则，那么，相比那些没有被提供此种支持的幼儿而言，这部分幼儿在自我管理与学术成就上将获得更高分数。

培养幼儿自我管理能力的一种做法是将一日生活流程常规化。幼儿园如果能为幼儿提供反思与表征一日生活流程的机会，或者说，幼儿如果被鼓励通过图画绘出一日生活流程，并学习使用图片引导自己的行动，那么，幼儿则可能发展自我引导与自我管制能力。某幼儿园大班教师在分配任务前通过图片（图 4-17 至图 4-19），与幼儿讨论图片显示的各岗位职责及活动流程。

图 4-17　我们的一天

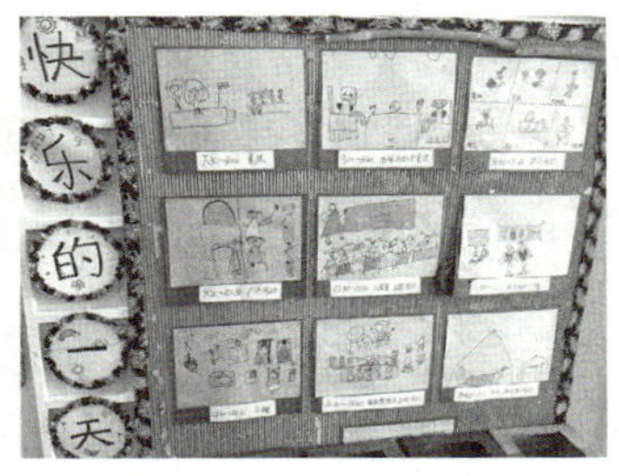

图 4-18　快乐的一天

图 4-19　幼儿自画职责图

幼儿自定规则需要一定的契机，这一契机尤其是在幼儿体会到规则的重要性时。比如，我们在台湾的考察中发现，×× 幼儿园的叶老师曾反复提醒孩子：“游戏结束后请记得把玩具宝宝送回家。”可是，孩子们常常没有收拾好玩具。以前，叶老师都是自己帮孩子们收拾。收拾了一段时间之后，叶老师想：孩子们自己学会管理玩具才是我们的教育追求。于是，从某一天开始，叶老师停止为孩子们收拾玩具。一周过去了，不断有孩子来诉苦：“老师，我找不到玩具。”叶老师觉得时机成熟了，于是，她组织孩子们说一说最近在游戏中发现了什么问题。孩子们七嘴八舌地说开了。有的说：“图书区的书乱七八糟的。”有的说：“我在贴着蜡笔（标志）的地方找了好久都没找到蜡笔。”叶老师问：“那你后来在哪里找到它的呢？”这个孩子说：“我在胶粒的篮子里找到了它。”孩子们都觉得，最近游戏很不顺利，很难找到自己想要的材料，不像以前，可以按标签与分类找东西。叶老师问：“为什么我们很难找到玩具呢？我们应该怎么做？”孩子们认为，找不到玩具最主要的原因是没有按类按标签将玩具放回。于是，经过讨论，在叶老师的帮助下，他们自定了三条游戏规则：一是按照物品的标签归类放好；二是收拾玩具时要轻拿轻放，并且放回原处；三是在游戏中不能随意转换区域，并以图文标示的方式表示出来，如图 4-20、图 4-21 所示。

图 4-20　自制游戏规则（1）

图 4-21　自制游戏规则（2）

此外，教师可以为幼儿提供机会，帮助他们练习自我调节。一日之中许多情况下教师都可教幼儿练习自我调节。比如，在活动过渡环节，教师不是让幼儿无聊地等待，而是组织幼儿做一些手指游戏或唱唱歌等，让幼儿学习等待。

研究显示，游戏的主动性与自我调节相关，越是积极主动地游戏，幼儿的自我调节能力越好；幼儿的自我调节还与更高的阅读、数学技巧相关。[①] 这就意味着，要帮助幼儿更加积极主动地参与游戏，发展幼儿更强的自我调节能力，间接作用于入学准备，教师就要善于将自我调节统整到室内外游戏之中，尤其是户外大肌肉游戏之中。研究表明，几个因素潜在地影响着幼儿的户外活动。其中，幼儿园物理环境起着重要作用，比如，幼儿园设置的户外活动时间，幼儿可以使用的游戏设备，以及教职工受过相关培训，懂得如何介入幼儿的游戏。事实上，为幼儿提供户外活动的机会，教师面临许多障碍，包括有限的户外活动空间，家长担心幼儿受伤，教师被要求聚焦于学术成就的管理压力，教师的个人偏好等。

2. 教授幼儿解决冲突的技巧

儿童经常在游戏中遇到冲突，比如，彼此挡道、角色分配、争抢材料，而他们自己又无法独立处理这些问题。教师有必要教授幼儿解决冲突的技巧，以备幼儿日后可以独立使用这些技巧。

案例 4-10：

宣宣、丽丽还有好几个小朋友在沙池里游戏。宣宣正在小心翼翼地挖洞，丽丽在用沙子建城堡。突然，丽丽不小心挖坏了宣宣的洞。

看到宣宣和丽丽的冲突，李老师一边在两个孩子之间蹲下来，一边问："宣宣，你有什么要跟丽丽说的吗？"宣宣在哭喊，丽丽狠狠地打了宣宣一下。丽丽看起来十分恼怒。

宣宣一边啜泣一边说："我不喜欢她，她是大笨蛋。"

"你对丽丽很生气。你能告诉她，她做了什么让你这么生气？"

"她打了我。"宣宣伤心地说。

"你先打的我。"丽丽说。

"宣宣，你打了丽丽吗？"李老师问。宣宣点了点头。

① McClelland M. M. & Tominey S. L. , *Stop, Think, Act: Integrating Self-Regulation in the Early Childhood Classroom*, New York, Routledge, 2016,pp.81-87.

“那你为什么打她？”

“我的洞！她把我的洞弄乱了。”宣宣哭道，试图再去打丽丽。

“什么洞？”丽丽完全迷惑了。

“你能给丽丽看看你的洞吗，宣宣？”

“这里！”他咆哮着，“刚才还在这里，我挖了很久的。”

“丽丽，宣宣的洞坏了，确实很伤心，你可以帮他补一下吗？”丽丽用力地点了点头，同时抓着自己的推土机。

“不！”宣宣说，“不要用推土机！”

“你想自己修洞，对吗？”李老师问。宣宣点了点头。李老师说：“那么，宣宣，你可以告诉丽丽她应该在哪里开推土机吗，这样她就不会再弄乱你挖的洞了。”

宣宣张开自己的手臂，在沙地上画了一条弯弯的道。丽丽沿着这个弯道，拖走了推土机。宣宣则挥舞着铲子，使他那个重要的洞又一次成形了。

案例分析

李老师在介入游戏的过程中，并没有暂停幼儿的游戏，专门教授幼儿问题解决的策略；相反，李老师优先考虑的是如何让游戏继续，因此，她将关注点放在游戏内容上，而不是幼儿违反了游戏规则（不能打人）上。同时，李老师使用提供建议的方法，引导幼儿解决他们的真实问题，进而使游戏得以继续。

在调停语言的使用上，李老师提出了真正的问题，这些问题可以使幼儿使用自己有限的语言进行有效的交流，比如，“她做了什么让你这么生气？”“你能给丽丽看看你的洞吗，宣宣？”“你可以告诉丽丽她应该在哪里开推土机吗？”教师将解决问题的建议非常隐晦地体现在这些问题中，有效促进了幼儿自我建构解决问题的技能与策略。同时，李老师使用了非常清晰的语言，帮助幼儿理解某种背景下的关系。

3. 示范适宜的关系行为

在遇到幼儿发生冲突时，你会说“看看你对 ×× 做了什么，你不能这么做”吗？或许，你能否为幼儿提供更好的问题解决方案？

案例 4-11:

裴老师（抱着安迪）对阿胜说:“安迪不喜欢这样，阿胜。安迪很心烦，你这样做伤到她了。”裴老师转过头来对安迪说:“你想喝杯水吗？”

裴老师安慰安迪，安迪也一直跟着裴老师。裴老师帮安迪找到一个新的游戏空间，递给她一个柔软的兔子玩偶与一张毯子。

案例分析

案例中，裴老师为幼儿示范如何共处，在此过程中，教师扮演着共同游戏者的身份。通过与幼儿分享游戏者的心情，教师帮助幼儿发展同理心，即站在他人的角度考虑问题。

总之，当情况失控时，教师充当裁判员；他们是秩序的维持者，也是幼儿的朋友；他们给予幼儿游戏建议但又不强求。

第四节　幼儿园游戏课程的评价

常识告诉我们，不是所有的游戏都是好的游戏，也不是所有的游戏都适合幼儿。某些游戏充满了欺诈、恐吓或其他不良价值，或者是过于成人化，或者超出幼儿的理解与操作水平，或者不利于幼儿发展，此类游戏都不宜成为幼儿园的游戏。学者建议，教师应帮助儿童参与有目的的、高水平的、成熟的游戏而不是进行所有的游戏。[①] 教师有责任通过与幼儿的互动来丰富幼儿的游戏经验，帮助幼儿成为“游戏精通者”。[②] 我们在幼儿园观摩时发现，幼儿园里并不总是可见高水平的、成熟的游戏。然而，对于幼儿园而言，衡量幼儿园游戏质量的标准是什么？

一、幼儿园游戏评价的意义[③]

幼儿园以游戏为基本活动，因而，游戏评价是幼儿园教育评价的基本内容，也是提高幼儿园教育质量的基本需要。幼儿园游戏评价指的是依据一定的标准，运用

① ［美］盖伊·格朗兰德:《发展适宜性游戏：引导幼儿向更高水平发展》，严冷译，7 页，北京，北京师范大学出版社，2014。

② Jones E. & Reynolds G.，*The Play's the Thing: Teachers' Roles in Children's Play*（2nd ed.），New York，Teachers College Press，2011，p.7.

③ 姜晓燕:《学前儿童游戏教程》，279 页，北京，教育科学出版社，2012。

科学的方法，对与幼儿园游戏相关的物质环境、作息安排、游戏过程、游戏质量与效果等进行客观描述并做出价值判断的过程。根据不同的评价主体，幼儿园游戏的评价包括幼儿的自我评价、教师的评价与旁观者的评价。

对于幼儿而言，游戏评价是幼儿对游戏过程、游戏经验及存在的问题的反思，反映了幼儿对游戏的感知与思考。在游戏结束环节，教师组织幼儿通过口语交流、绘画活动等方式，对游戏情节、游戏材料的使用、游戏冲突的解决等进行讨论。幼儿对游戏的评价可以分为自我评价与互相评价两种。所谓自我评价，指的是幼儿个体对本人或集体对本组的游戏过程、游戏成果进行的自我评价。所谓互相评价，指的是请其他幼儿评价某个或某组幼儿的游戏过程、游戏成果等。比如，“×× 花园”分组建构游戏后，教师组织幼儿现场进行自我评价与互相评价，说一说本组与其他组建构的过程、如何使用材料、如何合作建构、建构过程与结果的优缺点。通过对游戏的自我评价，幼儿学习分享与交流成功的经验，吸取自己与他人的经验教训，学会自我反思、自我调整、自我控制与自我管理。通过对游戏的现场互评，幼儿学习如何客观、公正地评价他人，并能够学习站在他人的角度思考游戏的问题。

对于教师而言，游戏评价可分为形成性评价（过程性评价）与总结性评价。形成性评价指的是在幼儿游戏开展过程中所进行的评价，通常基于教师对幼儿游戏的观察，其主要目的是及时了解并判断幼儿游戏的水平、状态或问题，及时、有效地对幼儿的游戏做出反馈，起到激励幼儿游戏行为的作用。比如，一个幼儿满面笑容地拿着他用雪花胶片拼插的心形“蛋糕”来向王老师“炫耀”，王老师亲切地拍拍他的头，说：“心形蛋糕好漂亮呀，一定很好吃！你做了个这么漂亮的蛋糕是要为谁庆祝生日吗？”总结性评价通常发生于游戏结束或告一段落之时。教师通过总结和评价前一阶段幼儿游戏材料的使用情况、游戏互动，如角色对话、幼儿交流、游戏成果等情况，判断幼儿游戏的现有水平与存在的问题，为下一阶段的游戏计划与游戏指导提供决策的依据。

对于旁观者即非游戏的参与者及指导者而言，游戏评价主要是依据一定的标准，对幼儿游戏水平与教师游戏指导进行判断的过程。张燕等提出，对教师游戏指导的评价项目有：引导游戏进程、师幼互动、游戏指导的对象与范围、指导方法的运用、指导类型或方式、游戏常规的建立等。[①]

① 北京师范大学教育系、北京崇文区光明幼儿园自选游戏课题组：《幼儿园游戏指导：光明幼儿园自选游戏实践的思路与方法》，240 页，北京，北京师范大学出版社，1996。

二、幼儿园游戏评价的范围

根据教育评价的基本思路，幼儿园游戏评价的范围既包括过程性要素，如游戏环境、游戏材料、游戏组织与游戏指导等方面的评价，也包括结果性要素，即对幼儿游戏行为的评价。比如，高宽课程的项目质量评估量表[①]将幼儿园游戏评估分为班级层面的游戏环境评价和教师游戏指导评价。游戏环境评价部分要求教师为幼儿提供安全且健康的环境；教室按兴趣区划分，反映幼儿游戏和发展的基本方面；兴趣区的位置经过仔细设计，每个区角有足够的空间，区角之间方便走动，相邻区角的设置彼此协调；户外游戏区域提供足够的空间、器材和材料，支持各种游戏；教室的活动区域和材料经过系统设计、标注，并且方便幼儿拿取；材料多种多样，具有操作性、开放性、真实性，能够吸引幼儿多种感官的参与；材料充足；材料反映幼儿的家庭和社区文化的积极方面；展示幼儿自己设计和创作的作品。在成人参与幼儿游戏的形成性评价方面，高宽课程将成人参与情况分为多种水平，比如，水平1为“成人没有参与儿童游戏”，具体表现为“成人试图支配儿童的游戏”；水平3为“成人有时以伙伴身份参与儿童的游戏”，具体表现为“成人进入儿童的游戏，很快提出建议或想法，或者提出与儿童游戏主题不相关的建议”；水平5为“成人以伙伴身份参与儿童的游戏”，具体表现为“在进入游戏之前或之后进行观察、倾听等，扮演儿童指定的角色，追随儿童对游戏内容和游戏方向的指引，支持儿童现有游戏水平并帮助儿童增加游戏的复杂性，提出拓展游戏的建议，拥护儿童游戏的主题”。也有人根据幼儿游戏行为反映出的幼儿在动作、认知、语言、社会性等领域的发展水平及游戏持续时间等，制定了幼儿游戏一般性发展评价表，见表4-10。

表4-10 幼儿游戏一般性发展评价表[②]

项目	评价标准	评分
1. 自选情况	不能自选 自选游戏玩具 自选活动并约伴	

① ［美］安·S. 爱波斯坦：《学前教育中的主动学习精要——认识高宽课程模式》，霍力岩、郭珺等译，339、344页，北京，教育科学出版社，2012。

② 北京师范大学教育系、北京崇文区光明幼儿园自选游戏课题组：《幼儿园游戏指导：光明幼儿园自选游戏实践的思路与方法》，228页，北京，北京师范大学出版社，1996。

项目	评价标准	评分
2. 主题目的性	无意识行为 主题不确定，易受他人影响而变换主题 自定主题，能很快进入游戏情境 共同确定主题，主题稳定	
3. 材料使用	不会用或简单重复 常规玩法正确熟练 材料运用充分，玩法多样、复杂	
4. 常规	行为有序、基本遵守规则 / 行为混乱、不守规则 轻拿轻放、爱护玩具 / 基本爱护 / 不爱护、乱丢玩具 及时收放、认真整理 / 部分做到 / 不能整理	
5. 社会性行为	独自游戏 平行游戏 联合游戏 合作游戏	
6. 伙伴交往	积极交往：互相谦让，轮流合作，协商解决问题 一般交往：交谈逗趣，请求询问，追随模仿 消极交往：独占、排斥、干扰、破坏、退缩、攻击、对抗	
7. 持续情况	频繁变换游戏（记录次数） 有一定的坚持性，完成一项活动后再更换 始终持续一项活动	
8. 其他	是否参与环境创设，与教师的交往情况	
总体印象		

三、幼儿园游戏的评价指标

研究者指出，幼儿的游戏可能存在三种水平：混乱失控的游戏，简单重复的游戏和高水平的游戏。有目的、复杂、富有成效、能让幼儿专注、丰富、富有意义是好游戏的标志。[①] 依据发展适宜性教育实践的基本要求，从幼儿的游戏表现及游戏互动来看，适宜性、高品质的游戏具有如下特点。

① [美]盖伊·格朗兰德:《发展适宜性游戏：引导幼儿向更高水平发展》，严冷译，10~24页，北京，北京师范大学出版，2014。

（一）幼儿高度参与游戏

高水平的游戏能让幼儿高度参与到游戏中，具体表现为以下几点。

①在游戏中表现出专注与投入的表情，没有或较少有旁观行为与转换行为。

②在游戏中主动分配角色、扮演角色且投入角色互动，能协商解决问题或争议。

③在需要时懂得寻求帮助，比如向教师咨询是否可以使用某种材料，或者在游戏存在争议时请求教师裁决。

④主动与人交流信息或自己的想法。

⑤会邀请教师观看或参与游戏，如邀请教师做理发店的顾客，或者在搭建好一个城堡后请教师参观并向教师介绍自己的作品“你看，这是我们做的……”，或者在娃娃家游戏时请求教师：“老师，你可以帮我照顾一下小宝宝吗？小宝宝生病了，我要出去买药。”

⑥情绪高涨，全身心投入游戏体验中，甚至忘乎所以。“儿童参与的积极性会从他们闪光的眼睛中、快乐的表情中和对手头任务的关注中体现出来。”①

（二）幼儿游戏富有创意

在高水平的游戏中，幼儿创造性地扮演角色，综合与创造性地使用建构材料，或者用新方法使用旧材料。比如，放在沙池的小木板，前一刻被幼儿用来做工具建房子，此刻又变成了房子的窗户、门框、房顶，下一刻又成了房前弯弯曲曲的小路。

除了创造性地使用材料，幼儿在游戏中还会创造性地解决问题。比如，在进行建构游戏时，两个幼儿讨论如何搭建火车轨道，甲幼儿说：“我们来建火车轨道好不好啊？”乙幼儿说：“好啊！那我们先把这个（积木）跟那个（积木）连起来吧！我们建一个大大的圆形轨道。”此外，幼儿还会创造性地诠释与表现角色及其关系。比如，整合医院与娃娃家的角色，娃娃家的“妈妈”带着“宝宝”来医院找“医生”，“妈妈”体贴地请“宝宝”坐下，紧张地对“医生”说：“医生，我家宝宝今天不舒服，麻烦您看看是不是发烧了。”

（三）游戏互动具有教育性

教育情境的游戏不同于娱乐性的自由游戏。若要使幼儿的游戏更有价值，就需要教师的指导与推动。在教育性游戏情境中，教师帮助幼儿制定游戏规则，与幼儿

① ［美］盖伊·格朗兰德、［美］玛琳·詹姆斯：《早期学习标准和教师专业发展》，刘昊译，42页，北京，北京师范大学出版社，2014。

进行游戏互动，或者指导幼儿的游戏互动，确保课程的进程、差异性和适用性。

1. 适时介入

一般而言，幼儿游戏出现障碍无法进行下去时，即教师介入的最佳时机。例如，幼儿搭建高楼总是倒塌时，教师提问：“你的楼房用的是什么材料？楼房底座用什么形状的积木比较牢固？”“病人”不太熟悉挂号看病的流程时，教师可以假扮医生：“我是医生，请问需要我帮忙吗？”

2. 生成课程

当发现幼儿游戏中所隐含的教育价值时，教师一定要把握时机、顺应支持、步步跟进、积极引导，采取一系列符合游戏角色需要的支持行为，以巧妙的交流方式与无痕的指导方法，引领幼儿完成任务，生成课程。例如，在组织幼儿在户外阳光下进行手影游戏时，幼儿提出了许多问题，诸如：为什么我到哪里影子就跟到哪里？能不能让影子消失？教师通过观察与倾听，了解并顺应幼儿的兴趣，适时改变游戏内容，生成有意义的课程，从而使散漫的游戏变得有方向、有目的、有趣味和有意义，同时也增长了自己的教育智慧。

3. 促进合作

《幼儿园教育指导纲要（试行）》指出：“幼儿与成人、同伴之间的共同生活、交往、探索、游戏等，是其社会学习的重要途径。应为幼儿提供人际相互交往和共同活动的机会和条件，并加以指导。”教师应善于通过支持、指导、帮助等策略，创设幼儿相互学习、友好交往的情境，并想方设法支持和鼓励幼儿主动与同伴一起游戏，以促进高品质游戏的互动。例如，组织“大带小”的混龄游戏活动，或者为不同个性的幼儿创造互动机会。

4. 点拨深化

高品质游戏互动需要高质量的点拨与推动。针对幼儿在游戏中表现出的一系列问题，如幼儿不能正确理解游戏规则、不能积极参与游戏等，教师可以根据幼儿的游戏情况及存在的问题，设疑、补充、点拨，引发幼儿深入思考和讨论，从而促进幼儿在游戏中的互动和促使幼儿在游戏中的自悟自得。例如，幼儿在搭建高楼时没有屋基的意识，只是胡乱地将积木往上叠，所以“高楼”总是很快就倒塌了。教师观察后，递给他一些大的方形积木，说道：“你试试这些积木怎么样？”“这些积木跟你刚才搭的积木有什么不同？”教师的这种提问有“点”，有“拨”也有“导”，不仅与幼儿有良好的互动，而且引发了幼儿的深入思考，丰富了幼儿的游戏经验，增加了幼儿的交往机会。教师巧妙地点拨，将活动的主题引向深入，将游戏的内涵逐步拓展，使简单的游戏过程成为幼儿交往合作、学习探索的过程，最终让幼儿在高品质的游戏互动中获得发展和提升。

（四）游戏扎根本土文化

发展适宜性的教育活动不仅意味着教育要适应幼儿的年龄特点与个性差异，而且意味着教育要适应其生存的文化。这里的文化，不仅指社会主流文化，而且包括地方特色文化。全美幼儿教育协会提出，幼儿园课程除了满足幼儿的需要和兴趣，还要凸显社区文化价值，并与当地文化相适宜。[①]这就意味着，幼儿园游戏不仅要引起国外游戏与大量使用现代游戏，而且要充分挖掘本土（传统）游戏的价值。俗话说：传统的才是民族的，民族的才是世界的。

中国民间传统游戏在中华优秀传统文化的基础上经过不断加工而成，承载着当地的生产、生活习俗，具有浓厚的地方特色和生活气息，积淀了丰富的文化底蕴，已成为优秀民间文化的重要组成部分。随着时代的发展，民间游戏在学前教育领域散发出浓厚的教育文化气息，把民间游戏融入幼儿园教育活动中，有利于在学前阶段进行传统文化的启蒙。比如，广东不少幼儿园在设计岭南特色的课程时，就力图挖掘岭南文化特色的游戏价值。×× 镇中心幼儿园在分析了自己所处渔村的历史文化资源后，设计了系列编织渔网、鱼篓等手工游戏；×× 幼儿园设计了“岭南童戏，爸爸妈妈童年的游戏”系列活动，邀请家长与幼儿玩一玩爸爸妈妈小时候的游戏，如跳皮筋、踢毽子、翻花绳、跳山羊、抛石子、滚铁环、抽陀螺等，让幼儿感受传统文化，增进亲子关系。

① ［美］卡特伦、［美］艾伦:《学前儿童课程——一种创造性游戏模式》，王丽译，12 页，北京，中国轻工业出版社，2002。

第五章 幼儿园游戏课程设计的基础

教师的行动和课堂决策由他们的理念及信仰所驱动。

——巴德·斯波代克①

问题情境

幼儿教师经常疑惑的问题有：如何设计游戏课程，才能做到既整合游戏与课程，又兼顾游戏与课程的本质？如何计划游戏才能在为幼儿提供机会的同时又不至于混乱？如何既聚焦幼儿学习又能保持游戏的快乐？我要如何撰写课程计划，显示我所做的一切都是有目的、有计划的，同时也能吸引幼儿的注意力，统整优秀的教育实践？在绩效考核、社会期望提高与学前教育质量优化的多重要求下，教师有必要思考，如何通过游戏课程的设计，整合社会要求与幼儿发展的双重目标。这些问题的解决，既有赖于教师的游戏课程理论，又依赖于教师掌握观察、解决幼儿问题的技术策略。

内容导读

显然，为儿童仅仅提供有趣的、参与性强的社会经验已经不够了。教师有责任帮助儿童获得学前教育与幼儿园标准，这一标准界定了预期的成就——既包括社会领域的成就，也包括其他领域的成就。这些领域在性质上不是传统意义上的学术成就，即不是传统意义上的读写、计算、科学和社会研究。教师有必要将教育期望整

① Spodek B., "Editorial," *European Early Childhood Education Research Journal*, 2006 (1), pp. 2-4.

合进课程设计中，并评估课程是否满足每个儿童的需要。[①] 在为儿童设计适宜的游戏过程中，我们要使用将儿童中心与教师导向加以结合的策略。教师整合游戏与课程的角色包括：计划游戏中心与游戏活动（如帮助幼儿发展社会戏剧游戏的情节），设计游戏评价方案，设计符合幼儿特定兴趣的、幼儿熟悉的游戏主题，促进幼儿在游戏中进行丰富多样甚至有深度的学习，等等。然而，教师上述角色的完成，首先要解决的是游戏课程设计的价值基础与技术基础问题。

第一节 教师的游戏理论基础

游戏信念直接影响人们如何对幼儿的游戏行为做出反应，也影响教师是否有足够的能力去说服家长与社会支持“幼儿园以游戏为基本活动”的理念与实践，同时，游戏信念影响教师在观察幼儿游戏时所能看到的内容，影响他们对幼儿游戏行为的解读，影响他们能否对幼儿的游戏行为做出恰当的回应与引导，能否利用游戏提供的教育契机。教师的游戏理念通过六个相互联系的关键领域展示出来：游戏的特点和好处，控制、自主权和教师的角色，课程中的游戏、学习目的和结果，通过游戏来评价和解释儿童的学习，实施游戏化课程的各种限制（如班级规模、国家课程的要求、绩效责任等），游戏和工作的区分。[②]

一、对幼儿游戏与学习关系的理解

当争论游戏在学前教育课程中的地位时，我们实际并不了解教师到底在做什么，也不了解教师为什么要这样做。教师如何理解正式教育中的游戏？如何定位自己与幼儿在幼儿园游戏中的角色？尼尔·本内特等把游戏视频片段作为教师反省本班游戏的工具，以此调查教师的游戏信念。研究发现，教师对于“游戏是什么”和“游戏在教室中扮演什么样的角色”有着相当有力的理论。[③] 由于课程强调游戏的价值，因此，教师能清晰表述游戏对于儿童发展的重要性，然而，他们对教育性游戏情境并没有清晰的理论概念，也不能鉴定游戏性教育的实施困难，当然也没有准

① Gronlund G., *Planning for Play, Observation, and Learning in Preschool and Kindergarten*, St. Paul, Redleaf Press, 2013, p. 1.

② ［英］尼尔·本内特、［英］利兹·伍德、［英］休·罗格斯：《通过游戏来教——教师观念与课堂实践》，刘焱、刘峰峰译，36~65 页，北京，北京师范大学出版社，2010。

③ ［英］尼尔·本内特、［英］利兹·伍德、［英］休·罗格斯：《通过游戏来教——教师观念与课堂实践》，刘焱、刘峰峰译，36~65 页，北京，北京师范大学出版社，2010。

备应对这些困难。[1]

（一）幼儿为何喜欢游戏

我们可以从案例中分析幼儿理解的游戏的意义，进而比对教师对幼儿游戏的价值理解。

案例 5-1：

再次来到水池边，孩子们脑洞大开，玩出的花样更多了。小捷一手拿着一个平底锅，把锅当成桨，坐在浮板上划起“船”来。划着划着，他趴在浮板上大喊：“好累啊！”天天的“桨”是两根圆木棍。他还找来一块大的白色泡沫板，垫在浮板下面，告诉我们：“这样浮板就更高，更像船了。”麟麟双手握住一块小浮板，向后划了划，浮板也动起来了。畅畅、芸芸等五个小伙伴一个挨一个地坐在浮板上，一边划动浮板一边宣布：“‘珠江夜游’表演开始了！”麟麟看见了，笑着对岸上的小伙伴叫道：“快买票，快买票，来看表演啦！”泽泽和小羽给伙伴们找来了竹笆片。四个孩子整整齐齐地跪坐在浮板上，每人手里拿着两块竹笆片，一边划动，一边宣布：“划龙舟喽！”言言和平平在岸上大声喊着：“加油！加油！”周周则在水池里用木棍搅起水波，提醒道：“这是漩涡，别过来！”于是，“龙舟”上的孩子们赶紧调转方向，绕道而行。孩子们的游戏创意层出不穷，水池里充满了欢声笑语。[2]

案例分析 >>>>>>>>

幼儿的浮板游戏不断丰富，生发出珠江夜游、买票、划龙舟的游戏情节，可见该游戏吸引幼儿的地方，或者说，游戏对于幼儿的意义可能在于：它允许幼儿天马行空地想象并转换游戏情节。在游戏中，幼儿能充分体验到游戏的自主、自由及自控等特性并产生愉悦感、自由感等体验。

尽管由于生活节奏的加快、静坐学习学术课程的要求、看电视玩电子游戏的时间增多、安全的游戏空间缺失等，幼儿的游戏时间经常受到挤压，然而，理论家、

① Cheng D. P., “The relation between early childhood teachers’ conceptualization of ‘play’ and their practice: Implication for the process of learning to teach,” *Frontiers of Education in China*, 2012 (1), pp.65-84.

② 教育部基础教育司:《游戏·学习·发展——全国幼儿园优秀游戏活动案例选编》, 47~48页，北京，人民教育出版社，2020。

实践者与父母都会赞同，不管文化背景如何，幼儿都会满怀激情地参与游戏。埃尔金德指出，游戏是人类的基本倾向，正如爱与工作。[①] 幼儿具有游戏的天性，与此相伴的是学习本能、好奇与创造性。进一步地观察发现，并不是因为某个活动被称为“游戏”，也就是说，并不是“游戏”的称谓让幼儿喜欢，事实上，某些活动并不是传统意义的游戏，但也深得幼儿的喜欢。所以，与其问幼儿“为何喜欢游戏”，倒不如问“幼儿喜欢什么类型的游戏活动”“什么类型的游戏活动最有意义”。尽管历史上对人类喜欢游戏的原因有着多种理论解释，如剩余精力说、松弛消遣说、生活预备说、复演说等，然而，根据我们的调查，幼儿教师普遍认为，幼儿喜欢游戏的原因有如下几条。

1. 游戏可使幼儿获得主动性、成就感等

因为游戏为幼儿提供了安全的试误情境，游戏也是不追求结果的活动过程，幼儿可以在自己现有水平的基础上进行任何水平、任何层次的自由操作，因而，游戏更易使幼儿获得成功与主动操作的机会。

2. 游戏是幼儿的本能需要

幼儿天生有表现欲及模仿成人生活的需要。现实生活中幼儿无法从事成人的活动，而他们又极其羡慕成人似乎万能的角色，游戏为他们提供了模仿成人角色及其行为的机会，满足了他们想要成长的需要。

3. 游戏符合幼儿的年龄特点

游戏“好”（取第三声）玩，幼儿“好”（取第四声）玩；游戏自由，幼儿追求自由（至少在心灵上人类本性追求自由）；游戏的主题、内容与材料等来自生活，贴近幼儿的生活实际，是幼儿的动作思维与具体形象思维所能理解、接受或再现出来的。

（二）幼儿喜欢什么游戏

1. 只需简单材料的游戏

简单与自然的游戏材料，比如木材、箱子、球、沙、铲、黏土、填充玩具动物和通用玩偶（而不是特定角色或特定形象的玩偶）能促使幼儿创造自己的游戏情境，然后推倒重来。使用户外的零散材料（轮胎、板条箱、稻草、织物、木材下脚料、木板、原木和树枝）开展游戏，以及参与洞穴的建造有助于幼儿社会合作能力、灵

① Elkind D.,“Montessori and constructivism,” *Montessori Life*, 2003（1）, pp. 26-29.

活性和创造性的发展。①

2. 户外冒险游戏

树枝、泥巴、水、石头、风，甚至虫子与种子都能把幼儿带入游戏中。如果可能，教师应每天为幼儿准备户外游戏的时间。在户外游戏中，幼儿能跑，能爬，能发现藏东西的秘密之处，并设计戏剧。近年来，安吉游戏给人印象非常深刻的就是它的户外冒险游戏。请看下面一段描述："安吉三官幼儿园的塑胶小广场上，一群4~7岁的幼儿三三两两自由搭配，玩跳高、玩滑梯、走油桶，乍一看倒像是一群会表演杂技的小演员。"在安吉游戏中，我们常可见到户外场地设置得既具有原生态又具有挑战性，如设置"野趣游戏区""冒险岛"等户外游戏区域。安吉游戏提供具有地方特色的麻袋、麻绳、竹梯、木桩、木块、木箱等游戏材料；一些原始朴素的游戏材料，如树叶、沙子、泥巴等；一些辅助材料，如玩偶、锅铲、水管等其他道具；以及一些反映当地人民劳动生活的道具及材料，如筑水坝或围池塘用的秤、筛子、木板等。这些生活化、原生态、开放性的游戏材料，为幼儿创造了可以充分调动其冒险精神、创造精神的游戏环境。表面上看，安吉游戏具有安全风险与冒险精神，实际上，幼儿天生的自我保护本能使他们学会了自我判断与自我挑战。在安吉游戏中，我们见过一个幼儿想学别人，他站在高高的树桩上往地面上跳，当他小心翼翼地爬上树桩后，发现树桩顶端离地面实在很高，尽管有幼儿在旁边为他打气加油，但是他在反复权衡后，一言不发地选择了谨慎地从树桩上爬下来，而不是贸然往下跳。

3. 社会戏剧游戏

许多课程专家倡导戏剧游戏对于读写学习的重要性，因为戏剧游戏环境可以起到支持幼儿读写学习的情境作用。②③游戏和读写能力之间的联系已被清楚地证实。在游戏中，幼儿使用各种读写技能、概念和行为，并对印刷品的诸多功能与目的表现出了兴趣。社会戏剧游戏为读写练习创造了环境。幼儿在游戏中建构游戏的框架、剧本和内容，他们理解故事情节、角色、事件顺序、对话和互动的特征，以此引导

① ［英］伊丽莎白·伍德:《游戏、学习与早期教育课程》，李敏谊、杨智君等译，13页，北京，教育科学出版社，2018。

② Davidson J., *Emergent Literacy and Dramatic Play in Early Education*, Belmont, Wadsworth Publishing, 1995, p.213.

③ Stone S. J. & Christie J. F., "Collaborative literacy learning during sociodramatic play in a multiage (K-2) primary classroom," *Journal of Research in Childhood Education*, 1996 (2), pp. 123-133.

游戏的进程。[①] 如果提供发展适宜的游戏环境，且其中有丰富的印刷材料和写有文字的道具，那么，幼儿在探索游戏环境时自然会带着好奇去探究书面语言的意义。因此，他们开始了解如何有目的地用适宜的方式读写。比如，在餐厅为顾客提供点餐服务时，幼儿会使用标有菜名、价格与对应图片的菜单，甚至依样画葫芦地“写”菜名并标上价钱，如图 5-1 所示。

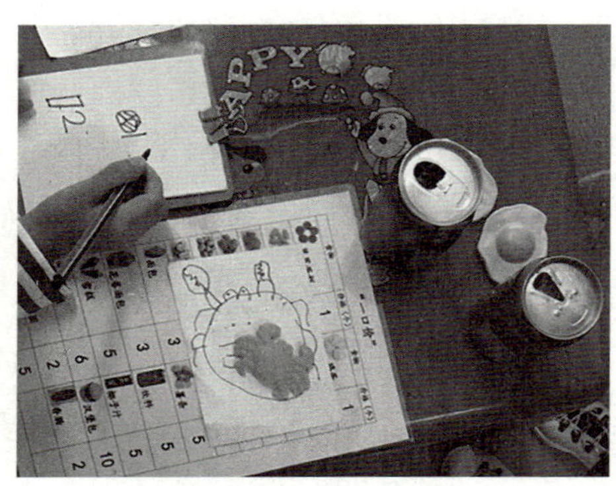

图 5-1　我来做菜谱

教师提供了菜单、笔、纸与硬板，幼儿在餐厅游戏中，“服务员”根据“顾客”的要求，用符号标记结合标价的方式，简单记录下“顾客”的要求，如 2 瓶饮料、1 个荷包蛋，当“顾客”要的螃蟹在菜单中无法找到时，幼儿画了一只螃蟹。记下菜单后，他们来到收银台，向“收银员”解释“顾客”点的菜名，并协助“收银员”计算顾客应付的钱数。显然，这样的游戏并不仅仅是游戏。在适宜的游戏材料的刺激下，游戏激发了幼儿学习读写的欲望，提高了他们对文字、数字的敏感性，帮助他们建立日常生活与读写学习之间的联结。当然，除了上述游戏类型，事实上，只要活动具有游戏的本质属性，对幼儿而言就具有游戏的吸引力。

（三）游戏促进学习的关键在于教师

对于幼儿来说，游戏等于学习。[②] 从游戏是适宜幼儿的学习方式及其学习效果来看，上述观点是正确的。当数字符号嵌套于游戏设施中时，当幼儿被允许自由解释数学符号的意义时，幼儿将有更多机会参与同数学概念相关的交谈与活动，从而促进读写能力的发展。无论是游戏工作坊还是区域游戏，它们都有大量基于游戏的

① ［英］伊丽莎白·伍德:《游戏、学习与早期教育课程》，李敏谊、杨智君等译，107~110 页，北京，教育科学出版社，2018。

② 王振宇:《实现游戏手段与目的的统一——再论游戏课程化》，载《幼儿教育（教育科学）》，2019（1、2）。

读写实践。比如，通过使用有文字或符号标注的道具，或者在游戏中完成一个计算价格的任务，幼儿习得的不仅仅是某些具体的文字、符号或计算技巧，而且是如何搭建游戏、生活与学习的桥梁，他们开始关注日常生活中的各种学习机会：穿过马路要看路标，买衣服要看标牌与价格，如此等等。这是一个文化融合的时代，促使人们重新定义读写的概念。学者指出，我们需要扩展读写的定义。读写不再仅仅是读写印刷材料，还包括分享视频、处理图像、在社交网站上发表评论，以及参与全球社交网站的其他方式等。这一重新界定指出，书面语言仅仅是读写的一个可能方面。[①] 从这一意义上说，幼儿不仅在传统游戏中习得读写技能，而且在利用各种游戏媒介，如手机、平板电脑等进行游戏的过程中习得读写技能。电子游戏、网络游戏也可能为幼儿提供读写准备。

然而，游戏产生学习，或者说，游戏产生更深入、更丰富、更有意义的学习是有条件的，关键的条件是教师对幼儿游戏的支持与介入。以游戏为基础的课程能否提高早期教育的水平与三个要素相关：游戏的质量、游戏过程的价值和成人的参与。[②]

陈淑敏提出，成人（包括教师）在儿童游戏中应扮演八种角色：时间的规划者和掌握者，空间的规划者与情境的布置者，游戏材料的提供者，已有经验的提供者，游戏行为的观察者，情感的支持者，游戏活动的参与者，游戏活动的引导者。[③] 黄瑞琴依据“最近发展区”理论，将教师在幼儿游戏中的作用界定为“鹰架者”，教师提供的支持方式包括口语的信息和操作的协助，如示范、指导、发问、鼓励、回馈或反应等，教师的工作包括巡回走动、从容地观察、适时提出问题、适时增减适当的材料、示范设备的使用方式或参与幼儿的游戏，以促进幼儿在游戏中获得问题的解决、创造性思考、自我表达、口语沟通和人际互动等学习经验。[④]

教师需要在制订游戏计划时考虑或选择应该扮演的角色，值得推荐的教师角色有五种。

---

① Wohlwend K. E., “Play, literacies, and the converging cultures of childhood,” in Larson J. & Marsh J., *The Sage Handbook of Early Childhood Literacy* (2nd ed.), London, Sage Publications Ltd., 2013, pp.80-95.

② [英]珍妮特·莫伊蕾斯:《游戏的卓越性》，刘峰峰、宋芳译，7页，北京，北京师范大学出版社，2010。

③ 陈淑敏:《幼儿游戏》第三版，179~198页，新北，心理出版社股份有限公司，2016。

④ 黄瑞琴:《幼儿园游戏课程》第二版，137~177页，台北，心理出版社，2011。

1. 旁观者

教师站在幼儿附近进行观察，可能点头表示同意，可能对游戏做出评论，也可能记录下幼儿扮演的角色、使用的道具以及如何使用空间。

2. 舞台管理者

在幼儿开始游戏前，教师为幼儿安排充分的游戏时间、封闭的游戏空间，提供激发幼儿游戏的材料及具体的与游戏主题相关的信息以唤起幼儿的游戏经验。在游戏过程中，教师继续扮演这一角色：提供与游戏主题相关的道具，观察幼儿扮演的角色，建议幼儿扩展角色，为丰富幼儿的游戏情节提供帮助，如通过做手势、列清单或制作菜单等方式提供帮助。然而，教师并不直接参与游戏，而只是提出建议或对游戏进行评论。通过这一角色，教师可以在幼儿的最近发展区内利用可教时刻。比如，观察到一个幼儿在建构桥梁时因桥梁底部用的是圆形积木而反复倒塌，教师递上一块长方形木块说："你用这个长方形的木块做桥基试试？"

3. 平行游戏者

教师挨着幼儿进行游戏而不直接参与幼儿的游戏。比如，在沙池边邻近某一幼儿进行游戏。幼儿可能在修路，平行游戏者将沙放入容器后又倒出来，一边游戏一边对自己的游戏行为做出评论："哇，原来往沙里放点水，这样修出的路更加牢固啊！"通过这种游戏行为引导幼儿提升游戏质量。

4. 共同游戏者

教师加入幼儿已经开始的游戏，允许幼儿决定游戏的方向。教师通过询问、发出指令、评论幼儿的行为而影响游戏。比如，教师扮演某一角色加入幼儿的游戏，通过游戏角色的自然互动，为幼儿游戏提供范例。

案例 5-2：

在沙池边，J 打开小屋的门吆喝道："咖啡馆开张啦！"J 的吆喝声吸引了 M，M 提着一个小篮子走过来，对 J 说："J，妈妈去买菜，你在家乖乖的哟！"M 从沙池边的搁物架上拿下西红柿、鸡等玩具放进小篮子里，回头对 J 说："妈妈回来了！"张老师提醒 J："你的咖啡馆现在开放吗？"J 和 M 很高兴地说："开着呢！请问您喜欢什么咖啡？"张老师说："拿铁吧。"两个孩子钻进小屋子，将一些沙放到一个容器里，开始"制作"咖啡。

案例分析

张老师通过询问“你的咖啡馆现在开放吗”，暗示或提醒幼儿游戏的主题，同时，通过扮演咖啡馆的顾客，进一步引导了幼儿的游戏，为幼儿提供了咖啡馆的顾客角色的范例。

5. 游戏领导者

教师更为直接地影响幼儿的游戏经验。通常教师有具体的目标，并通过一定的方式影响幼儿的游戏。这些影响方式包括：引出游戏情境、介绍一个新的游戏主题而不是加入一个已经开始的游戏，对游戏施加更多的影响，使用新的道具与游戏主题丰富游戏，示范与建议新的游戏行为。

案例 5-3：

小班幼儿在角色区游戏，宁宁在邮局里无所事事，摆弄着一个称重器。教师拿了一个盒子过去，对宁宁说：“我想把东西寄到超市去（旁边有超市游戏区），你能帮我称一下吗？”他马上接过盒子，放在称重器上，看了一下说：“100 克！”教师问：“多少钱？”“10 元钱。”教师假装付了钱，宁宁立刻把盒子送到了隔壁的超市。接着，有几个小朋友也学着教师的样子将一些东西寄到旁边的医院、美容院、娃娃家，邮局变得热闹起来了。[①]

案例分析

在该案例中，教师综合扮演了多个角色：游戏的观察者、材料的提供者、游戏参与者及建议者等。通过这些角色，教师力图引导幼儿游戏的方向，丰富游戏的内容，生成“寄东西”“称重”“付邮费”等游戏主题。在教师的引导下，幼儿进一步建立起了角色区不同主题（邮局、医院、美容院等）之间的关联，促进了游戏区域的互动。

教师在游戏过程中到底应该扮演怎样的角色，这应该由幼儿的需要决定。如果幼儿游戏有较多的困难，那么教师的介入应该更多。当幼儿能够更多地控制游戏或具备更多的游戏技巧时，教师可以更少介入。表 5-1 可以帮助教师决策何时、以何种角色介入较为合适。

① 李燕：《游戏与儿童发展》，238 页，杭州，浙江教育出版社，2008。

表 5-1　教师介入方式列表

成人角色	定义	何时	为何	与谁
旁观者	坐在幼儿附近观察游戏 偶尔评论或建议 不打断游戏	幼儿游戏的任何时候	获得有价值的信息以确定目标与制订计划 赋予游戏价值	所有参与游戏的幼儿
舞台管理者	待在幼儿附近，提供道具与游戏材料 不打断游戏	尤其在社会戏剧游戏期间有用	提供指导个别幼儿的机会 为卷入游戏小组的幼儿提供建议	所有幼儿或者参与社会戏剧游戏的游戏小组
平行游戏者	邻近幼儿，玩同样的游戏但不直接对幼儿说话	任何时候都可以使用，尤其适用于感觉运动游戏或建构游戏	赋予游戏价值 扩大注意范围 支持幼儿的主动性	社会性退缩的幼儿 游戏兴趣范围较小的幼儿
共同游戏者	参与正在进行的游戏 允许幼儿控制游戏的方向 通过询问、发出指令、评论幼儿的行为进而影响游戏 如果幼儿保持对游戏的控制则不打断游戏	成人受到幼儿的游戏邀请或得到游戏允许 只要幼儿与成人喜欢	赋旧主题以新生命 扩大幼儿的注意范围 给游戏带来新主意	反复玩同一游戏主题的幼儿 已经拥有高水平游戏技巧的幼儿 注意范围狭窄的幼儿
游戏领导者	成人启动游戏 成人在游戏情节中坚持影响 在游戏中示范新的游戏行为	成人启动游戏的时候 被用于介绍新的游戏主题	示范新的游戏行为 介绍新的游戏主题	不会玩假装游戏的幼儿、经常独自游戏的幼儿，或成人较少介入时没有进步的幼儿

续表

成人角色	定义	何时	为何	与谁
	由于受成人影响，游戏可能非常混乱 当幼儿的游戏技巧发展时，转向更少地介入			游戏检核表显示有发展新游戏技巧需要的幼儿 重复游戏、就要失败的幼儿 不能转向新的游戏主题或新的游戏行为的幼儿

显然，教师扮演的角色对幼儿游戏的参与水平存在差异，且参与程度从高到低依次为：游戏领导者、共同游戏者、平行游戏者、舞台管理者、旁观者。作为游戏的旁观者及舞台管理者，教师处于幼儿游戏之外，参与程度较低。作为幼儿游戏的领导者、共同游戏者或平行游戏者，教师参与到幼儿游戏之中。

尽管教师在幼儿游戏中扮演的角色经常存在争议，但是，我们更加倾向于认为，关键的问题不在于教师要不要参与幼儿游戏，而是教师如何参与幼儿游戏。进一步说，游戏课程，或者说，以游戏为中心的课程不是放任自流的游戏，也不是传授—接受式的课程，而是教师精心安排、认真计划和准备的系列游戏活动。游戏包括了儿童自发的游戏、教师指导的游戏和教师主导的游戏，教师根据儿童的发展和对儿童学习、兴趣、优点及需要的期待，使几种游戏方式之间的平衡发生变化。①

二、对游戏质量的情境化理解

游戏存在质量与水平的差异吗？如果有，如何判断与解释幼儿园游戏质量的差异？过去的大多数游戏研究认为，游戏的发展随时间推移而发生简单的单向性的量和质的变化。近年来，人们对儿童游戏的理解逐渐突破个人主义、单向思维的局限而走向情境主义与文化生态视野。个人主义的取向包括皮亚杰的个体建构主义与信息加工理论，情境主义取向强调环境的影响。在情境主义的社会文化观看

① ［美］朱迪斯·范霍恩、［美］帕特里夏·莫尼根·努罗塔、［美］芭芭拉·斯凯尔斯等：《以游戏为中心的幼儿园课程》第六版，史明洁等译，25~29 页，北京，中国轻工业出版社，2017。

来，让参加者和观察者觉得游戏有意义的，也许就是情境本身。正如莫尼根·诺罗特（Monigan-Nourot）所提出的，应该将游戏发展与许多背景因素，如环境、文化、语言和社会关系等联系起来。[①] 情境主义取向的近期发展是生态发展观。生态发展观的代表人物布朗芬布伦纳（Bronfenbrenner）提出，儿童个体与环境之间的相互作用形式是影响发展的核心过程，个体的生理心理特征、远端和近端的社会文化因素、时间因素及上述核心过程，构成发展模式的四个基本成分。个体与环境相互作用的形式、内容、力量和方向，连同发展中的个人特征，远近环境的特征，发展结果的性质，以及随时间变化而发生于生命进程和某个历史阶段内的社会构成和变化，几个方面联合作用，引起系统的变化。[②]

关于游戏的研究显示，社会与环境的特性塑造或限制幼儿在游戏中的表现。游戏场所、游戏时间、游戏机会、游戏材料等直接影响幼儿的游戏品质，幼儿已有的游戏经验、生活经验、同伴关系、认知风格也影响幼儿游戏，家庭教养环境、家长教养态度等作为幼儿的一种生活背景或经验，对幼儿的游戏取向及教师的游戏介入都有直接或间接的影响。对于教育工作特别有意义的事情是，我们可以发现教师可能影响或改变上述游戏影响因素，进而提高幼儿游戏的品质。[③]

（一）文化环境

在社会文化观看来，社会文化存在两个一般水平：第一个水平是远端的环境影响，即儿童所处的社会—文化—历史时刻。某种文化历史和社会体制，给予儿童的是一套业已存在的价值、信念、规则、可能与不可能。不同文化重视的东西是不一样的，对游戏的认可程度也存在差异。第二个水平是与儿童距离近的社会和物理环境。该水平包含每时每刻发生于儿童与父母、同伴、教师和其他重要人物的互动。

研究显示，儿童游戏的情况呈现很大的差异性，需依其所在文化的价值观、信念、习惯、机构以及器具而定。兰西（Lancy）指出，文化差异以几种方式支持或

① ［美］约翰逊等:《游戏与儿童早期发展》第二版，华爱华、郭力平译，59页，上海，华东师范大学出版社，2006。

② ［美］J. H. 弗拉维尔、［美］P. H. 米勒、［美］S. A. 米勒:《认知发展》第四版，邓赐平、刘明译，译者序，上海，华东师范大学出版社，2002。

③ ［美］乔·L. 佛罗斯特、［美］苏·C. 沃瑟姆、［美］斯图尔特·赖费尔:《游戏与儿童发展》原书第4版，唐晓娟、张胤、史明洁译，207~237页，北京，机械工业出版社，2015。

限制游戏，如安全的考虑、性别的差异、对合作的强调、社区的大小。[①] 我们发现，城市化带来的文化变化影响了儿童游戏的变化，比如，家庭居住社区的人际关系、居住条件的变化给儿童游戏带来可能正面或负面影响。城市社区人际关系的淡漠与隔离，居住环境的高层化与封闭性，使我国新一代幼儿可能从传统游戏转向电脑游戏，更多从事单独游戏而不是合作游戏。

文化或人类学研究尤其是民族志研究为研究文化对游戏的影响作出了独特的方法论贡献。民族志研究以对一群人的日常生活观察及访谈为基础，并做详细的描述。然而，不同文化中同一游戏行为应该如何解释？比如，同样是角色扮演游戏，非洲与日本的角色扮演游戏在游戏行为模式、作为对游戏者有意义的活动、作为文化中有意义的活动以及有助于儿童社会化等方面，有何相似与不同之处？民族志研究强调将游戏行为放在其脉络中，做非常详尽的描述与诠释，即通过丰富的叙事性陈述与分析，以反映出情境中的行动与意义。海伦·施瓦茨曼（Helen Schwartzman）的《转变：儿童游戏的人类学》（*Transformations: The Anthropology of Children's Play*）[②] 一书，斯劳特和东布罗夫斯基（Slaughter & Dombrowski）的《文化的连续与中断：对社会扮演游戏的影响》（"Cultural continuities and discontinuities: Impact on social and pretend play"）一文是早期相关研究的代表。近期，学者则主要关注了如下因素。

1. 社会文化环境

社会文化规定了儿童游戏的主题、内容及地位，并赋予儿童游戏意义。游戏的文化制约性表现在不同文化中儿童游戏的差异上，比如，南北文化、中西文化的差异使儿童游戏在形式、内容以及游戏在儿童生活中的地位等方面存在差异。

儿童的游戏行为也可能因文化差异而被赋予截然不同的意义。兰西在非洲利比亚的喀普利村所做的研究显示，游戏是儿童每日生活与社会化的中心，通过角色扮演活动（如男孩参与打猎与打斗游戏、捉迷藏等），儿童有机会练习成人的角色。[③] 格尔茨（Geertz）对巴厘岛斗鸡游戏所做的经典研究显示，游戏让参与游戏的人远离禁止表达憎恨的现实世界，进入情绪可以表达的游戏情境。文化的差异在幼儿的

① ［美］乔·L. 佛罗斯特、［美］苏·C. 沃瑟姆、［美］斯图尔特·赖费尔：《游戏与儿童发展》原书第4版，唐晓娟、张胤、史明洁译，184~204页，北京，机械工业出版社，2015。

② Schwartzman H. B., *Transformations: The Anthropology of Children's Play*, New York, Plenum Press, 1978.

③ Lancy D. F., *Playing on the Mother-Ground: Cultural Routines for Children's Development*, New York, The Guilford Press, 1996, pp.443-445.

游戏中会以不同的方式显现出来。[①] 比如，当游戏被融入学校课程时，日本学校与美国学校所强调的重点有所不同。日本学校强调的是通过游戏使幼儿成为团体的一员，美国学校则强调的是通过游戏发展幼儿的个别性与独特性。

不同文化对儿童游戏性的认识亦有不同。赖费尔（Reifel）记录了我国台湾地区幼儿园幼儿游戏的沟通与框架意义，物理情境与社会情境对幼儿游戏的影响。[②] 他指出假装游戏的文化特质，如以黏土做甘蔗，并在假装贩卖前先削皮，在玩看病游戏时明确告知玩伴如何有礼貌地与医生交流。他认为，幼儿在游戏时沟通的架构反映出独特的文化意义。施瓦茨曼指出，民族志的观点需要将游戏视为“脉络中的内容”与“内容中的脉络”，即既将我们看到的游戏行为放在其发生的较大社会、文化背景中描述，也看该文化及游戏者的个人经验，以及儿童如何将文化带入他们游戏的内容中。也就是说，游戏不仅反映经验，而且塑造经验。长期来看，游戏本身可能反过来影响文化。斯劳特和东布罗夫斯基以施瓦茨曼的“脉络中的游戏”观点为基础，阐述了移民带来的文化延续与断续对幼儿社会性与假装游戏的影响。他们指出，儿童游戏的差异需要放在儿童游戏存在的文化或社会生态中考量。[③]

2. 家庭文化氛围

父母的管教方式、受教育程度、社会经济地位，尤其是游戏信念，直接或间接地影响儿童的游戏。斯密兰斯基指明了因文化差异与社会经济地位不同而造成的游戏差异。[④] 一些研究显示，成人在参与儿童游戏及对游戏的态度上有分歧，有些父母相信游戏有益于儿童了解未来的角色及常识，有的父母则更加关注游戏的其他方面。虽然游戏的一些元素，如游戏的社会性与想象力，在不同文化中是相似的，但是，表达性的或娱乐性的游戏，尤其是游戏的主题、游戏的数量与类型，较可能反映出特定的文化。研究显示，低收入或勉强糊口的家庭的文化对幼儿的游戏具有负面影响，低收入家庭的幼儿可能没有机会接触高品质的游戏环境、昂贵的玩具和设备，以及在他们的家庭之外的经验。因此，这些幼儿进行的是较低层次的游戏，如探索和功能游戏，而非较高层次的游戏，如建构游戏和社会戏剧游戏。法弗

① Geertz C.,“Deep play: Notes on the Balinese cockfight,” *Daedalus*, 1972（1）, pp. 1-37.

② Reifel S., *Foundations*, *Adult Dynamics*, *Teacher Education and Play*, Bingley, Emerald Group Publishing Limited, 1998, pp.201-212.

③ ［美］乔·L. 佛罗斯特、［美］苏·C. 沃瑟姆、［美］斯图尔特·赖费尔:《游戏与儿童发展》原书第 4 版，唐晓娟、张胤、史明洁译，184~204 页，北京，机械工业出版社，2015。

④ Smilansky S., *The Effects of Sociodramatic Play on Disadvantaged Preschool Children*, New York, John Wiley & Sons, 1968, pp.19-36.

（Farver）对墨西哥与美国家庭游戏进行的观察与访谈显示，墨西哥母亲不相信游戏对幼儿发展很重要，因此，她们根本不和自己的子女游戏。[①] 韦尔斯－尼斯特伦（Welles-NyströÖm）等发现，意大利母亲同样不将游戏列入自己教育孩子的活动范围内。[②] 金（Kim）等的研究发现，秉承韩国文化精神的韩国父母对其子女的游戏参与度较低，这是因为，韩国文化重视的是幼儿的学业目标。[③] 与此相反，美国的父母更加重视儿童游戏的意义，强调自己对孩子游戏的指导介入。

因此，拥有不同文化的父母也许会与其子女游戏，即使参与游戏，参与的程度也有所不同。父母的工作与生存压力、对游戏的态度与信念等都会影响父母对儿童游戏的认同度、重视度与参与度。家庭游戏文化的多样性与差异性，对幼儿教师是个严峻的挑战。对已经习惯成人并不参与游戏的幼儿来说，他们可能很难理解为何教师试图加入他们的游戏，因为他们不期望成人会做此类事情；而对已经习惯成人作为游戏同伴的幼儿来说，他们可能对成人在游戏中给予的支持有着不同的期望。幼儿的这种家庭游戏背景会给幼儿园带来多元的文化，需要教师敏锐地回应幼儿的需求。

反过来，幼儿对游戏类型与游戏材料的偏好，对游戏同伴与游戏本身的态度，表现出的游戏行为模式，均在一定程度上反映了家庭文化。通过选择不同类型的玩具、是否进行亲子游戏、如何进行亲子游戏等，父母会将他们对性别的认识、对教育的期望有意无意地传递给幼儿。比如，家长可能以不同的方式对待男孩与女孩以及他们的游戏。研究发现，父母多为女孩提供洋娃娃、厨房玩具等符合女性角色的游戏材料，而为男孩子提供卡车、积木等玩具；父亲会花更多时间与儿子玩游戏，并且进行更多剧烈的动作游戏，而母亲则会更多与女儿一起进行比较安静的游戏。[④]

对 34 位中等收入夫妇进行的有关家长游戏信念的调查显示，母亲比父亲更重视游戏的价值，父母双方都积极理解游戏。幼儿教育专业人士需要进一步倡导高品

① Farver J. M. & Howes C., “Cultural differences in American and Mexican mother-child pretend play,” *Merrill-Palmer Quarterly*, 1993(3), pp. 344-358.

② Welles-Nyström B., New R. & Richman A., “The ‘good mother’: A comparative study of Swedish, Italian and American maternal behavior and goals,” *Scandinavian Journal of Caring Sciences*, 1994（2）, pp.81-86.

③ Kim Y. & Lee B., “R&D project team climate and team performance in Korea: A multidimensional approach,” *R&D Management*, 1995（2）, pp. 179-196.

④ ［美］约翰逊等:《游戏与儿童早期发展》第二版，华爱华、郭力平译，113 页，上海，华东师范大学出版社，2006。

质游戏的重要性，向所有家长宣传游戏与学业成就之间的一致性。①

3. 同伴文化影响②

科尔萨罗（Corsaro）等认为，同伴文化是儿童做出的共同或集体的努力，通过集体身份的建立获得对自己生命的掌控。③有共同学习经历的儿童分享着共同的同伴文化，并形成了儿童的归属感。共同游戏、游戏协商、分享玩具等塑造着儿童的同伴文化，并确定了游戏区内三个相互关联的情境：空间自然环境、社会交流环境和符号环境。儿童的同伴文化具有社会参与和控制的特征。④

绝大部分关于同伴文化的概念都假设，儿童通过互动形成共同体，参与其中者共享一定的价值观、兴趣及习惯。这些共同体通常都通过游戏活动使参与者学习他人的技能及做正确的事等。研究此现象的学者包括欧派斯（Opies）、萨顿－史密斯、科尔萨罗、斯凯尔斯（Scales）等。⑤欧派斯发现，大部分游戏有助于使儿童建立某种社会目的，有助于建立凝聚、有规则的社会系统，儿童可能通过游戏、歌曲吟唱等方式，来邀请或排斥他人进入团体。儿童通过游戏建立起分享的意义，创造出团体内、团体外的影响力。科尔萨罗指出，游戏语言的形态显示了儿童在游戏同伴中的地位与力量，显示了儿童在游戏中是处于从属地位还是领导地位。表 5-2 为科尔萨罗的社会性游戏语言。

表 5-2 科尔萨罗的社会性游戏语言

语言类型	表现与特征
祈使句	命令、警告（使得游戏发生；一般都是团体中地位高的游戏者对地位低的游戏者发出的）

① DeVito M. C., "Parents' value of play in early childhood: A comparative study of spousal play beliefs," MA diss., West Virginia University, 2014.

② [美] 乔·L. 佛罗斯特、[美] 苏·C. 沃瑟姆、[美] 斯图尔特·赖费尔:《游戏与儿童发展》原书第 4 版，唐晓娟、张胤、史明洁译，40~44 页，北京，机械工业出版社，2015。

③ Corsaro W. A & Eder D., "Children's peer cultures," *Annual Review of Sociology*, 1990,16, pp.197-220.

④ [美] 詹姆斯·约翰森、[美] 詹姆斯·克里斯蒂、[美] 弗朗西斯·华德:《游戏、儿童发展与早期教育》，马柯译，63 页，南京，南京师范大学出版社，2013。

⑤ Sutton-Smith B., "Text and context in imaginative play and the social sciences," *New Directions for Child and Adolescent Development*, 1984（25）, pp. 53-70.

续表

语言类型	表现与特征
告知式的陈述句	告知或提供信息（阐明正在发生什么；发生在所有的游戏者身上，但更多的是地位低的游戏者向地位高的游戏者发出的或者发生在地位高的游戏者之间）
请求批准	要求参见（地位低的游戏者向地位高的游戏者发出的）
请求联合行动	考虑另一个说话人的建议（发生在地位高的游戏者之间）
回答	对指令的回应（更多的是地位低的游戏者向地位高的游戏者发出的）
信息请求	要求说明情况（更多的是地位高的游戏者对地位低的游戏者发出的）
指令性疑问句	给出间接的命令
反义疑问句	说话末尾带有“好吗”“对吗”（发生在地位高的游戏者之间）
打招呼	说“你好”（更多地发生在游戏团体中的同一社会地位的游戏者之间）
儿语	婴儿学说话或者学小动物叫的样子（更多地发生在地位低的游戏者身上）

根据游戏的同伴文化理论，游戏具有创造好或不好的能力。就好的方面而言，游戏可能增强社会凝聚力、洞察力，增多角色探索行为、有意义的探索行为；就其不好的方面而言，游戏可能伴随着社会拒绝、偏见、威吓或欺侮行为。这一现象一方面说明儿童游戏可能表达文化的价值，或者可能创造文化赖以维系的社会凝聚力，促使儿童社会化，帮助儿童了解文化所关注的事物。儿童通过游戏了解性别角色、价值观以及社会风俗。另一方面，儿童也在游戏中开始了解权力关系及社会许可的角色。比如，跳绳游戏可以帮助儿童学习所在团体的世界观，过家家游戏成为儿童以合乎规范的方式参与文化的基础。在游戏中，儿童学习平衡被别人接纳的需要与控制他人的需要。在此过程中，儿童的地位产生分化，形成了领导者与被领导者、受欢迎者与被排斥者、支配者与从属者等不同的角色与身份。儿童这种权力关系既是儿童社会化的重要内容，也是儿童力图建构平等同伴关系需要解决的问题。

总之，文化价值观念决定了游戏在某一文化中的意义，也决定了儿童可获得的游戏时间、游戏经验、游戏认可度等，进而影响儿童游戏的水平与质量。

（二）物质环境

从相互作用观看来，儿童不再只是被动地接受外在环境的影响，儿童本身的特征也会影响外在环境。根据库克·冈伯茨（Cook-Gumperz）和科尔萨罗提出的“游戏生态学”[①]的概念，斯凯尔斯进一步研究了不同类型的游戏场域，即游戏生态圈对儿童游戏的影响。他设计了小型沙台、大型沙坑与大型攀爬架三类游戏区，利用摄像与观察的方法发现，教师和幼儿会依照情境界定所发生的沟通行为。教师对小型沙台的预期的行为是安静的游戏，幼儿通常的游戏行为是和泥巴、倒水等，而教师则使用暗示性的期待与幼儿沟通，这种游戏区域通常会强化面对面的交谈。大型沙坑提供足够的空间，允许嘈杂的声音及机动性的游戏，教师期待沙坑游戏更具建设性，如从事挖隧道的游戏。大型攀爬架游戏区允许动作剧烈和吵闹，教师主要负责幼儿的安全。

1. 区角规划

对教师而言，了解环境布置对于幼儿游戏的影响力、建立环境的规划与布置是课程基石的信念非常重要，因为只有这样，教师才能利用环境规划与布置引导幼儿进行高品质的游戏。

游戏场地是游戏开展的必要条件。游戏场地的大小、室外室内、空间布置、结构、空间密度等都影响游戏的进程与质量，可以说，这是幼儿园“潜在课程”影响游戏的重要体现。一般而言，室内游戏空间太挤能较好地解释幼儿在游戏时的冲突现象，游戏场地过于空旷幼儿更容易出现粗鲁行为。教师在布置教室环境时需要经常考虑的问题是如何充分利用室内空间、划分游戏区域。室内游戏区域的划分，既要考虑特定区域的特殊要求，如阅读区应该更多地考虑安静与光线，美术区应该更多考虑易于清洁；又要充分考虑区域之间的联系，如动静区尽量分开，可能发生游戏联系的区域应该尽量放在一起，比如，过家家的幼儿可能需要到超市购物、到医院看病，因而，将这些区域放在一起同时又有清楚的区域界限是必要的。

许多游戏取向的课程，均在其活动室中设置清楚的游戏区角。为了强化游戏，这些游戏区角常以某种方式建构或组织。研究表明，促进游戏发展及学习的游戏区在设计上具有三种特性：①有逻辑地安排空间和素材；②有适当分隔、开放与私密相结合的开放空间设计；③提供刺激庇护所，创设心理安全的独处空间。游戏材料的平衡度是高品质游戏的关键。在每日课程安排中，幼儿有多少时间游戏、幼儿是否有机会与时间计划自己的游戏非常重要。在高瞻课程中，每天的流程始于教师带领幼儿进行的反思性集体讨论，幼儿计划当天的活动；然后是一段活跃的游戏时

① Cook-Gumperz J. & Corsaro W. A., “Social-ecological constraints on children’s communicative strategies,” *Sociology*, 1977（3）, pp.411-434.

间；游戏结束后，幼儿有一段安静的时间回顾并评估他们的成果。① 深圳龙岗区某幼儿园每天的区域游戏活动也始于幼儿在计划板上的计划，始于教师的提示："你今天做计划了吗？""你准备在建构区建构什么？""准备用什么材料建构？"活跃的游戏时间之后，幼儿同样有一段安静的时间回顾、评价与反思游戏活动。

2. 游戏材料

游戏材料既是游戏的物质支柱，又对游戏的性质、内容等产生影响。游戏材料的种类影响幼儿的游戏表现：丰富多样的游戏材料可能激发幼儿的发散性思维；没有固定玩法的游戏材料或者低结构性的游戏材料，如废旧材料、积木，将刺激幼儿创造自己的玩法；中等熟悉和复杂程度的材料比较容易使幼儿产生象征性游戏和练习性游戏行为。

环境因子可能对幼儿的游戏行为产生影响。生态心理学家用"环境压力"一词说明环境会塑造人在特定情境中的行为。即便如此，不同个体即使是在相同的环境中，也会有不同的行为反应。因此，幼儿游戏环境的规划与布置要考量幼儿的需求与发展层次，并要以适应发展、适应个性、适应文化的观点加以考量。②

3. 游戏机会与时间

（1）游戏机会与时间影响游戏质量

为幼儿提供高质量的游戏经验对所有早期教育者都是一个挑战。不幸的是，在很多早期教育机构，游戏的质量仍然与理想有较大差距。依据游戏质量评价的十个维度，游戏机会与时间是影响游戏质量的重要因素。③ 一个幼儿如果在游戏期间被提供的机会越多，发生新的学习的可能就越大。因此，给幼儿提供必要的、平等的、适宜的机会是幼儿园课程资源方面的头等大事。作为一种课程资源的游戏机会，在角色的选择与分配中，教师是否将游戏的主动选择权留给了幼儿，在分配角色时能否不带偏见，或者根据因材施教的需要将某些游戏机会留给某些有特殊教育需要的幼儿，比如，将站岗的游戏任务有意分给坚持性较差的幼儿，关系到游戏课程教育意义的实现程度。

游戏时间是开展游戏活动的重要保证。研究表明，游戏时间的长短会影响幼儿

---

① [美]乔·L. 佛罗斯特、[美]苏·C. 沃瑟姆、[美]斯图尔特·赖费尔:《游戏与儿童发展》原书第4版，唐晓娟、张胤、史明洁译，207~214页，北京，机械工业出版社，2015。

② 吴幸玲:《儿童游戏与发展》，176页，台北，扬智文化事业股份有限公司，2003。

③ [英]珍妮特·莫伊蕾斯:《游戏的卓越性》，刘峰峰、宋芳译，169~176页，北京，北京师范大学出版社，2010。

游戏的质量。只有在较长的游戏时段（约 30 分钟）内幼儿才有时间逐渐发展出社会和认知层次较高的游戏形式，如大型的建构游戏“我们的光大花园”；而在较短的游戏时段（约 15 分钟）内幼儿没有足够的时间结伴游戏，不能相互协商、讨论或做进一步的探索，往往只进行一些社会和认知层次较低的游戏，如平行游戏，或者频繁地转换行为。克里斯蒂（Christie）等的研究发现，在给予相同情境、玩具与教师的情况下，同一群幼儿在长短不同的游戏时间里，所表现的游戏行为也不同。[①] 在 30 分钟的游戏时间里，幼儿进行较多的团体游戏、建构游戏和团体戏剧游戏，而在 15 分钟的游戏时间里，幼儿表现出较多的无所事事、旁观、转换行为、功能游戏或平行戏剧游戏行为。[②] 当然，合适的游戏时间长短因幼儿年龄、游戏需要而异，间断的游戏时间也可通过保留游戏成果，如一个半成品的建构物“我们的城市”，而得以延续。

（2）电视及电子游戏的双重影响

关于电视对幼儿游戏的影响，研究发现并不一致。有的研究认为电视会抑制幼儿的想象力及幻想游戏，也有研究得出了益智类的电视节目对幼儿的想象力产生正面影响的结论。如何理解这些相互矛盾的结论？如何看待电视对幼儿游戏的影响？研究指出，电视对幼儿游戏的影响要视幼儿所看电视节目的内容而定，也会受到父母或其他成人是否对幼儿看电视的行为进行引导的影响，还会受到幼儿本来的想象力的影响。辛格夫妇（Singer & Singer）检视了四种情况：第一组由一位成人教导孩子玩许多假装的游戏；第二组则看一档儿童节目，一旁有成人教他们注意节目的特征并和他们讨论节目内容；第三组则独自看儿童节目；第四组不安排特定研究的电视内容。结果，未观看电视而有成人指导的那组幼儿在幻想游戏中增加的戏剧性内容最多。[③] 或许，启发性电视节目对幼儿想象性游戏的影响与幼儿本来具有的想象力有关，启发性电视节目能鼓舞原先不常玩想象性游戏的幼儿去玩此类游戏，而对已有丰富想象力的幼儿则无什么影响。

电子游戏包括电脑游戏和手机游戏等。对于电子游戏，业界存在两种看法。一种是忧虑论。这种观点认为，电子游戏充满了性、暴力与种族偏见，且以一种特定

① Christie J. F., Johnsen E. P. & Peckover R.B., “The effects of play period duration on children’s play patterns,” *Journal of Research in Childhood Education*, 1988（3）, pp.123-131.

② 陈淑敏：《幼儿游戏》第三版，182 页，新北，心理出版社股份有限公司，2016。

③ Singer J. L. & Singer D. G., “Family experiences and television viewing as predictors of children’s imagination, restlessness, and aggression,” *Journal of Social Issues*, 1986（3）, pp. 107-124.

的方式影响幼儿对周围世界的看法，容易造成幼儿的被动性，限制幼儿的思考与想象力，减少幼儿人际互动的机会，影响幼儿社会技巧的发展。另一种看法可谓乐观论。这种观点对电子游戏持正面的看法，认为电子游戏可以增进幼儿发展较高层次的思考能力，引发高度的学习动机，提供不同层次的认知挑战，锻炼幼儿的手眼协调能力，提升幼儿的空间推理能力，帮助幼儿进入幻想世界，多人一起玩的电子游戏能引发幼儿交换游戏策略和技巧，让游戏者可以互相竞争或合作。

如何理解这两种似乎截然不同的观点？我们认为，电子游戏如同饮食，在使用电脑已经成为现代社会潮流之时，以堵的方式无法解决电子游戏的问题。其中的关键是如何协助幼儿妥当利用电子游戏增进学习。学者建议，为幼儿选择适宜的游戏软件，成人从旁协助与引导，让幼儿能在电脑游戏中获得解决问题与人际互动的机会，将不适合幼儿使用的内容加上密码。

（三）幼儿主体因素

研究者基本认同，幼儿的游戏受到各种自身因素的影响，如性别、年龄、健康、个性、生活经验、智力、认知风格等。①

1.同伴关系

研究显示，同伴关系对游戏的影响表现在三个方面：同伴间的熟悉度、玩伴的性别和玩伴的年龄。一般而言，稳固且持续的同伴关系有助于幼儿整体社会能力的发展，有助于幼儿被其他同伴认同、接受，并可能进行较为宽广的合作和成熟的社会性游戏。研究显示，幼儿游戏的方式受同伴熟悉度影响，如幼儿较喜欢和熟悉的同伴玩戏剧游戏与合作游戏。

同伴的性别会影响社会性游戏的品质，尤其是在强调性别刻板印象的文化中。一方面，当幼儿和同性别同伴游戏时，较喜欢新的物品而花费较少的时间在熟悉的玩具上。另一方面，同性别的同伴会激发幼儿进行传统性别角色的游戏。细尔卡斯（Theokas）等发现，将幼儿园教室的扮演角和积木角改造成外太空的环境，教师提供中性的太空装、太空食物、不同的泡沫及纸板形状的东西给幼儿，在积木角造一个太空舱，这一环境的改变显著改变了幼儿的性别刻板化的游戏行为，男孩子相较以往更多地出现在扮演角，而女孩则花更多的时间在积木角。②

① 黄志成、张会敏：《试论全纳教育与人权》，载《湖南师范大学教育科学学报》，2010（2）。

② Fergus P. Hughes：《儿童游戏：儿童发展的诠释》，郭静晃译，208~212 页，台北，洪业文化事业有限公司，2000。

此外，同伴的年龄也会影响幼儿游戏。同龄同伴与混龄同伴的差异体现在：同龄同伴的互动倾向较正面，比起和混龄同伴游戏，同龄同伴有更多口语交谈的机会，也有较多合作的戏剧性游戏。合作性的建构游戏则更多出现在混龄同伴中。显然，幼儿会根据同伴的年龄选择自己的游戏行为，比如，年长的幼儿会给予年幼同伴忠告与帮助，而年龄较小的幼儿会请求协助，表现得更加顺从。

2. 发展水平

研究指出，幼儿有时可能无视现存的游戏空间，而偏爱利用其他玩具建构自己的游戏空间。幼儿的成熟度为他们的游戏行为设了上限，当幼儿日渐成熟，他们游戏的架构与风格也更加多变与复杂。[①] 同时，幼儿游戏的类型与内容受幼儿发展水平的制约。比如，当幼儿尚未有表征能力时，象征性游戏无法出现；幼儿合作意识不足与能力尚不健全时，合作游戏亦不会出现。比起营养足够的幼儿，营养不良的幼儿比较不会玩游戏。幼儿如果是中重度营养不良，更会降低其游戏的量与质。[②]

3. 生活经验

游戏是幼儿已有生活经验的创造性再现，幼儿偏向于选择那些与他们过去经验相符合的事物，以及那些长期经过组织、转换被记住的事物。幼儿在游戏中的角色扮演，需要以幼儿先前的知识与经验为基础，依照他们对这些角色的了解，来表现出角色的特性，如案例 5-4 所示。

案例 5-4：

某幼儿园的区角活动刚刚开始。扮演医生的伟建问病人：“你哪里不舒服？”边说边拿玩具听诊器去点“病人”妙可的头。妙可说：“喂！哪有医生这样的？”边说边示范给伟建看。

案例分析

医生与病人是幼儿在医院角色游戏扮演中常常出现的两个主要角色，这一游戏要求幼儿依据自己的看病经验和对医院出现的各种角色的理解，创造性地再现生活经验。听诊器作为医生看病的工具，用于听诊病人的心肺等部位，而伟建却拿玩具

---

① Cosby S. Rogers & Janet K. Sawyers:《幼儿游戏》，金瑞芝等译，101 页，台北，华腾文化股份有限公司，2000。

② Hughes F. P., *Children, Play, and Development* (3nd ed.), Needham Heights, Allyn & Bacon, 1998, p.114.

听诊器去点“病人”的头，显然不符合医生的角色行为。可见，丰富、清晰、条理化的生活经验对于高质量的幼儿游戏十分重要。如果幼儿对所要扮演的角色没有经验，不明了该角色的意义，或者对于生活经验存在错误的认识，这都会影响幼儿对角色的扮演。游戏内容、情节的丰富或贫乏，同样体现了幼儿的生活经验及幼儿对生活的体验。

可以这么说，幼儿有着怎样的生活经验，对生活有着怎样的体验与认识，就会有着怎样的游戏。比如，成人热议的话题进入幼儿的游戏情节，幼儿会将自己在生活中对某一角色的行为、责任、与他人相互关系的认识与体验，反映在游戏情节的设计与角色的扮演上。

4. 个体差异

每个幼儿都不同，以致幼儿有着不同的游戏风格。比如，象征性游戏的个别差异已经得到深入的研究，似乎存在两种风格截然不同的游戏者：模式者和剧作者。模式者花大部分时间探索和操弄物品，在想象游戏中以一物代替另一物时，他们会以物品的真实性或外观上的相似性来决定，他们一旦决定了代替品，会延用到游戏结束。比如，一个模式者以蜡笔代表铁钉时，蜡笔在这个游戏过程中就一直是铁钉，直到游戏结束前都不会被用来代表其他物品。

剧作者则把物品作为社会互动的推动器。他们能长时间维持一个想象的主题，甚至将背景嘈杂声及可能干扰的事件也包含在游戏中；物品替代不受限于它们的相似性，同一物品在同一时段内可能被用来代表不同的东西。比如，蜡笔可能变成狗粮、对讲机或钟表。①

第二节 幼儿园游戏课程设计的观察基础 >>>>>>>>

陈老师非常想知道小芬在自由游戏活动中做些什么。小芬花了很多时间在娃娃角，却没有玩角色扮演游戏。陈老师利用斯密兰斯基的社会戏剧游戏量表连续几天观察小芬。在分析整个量表时，陈老师发现，小芬有能力进行角色扮演游戏，具备象征转换的能力（如假装在吃一个由黏土做成的汉堡），也常常使用符合角色的语言（假装沟通）。但是，此量表显示，小芬较少与同伴互动，较少与同伴一起规划及组织游戏情节。小芬似乎缺乏参与团体戏剧游戏的语言与社交技巧。在分析这些

① Cosby S. Rogers & Janet K. Sawyers:《幼儿游戏》，金瑞芝等译，101~105 页，台北，华腾文化股份有限公司，2000。

观察资料后，陈老师决定帮她找一个有良好社会性游戏技巧的同伴。六周后，小芬在同伴的帮助下学会了很多社会互动技巧。

一名学前教育的本科学生需要具备使用特定的观察方法与工具对幼儿游戏进行观察、记录与分析的能力，以了解每个幼儿的游戏能力、存在的问题，发现幼儿的个别差异与特殊需求，以便恰当地指导游戏。这种能力，你具备了吗？

一、游戏观察的意义

优质的学前教育需要教师的预先计划，不是教师完全被幼儿的兴趣牵着鼻子走，而是教师善于把握教育目标与幼儿兴趣之间的平衡点，在于教师善于将教育目标转换为幼儿的兴趣，或者是发现幼儿兴趣与教育目标之间的关系，让幼儿在满足自身兴趣的过程中不自觉地达到教育目标。如何做到这一点？既然游戏应该是幼儿自主自发的活动，优质教育就意味着教师既需要收集幼儿游戏的信息，又需要对其做出专业判断，搭建幼儿游戏与教育目标之间的联结。通过观察与分析游戏中的幼儿，教师能够了解每个幼儿在运动、社会性、情感、认知等方面的发展信息，了解每个幼儿的能力和兴趣，显示幼儿是否在朝着教育和发展的目标进步，以便规划适宜的课程、组织有效的教育活动。

同时，观察与倾听有助于教师更好理解幼儿的游戏意图，避免误解幼儿，如案例 5-5 所示。

案例 5-5：

杨淼与昌文来到建构区。他们很快用泡沫垫拼好了一个“城堡”。杨淼说：“卡紧了，坏人就溜不进来了。”昌文拿着塑料瓶子走过来，用瓶子打散了刚刚拼好的“城堡”。

他一边打一边嘴里念念有词：“坏人来搞破坏啦，坏人来搞破坏啦！而且越来越多！”“不怕，我来对付他！”杨淼立马冲过去把塑料瓶子“请”出去。“我有飞机！”昌文一边说一边摆弄材料做飞机。[①]

案例分析

如果你是教师，对于昌文的行为，你会怎么做？很多教师的想法是：不好了，游戏中的不良行为出现了，得赶快制止！事实是，教师耐心观察，只要昌文的行为

---

① 本案例由“青须卒子”提供。

没有对他人构成威胁，容忍昌文的行为并给他一点点时间，接下来的剧情却是：昌文打散“城堡”，并不是想搞破坏，而是在诠释一个“破坏”行为的游戏情节。如果没有观察与容忍，那么，我们可能误读昌文的行为，并因此而制止、批评昌文的游戏行为，打击昌文创造性想象游戏的积极性。

总之，游戏观察的意义表现在以下方面。

（一）游戏观察是解读幼儿的最佳途径

《幼儿园教育指导纲要（试行）》要求教师：“尊重幼儿在发展水平、能力、经验、学习方式等方面的个体差异，因人施教，努力使每一个幼儿都能获得满足和成功。”而幼儿个体差异主要表现为：发展水平的差异、能力倾向的差异、学习方式的差异和已有经验的差异。请思考如下问题：教师为何需要了解幼儿？我了解本班幼儿吗？我了解每个幼儿吗？通过怎样的方式可以更真实地了解幼儿？

由于游戏情境下幼儿感觉安全，游戏能真实地反映幼儿的兴趣、需要、问题与发展水平。因此，游戏观察有助于教师真实地了解幼儿，包括了解幼儿喜欢的游戏类型，偏爱的玩具和游戏设备、场所，选择的游戏地点，偏好的游戏主题，与同伴及成人之间的互动关系等信息。透过观察，教师能掌握幼儿在游戏中的表现，了解幼儿的游戏发展水平与层次，了解幼儿的学习准备与已有经验及在游戏中表现出的个性特点与能力差异。比如，通过观察游戏区域选择的人数、幼儿对某一游戏的专注时间长短，教师可以判断哪些区域或游戏是受幼儿喜欢的，通过分析与评价，教师可以知道，幼儿喜欢或不喜欢某一区域或游戏的原因，每个幼儿的个性特点和能力差异等。在观察幼儿游戏时，抓住他们比较典型的、重要的、具有意义的表现进行细致观察，了解幼儿实际能做的与应该能做的之间的差距，了解幼儿在教学任务情境下表现出来的能力水平与在游戏情境下表现出来的发展水平之间的差距，有助于教师把握幼儿发展的现实与可能水平，把握幼儿的最近发展区。

（二）游戏观察是看懂幼儿游戏的前提

教师为何要看懂幼儿游戏？了解、理解幼儿的游戏是达到相关专业要求的前提。从幼儿园课程实践的情况看，幼儿教师只关注集体教学活动而不关注幼儿游戏尤其是幼儿的自由自发的游戏是一种比较普遍的现象。

（三）游戏观察是有效指导游戏的前提

教师在指导幼儿游戏时常犯的错误是对幼儿游戏不加观察而贸然介入，由此对幼儿游戏产生干扰，以致幼儿游戏的中断、幼儿对游戏失去兴趣等。基于游戏观察，教师根据对幼儿游戏问题、困难等方面的判断，从而决定恰当的指导介入时机及方式。就游戏指导方式而言，也许幼儿需要的只是教师的一句启发、一个建议，或者是一个示范。观察是教师接近幼儿游戏的起点，是有效设计游戏、处理好游戏与课程的关系、创设适宜的游戏环境、提供适宜的游戏材料、进行适宜的游戏指导的前提。游戏观察使教师了解应当在什么时候延长或缩短游戏时间，把握游戏介入与指导的恰当时机，选择适当的游戏指导方式。如果没有事先观察而贸然介入幼儿游戏，则可能中断幼儿的游戏。比如，一个正沉浸在想象游戏中的幼儿，可能被教师突然而来的问话“你在干什么”而打断。因此，游戏观察是帮助幼儿提升游戏品质的前提条件。

（四）游戏观察是诊断幼儿园教育问题的基本途径

教育诊断是教育改进的前提。作为幼儿园的基本活动，游戏集中体现了幼儿园的教育质量与问题。以区角设置为例，一般认为，区角活动是可以让幼儿根据自己的水平、兴趣、特点和需要选择材料，以个别活动或小组活动进行的活动形态。然而，通过观察我们可以发现，当前一些幼儿园的区角活动并不能满足因人施教的要求，不能满足幼儿的个别需要。具体表现为：教师对区角活动采取高结构的、封闭式的设计与管理方式，即过于强调围绕目标，严格控制幼儿的活动材料、活动方法、活动任务、活动内容等，区角活动无法满足幼儿自主选择、自由活动的需要。也有的幼儿园的区角游戏与领域课程、特色课程完全脱节，特色课程如手工编织活动的操作材料与成品没有投放在区角中，导致幼儿经验的脱节。

同样，游戏诊断有助于教师把握游戏介入存在的问题。这也是作为旁观者的幼教同行、教研人员与专家学者经常使用的一种方法。下面是我们对同一幼儿园两个不同教学风格的教师进区环节的观察记录。

教师 1：

区域活动时间到了。每个幼儿都有自己特别的标志牌，每个标志牌对应周一至周五的某一天，这一点幼儿也知晓。教师 1 先请全班幼儿在计划板上将自己的标志牌摆到喜欢的区域栏内。今天是周三，标志牌对应周三的幼儿可以优先选区，之后其余幼儿再自由摆牌，摆好了就可以进区活动了（图 5-2）。

教师 2：

进区时间到了。教师 2 指定三组幼儿进语言区、益智区和美工区，其余幼儿由老师叫号进入剩余区域进行有限的自由选择。规定入区的三组幼儿都有必须完成的任务（图 5-3）。

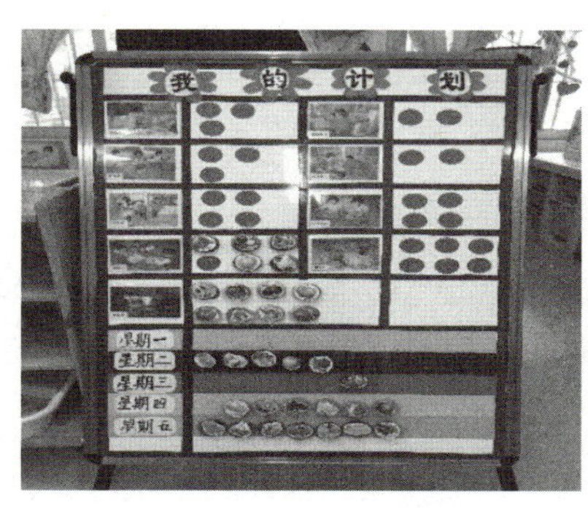

图 5-2　教师 1 所在班级“我的计划”

图 5-3　教师 2 所在班级“今天我要去哪里？”

教师 1 所在班级幼儿游戏分析：在摆牌的过程中，幼儿既学会了等待也能发挥自主性。教师充分考虑幼儿的差异性，对幼儿操作的内容没有做过多的控制。幼儿在规则里面自由地活动，不需要教师过多的干预，这样幼儿才能完全沉浸在学习中，习得他们应掌握的技能，获得全面的发展。值得一提的是，该班的娃娃家不单单有卧室，还有客厅、厨房和医院，区域之间联系紧密，便于交流，而且区域内的材料十分丰富。例如，卧室区域中床头柜里面摆放着许多衣服，厨房里有各式各样的食物和餐具，并便于与客厅幼儿沟通、交流，利于幼儿自由选择，幼儿不会因为材料的问题发生冲突。

教师 2 所在班级幼儿游戏情况：任务分配完毕后，活动室显得有点混乱。小男孩利智本来被分去益智区，结果教师发现他去了建构区，马上下令让他回到益智区，没多久，趁着教师不注意，利智又回到了建构区。与此同时，图书区几乎没有幼儿进入；娃娃家的幼儿简单地重复着一些游戏行为且不断进行行为转移：抱抱娃娃然后放下，立刻拿起一个水果玩具切切……

二、游戏观察的目的

对教师而言，游戏观察的目的在于了解当前幼儿学习与发展的状况，评估他们的需要，并将评估作为设计适宜性课程的依据，作为教师介入游戏、规划游戏环境、提供游戏材料、安排游戏时间、促进游戏互动等的依据。对家长而言，游戏观察可提供父母参与的机会，游戏观察提供的数据可作为吸引家长参与的依据。对于同行

教师、治疗师、专家等而言，游戏观察可提供专业沟通的管道，借此可更加客观地评估幼儿发展，并将此作为设计个别化、适性化教育方案的基础。

（一）课程评价与诊断

当前，幼儿园课程日益强调预设课程，在达到预定目标的同时，根据幼儿的兴趣与需要生成课程、改进课程和调整课程。通过游戏观察，教师可以对现有课程框架中的各类游戏活动进行评估，评估它们是否给幼儿带来了适度的挑战，能否满足幼儿的需要，是否适应文化的需求与专业的要求等。

我们曾应邀参观幼儿园的游戏化课程，被参观的幼儿园准备了丰富的参观内容：游戏环境创设、幼儿游戏活动、游戏成果展示、游戏化教学课例，同时开放了班级区域。该幼儿园还组织幼儿园课程团队（教研组、课程组或课题组等）与专家进行了面对面的课例分析、问题探讨与释疑等研讨活动。该幼儿园希望通过这种活动，解决教师的如下问题：如何使游戏活动满足幼儿的差异需求？如何将游戏贯穿于五大领域的教学？怎样创设区域才能给幼儿带来适度的挑战？什么游戏材料是幼儿喜欢的？幼儿在游戏过程中到底需要一些什么样的帮助？实际上，幼儿园希望借助外力，内外联合互动，通过观察幼儿游戏活动及影响幼儿游戏的各种因素，找到幼儿园游戏化课程的问题，促进幼儿园游戏化课程的改进。

（二）游戏支持与干预

观察应该带有目的性，也就是“我想了解幼儿游戏的什么方面”。教师只有有了清晰的观察意向，才能在幼儿游戏过程中抓住观察对象与目标，从而聚焦于观察对象。当然，了解观察对象的游戏行为本身并不是目的，对幼儿游戏进行理解，决定游戏介入的时机与方式、调整游戏内容或游戏材料、提高游戏介入的有效性才是游戏观察的最终目的。

1. 安全干预

观察幼儿游戏有助于教师对幼儿在游戏中可能存在的安全问题或潜在危险提前进行干预，并采取适宜的行动。比如，观察到一个幼儿在雨后室外湿滑的地面上跑来跑去时，教师提醒他去看看萝卜苗是否长出来了；观察到两个幼儿正在各执一端用力抢一个玩具时，教师提醒两人是否可以轮流游戏。又如，一个幼儿试图将轮船“开进”其他几个幼儿挖好的沙水坑，可是他刚一放进去就被另一个幼儿直接拿着扔出来，气氛十分紧张与尴尬，这时，教师如果提醒幼儿：“大海里是不是会有船呢？”也许这一句话就可以化解幼儿的游戏对抗行为。

2. 指导介入

观察有助于教师了解幼儿在什么时候需要帮助。比如，观察一个准备在画板前作画的幼儿时，教师注意到画纸没了，便从壁柜里拿出了一些，并教给这个幼儿怎样用大夹子把画纸夹在画板上，告诉这个幼儿在哪里可以把画晾干。又如，注意到幼儿遇到浮板侧翻的问题而不得不中断游戏时，教师引导幼儿一起讨论怎样才能站稳，引导幼儿分享经验，思考解决办法。当发现幼儿无法回答“小伙伴为什么掉进水里”这个问题时，教师又借助家长的力量，让每个幼儿都能得到有针对性的指导，从而积累对平衡的认知经验。[①]

综合利用教师的自我反思活动与幼儿园课程团队的研讨活动，利用游戏观察记录的信息，分析幼儿园的游戏材料、区域的规划与使用、幼儿进区的时间安排、游戏进区计划、幼儿的游戏意愿是否得到尊重、教师对幼儿游戏说了什么与做了什么等方面的信息，分享成功的游戏指导经验，分析游戏设计与指导可能存在的问题，能为幼儿园及教师的游戏规划与介入提供具体的意见。

（三）课程决策与行动

教师观察幼儿的游戏，一方面可以收集该幼儿最为真实的资料；另一方面可以对照《3—6岁儿童学习与发展指南》有关对3～6岁儿童发展的期望及其他有关儿童发展的知识，对幼儿做出测评，对课程做出决策并采取适宜的行动。

1. 发现幼儿的兴趣

通过观察，教师可以发现幼儿感兴趣的区域与游戏。比如，通过观察，教师发现，在幼儿园设置的商业一条街区域游戏中，许多幼儿想扮演载客三轮车司机，每次游戏都有许多幼儿没法轮到，他们总来找教师：“老师，什么时候我能当（司机）啊？”通过观察进区人数，教师可以了解幼儿对特定区域感兴趣的程度，从而做出扩大、缩小或撤销某区域的决定。

2. 扩大课程的范围

观察有助于教师了解自己提供的游戏材料、设计的区域活动等能否满足幼儿的需要，能否引起他们的学习兴趣，能否带来认知的挑战。通过观察，教师可以发现适宜幼儿的学习时刻，在观察的基础上提供相应的材料、机会和活动，丰富幼儿的课程经验，从而有效促进幼儿的发展。比如，在户外游戏中，教师注意到，幼儿在

① 教育部基础教育司：《游戏·学习·发展——全国幼儿园优秀游戏活动案例选编》，49页，北京，人民教育出版社，2020。

讨论：为什么湿沙比干沙更容易建成城堡？怎样比较影子的长短？这时，教师可生成以沙、水和影子等为主题的科学探索活动，进一步丰富幼儿的相关课程经验。

3. 促进家园的合作

教师可以把幼儿在游戏过程中的精彩片段以图文并茂的方式做成游戏故事册，通过家园互动平台、家园联系册、社交平台或其他方式同家长分享，让家长了解到：

你的孩子被关注；

你的孩子在游戏中获得了发展；

你的孩子在幼儿园过得很开心。

这种方式可以向家长传递幼儿发展的证据与信念：游戏不仅仅是玩，游戏中孩子们的表达能力、沟通能力、合作能力、创造能力、想象力、自信等都获得了发展。一些幼儿园正以这种方式，非常巧妙地改变着家长对幼儿园教育目标的看法，纠正了家长关于幼儿园教育“小学化”的错误想法，获得了长期的家长支持。

三、游戏观察与记录的技术

从技术上来说，教师需要具备一定的观察、记录技术。教师可以采用什么方法观察、记录幼儿的游戏行为？评估幼儿最可靠的数据是通过教师观察幼儿在日常生活的各种情境中的表现而获得的。观察的方法包括运用对照表、评分标准、观察量表等记录幼儿游戏的变化及他们在不同环境中的游戏。教师可以通过拍照片、画游戏草图和示意图、拍摄视频等方法，收集、保留、记录与分析幼儿游戏的作品，还可以通过为每个幼儿准备游戏文件夹等方法来记录幼儿的成长、变化的游戏兴趣和活动偏好。

案例 5-6：

区域活动时间，曦曦将积木搭在纸盒上，再放一根领带，建好了一个加油站。他兴奋地对小辉和花花说：“我也建了一个加油站，你们快来看！”小辉看了看，很快提出了不同的想法。他对曦曦说：“你这个不是加油站，都没有按钮，也没有加油的数字，怎么知道加了多少油呀？我来帮你建得高一点儿，装一个油表吧。”小辉边说边动起手来。可是曦曦不愿意。“我就喜欢这样的加油站，你不要动！”他带着哭腔对小辉说，“我不要你那样的加油站，我就喜欢简简单单的，你不要动我的加油站！”小辉仍然坚持着，他说：“你这个一点儿也不像加油站。我看到我爸爸加油的时候，有一个表，上面的数字是会动的。你这个什么都没有，都看不到加了多少油！你看我的豪华版加油站……”曦曦更伤心了，大哭着和小辉争论起来。一旁的顾客加不到油，只能将椅子车停在一旁等待。[①]

案例分析

上述案例显示的是教师使用逸事记录法描述幼儿的游戏行为。实际上，教师经常可以观察到类似的游戏情境。幼儿在游戏时会产生关于游戏材料、游戏情节的讨论或争执，这些讨论或争执有可能助推游戏发展。在此案例中，教师耐心地观察，细致地描述了幼儿的游戏对话、情境等。

具体而言，为了客观观察并准确描述幼儿的游戏行为，教师需要记住如下要点：游戏情境的记录（游戏发生在哪里，有谁在场，教师有没有在场），具体的游戏行为（幼儿如何操作游戏材料，如何与他人互动，说了什么，做了什么，别人的反应如何）。

（一）游戏观察的领域

游戏观察可以聚焦于幼儿的发展领域和学习目标。《3—6 岁儿童学习与发展指南》由学习与发展领域、子领域、目标及其若干典型表现构成，为我们全面、深入地观察和了解幼儿提供了清晰的框架。《3—6 岁儿童学习与发展指南》罗列了五大领域共 32 个目标，每一个目标之下还罗列了其典型表现，指南中的教育建议既告诉了我们在日常生活和游戏中如何指导幼儿，也告诉了我们在生活和游戏中如何关注幼儿。观察幼儿游戏时可就幼儿发展的六个方面提出一些明确的观察问题。

1. 情绪情感

各领域与游戏活动的情绪情感可能相关的目标、典型表现及教育建议如下。健康领域的目标有“情绪安定愉快”，典型表现有“经常保持愉快的情绪”，“表达情绪的方式比较适度”。语言领域的典型表现如“能随着作品的展开产生喜悦、担忧等相应的情绪反应，体会作品所表达的情绪情感”，“愿意用图画和符号表达自己的愿望和想法”。社会领域的目标有“愿意与人交往”，典型表现如“愿意和小朋友一起游戏”（3～4 岁），“喜欢和小朋友一起游戏，有经常一起玩的小伙伴”（4～5 岁），

① 教育部基础教育司:《游戏·学习·发展——全国幼儿园优秀游戏活动案例选编》，247~248 页，北京，人民教育出版社，2020。

“有自己的好朋友，也喜欢结交新朋友”（5～6 岁），等等。科学领域的目标有“亲近自然，喜欢探究”。依据这些目标与典型表现，游戏观察可集中于以下问题：幼儿在游戏时的情绪状态如何？是否乐于参与游戏？游戏中是否经常保持愉快的情绪？高兴或愤怒时表达情绪的方式是什么？如何处理比较强烈的情绪反应？是否愿意与他人分享自己的快乐？

2. 社会适应

健康领域的目标有“具有一定的适应能力”，社会领域的目标有“喜欢并适应群体生活”，“遵守基本的行为规范”，“具有初步的归属感”。社会领域的目标有“能与同伴友好相处”，典型表现如“想加入同伴的游戏时，能友好地提出请求”，“在成人指导下，不争抢、不独霸玩具”，“与同伴发生冲突时，能听从成人的劝解”（3～4 岁）；“会运用介绍自己、交换玩具等简单技巧加入同伴游戏”，“对大家都喜欢的东西能轮流、分享”，“与同伴发生冲突时，能在他人帮助下和平解决”等（4～5 岁）；“能想办法吸引同伴和自己一起游戏”，“活动时能与同伴分工合作，遇到困难能一起克服”，“与同伴发生冲突时能自己协商解决”等（5～6 岁）。依据社会适应的目标与典型表现，游戏观察经常基于下述问题：游戏由谁发动？游戏角色由谁分配？如何协商游戏内容与情节？幼儿如何与别人接触？谁提议玩某一游戏？谁提出某一建议？谁是领导者？谁是跟随者？是否有幼儿总与别人在接触，而另一些幼儿总是游离在游戏或合作行为之外？他们以何种方式（商量？命令？询问？强行？）邀请或者参与别人的游戏？游戏冲突如何解决？游戏规则的遵守情况如何？

3. 语言表达

语言领域的目标有：“认真听并能听懂常用语言”，“愿意讲话并能清楚地表达”，“喜欢听故事，看图书”，“具有初步的阅读理解能力”，“具有书面表达的愿望和初步技能”。教育建议有：为幼儿创造说话的机会并体验语言交往的乐趣，鼓励和支持幼儿与同伴一起玩耍、交谈，相互讲述见闻、趣事或看过的图书、动画片等。在游戏中，教师可以观察：幼儿说了什么？是否认真听他人说话？与谁（是游戏的同伴还是想象的角色）说了话？说话的语气如何？

4. 认知发展

科学领域的教育建议如“多为幼儿选择一些能操作、多变化、多功能的玩具材料或废旧材料，在保证安全的前提下，鼓励幼儿拆装或动手自制玩具”，“给幼儿提供丰富的材料和适宜的工具，支持幼儿在游戏过程中探索并感知常见物质、材料的特性和物体的结构特点”，“利用生活和游戏中的实际情境，引导幼儿理解数概念”。

依据这些建议，教师可以观察：幼儿在游戏中有新的想法、做法或建议吗？他们使用了哪些材料？如何操作材料？

5. 动作发展

健康领域："目标 1 具有一定的平衡能力，动作协调、灵敏"。典型表现有："能双手向上抛球"（3～4 岁）；"能与他人玩追逐、躲闪跑的游戏"（4～5 岁）；"能以手脚并用的方式安全地爬攀登架、网等"，"能连续跳绳"，"能躲避他人滚过来的球或扔过来的沙包"，"能连续拍球"（5～6 岁）。教师建议为利用走平衡木、玩跳房子、踩小高跷、跳竹竿、滚铁环等传统体育游戏来观察幼儿的动作发展情况。"目标 2 具有一定的力量和耐力"，教育建议为"开展丰富多样、适合幼儿年龄特点的各种身体活动……鼓励幼儿坚持下来，不怕累"。"目标 3 手的动作灵活协调"，教育建议如"提供画笔、剪刀、纸张、泥团等工具和材料，或充分利用各种自然、废旧材料和常见物品，让幼儿进行画、剪、折、粘等美工活动"，"幼儿园在布置娃娃家、商店等活动区时，多提供原材料和半成品，让幼儿有更多机会参与制作活动"。

事实上，幼儿园游戏区域的设置或游戏活动的开展均承载着一定的学习目标，这些学习目标体现在课程计划中。幼儿园活动室可能设有不同游戏区，如阅读区、玩具区、音乐区、角色扮演区等，幼儿在参与各类游戏中可能获得语言、读写、数学、艺术、社会性、情绪情感、身体运动及学习方法等方面的发展。学习目标可以通过幼儿自发的游戏活动以及成人引导的团体游戏活动来完成，因此，通过促进幼儿游戏及团体参与，教师能够确保自己正在从事某一领域的教育。

教师可以在一周或两周时间内聚焦于一个发展领域进行观察。比如，用一周时间专门观察幼儿在"晓港一条街"的角色扮演游戏中如何使用礼貌用语，在下一周专门观察幼儿如何使用语言进行角色互动，在接下来的两周专门观察幼儿使用一种材料或物品（如理发店的镜子），观察幼儿"以物替物"能力的发展。又如，依据幼儿的发展领域使用聚焦式观察，注意幼儿在建构游戏中的精细动作技能，记录他们如何显示手眼协调，如积木堆高；如何使用工具，如用玩具刀切橡皮泥。

需要注意的是，教师容易将观察点聚焦于自己喜欢的或擅长的领域，比如，一些教师可能更关注幼儿的数学发展或读写准备，一些教师可能更关注幼儿的艺术能力或自我控制能力。教师如果只关注某一或某些发展领域，就无法捕捉到幼儿全面发展的信息。对美国幼儿教师的访谈显示，许多教师承认他们倾向于更加关注社会 / 情绪 / 语言领域，读写也已成为幼儿园课堂里的一个主要领域。然而，如果仅仅聚焦于社会 / 情绪 / 语言领域的发展，他们将错失很多有关儿童成就、长处和弱点的信息。[①]

（二）游戏观察的内容

游戏观察既需要观察游戏本身，也需要关注游戏行为发生的情境。游戏情境、游戏主题、游戏材料、游戏互动、游戏水平及游戏参与度等是教师游戏观察需要关注的内容。

1. 游戏情境的创设

时间取样的观察并不能十分正确地推断幼儿的所有游戏行为，访谈则可能改变游戏对幼儿的意义，同时，游戏的形成受到幼儿所知觉到的情境因素的影响。因此，赖费尔和耶特曼（Yeatman）建议从影响游戏行为的各种情境因素（游戏素材、社会关系、实际生活经验、游戏材料、他人的观点、反应与刺激及个人的动机等）出发，观察一段时间内游戏行为的进展，以捕捉幼儿在游戏活动中所呈现的富于变化的行为及其所蕴含的丰富意义。[②] 基于这一考虑，在观察记录时，教师要注意记录形成游戏活动的所有要素，比如，玩具如何被探索与创造，幼儿是单独游戏还是合作互动，幼儿的实际生活经验，游戏的过程等。

赖费尔和耶特曼建议，在教室里观察幼儿，不妨从下列问题入手，详细描述游戏的过程：

①教室里有哪些玩具与游戏材料？②教室里的社会关系如何？③实际生活中有哪些经验可被模拟？有哪些游戏主题曾经在教室里被讨论过？④以现有的游戏材料、思想与情感能创造什么样的游戏架构？选择什么样的玩具与同伴？⑤前一个游戏如何影响下一个游戏？前一天的游戏如何影响后一天的游戏？具体而言，游戏在室内还是在室外进行？有没有成人在场？在什么样的游戏场地进行？有哪些同伴在场？游戏材料有哪些？游戏中幼儿使用了哪些材料？他们是如何使用材料的？有没有以物替物的行为？哪些游戏材料的使用频率较高而哪些游戏材料基本成了摆设？幼儿在游戏过程中轻松愉快吗？[③] 案例 5-7 是使用情境架构观察游戏的实例。

① Gronlund G., *Planning for Play, Observation, and Learning in Preschool and Kindergarten*, St. Paul, Redleaf Press, 2013, p. 201.

② Reifel S. & Yeatman J., "Action, talk, and thought in block play," in Scales B., Almy M. C. & Nicolopoulou A., et al., *Play and the Social Context of Development in Early Care and Education*, New York, Teachers College Press, 1991, pp.156-172.

③ 陈淑敏：《幼儿游戏》第三版，96~97 页，新北，心理出版社股份有限公司，2016。

案例 5-7：

积木角有四男一女在游戏。应然以塑胶积木组合高速公路。公路高低起伏，时而穿过山洞，时而爬过小山。道路筑好后，应然又拿了一段段的铁轨从公路的某一点开始筑起铁路来。应然筑路时，文莹则拿着载着两个人偶的汽车在道路上来回行驶。文莹低着头专注地移动车子，不断喃喃地说着："你要小心一点哟！不要跑出去。"车子走到道路尽头，文莹拿起一个人偶放在道路旁，对它说："拜拜！"然后倒退车子，嘴里同时发出"嘟嘟"的声音，继续移动车子。

案例分析

在上述案例中，目标幼儿利用积木，结合建构游戏与想象游戏。尽管应然与文莹之间没有直接的游戏互动，但是，应然为文莹提供了想象游戏的情境，这种游戏形式，显然不同于低年龄阶段的单独游戏或平行游戏。

2. 游戏主题的选择

所谓游戏主题，指的是幼儿游戏的主要内容。例如，角色游戏有娃娃家、医院、超市、餐厅、点心店等主题；建构游戏以幼儿熟悉的可用于建构的各类物体，如汽车 4S 店、停车场、桥等为主题；表演游戏则是以各类绘本故事如小班《拔萝卜》《猫咪果果去旅行》，中班《小熊请客》《小老鼠和大老虎》，大班《小红帽》《魔女城历险记》等为主题所进行的故事表演或故事创编。游戏主题如果是教师指定的，教师则可以观察幼儿对这些主题感兴趣的程度：幼儿是否乐意被指派到这一游戏主题？我们建议，游戏主题应该多些幼儿自发生成、自由选择的成分，因为游戏的主体是幼儿而非成人，学前儿童有选择游戏主题的权利，而且，选择或生成某一游戏主题本身正反映了幼儿的生活经验、兴趣与游戏经验等。

3. 游戏材料的使用

游戏材料的投放很重要，然而，材料投放后，幼儿是否喜欢这些游戏材料？游戏中幼儿使用了哪些材料？他们是如何使用材料的？有没有以物替物的行为？哪些游戏材料的使用频率较高而哪些游戏材料基本成了摆设？诸如此类的问题，对于那些企望提高游戏质量的教师而言是非常重要的。下例呈现了幼儿园通过观察发现幼儿在区域游戏中对某材料兴趣不高的原因。

例如，佛山市某镇中心幼儿园在开展区域活动时发现，幼儿热情不高，当被询问想不想去区域玩时，幼儿说：“不想，没什么好玩的。”“太简单了，没意思！”园长组织教师对区域游戏材料进行了统计，对幼儿区域游戏的材料使用情况进行了观察。结果发现，尽管游戏材料有积塑、棋类、数字卡、图片、角色扮演服饰、球、滑轮车等购买材料，豆子、贝壳、石头、树叶、植物果实等自然材料，拼图、穿编、数字分解组成卡、故事卡、沙包、陀螺、食品替代品等自制材料，但是，材料的投放与使用存在诸多问题：重美观而操作性不强；投放材料比较随意、杂乱，想加就加，想撤就撤，目的性不强；缺少幼儿合作建构的大型建构材料；一次投放量太多，幼儿经常在不同材料之间转换；未能充分挖掘材料的一物多用；投放无层次性等。通过教研，大家认为，应该为幼儿提供不同层次水平的材料，如根据预设目标投放不同层次的操作材料时，用星星数量表示操作难度，星星数量越多代表操作难度越大（图 5-4）。

图 5-4　星星难度标识

4. 游戏互动的行为

观察幼儿与他人的言语对话、角色对白、身体姿势与动作等游戏互动过程，有助于教师把握幼儿的游戏经验、生活经验、处理问题的方式、发展优劣势等，有助于教师结合情境对幼儿的行为进行分析，有助于教师把握幼儿的分享、竞争、协商等社会性行为及其水平。下面的记录反映了幼儿因理解不足而导致的游戏冲突。

案例 5-8：

在今天的户外活动中，小博在玩滚轮胎游戏，这时小山跑过来就抢，小博急得大哭起来，委屈地说：“你为什么抢我的轮胎？”小山回答道：“老师说了，好玩的玩具，大家要轮着玩。”小博不服气地说：“我还没玩够呢！你为什么抢？”小山说：“不光你想玩，我也想玩一会儿！”两人你一言我一语，争辩不止。

案例分析

在该案例中，我们重点观察的是幼儿在游戏中发生冲突的情境、过程与两个幼儿的对话。通过对游戏对话与游戏互动的分析，我们可以看出，小山没有完全理解“轮流玩”的意义，而且他在换位思考方面尚需要帮助，也缺乏与人沟通的能力。

5. 游戏水平的展现

学前儿童的游戏活动从开始、发展到结束会呈现出一定的层次性，如由易到难、由简单到复杂。游戏观察有助于教师了解幼儿所面临的游戏问题及解决问题表现出来的注意力、坚持性、创造性等学习品质，了解幼儿的分享、合作、协商、领导等社会性发展水平。通过游戏观察，教师可以对比《3—6岁儿童学习与发展指南》所列的幼儿典型表现，观察幼儿的语言创造游戏情境、以一个物体代替另一个物体、把一个人想象成另外一个人的能力。下例记录了幼儿在游戏中表现出的假想、协商与沟通能力。

案例 5-9：

小阳把垫板和玩具刀放在一块大石头上，拿起一条玩具鱼开始杀鱼。

小睿说：“我也想杀鱼，我们一起杀好不好？”

小阳站起来，给小睿让了个位置说：“我去那边杀，你在这里杀。”

案例分析

两个幼儿通过语言和动作创设了一个“杀鱼”的游戏互动情境。小睿表达了也想“杀鱼”的想法，小阳主动让出位置并通过增加“杀鱼”场地解决了这一问题。该游戏情节表明两个幼儿尽管出现了游戏互动行为，但他们还没有达到围绕共同的游戏目标开展合作游戏的水平。

6. 游戏参与的程度

判断游戏活动质量的标准不仅要看教师预设的活动目标的完成情况，而且要看幼儿对游戏活动的参与积极性与参与程度。幼儿对游戏的高度参与反映在他们持久的专注时间、微笑的表情、闪亮的眼睛、感情的投入等方面。请看案例 5-10 对重庆市沙坪坝区某幼儿园幼儿游戏行为的描述。

案例 5-10：

在沙池区，他们（孩子们）出动了一切工具——沙桶、沙铲、旧洗衣液瓶子、旧洗洁精瓶子……耍水、耍沙、耍泥巴……这边，两个小家伙正在一丝不苟地构建他们的沙堆城堡。他们甚至很少讲话，除了需要对方配合时，其余时间他们只专注在这座“城堡”上。鹏鹏拿上树枝学大人的模样打“蛋浆”、和“面粉”……“吃蛋糕啦，这是我做的草莓蛋糕！××、××快点来吃啊。”

案例分析

“专注”是该案例中幼儿的典型表现。尽管两个幼儿之间没有太多对话，但是，教师从幼儿对玩沙材料的使用情况及专注的表情、投入的表演等可以判断：两名幼儿对该游戏的参与度是较高的。

通过观察，教师应该致力于了解如下几个方面的内容：①幼儿最喜欢玩的游戏是什么？②幼儿喜欢的玩具与游戏材料是什么？③吸引幼儿的游戏区域有哪些？④幼儿如何进行游戏？（包括幼儿如何操作游戏材料？在游戏中如何对他人说话？是否自言自语？如果自言自语，幼儿说了什么？怎么说的？幼儿如何表达及控制自己的情绪？）⑤幼儿有没有自己喜欢的游戏同伴？如果有的话，有哪些？⑥幼儿的游戏水平如何？表现了哪些游戏技巧？

（三）游戏观察的方法

不是所有的观察都是有价值的，观察者有必要了解观察的目的，掌握一种收集信息的方法。幼儿游戏观察常用的方法有两类：一类是描述性的逸事记录法，另一类是量化观察的观察量表法。逸事记录法是观察者只使用一张纸或空白栏来描述幼儿的游戏行为，它比观察量表法费时、费力，但是可获得关于幼儿游戏的更多脉络信息。观察量表法则属于高结构性的观察方法，有特定的观察行为及观察的限制，收集的资料较适合量化分析，但缺乏脉络信息。因此，观察者必须在方便与资料丰富性之间，根据目的选择适当的方法进行游戏观察。两种方法在使用时，均会用到一些观察策略。教师可以根据本班幼儿游戏开展的阶段或实际情况决定使用何种观察方法。

一般而言，游戏观察的具体方法有三种，即扫描巡视法、定点观察法和定人观察法。每种方法均有不同的使用情境，也有不同的收获。三种观察方法可以对照表 5-3 使用。

表 5-3　游戏观察方法列表

类别	扫描巡视法	定点观察法	定人观察法
定义	在固定时间段里对观察对象依次进行观察	固定地点观察，记录幼儿的游戏行为、语言、表情	固定观察某一幼儿
使用情境	旨在大概了解全班幼儿的游戏状况：游戏主题、角色分配、材料使用、游戏场地使用、幼儿的游戏水平等	旨在重点了解某一游戏地点或区域的游戏材料、游戏互动、游戏问题等	旨在重点了解某一幼儿的游戏行为及其来龙去脉
观察记录方法	平均分配时间给每个观察对象，使用观察量表或检核表	采用实况描述和事件抽样的方法记录	采用实况描述、逸事记录与行动轨迹记录

（四）游戏记录的技术

观察是一个不间断的过程，因此，教师需要对自己看到的、听到的加以记录。然而，他们不能记录所观察的一切，而应聚焦于特定的内容。常采用的记录法有游戏档案袋、逸事记录法、游戏草图法、游戏过程实录法等。游戏档案袋为每个幼儿建立一个档案，里面收集着该幼儿的游戏过程、游戏作品等相关资料。游戏草图法专门为幼儿的游戏流程（如进了哪些区，行动路线是什么）做大致描述，以补充逸事记录法或游戏过程实录法的不足。

1. 流水记录

流水记录是指不参与幼儿的游戏，花一段时间专门记录幼儿的游戏活动，写下游戏过程发生的一切。案例 5-11 为游戏实录。

案例 5-11：

在一次游戏中，叮叮搬着椅子进入美工区，然后自己去拿了黑色卡纸、喷壶、颜料笔等工具、材料。她先把桌子上所有的颜料盒盖子拧开，又跟旁边的亲亲说话，说着她们俩人开始画起来，用颜料笔画了各种形状的房子。这时，画面上有红色的屋顶、黄色的墙面。亲亲说："好了好了，我们完成了！"叮叮拿起一些小纽扣说："等一下，还可以贴一些小纽扣啊！这样更漂亮！"于是她们俩人又开始"工作"起来。作品完成后，她们快速把作品拿到我们班的"艺术画廊"那里去展示，很多小朋友都在欣赏她们的画。①

① 陶斯骅:《区域活动中观察记录的撰写与思考》，载《学园》，2017（19）。

案例分析>>>>>>>>

该案例以叮叮在美工区进行绘画游戏为观察对象，详细记录了游戏发起、发展的过程及叮叮在游戏中和同伴的互动。

2. 逸事记录

逸事记录法是指直接观察学习者的行为、表现、习惯，以文字叙述的方式，系统地描述、记录有意义的重要事件。比如，记录下一个个单独的事件或游戏小故事。这是幼儿教师较常使用的一种方法。在逸事记录中，教师可能描述某一幼儿是如何加入正在游戏的一组幼儿的活动中的，记录下他在为了加入别人的游戏时所说的话很重要。事后，教师可以检查幼儿是如何使用语言创造游戏情境或教导别人扮演角色的。

案例 5-12：

在班级过道的桌面建构区，三个男孩正在一起讨论自己建构的作品。T很想加入讨论。他手上拿着一串积木做成的某个形状凑过去，脸上堆满了笑容，认真地听着三个男孩的发言。当三个男孩演示完他们的作品后，他不失时机地亮出自己的作品。

案例分析>>>>>>>>

该案例记录了T如何加入他人游戏的小故事。通过聚焦T如何加入游戏团体，案例细致地描述了T的表面表情、身体姿势等互动细节，揭示了非语言姿势在人际互动中的作用。同时，通过描述T加入的时机（三个男孩演示完他们的作品后）与方式（亮出自己的作品），让人对T成功加入他人游戏的技巧心领神会。

逸事记录包括研究日记、教师札记、教学记录、活动录影资料、访谈录音资料、幼儿作品及相关文件资料。使用逸事记录法需要注意以下几点：①忠于事实；②主、客观的相互验证；③概括行为意义；④提出假设性解释；⑤每次仅叙述及评论一个事件；⑥事件发生后尽快做记录，包括日期、特殊细节及事件发生的先后顺序；⑦将事实与解释分开，事先设计记录的格式；⑧考虑纳入其他支持的证据，如幼儿活动情形或作品照片；⑨提供有关情境的信息。

有效使用逸事记录需要遵循的原则有以下几点。①事先确定观察重点，随时留意偶然事件。比如，在体育教学游戏“炸碉堡”中，教学难点是幼儿侧身钻过一个

1 米高的桥，教师预计，幼儿可能不以侧身钻的方式完成，而可能用爬的方式，或者弯腰的方式，因而，教师将观察重点放在了幼儿钻过桥的动作上。②避免过度推论。在观察幼儿时，教师最好忠实记录事件发生的状况，避免使用带有判断性质的语言，如小新攻击性“很强”。从观察中教师充其量只能对幼儿行为或状况做临时性的解释，全面解释或了解需要其他材料的佐证及在其他情境下的进一步观察。了解幼儿行为的意义，有必要在不同情境下观察，且多次观察，多方收集资料，才能有效解释行为的意义。比如，某一幼儿在游戏中动作很大地从别人手中夺过玩具材料，到底是怎样的情况？如何解释与理解该幼儿的行为？是恶意攻击还是无意的行为习惯？只有通过全方位的观察，并与家长沟通，才能明确。③兼顾正、负面行为，及早记录。为避免遗忘，教师应尽可能在事件发生后简单加以记录，并在当天补全记录。④全息记录。记录下事件发生前及发生当下的情境。游戏的逸事记录不仅要记下游戏过程本身，而且要详细记录下游戏行为的情境。全息记录的内容应包括：日期、时间、情境及基本活动的信息；主角的行为及对行为的注解（包括游戏场地是在室内还是在室外，是在什么区角，当时在场的有哪些人，教师是否在场等信息）；保留所有幼儿的对话。

案例 5-13：

记录一：

小明 4 月 17 日

小明正在“商店”，假装他是一个售票员。他在空白的纸上画了一些标记，假装那是飞机票。他问我：“要不要买一张飞机票啊？”我说：“好啊！”并假装付钱给他（用手一抓，其实手上空无一物）。他将其他的飞机票卖给在此角落玩的小朋友。

记录二：

小明 4 月 17 日

一群幼儿从玩阁楼的角色游戏转换到玩搭飞机的游戏，并假装他们要去法国旅行。小明扮演的是售票员。他在一些空白的纸上画上一些标记，把纸当作飞机票。他卖给我一张票，也卖给其他小朋友每人一张票，我们假装付钱给他。他为自己保留一张票，然后说跟我们一起搭飞机去法国玩。但是，就在要离开“商店”之前，他在一张纸上涂鸦，并将纸贴在“商店”门口。之后，我问小明：“你写了些什么？”他回答：“打烊了。”这是我第一次看到小明在游戏中使用文字来代表游戏的某些功能。

案例分析>>>>>>>>

比较上述对同一游戏情节的两个记录。记录二是小明游戏结束后教师做的记录，我们可以发现第二个记录给出了更多的信息。

使用逸事记录法需要注意如下几点。

（1）使用不同的材料

使用便利贴便于记录日期及主要幼儿的名字，能在日后贴在记录本上，作为对幼儿的观察记录文件。也可利用资料卡做记录，用资料卡时，可以将幼儿名字写在一角或资料卡下边。当要观察幼儿游戏发生的重要事件时，教师可以抽出相应幼儿的资料卡，沿着所记载的日期，记录幼儿的游戏行为。资料卡记满后，夹在幼儿档案中，再换一张新的，以此类推。

（2）及时补充重要细节

逸事记录的焦点要放在你所看到与听到的游戏行为与对话上。游戏结束之后立刻用过去式的口吻记录下游戏活动中发生的重要事件，更为详细地记录，并将游戏行为与发展情形联结起来。

（3）恰当使用记录设备

使用数码相机、录影机收集一些游戏的照片或视频，可以弥补描述性的观察资料、检核表及评量表的不足。使用照片时，应以观察笔记为辅助说明，照片可以与其他教师或父母分享，也可用来作为幼儿行为差异的佐证材料。如果要用相机记录幼儿在一段短时间内的行为表现和发展顺序，记得在照片边上加上注解，以说明照片的意义。

在使用这类设备时，教师要注意抓住游戏的关键时刻，或者通过三脚架架住录影机的方式，集中收集某一游戏区的资料。当然，除了呈现游戏类型外，录影资料要注意呈现游戏的情境，包括幼儿游戏使用的材料、游戏时所发生的社会互动，以及游戏中所用的表情、姿势等非语言信息。

3. 游戏作品的收集

游戏作品能提供幼儿发展水平的信息。幼儿的游戏作品可能包括他们在读写中

心用笔写下的数字，画出来的故事；在“餐厅”设计的菜单、价格表；在美工区利用树叶与薄纱制作的时装。细心的教师会将幼儿的游戏作品以照片或实物的方式保存、展示出来。某幼儿园的曾老师在游戏结束后经常跟幼儿说的一句话是：“如果你想把自己的游戏作品保留下来，或者想与别人分享，请你把它放到指定的地方去保存起来。”图 5-5 是曾老师为幼儿开辟的展示游戏作品的地方。图 5-6 是曾老师在教室有限的空间里，用废旧纸盒制作的小巧、轻便的存放作品的地方。

图 5-5　游戏作品展示区

图 5-6　废纸盒存放游戏作品

4. 检核表

检核表有教师自制的非正式检核表，也有正式的由专门人员开发的检核表，用以鉴定幼儿相应年龄的游戏技巧及发展水平。后一种检核表，如社会戏剧游戏检核表（表 5-4）列出了幼儿在团体假装游戏中所需的各种技巧。检核表的每一部分都能用于引导教师评估幼儿的游戏技巧，也可帮助教师为提升每个幼儿的游戏技巧而设计相应的活动。①

表 5-4　社会戏剧游戏检核表

幼儿姓名：　　　　出生日期：　　　　观察日期：
请选择持续观察幼儿时发现的最高水平的技能
1. 使用物体进行假装游戏 □ 没有出现以物替物的行为 □ 使用真实的物体 □ 用替代物表示其他物体（比如，用石头表示蛋糕） □ 使用想象的物体（比如，想象空空的篮子里有一个鸡蛋）

① Heidemann S. & Hewitt D., *Play: The Pathway from Theory to Practice* (2nd ed.), St. Paul, Redleaf Press, 2010, pp.85-86.

2. 角色扮演 □ 没有角色扮演 □ 片断的游戏行为（比如，拿起电话说“你好”就挂断） □ 联结的游戏行为（比如，拿汤勺在炉子上的锅里搅动，然后去摆放桌子） □ 使用语言描述（比如，在游戏中说“我是医生”） □ 模仿角色行为，包括服装
3. 关于游戏情节的语言描述 □ 游戏过程中不使用假装性语言 □ 使用语言描述替代物体（比如，把一张纸放到同伴手上说“这是一块岩石”） □ 使用语言描述想象的物体与行为（比如，一边伸出手掌一边说“给你，这是钱”） □ 使用语言创造一个游戏情节（比如，“让我们说我们被怪兽抓住了吧”）
4. 在一段游戏情节中进行言语交流 □ 游戏中没有进行言语交流 □ 游戏中只是自言自语 □ 跳出游戏角色之外与同伴交谈（比如，“妈妈不是那么抱宝宝的”） □ 以角色身份跟同伴交流（比如，“爸爸回家之前，你得吃完晚餐哟”）
5. 游戏的持续性 □ 连续游戏少于五分钟 □ 连续游戏六至九分钟 □ 连续游戏十分钟或以上
6. 游戏互动 □ 单独游戏 □ 只与成人游戏 □ 与一个幼儿游戏，而且经常只跟同一个幼儿游戏 □ 与一个幼儿游戏，可能是不同的幼儿 □ 能与两个或三个幼儿一起游戏
7. 加入游戏团体 □ 未尝试加入游戏群体 □ 强行加入游戏群体 □ 站在游戏群体附近观看 □ 模仿团体的游戏行为 □ 发表与游戏主题相关的意见 □ 在发表意见之前引起其他幼儿的注意（比如，叫名字，眼光接触，轻拍肩膀）

8. 问题解决 □ 发生冲突时屈服（比如，别人拿了他的玩具后，他选择离开，进行另一个活动） □ 使用武力解决问题（包括身体或言语侵犯） □ 寻求成人的帮助 □ 模仿成人提供的解决办法或策略 □ 经提醒，回忆词语或策略而加以使用（比如，成人提示幼儿“告诉他你想要什么”） □ 主动使用语言或策略 □ 接受合理的妥协
9. 轮流 □ 拒绝轮流 □ 把玩具放在一边，但是当他人想使用时又反抗 □ 在成人安排与指导的情况下能轮流 □ 要求轮流使用玩具，但不等他人反应就采取行动（比如，一边说“我可以用这个镜子吗？”，不等他人反应就直接抓起镜子） □ 用完之后归还玩具，以备他人使用 □ 如果另一幼儿请求，会让出玩具 □ 提议轮流，愿意轮流
10. 同伴支持 □ 对同伴没有兴趣 □ 注意到同伴的不幸 □ 表示同情或提供帮助 □ 有时给同伴提供建议，或者接受同伴的建议 □ 鼓励或表扬同伴

5. 评分量表

评分量表与检核表的差异在于，评分量表不是评价行为是否出现，而是评价某种行为出现的程度、频率等，评价标准通常会以等距量尺的形式出现，如林对曦、林庆仁编制的“幼儿同伴游戏互动评分量表”（表 5-5）。量表中共 43 题，采用李克特四级量表形式，最高得 4 分，最低得 1 分，得分越高表示被观察幼儿越倾向于表现出量表内容所描述的行为。通过评分量表，教师可以勾选出低社会能力的幼儿，作为游戏互动介入与辅导教学的参考。

表 5-5　幼儿同伴游戏互动评分量表（节选）

班级：　　幼儿姓名：　　年龄：　岁　　评分者：				
量表内容	4	3	2	1
1. 幼儿游戏时会有攻击行为				
2. 幼儿会在游戏团体中徘徊、观望				
3. 幼儿游戏时能将自己的主意与想法跟同伴分享				
4. 幼儿游戏时会有固执行为				
5. 幼儿游戏时会有畏缩、退却行为				
6. 幼儿游戏时会带领或带动其他幼儿玩				
7. 幼儿游戏时与其他幼儿发生争执				
8. 幼儿游戏时会漫无目的地闲逛				
9. 幼儿游戏时会安慰和帮助其他幼儿				
……				
42. 幼儿游戏时会拒绝别人提出的游戏点子				
43. 幼儿会保持微笑或表现出愉快的样子				

说明：请根据量表内容，勾选右边符合幼儿行为表现程度的数字。

四、游戏观察与记录的解读

游戏观察与记录的解读意味着教师对幼儿游戏的评价。然而，游戏评价是建立在教师个人的游戏理论基础上的。教师建立并反思自己的游戏理论是必要的。游戏评价可以收集有关幼儿游戏行为的描述性资料或信息，帮助教师了解幼儿的兴趣、能力、优势、劣势与可能的发展趋势。在没有压力、安全的游戏情境中，幼儿常能表现出超出任务情境的水平与能力，表现出自己的优势领域及兴趣，这些表现能反映出他们抗争的活动或力图避免的活动。教师通过观察、评价幼儿的游戏，有助于把握幼儿的最近发展区，从而为规划课程、生成课程以及有效指导游戏提供依据。游戏评价需要对幼儿游戏进行观察和记录，在观察和记录的基础上，教师根据自己的游戏理论对幼儿游戏行为做出自己的解释与分析。当然，在游戏观察的同时，教师可能还会综合运用诊断性访谈及儿童作品的收集等方法。游戏观察结果的解读应考虑如下原则。

（一）过程导向

真正的游戏评价永远“在路上”。教师切忌依据幼儿的某个游戏行为即对幼儿的游戏水平、兴趣等方面做出终结性判断，甚至给幼儿贴上某个标签。对幼儿的评价依赖许多信息材料，包括工作抽样、父母的报告等。游戏的解读不是为了给幼儿打下诸如“善于游戏”等评语，因此，游戏成果或作品不是教师唯一关注的东西。教师更应关注幼儿游戏的过程，去挖掘游戏过程所告诉我们的一些发展信息或课程设计的提示。

案例 5-14：

潘老师组织幼儿分组进行建构游戏。今天的建构主题是“光大花园”。幼儿被分成两组建构同样的主题。两个小组在建构前，没有任何的商量与计划，两组幼儿就开始分头去寻找建构材料，包括易拉罐、废卷纸筒、动物玩偶等，搭建了一个封闭的花园，花园里铺了道路，放上了植物与动物。

游戏结束时，潘老师组织两组幼儿进行现场评议。首先，请每组幼儿自评：我们这组建构了什么？我们是怎么玩的？然后，请两组幼儿互评：对方小组建构的作品好不好？好在哪里？哪里可以改进？

案例分析

案例显示，潘老师没有注意观察游戏过程中出现的问题，比如，幼儿没有商讨建构计划，没有任务分工，没有很好地合作。尽管潘老师引导幼儿发表看法，但是，由于她在组织幼儿评价时没有注意引导幼儿关注游戏过程中的问题，而只关注建构作品的比较，因此，她对幼儿游戏观察的解读是一种结果导向而不是过程导向，削减了游戏评价促进幼儿发展的意义。此处的游戏解读，指的是教师事后对幼儿游戏的分析过程而不是在游戏记录中进行判断评价。

（二）幼儿参与

为了发展幼儿的自我反省、计划与调整等方面的能力，教师可以在幼儿游戏时收集一些游戏视频与照片，同时请幼儿以绘画的方式表达对游戏的印象或想法。做好这些准备工作后，教师可以组织现场评议或事后讨论，提出诸如：你（们）今天做了什么样的游戏计划？按照计划进行游戏了吗？为什么没有按计划进行游戏？你（们）是怎么游戏的？游戏过程中出现了哪些令人满意或不满意的事？当然，教师可以提出更为具体、更有针对性的问题，比如，你（们）是如何搭建桥梁（或使用某些游戏材料的）？通过提问，教师引导幼儿发表自己的想法，这样既发展了幼儿的语言表达能力、对游戏过程与结果的对照与反思能力，也可以通过师生讨论，发展幼儿的发散思维能力。[①]

案例 5-15：

积木建构游戏是幼儿喜欢的游戏之一，从开始的搭建到最后的收玩具，幼儿都充满无限的兴趣。但是，教师最近发现，幼儿在收玩具时出现的问题越来越多。为此，教师打算围绕收玩具组织幼儿回顾。

教师：刚刚玩积木玩得开不开心呀？

幼儿：开心。（全班异口同声回答）

教师：我看到你们都搭了好多作品（出示照片），这是谁搭的呀？

幼儿：是 ××，他的恐龙基地。

教师：×× 的恐龙基地，这是……（展示 4 个作品的照片）大家搭得都非常棒（竖起拇指）。另外，有的小朋友收玩具很认真，像幼儿 1、幼儿 2、幼儿 3 这些，每次说收玩具的时候这些小朋友都很能干，很积极，非常好，那这些小朋友应不应该得到表扬？

幼儿：应该。

教师：这些表现好的小朋友每个人可以选一张贴纸（教师拿出贴纸，示意幼儿 1、幼儿 2、幼儿 3 上前），以后每一个表现好的小朋友都会有奖励，可以选一张喜欢的贴纸。

教师：有表现好的，那也有表现不好的。除了认真收玩具的，刚刚还有小朋友不仅不去收玩具，反而去搞破坏，影响别人收玩具。都有谁呀？[①]

案例分析

通过照片这一视觉形象的回放，教师将自己的观察记录呈现给幼儿，为幼儿参与游戏讨论提供了具体可视的线索，通过提问，教师引导幼儿深入思考并分享游戏的愉悦性体验及游戏技巧。

① 管德艳：《中班幼儿建构游戏回顾环节的优化研究》，硕士学位论文，成都大学，2023。

（三）发展导向

通过使用游戏记录，教师可以发现幼儿倾向于在哪些游戏区域花费更多时间，更愿意去哪些游戏区域。如果一个幼儿在某一游戏区域自愿待上十五至二十分钟甚至更长时间，这将显示其选择倾向。这是因为：幼儿通常选择做那些自己擅长的事情，以证明自己发展的优势领域；幼儿有时会选择实操一些新学的事情；幼儿会尽量避免自己不擅长的领域或活动。通过对幼儿游戏区域的选择及其游戏行为的分析，教师大致可以发现幼儿的发展趋势、优势或劣势。游戏观察的目的不在于诊断幼儿的发展是否迟缓，而在于评价、计划与帮助教师监控幼儿的发展。通过解读游戏观察记录及其传递的信息，教师对幼儿在游戏技能上是否需要个别帮助做出专业的判断。

（四）学会倾听

学会倾听包括两个意思：一是幼儿学会认真听他人分享游戏经验，二是成人倾听游戏中的幼儿。此处所讲的是第二个意思。之所以强调这一点是因为，很多时候教师在计划或介入幼儿游戏之前未花点时间观察与倾听幼儿，以致游戏计划脱离幼儿兴趣，或者游戏介入变为干扰幼儿游戏。比如，教师未经观察与倾听就问一个正在游戏的幼儿你在干什么，这无意中竟然打断了一个有意义的游戏情节。扮演一个好的倾听者需要注意如下技巧。

①耐心体贴，只有这样，你才可能获得关于游戏或游戏者的新信息。

②对游戏中的语言交流保持开放与诚实，不要假装在听，因为幼儿总会发现这一点。

③避免干扰、干预或审问：游戏有其自身的目的，这是无法对他人解释的。

④对他人显露同情与注意，注意：你的身体语言会暴露你是否真的注意别人。

⑤理解幼儿有与你交流游戏或社会情境的需要。

⑥理解所有游戏对游戏者而言都是有价值的。

第六章
幼儿园游戏课程的预设与生成

教师应该在儿童游戏时观察他们，并根据看到的和听到的制定适合每名儿童的课程。

——米莉·阿密尔

问题情境

游戏计划是一个矛盾的术语：一方面，游戏过程不可能计划或事先设计，因为游戏是幼儿控制的、自由自发的、自己选择与即兴创作的过程；另一方面，通过观察幼儿的兴趣、文化与持续的游戏情节，教师能够有计划地帮助幼儿扩展游戏所需要的材料、资源或经验，教师也可能希望为一段时间的游戏性学习与教学制订计划。[①] 熟手教师可以为幼儿计划活动和丰富游戏经验。一日计划既包括幼儿自由选择的活动，也包括教师导向的活动。教师需提供促进幼儿参与，满足幼儿兴趣，激发幼儿好奇心、思考及创造的游戏材料，还需要提出开放式问题及促进并维持幼儿参与的建议或指导。[②] 如何基于课程自觉进行游戏计划？如何基于游戏生成课程？如何具体落实游戏与课程的融合 / 整合取向？

内容导读

幼儿园游戏课程的开发包括课程的预设与生成。游戏课程可预设的部分包括课程目标，尤其是长远与一般性目标的预设、游戏环境的创设、游戏日程的安排、游

① Moyles J., *A-Z of Play in Early Childhood*, Berkshire, Open University Press, 2012, p.115.

② Gronlund G., *Planning for Play*, *Observation*, *and Learning in Preschool and Kindergarten*, St. Paul, Redleaf Press, 2013, p.15.

戏主题等方面的部分预设。当然，游戏课程本质上并不是由固定的游戏内容组成的，而是由幼儿在游戏中产生的主题和概念形成的。

第一节 幼儿园游戏课程的预设

此处的游戏课程预设，不是单指某一次游戏活动的计划，而是对基于游戏的课程进行整体规划，是基于《幼儿园教育指导纲要（试行）》《3—6岁儿童学习与发展指南》等政策文件的解读，分析幼儿园游戏的历史、文化、家长与社区资源，整体规划幼儿园游戏的课程目标与年龄阶段目标，进而设定学年、学期、月、周目标。

一、课程目标的制定

根据前文所述，我们通过观察、游戏列表等方式了解到幼儿的现有水平，此处的游戏目标是建立在教师观察及分析的基础上的。目标可用游戏列表中所列的项目作为核心，列表中的项目可以是幼儿被观察到的技巧或行为。比如，游戏列表中有一项技能是“使用想象性物体”进行假装。如果一个幼儿还不能以物替物进行假装，那么，我们可以将目标陈述为“幼儿可以用一个物体代替另一个物体（以物替物）”。游戏计划可能是针对全班的，也可能是针对个别幼儿的。游戏目标的制定建立在教师对幼儿游戏的观察与分析的基础上。游戏目标既要保持与幼儿园课程目标和教育目标的一致，考虑年龄的差异，也要考虑每个幼儿的文化背景、已有经验及游戏经验等个体差异及个别需要。根据对象的不同，游戏目标可分为个别性游戏活动目标与全班性游戏活动目标两种。

（一）个别性游戏活动目标

通过观察或讨论，教师可以发现个别幼儿的兴趣、水平或存在的问题，有针对性地制定游戏提升目标、设计游戏提升方案。针对个别幼儿的游戏目标常建立在定人观察的基础上，也就是说，要不要制订针对个别幼儿的游戏计划？如果制订有针对性的适宜计划，并不是通过一两次、片断式的游戏行为观察就可以做出的。

案例 6-1：

教师使用第五章所列的社会戏剧游戏检核表（表 5-4）时注意到：4 岁的安很少参加社会戏剧游戏。大多数时间，她都在画画。教师偶尔会发现她在娃娃家，每次都玩着同样的玩偶。无人使用玩偶时，她假装给玩偶喂食或打扮。在游戏中她很少说话。每次她的游戏时间都很短。

案例分析

对于一个4岁的幼儿，我们完全可以期望她有更加复杂的游戏技巧。根据教育目标，教师可以为该幼儿制订一个详细的游戏计划，标明游戏技能提升目标。在撰写目标时，教师应决定自己将要聚焦的领域是什么。比如案例6-1，教师可以聚焦该幼儿的假扮想象能力，或者是拓展该幼儿的游戏兴趣。除此之外，游戏目标也可以是提升语言表达与沟通能力。比如，一个幼儿在游戏过程中出现的抢玩具、打人等行为，根据观察与分析，其原因如果在于他不懂得如何用语言表达自己的想法，那么，游戏提升目标可以聚焦于让幼儿学习“当我想要……时候（比如想参加别人的游戏时），我可以怎么说”。

制订计划时，教师可以基于观察回答如下问题。

①什么时候开始为游戏目标而努力？你的工作会在游戏过程中自然发生吗？你要计划集体时间的什么课程？该幼儿喜欢活跃的游戏还是安静的活动？

②该幼儿有什么特殊的兴趣？最喜欢的活动是什么？是否要从该幼儿已有成功经验的某一活动入手，慢慢导入一个新的游戏或主题？

③计划的活动是否对该幼儿的文化与语言保持敏感？是否有活动产生于该幼儿的文化或家庭生活中？对于该幼儿而言，什么活动有意义且与其相关？

④活动是否适合该幼儿的技能水平？是否有助于提升幼儿的现有能力？幼儿需要的是什么水平的帮助？幼儿是否具有计划活动的相关经验？活动是否适合幼儿的能力发展？有没有什么特别的挑战？幼儿是否需要适宜的设备或辅助技术以助其成功？

⑤有多少幼儿将参与？该幼儿需要的是教师一对一的关注还是让同伴帮助他？幼儿是否可以与其他特定同伴很好地游戏？第三个幼儿是否应该加入游戏团体？可以划分游戏小组吗？如果你个别辅导某一幼儿，其他幼儿在做什么？如果你在另一房间单独辅导某一幼儿，你会安排另一成人指导与管理其他幼儿吗？

⑥在哪里进行游戏？是在常规的设施中，还是要安排一个特殊的空间？或者需要将幼儿带到远离其他幼儿的安静空间？在户外活动时，该幼儿是否可以参与更多的社会戏剧游戏？户外是否是最好的活动场所？

⑦需要什么道具？幼儿在游戏中用的还是真实物体吗？有哪些相似材料可以用来替代真实物体？幼儿是否准备好了使用能够代表真实物品的、更加抽象的物体？什么材料将促进幼儿的游戏？幼儿可能要求哪些额外的材料？是否有材料来自该幼

儿的文化并支持其游戏？

⑧怎样收集幼儿表现的数据？写游戏逸事？收集工作样本？记录表现出的行为或技巧？记录语言样本？（注：尽管并不是每个活动都需要收集数据，但是，在计划时，教师应判断活动是否提供了课堂评估或评量教师是否已经达到游戏目标而收集数据的机会。）

⑨反思之后的活动。如何调整活动？做出哪些改变？哪些发挥了作用？哪些没有发挥作用？如何使活动更容易或更具挑战性？将使用不同的道具吗？以不同的方式介绍活动吗？

反思通常是计划的一部分。当然，也许你采用的是非正式反思的方法。比如，你注意到你激发了一个幼儿的兴趣，或者设计了一个令人兴奋的游戏主题，你可能会想："我要记得稍后与 ×× 幼儿谈谈。"除了非正式反思，你也可以专门找时间进行更加有目的的反思。

总之，游戏计划在设定目标时要尽量具体，涉及时间安排、幼儿适宜性、游戏地点、游戏材料、观察反思等要素。比如，参与社会戏剧游戏 ×× 分。

（二）全班性游戏活动目标

全班性游戏活动目标建立在教师对班级区域或游戏活动的扫描或定点观察的基础上。如果观察到的游戏问题普遍存在，教师可以考虑发展全班性的游戏目标。比如，观察到班上的幼儿经常相互打闹，你可能需要计划一系列的全班讨论及其他活动。很多情况下，游戏目标与游戏检核表上所列的技巧对应。比如，社会戏剧游戏检核表上"游戏互动"目标按照要求不同可列为：单独游戏；只与成人游戏；与一个幼儿游戏，而且经常只跟同一个幼儿游戏；与一个幼儿游戏，可能是不同的幼儿；能与两个或三个幼儿一起游戏。

在某种情况下，教师可能需要设计全班性的游戏活动以实现某一目标。比如，通过主题游戏、混龄游戏等活动，帮助幼儿了解游戏角色的对话与行为，或者是实现某方面的发展。

案例 6-2：

某幼儿园中班的曾老师发现，尽管班上幼儿的游戏水平参差不齐，但是，他们都有表现的欲望与主动探索的精神。充分调动与利用幼儿的游戏主动性与

积极性，是曾老师近期确定的发展目标。具体发展目标为：①愿意主动与他人分享游戏成果；②能根据自己的水平自主选择相应难度的游戏材料。根据制定的目标，曾老师在活动室做了如下安排。①专门开辟了一个幼儿游戏作品展览区，每次游戏快要结束时，曾老师总会提醒幼儿："如果你想跟他人分享你的游戏作品，请你将作品挂、贴或放在展览区，我们会在放学前请你跟大家分享！"②根据游戏材料的难度贴上星星，星星个数越多表示难度越大，曾老师建议幼儿根据自己的水平选择材料，提示幼儿："如果星星较多的材料你觉得难了，你可以选择少一两个星星的材料尝试。"

案例分析

曾老师基于观察，确定了全班性游戏活动目标：愿意分享、学会选择。曾老师的全班性游戏活动目标体现了她对幼儿年龄发展目标及适应性发展目标的把握。

（三）目标的制定要求

目标的制定应符合五个特点，即制定 SMART 目标。SMART 分别为 specific、measurable、attainable、realistic、timely 五个英语单词的首字母，意思是目标要具体、可测量、可达到、可实现及有时间。在制定目标时可以问如下几个问题：谁？做什么？在哪里？时间频率如何？到何时？用社会戏剧游戏检核表作为撰写目标的基础，选择一两个可以聚焦的领域陈述目标，如案例 6-3 所示。

案例 6-3：

根据教师的观察，安目前独立操作表现出来的水平是"表示同情或提供帮助"，检核表在该领域上显示的下一发展条目应为"有时给同伴提供建议，或者接受同伴的建议"。教师知道目前安不可能经常这样，她希望安能做到这一点，于是，教师为安制定了如下的目标：到 11 月 15 日，在娃娃家玩耍时，安有 25% 的时间能够接受同伴的建议，如表 6-1 所示。

表 6-1 教师为安制定的目标

谁?	安
做什么?	接受同伴的建议
在哪里?	在娃娃家
时间频率如何?	25% 的时间
到何时?	到 11 月 15 日

案例分析

教师为安制定的目标是具体可行且可以测量评定的，目标有时间设定，且与安现有发展水平差距不是太大，是安经过努力可以达到的目标，因而，教师为安设定的游戏目标符合 SMART 的要求。

二、游戏主题的计划

将游戏作为课程内容，要以幼儿为中心，根据幼儿的兴趣、需要和能力选择内容，其组织过程应遵循幼儿、教师和教育情境交互作用的创生取向，幼儿会在逐步深入的探索和发现中产生新的问题，于是游戏与课程就在不断发现新问题的过程中立体起来。当然，游戏课程的生成性，并不排斥课程的计划。在课程规划时，教师需评估游戏所具有的学习潜力，然后寻求可以协助幼儿进行某一游戏主题的相关信息，如参考书籍、影片、图片、记录等都是有用的材料，此外，开展社区游览、请阅历丰富者协助教学、吸引家长参与、利用家长义工、借助社区资源，如公园、文化馆、超市等都有助于丰富某一主题的游戏。同时，教师还需考虑游戏材料的适宜性、是否需要补充、是否充足等问题，考虑游戏材料的结构、性质、数量等是否适合课程要求。例如，低结构性的积木可能被用来促进幼儿想象力的发展，无结构的树叶则可能刺激假想游戏的进行，由此而考虑课程资源与课程目标、幼儿发展需求之间的契合度。教师需要开展新的游戏主题、开辟新的游戏区角、使用新的游戏材料时，通常会通过某种方式激发幼儿的游戏兴趣。比如，同时介绍两个有新玩具的活动中心，给幼儿提供选择的机会；告知幼儿新玩具的使用方法与使用限制；或者是借助小规模旅行、影片展示，或阅读一些相关主题的书籍来激发幼儿的某种游戏

兴趣，生成新的游戏主题。研究显示，只有当成人作为幼儿游戏的共同游戏者或者通过提出建议、提供材料来丰富游戏时，成人的参与才最有效。当他们不参与或只是旁观时，他们对幼儿游戏的指导则是最无效的。反过来，当成人成为游戏的决定者或主导者，过多参与幼儿游戏时，成人往往会掌控游戏情节的发展或者使用过于命令式的语言，而一旦这种情况发生，幼儿就会在一个低水平上进行游戏或者失去对游戏活动的兴趣。①

游戏课程的规划需要关注两个层面：一个是游戏生成的课程（play-generated curriculum），另一个是课程生成的游戏（curriculum-generated play）。此处所言“课程”，指的是学术课程与领域课程。游戏生成的课程指的是教师基于观察，把握幼儿在游戏中的兴趣和主题，并提供机会扩展幼儿的学习活动。在规划课程生成的游戏时，教师基于对幼儿游戏的观察，投放与幼儿兴趣匹配的材料，或采用相应的技术，以使领域课程的学习与幼儿的先前经验、当下兴趣产生交集。无论是游戏生成的课程，还是课程生成的游戏，均可以丰富主题活动课程。教师应重视规划与主题课程相匹配的游戏主题，尤其是重视游戏主题内在的概念，如水的压力、摩擦力等，规划好主题、概念、问题、假设、验证、分享、结论，以及多种表征从出现直至完成的时间。

三、游戏区域的计划

通常情况下，幼儿教师习惯制订教学活动计划，即制定教案。即使制订游戏计划，教师也只是列出他们及幼儿在小组和集体游戏时要做的事情、美工活动的内容、将会阅读的图书、需要唱的歌曲。这些内容固然重要，然而，制订与游戏环境、区域相关的计划同样重要，比如，积木区、戏剧区、操作区、阅读区、沙水区都可以有一份游戏计划。游戏区域的计划应包括区域的教育目标及达到目标所需要的环境、资源或材料及其安放、幼儿选择或使用资源与材料的机会或自由度。比如，积木区的计划明确了积木建构所用的材料是砖墙，课程目标是要学会两种搭建砖墙的方法。

类似的书面区域游戏指导计划有以下两个作用。

①课程计划明确了教师需要准备的游戏材料及指导重点，有助于教师更好地指

① ［美］乔·L. 佛罗斯特、［美］苏·C. 沃瑟姆、［美］斯图尔特·赖费尔:《游戏与儿童发展》原书第 4 版，唐晓娟、张胤、史明洁译，146 页，北京，机械工业出版社，2015。

导区域活动及与幼儿的互动。比如，依据课程计划，教师在组织幼儿参加餐厅游戏前可能问幼儿："餐厅服务员见到客人应该说什么呢？""客人点餐后服务员又该说什么呢？""怎样做才是一个文明的顾客呢？"又如，在组织区域活动时，教师可能问幼儿："今天你们打算用砖墙拼什么呢？""今天你准备在表演区表演什么节目呢？"如果幼儿对执行游戏计划感到很为难，教师可以与幼儿讨论去哪里寻找信息（如阅读区的绘本、网络资源），或者回忆、复习已有经验，提出相关问题，如"还记得上一次读过的《苹果树》吗，小男孩和苹果树发生了什么样的故事"。

②课程计划为教师提供了一份持续的记录，可以让教师反复参考，发现问题，并作为教研活动、专业讨论的依据。通过反思课程计划，教师可以发现以医院、餐厅、超市为主题的角色游戏已经持续两个月了，而且两个月的游戏目标基本不变。结合对幼儿游戏的观察记录，教师可以考虑是否要增加、更换游戏材料或游戏主题，也可以更好地理解为何幼儿对某些游戏主题失去兴趣。

案例 6-4：

积木区 观察砖墙的搭建方法，学习用横向排列和向上搭高的方法建构城墙。	美工区 学习向内、向后折角进行折纸，并添画不同的表情；学习用剪刀剪直线。	角色扮演区（餐厅） 学习服务员礼貌用语"请稍等""欢迎下次光临"等；顾客知道将食物及用过的餐具放好。
科学区 了解水和油的特性，观察水和油混合后的变化。	阅读区 安静阅读，并主动分享自己所看的图书。	户外乐园 开车时注意同一方向来车和避让，会保持适当距离；攀爬墙时手脚协调往上爬，抓稳扶好再翻过攀爬墙。

案例分析 >>>>>>>>

在案例 6-4 中，教师的游戏区域计划包括游戏材料与课程目标，而课程目标则非常强调教育指导性、评价性与可操作性，课程目标列出课程活动所需的主要材料及达到目标的指标。

依照游戏计划的层次，由高到低可分为：游戏课程的计划、游戏区域的计划及游戏活动的计划。

四、组织方式的规划

游戏活动作为幼儿园课程的基本内容与实施途径，离不开课程组织的考虑。课程组织指的是教师通过科学组织幼儿的特点、经验与能动性，教育内容，途径，教师与幼儿的关系，班级氛围，环境材料等各种课程要素，使课程活动有序化、结构化、兴趣化，以产生优化的教育效应，实现课程目标。课程组织的线索在纵向上考虑幼儿身心发展的序列性与知识演进的序列性，在横向上则考虑幼儿经验、知识内容与社会生活的整合。学科中心、问题中心与儿童中心是课程内容组织的三种基本形式。一般认为，问题中心的课程兼容学科中心与儿童中心的优点，围绕生活问题与社会问题，将学科内容与学习者所处情境相互渗透，使学习者既学到知识，又增长解决实际问题的能力、人际交往能力与社会适应能力。问题中心的课程在课程目标上兼具计划性与灵活性，学习材料多样，可以充分利用社区资源及原始文件，学习活动由师生共同计划，评价由师生共同参与，重点评价解决问题的方案、与之相关的行为及研究过程。幼儿园教育的组织形式既有专门的教学活动，也有日常生活活动、游戏活动等形式。

（一）生活活动通过游戏养成教育

用多种形式的游戏充实幼儿园一日生活活动，将游戏的要素融入生活活动中，使幼儿在生活中获得游戏性体验，既可以减少不必要的集体行动和过渡环节，减少不必要的等待，也可以发展幼儿必要的生活技能，使幼儿养成良好习惯。比如，在等待如厕、洗手、进餐或活动的过渡环节中，教师可以组织幼儿玩一个手指游戏、一个经典的民间游戏，听一个故事、唱一首歌等，可用简单易行的游戏贯穿一日生活活动，这样做既有助于保持幼儿良好的情绪，也可以起到复习、巩固某些教学内容的作用，还可以作为建立与维持良好常规的一种方法。在一日生活的固定时段使用某些类型的游戏，有助于幼儿形成时间观念与良好的常规习惯，形成某种情境下的自律行为，引导幼儿学会自我管理。又如，为幼儿提供为自己、他人或娃娃装扮的机会，辅以朗朗上口的儿歌，帮助他们学习系扣子、绑鞋带、拉拉链等生活技能。再如，让幼儿边听音乐边按节奏洗手时念儿歌：“湿湿手，擦擦皂，手心搓搓，手背搓搓，再用水来洗一洗，一二三，甩三下。”幼儿很快就掌握了正确洗手的方法。

（二）教学活动借助游戏优化教学

游戏的本质特征之一是游戏过程伴随着游戏者的游戏性体验。游戏性体验是一种内涵丰富的快乐体验，包括想象性体验、自主性体验、胜任感体验等。游戏性体验的基本内涵恰恰是优质教学的基本要求，从这一意义上说，幼儿园教学的优化就是教学的游戏化，其实质是使幼儿在教学的过程中获得一种游戏性体验，即快乐、自主、自由、成就感等愉悦体验。这样看来，游戏与教学的界限不再那么明显，而且是可以整合的。

教师经常在科学、语言、数学、音乐、体育等领域的教学活动中贯穿游戏与游戏教学的思想。比如，利用有关水的结构的游戏，可以使幼儿掌握有关的科学概念。教师通过提供水、沉浮物（如金属物品、贝壳、木块等）、量具（如杯子、漏斗）、碗、塑料瓶等材料，可以帮助幼儿在探究活动中理解沉浮的概念、沉浮的影响因素等。比如，在数学活动中，教师为幼儿提供两种游戏材料（图 6-1 和图 6-2），幼儿通过操作这些游戏材料，可以巩固对 1～10 的概念认识，包括排除颜色的干扰，理解 1～10 数字的含义，学会根据形状计数。

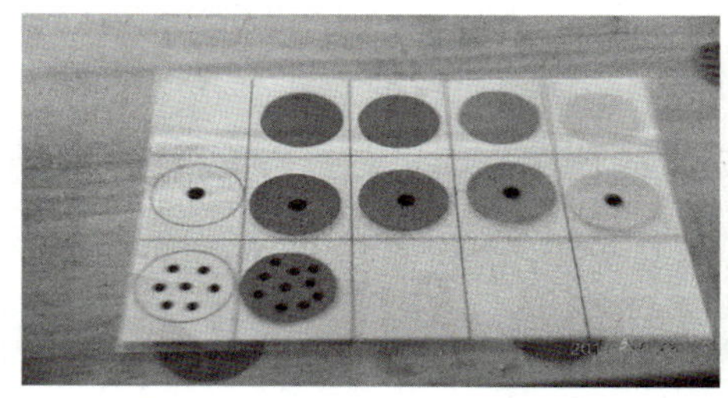

图 6-1　数概念操作材料

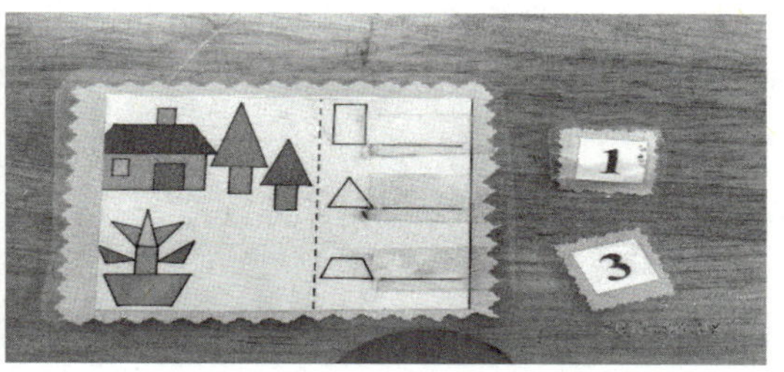

图 6-2　按形状计数操作材料

（三）区域借助游戏提升学习品质

区域游戏（又称“活动区游戏”）与区域活动（又称“活动区活动”）经常被混淆使用。实际上，二者并不能完全等同。区域活动指的是教师以幼儿感兴趣的活动材料和活动类型为依据，将活动室的空间相对划分为不同区域，让幼儿自主选择活动区域，在其中通过与材料、环境、同伴的充分互动而获得学习与发展的一种活动。

区域活动经常被教师当作操作数量、认识量词等认知活动的操作区域，区域活动少了游戏的成分而多了技能训练的成分。这一现象在某种程度上与重技能训练、轻学习品质的教育价值取向有关。这也说明，区域活动不一定是区域游戏。区域活动只有保障幼儿对区域活动的自主选择、自由控制，保障幼儿在活动的过程中获得愉悦感、自主性、满足感等游戏性体验，才可能成为幼儿真正的游戏活动，成为培养幼儿专注力、持久性、注意力等良好学习品质的活动。

区域活动既可以在室内表演区、数学区、角色区等区域进行，也可以在户外玩沙区、玩水区、攀爬区等区域进行。在组织形式上，区域游戏可以是全班集体游戏，也可以是分组选择游戏或个别自由游戏。教师可以组织全班幼儿一起进行一个大型建构游戏，如综合利用五颜六色的建构材料，包括水粉、易于造型的直线材料、塑料棒等，建构一个“城市故事”，或者建构一个“我们的幼儿园”；也可以根据活动场地、材料、指导的需要，将全班分成几个组，分组进行游戏活动，如在同一个游戏功能室里，一组幼儿在一位教师的指导下进行医院的游戏，另一组幼儿则在另一位教师的带领下在另一个区域进行大型建构游戏“我们的星光花园”。

五、活动角色的计划

（一）教师角色的设想

成人在幼儿游戏中可能扮演七种角色：不卷入者、旁观者、舞台管理者、平行游戏者、共同游戏者、游戏领导者及指导者。扮演的角色不同，教师对幼儿游戏的介入程度不同，其使用效果或使用情境也有不同。无论如何，高质量的师幼互动才是根本。教师如何连接儿童的自发游戏与相关学科领域的知识，教师的技能及教师对自己应该扮演的角色的计划至关重要。

案例6-5：

张老师观察豆豆已经几周了。豆豆连续几周都没有加入他人的游戏。张老师注意到，每当豆豆用积木建起大型建筑物而别的幼儿想加入时，豆豆都会马上离开。同时，当他想加入积木区某个正在建构的群体时，他经常推倒别人的积木。通过观察，张教师计划：帮助豆豆加入已经开始某一主题的游戏群体。

第二天，一个小组的幼儿正在建公路。豆豆走向公路，停下来，然后将脚伸出，似乎要踢公路。张老师温柔地制止了他，建议他坐得离建构公路的游戏小组近一点，先观察一段时间。张老师评论了公路如何取得进展。当公路差不多建到豆豆身边时，张老师递给他一块积木并告诉他："你问他们你可以增加一块吗。"豆豆按照张老师说的放了一块积木，接下来另一个幼儿也加了一块。张老师问："你们认为我们可以用这个公路来做什么呢？"几个幼儿回答道："跑汽车和卡车。"张老师拿来一些玩具汽车和卡车递给豆豆，请豆豆跟其他幼儿分享。不久之后，幼儿在公路上"驾车"，豆豆指挥交通。

案例分析

张老师发现，豆豆加入他人游戏的困扰主要不在于他不愿与他人合作游戏，而是缺乏与人合作游戏、加入他人游戏的技巧。因而，张老师将自己的教育目标定位为：帮助豆豆加入已经开始某一主题的游戏群体。根据需要，张教师如此计划自己在游戏中的角色：在游戏中扮演一定的角色，成为游戏的积极参与者。通过示范游戏行为、建议新的游戏情节、及时提供游戏材料（递给他一块积木）等，张老师发挥了自己对豆豆游戏行为的引导作用。

当然，需要警惕的是，教师需要小心计划自己介入幼儿游戏的适宜时机，计划好加入幼儿游戏的适宜方式。教师可参考教师的游戏角色及对应的时间、介入方式，在介入游戏前计划合适的角色。

（二）家长卷入的计划

不同文化中成人对游戏的态度差异极大。西方家长尤其是母亲一般支持孩子的游戏，认为游戏有益于孩子的教育及学习。然而，家长通常也认为，游戏仅仅是发展的早期阶段并很快被教育性工作取代。研究显示，英、美与法三国的家长更鼓励孩子在自由时间参与有组织的活动而不是自由游戏，而日本与德国的大多数家长则倾向于鼓励自由游戏。[①] 然而，对一些家长尤其是相对贫穷的家长而言，为幼儿留出游戏时间相对困难，尽管研究表明，家长对幼儿游戏的卷入及其游戏性经验对幼儿认知、语言技能与社会技能的发展，亲子关系等都具有重要影响。

① Bishop J., "Toys, play, culture and society: An anthropological approach with reference to North Africa and the Sahara," *Africa*, 2009（3）, pp.476-478.

家长也许需要来自教师的支持，以理解游戏的价值，获得与儿童进行一对一交谈与游戏的时间及机会。因此，游戏计划应该包括如何获得家长的参与及支持，如何让家长了解游戏的重要性及其强大的学习潜能。

家长卷入计划或者是为家长创造亲子游戏的机会，或者是让家长倾听、感受一场关于游戏的报告会，或者是为家长提供来园担任义工与教师一起介入游戏、学习与体会教师对游戏的态度及游戏指导的方式等的机会。

案例 6-6：

邻近活动室门口的墙上，梅里萨女士早就张贴了系列图片，以便让幼儿知道整个上午的日程安排（如入班后先把上衣挂在衣柜里再去洗手），她同时也鼓励幼儿使用或绘制一日流程图来引导自己的行动。为了让家长更加清晰地了解幼儿在园的情况，她将班级一日生活流程图及日程安排张贴在家长公告栏。她也经常拍一些幼儿活动过程或活动成果的照片，通过家长信息群跟家长分享幼儿活动、幼儿的作品（如游戏作品、手工作品等）。接下来，她打算做个调查，以便了解幼儿的祖父辈、父辈小时候都玩过什么游戏，到时再邀请一些家长义工来园与幼儿一起开展一些游戏活动。[1]

案例分析

梅里萨女士通过张贴日程表，在家长信息群分享幼儿在园活动安排、活动过程，幼儿的表现、收获等，希望家长能获知幼儿更多的信息，以吸引家长参与幼儿教育。事实上，梅里萨女士考虑下一步开展亲子游戏、代际游戏，让父母、祖父母将自己的童年游戏经验带入幼儿园课程，加强父母辈及祖父母辈的教育成就感与愉悦感，提高他们通过游戏教育幼儿的能力，增加和提高他们参与幼儿游戏的频次和质量。

（三）幼儿卷入的计划

让幼儿参与游戏的计划与反思有助于他们成为更好的游戏者，并促进其自我管理与自我调整能力的发展。“有助于幼儿成为艺术家与科学家，他们能够使事情发生，为自己及别人创造意义……当幼儿计划、执行与回顾自己的学习活动时，他们

① McClelland M. M. & Tominey S. L., *Stop, Think, Act: Integrating Self-Regulation in the Early Childhood Classroom*, New York, Routledge, 2016, pp. 33-34.

的行为将更有目的性，且在语言及其他智力测量上表现更好。”[①]

许多幼儿园课程常在晨会时间或团体时间让教师组织幼儿计划当日自己想要参加的游戏，在下午幼儿离园前组织幼儿对照计划表，回顾自己一日的游戏活动，并思考自己有没有按计划行动，有什么收获，没有按计划行动的原因是什么等问题。教师可能为全班幼儿提供一个计划表，如图 6-3 所示，或者是给幼儿人手一个类似的计划表。为了确保幼儿游戏经验的广泛性，教师常通过贴花、盖章等方式让幼儿自己标示所到区域，以便反思。

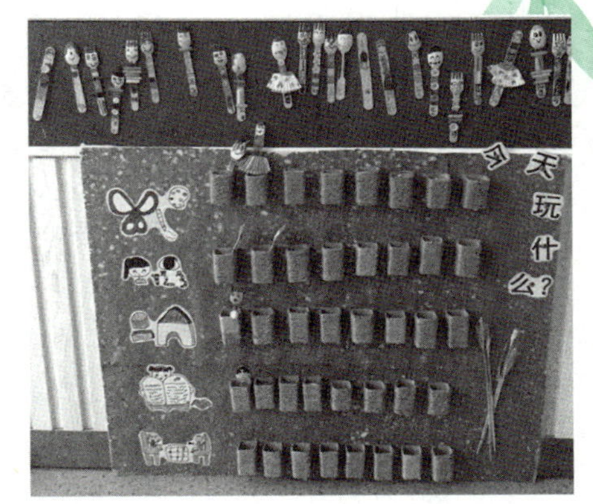

图 6-3　今天玩什么

总之，计划是早期教育教师的核心能力，它涉及对资源与学习环境、学习结果、观察、评估及个别幼儿独特能力的细心考虑。游戏计划覆盖的内容包括：游戏观察的计划，室内外学习与游戏环境的组织计划，包容性实践的计划，通过冒险性游戏学习的计划，与幼儿父母及照料者一起工作的计划，鼓励团队考虑不同工作方式的计划。[②] 其中，游戏计划的核心是选择适宜的教育策略。[③] 比如，如果工作目标是发展幼儿的物品替代能力，那么，你可以有计划地为他们提供纸板箱，以替代玩具卡车或玩偶床。

值得注意的是，在忙忙碌碌的幼儿园中，采取弹性的、创造性的方法进行计划以包含不可预期的东西，而不是依赖于某一固定的工作模板或现存的工作模式，确实是一大挑战。

第二节 幼儿园游戏课程的生成

游戏课程的本质是生成性课程。所谓生成性课程，指的是教师在课程实施中，

① Epstein A.S., “How planning and reflection develop young children’s thinking skills,” *Young Children*, 2003 (5), pp. 28-36.

② Woods A., *Child-Initiated Play and Learning: Planning for Possibilities in the Early Years*, London, Routledge, 2013, pp.8-34.

③ Heidemann S. & Hewitt D., *Play: The Pathway from Theory to Practice* (2nd ed.), St. Paul, Redleaf Press, 2010, pp. 127-191.

通过对幼儿的观察，发现并跟随他们的需要和兴趣，充分利用课程教学资源，随时调整活动目标和进程，支持、引导幼儿的活动，充分发挥幼儿的自主性，调动每个幼儿的潜力，使课程不断发生和发展，促进幼儿进行动态的有效学习和多元化发展。生成性课程提供机会去整合幼儿与教师的想法，满足幼儿的发展需求，把基于游戏的课程放在首位。生成性课程是有机的、不断生长和演化的，有时它甚至是循环的，即不断地观察、讨论、查阅观察记录，提出问题，再次观察。[①]

一、游戏课程创生的基本方式

案例 6-7：

捞竹竿[②]

幼儿园植物园的两座鱼塘边，几个幼儿正在用竹竿玩测量和比较小鱼池与大鱼塘深浅的游戏。突然，以恒不小心将竹竿掉落到水里，几个幼儿正在尝试打捞，保安叔叔看到了，马上跑过来帮忙捞起了竹竿。几分钟后，我突然听到一个幼儿的叫声："竹竿又掉到水里咯！"打捞游戏重新开始了。以恒尝试用放在池塘边的渔网打捞，可是，竹竿被渔网捞起了一头另一头又掉下去了，于是他收起渔网，找来了一个一端有绳圈的量尺，他尝试用绳圈套住竹竿的一头，试图将竹竿拉上来，尝试几次还是没能成功。羽墨和沁宜找来了毛根，她们用毛根折成一个钩子的模样，说要用毛根将竹竿钩上来……幼儿不断尝试使用或制造工具进行打捞，不过，直到户外活动结束，竹竿还没被捞起来。

回到班上，我和幼儿一起回顾了游戏，并请他们分享打捞经验。之后，我还利用家长微信群向家长分享了游戏视频，请家长与幼儿一起讨论以下问题：

①用渔网打捞竹竿时，为什么竹竿会向一边倾斜、掉落？

②有没有更安全、更便捷的打捞方法？

并请家长与幼儿在家一起制造打捞工具以及模拟打捞。

幼儿与家长一起设计与制作了打捞工具，分享了模拟打捞的视频。通过

① ［美］苏珊·史黛丝：《早期教育中的生成课程：从理论到实践》，叶小红译，总序 4 页，南京，南京师范大学出版社，2018。

② 本案例由广东省育才幼儿院二院张丹虹老师提供。收入本书时有改动。

分享视频，我发现，米月借助塑料圈上的洞穿住竹竿，帮着将竹竿打捞起来；沁宜认为，如果在竹竿两头各放一条有圈的绳子，竹竿就不会一头被捞起来另一头掉落了；梓晴进一步发现，要两个人合作并且保持平衡才能快速捞起竹竿。

在下一次的户外游戏活动时间，幼儿到水塘边，继续打捞竹竿。

案例分析

如何基于游戏观察生成新的游戏及教育活动？教师如何通过提问、讨论等支持并推动幼儿游戏的发展？如何利用幼儿的自发游戏扩展幼儿的理解与学习？在本案例中，教师给予了幼儿通过游戏探索解决问题的机会，充分地尊重了幼儿游戏的自由自主。然而，教师不是只旁观，而是更加积极地参与到幼儿游戏中。教师基于对幼儿游戏的观察与解读，在分析与判断幼儿的游戏水平与学习需求的基础上，生成了分享与讨论活动、家园合作活动等，并催生了新的更高水平的游戏活动。可以说，“捞竹竿”的游戏既是幼儿自发的游戏，又体现了教师与家长作为更有能力的成人对幼儿游戏的支持，从而实现了自由游戏与教育目的的统一。自发游戏创造了良好的问题情境，在游戏中，幼儿创造性地使用已有经验制造与使用工具解决问题，体现出好奇、专注、探究、合作等良好的学习品质；教师对游戏背后的知识、概念、问题等的挖掘与利用生成教学活动、新的游戏活动。正是游戏的本体价值与工具价值的统一，实现了游戏与课程的整合。案例也提示，游戏课程的实施强调教师的课程意识，要求教师从游戏出发，及时把握儿童学习的生长点，促进儿童的学习和发展。[①] 游戏课程生成的基本流程为：放手让儿童自由游戏—观察与解读儿童及其游戏—发现儿童的兴趣、需要、问题与最近发展区—开展实践性反思—生成新的游戏活动或其他教育活动。游戏生发的活动是具体的、与儿童本人的经验非常接近的、有趣的、有活动性的和相对于年龄特征来说是重要的内容。[②] 游戏促进儿童的学习存在两大生长点：一是游戏与幼儿园领域课程的交会与关联，二是游戏与文化关联、文化带入游戏的生长点。教师应当根据教育目标及教育内容，根据儿童游戏的当下和已有经验，在师幼互动中创造性地推进新游戏的产生，同时也为儿童的主动

① 王振宇:《论游戏课程化》，载《幼儿教育（教育科学）》，2018（4）。

② 王振宇:《实现游戏手段与目的的统一——再论游戏课程化》，载《幼儿教育（教育科学）》，2019（1、2）。

发展留下足够的空间。[①] 游戏课程创生的基本方式包括以下三种。

（一）一个游戏催生一个或系列新游戏

安吉游戏课程的特征是教师放手让幼儿游戏，并细致观察幼儿游戏，在深入解读幼儿游戏行为、了解幼儿已有经验、发现幼儿兴趣倾向的基础上，实施对幼儿的有效支持，最大限度地促进幼儿的学习与发展。[②] 依据莫伊蕾斯的游戏螺旋图，教师游戏指导的第一步是对幼儿自由游戏的观察与解读，在此基础上开展的游戏指导可推动游戏从一个游戏进展到更高水平的游戏，促进游戏与学习之间的螺旋上升。[③] 游戏螺旋图所呈现的正是从一个游戏到一个更高质量与更高水平的新游戏的“游戏链”的产生过程。无论在游戏涉及的经验或主题范围方面，还是在游戏涉猎的经验或学习深度方面，新游戏相比之前的游戏都呈现出螺旋式上升的趋势。正如学者所言，“从一个游戏到一个新游戏”的“游戏链”模式说明，后一个游戏不是前一个游戏的简单重复，而是在前一个游戏的生长点上发展起来的新游戏。[④]

那么，一个游戏何以催生一个新游戏呢？依据案例分析，我们发现，一个游戏之所以能催生一个新游戏，或者说，一个游戏之所以能够延伸并拓展，是因为幼儿在游戏中产生的问题或活动需要促生了新的游戏活动。例如，一个在沙池里提着壶给想象中的咖啡树浇水的幼儿在听到“那么请问你店里有没有咖啡卖呢”时，马上转身跑向沙池边的塑料小屋，打开屋门就开始吆喝：“咖啡馆开张了！想喝咖啡的快来呀！”也有一些游戏伴随的是持续且向纵深发展的探索活动。系列游戏活动伴随的是幼儿持久的探究与学习热情，是在得到教师的支持与同伴的回应后，为解决一个个问题而不断往前推进的主题链式游戏。所谓主题链式游戏，指的是围绕某一主题（如建构桥梁或房屋）幼儿多次开展的系列游戏活动，这些游戏活动相互关联，前一游戏尚未解决的问题需要后一游戏解决，前一游戏为后一游戏的开展提供了经验基础，后一游戏回应前一游戏提出的问题并利用前一游戏积累的经验，从而形成前后游戏之间环环相套的链条式关系。主题链式游戏可能源于幼儿自发的游戏行为，如幼儿偶然商量着要在台阶上用积木建造一个赛车跑道。教师观察并意识到

① 韩春红：《从后现代课程观看游戏课程化》，载《幼儿教育（教育科学）》，2020（6）。

② 章洁：《“安吉游戏”背景下的教学活动》，载《幼儿教育（教育教学）》，2017（11）。

③ ［英］珍妮特·莫伊蕾斯：《仅仅是游戏吗——游戏在早期儿童教育中的作用与地位》，刘焱、刘峰峰、雷美琴译，16页，北京，北京师范大学出版社，2010。

④ 王振宇：《实现游戏手段与目的的统一——再论游戏课程化》，载《幼儿教育（教育科学）》，2019（1、2）。

此游戏活动的学习契机与幼儿的游戏需求，有意识地设计与实施了游戏后的分享与讨论活动，教师可以提出“你们建的是什么？”“为什么积木在台阶上老是往下滑？”“怎么做积木才不会滑下来？”等问题，并请幼儿联系经验、聚焦问题、提出合理的假设。

总之，教师基于儿童视角与课程意识，及时抓住幼儿的游戏兴趣及课程意义。例如，在沙水区进行挖河流、沟渠的游戏之后，造桥成了幼儿最感兴趣的问题。然而，用什么材料造桥？如何造桥？在与具体游戏情境的互动中，幼儿不断触及桥梁的结构问题。[①] 由于这些问题是幼儿在游戏中使用桥梁时自然产生的，因此，幼儿的学习是出自内在动机的，这些问题引发的游戏也符合游戏的本质特征：自由、自主、自控、愉悦。关于桥梁结构的知识及各结构的功能，并不是教师教给幼儿的，而是幼儿在游戏中发现并通过自己的探索行为不断获取的，幼儿也通过在游戏中试误的方式理解了桥面、桥墩与护栏的必要性。当然，在这个过程中，教师并不只是倾听并遵从幼儿的游戏需求。比如，教师在倾听幼儿想法的基础上，引导幼儿制订游戏计划，建议感兴趣的幼儿报名成立“造桥工程队”，让幼儿推荐自己认为有用的材料，并帮助幼儿收集多种多样的造桥材料以开展游戏活动。正是在基于儿童视角的课程领导下，教师可以支持幼儿从一个游戏生成一系列新游戏，促进游戏中的有意义学习不断发生。

（二）一个游戏生成一个或系列领域教学活动

由游戏生成教学活动是教师实施有效支持的重要手段之一。[②] 教师组织的游戏计划，尤其是游戏后的分享，是游戏生成教学活动的契机。游戏分享是幼儿在教师引导下讲述、讨论和分享他们在游戏中获得的经验和体验或者遇到的问题的过程。游戏分享体现了教师的关注点与幼儿的生长点，体现了教师对幼儿的尊重，并将游戏与课程学习统整于幼儿完整经验的获得。[③] 因此，游戏分享帮助幼儿梳理游戏经验并可能支持幼儿的深度学习。[④]

---

① 教育部基础教育司:《游戏·学习·发展——全国幼儿园优秀游戏活动案例选编》, 14~24页，北京，人民教育出版社，2020。

② 章洁:《“安吉游戏”背景下的教学活动》，载《幼儿教育（教育教学）》，2017（11）。

③ 邱学青、杨恩慧:《重视游戏经验分享，提升自主学习能力》，载《幼儿教育（教育教学）》，2016（1）。

④ 王春燕、俞萱:《幼儿园游戏分享环节研究的热点与思考——基于1983—2022年文献的CiteSpace可视化分析》，载《今日教育（幼教金刊）》，2022（Z1）。

案例 6-8：

小羽在水池里玩起了浮板，并成功地站在了浮板上。果果和伊宝也想玩，但无论他们怎样调整身体，努力想站起来，却都很快掉下去。在分享环节，教师给幼儿分享了游戏的视频和照片，请小羽、果果和伊宝说说自己是怎样玩浮板的。幼儿的浮板游戏引发了系列教学活动：教师组织幼儿讨论了诸如"小伙伴为什么会掉进水里"，"为什么浮板会侧翻"，"几个小朋友在浮板上，怎么才能保持平衡"等问题；在与幼儿一起探讨游戏中遇到的问题并用绘画的方式记录后，组织幼儿分享记录，讨论落水原因，触及重要概念——"平衡"；组织科学小实验，探索多个物体如何保持平衡。[①]

案例分析 >>>>>>>>

如何有效支持幼儿游戏？如何支持幼儿的主动学习？既然幼儿从游戏中获得的经验覆盖了课程学习的所有领域，体现出经验获得的领域整合性和个体差异性，那么，教师要善于把握幼儿在游戏中的经验获得与课程领域的关系，从而寻找生成教学的适宜时机。[②]在游戏生成教学活动的过程中，教师善于把握游戏中蕴含的关键经验尤其是关键概念，在此基础上生成与概念相关的系列教学活动，促进游戏与教学的双向支持与互动生成。在本案例中，浮板游戏涉及的关键概念是"平衡"，教师把握住核心概念，通过提问与课程资源的开发、游戏材料的增加引发教学活动，以疑问推动幼儿的积极探索，使幼儿有机会不断经历提问—猜想与假设—操作与验证—分享与交流等科学探究的过程，在游戏中、在幼儿积极主动的探索中提高了幼儿的科学素养。

（三）课程生成一个或多个游戏活动

课程游戏化既要确保基本的游戏活动时间，又要把游戏的理念、游戏的精神渗透到课程实施的各类活动（如一日生活、区域活动、集体教学活动等）中。[③]依据课程游戏化的基本内涵，课程生成游戏的逻辑是：适合幼儿的幼儿园课程应是生

① 教育部基础教育司：《游戏·学习·发展——全国幼儿园优秀游戏活动案例选编》，40~48页，北京，人民教育出版社，2020。

② 邹海瑞：《基于游戏的幼儿园教与学研究——以三所幼儿园的三类游戏实践为例》，博士学位论文，华东师范大学，2017。

③ 虞永平：《课程游戏化的意义和实施路径》，载《早期教育（教师版）》，2015（3）。

动、丰富、有趣且能丰富幼儿有益的学习经验的各类活动。通过游戏活动开展课程学习，既有助于实现课程目标，又有助于幼儿将在课程学习中获得的经验延伸到游戏中，从而催生新的游戏活动或游戏主题。

案例 6-9：

农历二月二是中国的传统节日，幼儿通过阅读绘本，了解了节日的来历，对各种龙产生了浓厚的兴趣。在区域活动中，他们用绘画、拓印等方式创作出了形态各异的龙。

第二天早上，在做游戏计划时，浩泽提议："今天咱们一起用积木来搭《二月二的故事》中的那条龙吧！"果果和崇廉等小朋友积极响应，他们一起进了建构区。"搭龙"游戏持续了两个多月，幼儿经历了从用积木搭建一条长长的龙、搭一条盘旋的龙，到搭一条会游动的龙、搭龙舟，从搭好的龙能不能不拆、游戏时间能不能延长，到能不能到操场上去搭、能不能有更多同伴参与搭建，他们不断发现问题并解决问题，师生也在游戏过程中实现了共同发展。①

案例分析 >>>>>>>>

"搭龙"的系列游戏始于绘本阅读。绘本阅读作为语言领域的活动，帮助幼儿积累了丰富的学习经验。幼儿基于已有经验提出"搭龙"的建构游戏，教师给予了充分的尊重。在观察、记录与解读幼儿游戏的基础上，教师通过组织分享、讨论、提问、丰富经验等方式，适时、适度给幼儿提供游戏的支持，将领域课程融入幼儿自主游戏，实现了自主游戏与领域课程的共生。

当然，借用虞永平教授的观点，课程生成游戏需要避免：强化各类游戏的预定性目的，强化教师的直接指导，在计划中增加所谓"游戏课"，在所有活动中硬加游戏环节，进行专门游戏设计和组织比赛，细化并检查游戏计划，等等。②

二、游戏课程创生的基本立场

游戏与课程的整合视角产生了游戏课程。根据前述，教育性游戏、有准备的教学等概念是游戏课程的应有之义。进一步说，游戏课程创生的基本立场，反映的

① 教育部基础教育司:《游戏·学习·发展——全国幼儿园优秀游戏活动案例选编》，92~103页，北京，人民教育出版社，2020。

② 虞永平:《课程游戏化的意义和实施路径》，载《早期教育（教师版）》，2015（3）。

是建构主义课程与训导主义课程两种课程模式及其教育哲学基础的交融趋势。建构主义课程与训导主义课程的相关知识见伊丽莎白·伍德《游戏、学习与早期教育课程》[①]一书的介绍。

（一）整合儿童视角与教育立场

儿童视角是指成人在充分了解儿童的特点和兴趣的基础上对其认知、经验和行为的理解，是在尽可能接近和思考儿童的经验后所创造出来的“对于儿童的理解”。[②]以儿童广告为例，设计师深刻理解成人与儿童的身高比例带来的视觉差异，将这种差异视为广告设计尤其是以儿童为对象的广告设计的前提，尊重并视儿童差异为广告设计的宝贵资源而非缺陷或应该克服的问题，设计师据此设计了一个特殊的海报，这个海报使得成人站着或蹲下与儿童同高时看到两个不一样的世界。儿童视角的使用带来了对世界更为丰富且深刻的理解。受此启发，“看见”并实现儿童自发游戏蕴含的丰富教育价值，离不开教师真正倾听儿童、尊重儿童，愿意了解和看到儿童真实的游戏及其教育意蕴。儿童视角要求教师做一做儿童做过的事情，经常开展反思性教学实践，以尽可能接近或逼近儿童的想法。幼儿园建构基于游戏的教师学习共同体，经常就“游戏中发生了怎样的学习”等课程问题进行集体审议是必要的。

当然，要真正理解儿童的游戏，只有儿童视角是不够的，因为儿童视角的主体毕竟还是成人，成人即使尽其所能地了解儿童，也不可避免地不能完全掌握儿童的所思所想。基于此，“儿童的视角”被提出，以帮助教师更好地“看见”儿童。儿童的视角的主体是儿童，是儿童看见的和对自己切身生活的认识与理解。对儿童的视角的强调，源于儿童作为社会行动者的身份在新童年社会学等理论体系中被确证。[③]儿童的视角倡导由儿童做研究，或许可以提供借鉴。这里的所谓“研究”，讲的是儿童发现并表达自己观点的过程。克拉克（Clark）曾创造“马赛克法”（Mosaic Approach），将它作为一种倾听儿童心灵世界的研究技术。[④]这一方法为儿童提供

① ［英］伊丽莎白·伍德：《游戏、学习与早期教育课程》，李敏谊、杨智君等译，北京，教育科学出版社，2018。

② 魏婷、鄢超云：《“儿童的视角”研究的价值取向、方法原则与伦理思考》，载《学前教育研究》，2021（3）。

③ 彭丹：《西方儿童文化研究的历史及其对儿童观的促进》，载《学前教育研究》，2022（3）。

④ Clark A.，“How to listen to very young children：The mosaic approach，” *Child Care in Practice*，2001（4），pp.333-341.

他们熟悉的“工具箱”，诸如手机、照相机等工具，让儿童利用这些工具自主拍摄并收集某一主题（如幼儿园里你最喜欢的户外空间）的一切信息，在此基础上，利用儿童拍摄的照片、绘制的图画等信息拼出儿童的视角，以呈现儿童所看到的、所珍视的、所理解的，或者曾经触及他们心灵的图景。这些图景反映了儿童自己的想法，能够帮助教师进一步解读和把握儿童的内心世界。

儿童的视角的确立，有助于教师将课程建立在儿童游戏的基础上。然而，充分挖掘儿童游戏的教育价值与课程意义，仅仅追随儿童是远远不够的。从追随儿童到进一步学会有技巧地引导儿童并增长其经验，体现的是教师的专业性。教师不能止步于对儿童活动的关注和支持，还要提升发现课程契机的意识和能力，并带着促进儿童发展的课程意识去引导儿童的活动，思考活动中的哪些事物、现象、资源，既符合儿童的兴趣和需求，又利于丰富和拓宽儿童的经验和视野。[①]换言之，有必要把儿童感兴趣的东西扩展到更有价值的东西上去，关注他们说了什么、做了什么、有什么迟疑和困扰并且及时做出价值判断与回应，搭建追随儿童向引导儿童的桥梁。这里描述的其实是教师如何发现儿童的最近发展区并提供“支架”性支持。

教师的作用是观察儿童如何游戏、如何与同伴互动、如何解决问题，然后激励、扩展儿童的游戏活动，推动儿童与教师持续地“共同思考”。以“木头龙工地”活动为例，与幼儿园一墙之隔的工地——“木头龙工地”开工了。幼儿对于工地将要建成幼儿园的一个分园非常感兴趣，他们提出：“如果能在两个幼儿园之间建一个桥梁，那么，幼儿园的小朋友就可以共同游戏、分享玩具了。”对于幼儿的这一想法，教师与园长都给予了充分肯定。为了利用、丰富并拓展幼儿的生活经验，幼儿园组织了一系列主题活动，如参观我设计（建构）的桥，为大桥起个名字、做个预算，等等。这些活动既包括建构游戏，又有教学活动与生活活动。这些活动相互支持，共同推动了幼儿的采访、测量、比较等系列活动。在此过程中，教师倾听并追随了幼儿在游戏中表现出来的关注点、兴趣点与经验生长点，在此基础上，及时引导幼儿迈向更有价值的活动，抓住了教育契机并将其转化为幼儿的行动方案，甚至有意将幼儿在园的游戏延伸到社区生活与家庭生活，让幼儿真实的生活经验“反哺”幼儿园游戏，增加幼儿在园游戏的广度、深度，扩大教育的影响力。

① 曾能、张克明:《“一日生活皆课程”理念的误区，澄清与实施》，载《早期教育（教育科研）》，2021（25）。

（二）平衡教师主导与儿童主体

充分实现儿童游戏的教育价值与课程意义，要求教师实现角色的转变，由权威走向对话，通过游戏，在游戏中实现有准备的教学。“有准备的教学”是美国高瞻课程提出的概念框架，意指教师应在儿童发起、主导的活动与教师发起、主导的活动之间寻求平衡，不走极端的教学最有效；有准备的教师会思考哪种学习经验对于哪一领域知识的学习最有效，并会考虑如何进一步优化学习。①

首先，教师需要放下身段，通过观察、对话等方式，了解儿童的学习水平与需求，据此生成新的活动，或者采取有效策略促进儿童的学习。例如，在建构“桥梁”的主题活动中，教师带领儿童参观幼儿园附近的桥梁，组织儿童与桥梁设计师、建筑工人对话，阅读有关桥梁的故事或绘本，形成对桥梁的初步理解。在此基础上，教师通过组织儿童讨论，了解与把握儿童感兴趣的问题，进而组织儿童在美工区或积木建构区开展关于桥梁的设计与建造活动。儿童活动的过程也是教师观察、了解并与儿童对话的过程，借助这一过程，教师了解到儿童最需要支持的经验“生长点”，诸如，为什么我建的桥总是倒塌，怎样建桥才能更加稳固，我们身边的桥梁都是怎么建构的。通过不断对话、反思与调整活动，教师充分发挥其教学领导的作用，搭建儿童的生活经验、学习经验与游戏经验之间的桥梁。在此过程中，教师从教学权威转向成为儿童学习的对话者、支持者与引导者。

其次，教师要扮演好问题驱动者的角色，以推动儿童的深度学习。深度学习是指儿童在教师的引导下，在较长的一个时段内，围绕富有挑战性的课题，全身心地积极投入，通过同伴间的合作与探究，运用高阶思维，迁移已有经验，最终解决实际问题的有意义的学习过程。②深度学习强调学习者的问题解决能力与持久且专注的学习参与。一般而言，教师提出或帮助儿童聚焦于具有一定深度且需持久努力的问题，其前提是教师将儿童视为能动的、有智慧的个体，且相信儿童能够回应教师抛出的问题，在此过程中，教师扮演好专业权威的角色。儿童游戏可能遇到各种各样的问题，教师通过追问、反问等方式，帮助儿童发现问题与已有生活经验的关联，不断推动儿童深入思考现象背后的规律，促进儿童元认知能力和高阶思维品质的发展。例如，教师在提问时，联系儿童的生活经验，将“怎么才能搭建又高又稳的房子？”这一问题分解为“房

① ［英］伊丽莎白·伍德：《游戏、学习与早期教育课程》，李敏谊、杨智君等译，译者序Ⅷ页，北京，教育科学出版社，2018。

② 王小英、刘思源：《幼儿深度学习的基本特质与逻辑架构》，载《学前教育研究》，2020（1）。

子为什么容易倒？要怎样建才更牢固？我们平时住的房子是怎样建造的？你是怎么想到这样搭建房子的？”，这样，教师想要儿童解决的问题就转换成为儿童依据自己的生活经验可以解决的问题，并成为儿童自己想要解决的问题。同时，将问题与经验建立关联，有助于传递一个信息：课堂学习与游戏是有关联的。

需要注意的是，基于游戏生成课程促进儿童的深度学习，关键点不是教给儿童多少知识，而是让儿童在问题的驱动下从浅层学习迈向深度学习，最终促进儿童的主体性发展。项目学习（project-based learning，PBL）的相关研究为此提供了不少启示。项目学习作为培育学生核心素养的有效学习方式，是促进学生将课堂中获得的知识运用于现实世界的深度学习，也是孕育高阶思维、协同合作和创新创造的重要方法。[①] 推动儿童游戏中的深度学习，教师可以采用主题或问题驱动的方式，通过一个问题催生一系列问题，并将问题转换成项目式主题活动，为每个儿童提供充分且公平的表征、表达、讨论与分享等机会，帮助儿童在主动解决问题与完成项目的活动过程中，自信地跨学科运用已有课程学习经验、生活经验与游戏经验，有机会总结、提炼并形成完整的个体经验，彰显并不断提高自己的主体性。由此看来，课程创生的过程是教师的主导性与儿童的主体性动态变化、相互滋养的过程。

① 钟启泉：《问题学习：新世纪的学习方式》，载《中国教育学刊》，2016（9）。

实践篇

第七章 课程自觉下的幼儿游戏指导

对日托机构的观察及调查研究显示，游戏的成熟形式变得日益稀缺，对儿童的共同游戏、游戏道德挑战的丰富性及游戏的象征性等必需的成人引导通常又达到了历史最低水平。与此同时，教师教育又没有培养教师必需的游戏能力。因此，早期教育有必要找到帮助幼儿发展更加成熟的游戏形式的方法与途径，比如，通过成人介入幼儿的游戏。

——米尔达·布雷迪基特、彭蒂·哈卡赖宁

问题情境

当强调幼儿在游戏过程中的自由、自主、自控等特性时，我们产生的疑惑是：教师能否、应否指导幼儿的游戏？教师对幼儿游戏的指导会不会破坏幼儿游戏的特性？如何保证教师指导不至于破坏幼儿游戏的自由、自主性？

内容导读

维果茨基深信，游戏是一种文化—历史现象，游戏的质量在极大程度上依赖于成人调节及参与的程度与质量。[①] 幼儿园游戏存在教师与幼儿之间特定的相互作用，教师负有教育责任，教师有责任通过与幼儿的互动来丰富他们的游戏经验，帮助幼儿成为游戏精通者。[②] 本章从教师对游戏指导存在的疑惑及幼儿园游戏指导存在的

① Bodrova E., "Make-believe play versus academic skills: A Vygotskian approach to today's dilemma of early childhood education," *European Early Childhood Education Research Journal*, 2008 (3), pp. 357-369.

② Jones E. & Reynolds G., *The Play's the Thing: Teachers' Roles in Children's Play* (2nd ed.), New York, Teachers College Press, 2011, p. 7.

问题入手，分析了放任自流、介入过度等引发的幼儿园游戏教育性不足的问题。为了提升幼儿园游戏的教育意义与教育品质，本章重点介绍了教师游戏指导的基本方式及其具体策略。

第一节 教师游戏指导的误区与正解

近年，国家与各地先后颁布学前教育的相关政策文件，要求幼儿园以游戏为基本活动，确保或提升学前教育的保教质量，防止与纠正幼儿园教育“小学化”。理想的幼儿园课程应坚持以游戏为基本活动。学者指出，教师对教育教学的态度与信念在其课堂实践中发挥着至关重要的作用，影响着教育教学的频率、质量与内容。① 一些地方将上述认识体现在政策文件中。比如，《上海市学前教育三年行动计划（2015—2017 年）》要求加强学前教育实践指导，包括引导幼儿园坚持以游戏为基本活动，积极开展一日活动的研究与实践，杜绝“小学化”“学科化”倾向，实施快乐启蒙教育；江苏省开展幼儿园课程游戏化建设项目。政策导向尽管明确，但是，自 2001 年新课程改革以来，幼儿教师体验了一种从未有过的矛盾心理：游戏作为幼儿自由自主的活动，教师对游戏的介入指导会不会影响幼儿对游戏的自主、自控？经过几轮的国家级培训、省级培训、园本培训等各类培训，部分教师也许认识到了教师游戏指导的重要性，但是，如何指导、介入幼儿的游戏对许多幼儿教师而言仍然是个难题，并表现出游戏指导的诸多问题。

一、幼儿园游戏指导的问题

受传统课程模式与游戏观念的影响，游戏在我国幼儿园的存在形态主要有两种：一种是“放羊式”的自由游戏，另一种是高结构的教学游戏。审视当前现实中幼儿园游戏指导的问题，有利于我们辨析教师游戏指导与幼儿游戏自主之间的关系，有利于教师高质量且有效地指导幼儿游戏。

（一）放任自流

近年，笔者每年有两到三个月的时间在幼儿园指导本科学生实习，同时在各班“闲逛”观察。结果发现，受种种原因（如师资水平、论文写作、评比压力等）的

① Maier M. F., Greenfield D. B. & Bulotsky-Shearer R. J., “Development and validation of a preschool teachers’ attitudes and beliefs toward science teaching questionnaire,” *Early Childhood Research Quarterly*, 2013（2）, pp. 366-378.

影响，对于幼儿自发的游戏甚至是教师组织的游戏，教师可能扮演得最多的角色是“安保员”和“巡视员”。幼儿游戏时，教师在干什么？有的教师可能在忙着准备公开课的材料、撰写观察记录、准备下一个活动等，更有甚者，个别教师忙着玩手机、发短信，或者是站在旁边看着幼儿不打架、不摔倒就好。在这些教师的个人游戏理论中，游戏相较上课没那么重要，或者，幼儿游戏就是让他们玩，至于游戏与幼儿发展、教育意图、教育目标之间的关系，教师少有考虑。

为何教师不重视幼儿游戏？显然，教师也有自己的苦衷。原因之一可能是，管理的政策指令聚焦于学术成就分数的提高，而这些分数是通过标准化考试测量的，在此情境下，教师必然面临压力，需要调整教学并关注与考试高度匹配的技能或任务。正因如此，技能训练与照本宣科的课程充斥着早期教育课程计划表。[①] 绩效考核与幼儿游戏无关，社会文化、幼儿园管理人员看低幼儿游戏的价值，教师对幼儿安全事故可能承担的无限责任，教师自身对传统教学的熟悉，教师对通过游戏达到教育目的的陌生等，都是教师对幼儿游戏“放任自流”的可能原因。

（二）介入过度

我国幼儿教育界存在一种观念，即认为游戏与入学准备相矛盾，只有高结构的集体教学活动才能有效进行入学准备。与这种观念相应，幼儿园组织的幼儿自由游戏或区域游戏，也不见得使幼儿体验到自由、自主、自控。具体表现为：游戏角色由教师指定，游戏情节由教师设计，游戏区角由教师指派，游戏规则由教师制定，游戏走向由教师控制，幼儿只是再现教师的意愿、重演预定的情节。

受家长、社会、教育制度等强调学业成功、教育绩效考核等方面的压力的影响，同时，受形塑于个人教育经历、文化背景等游戏理念的影响，部分幼儿教师可能要么强调游戏的工具价值而忽视了游戏的本体价值，忽视了游戏对幼儿幸福童年的意义，要么因为游戏无法有效实现即时的实用价值而忽略它。比如，在游戏材料的提供上，过分强调教育性玩具；在游戏类型的选择上，过分强调教学游戏；在游戏过程的组织上，忽视幼儿的诉求与兴趣。

① Wohlwend K. E., “Play, literacies, and the converging cultures of childhood,” in Larson J. & Marsh J., *The Sage Handbook of Early Childhood Literacy* (2nd ed.), London, Sage Publications Ltd., 2013, pp. 80-95.

（三）介入不当

有些教师认同游戏的教育价值与发展价值，非常乐意介入、指导及参与幼儿的游戏，然而，由于不懂得介入时机、介入方法与介入程度等游戏指导策略，因此可能出现介入不当的问题。比如，教师如果没有对幼儿游戏的观察与理解而贸然介入，或者是提出一些游戏之外的以现实为导向的意见和问题，可能产生的结果是：幼儿在教师给出问题的答案后继续自己的游戏，或者是教师因误解幼儿游戏的本意而打断或破坏幼儿的游戏。

案例 7-1：

安芨正在家政游戏区玩打电话的游戏。只见安芨坐在桌边，一手拿着纸，一手拿着电话。

教师走过来，想让她给邦尼兔写封信。

师：我们写封信给邦尼兔吧？

（安芨没有回答。）

师：我在想，如果我们给他写信，他会怎么样呢？

（安芨没有回答。）

师：你觉得他收到信会不会很高兴？

（安芨没有回答。）

师：我想他会高兴的。让我们……你写封信吧，我也给他写信。好吗？……安芨，你会跟邦尼兔说些什么？

安芨：不知道。

（耸了耸肩膀）

师：亲爱的邦尼兔，复活节的时候我会在家。家里有人陪我。我希望你能给我留些复活节蛋。

（教师一边说话一边在纸上随手画了些线条。）

（安芨看着教师，没有写。）

师：好吧。安芨，你会在信里说些什么？

安芨：我没什么好说的。[①]

① ［美］詹姆斯·约翰森、［美］詹姆斯·克里斯蒂、［美］弗朗西斯·华德：《游戏、儿童发展与早期教育》，马柯译，202 页，南京，南京师范大学出版社，2013。

案例分析

安茇正在进行的是打电话游戏，教师生硬地打断安茇的游戏，企图强加自己的游戏设想。由于教师的介入没有基于幼儿的兴趣，也未遵循幼儿的游戏脚本，而是企图强加教育意图，因此，教师的介入未能调动幼儿的游戏动机，是不成功的介入。

研究指出，受“幼儿为欠发展的小大人”观念的影响，很多教师在游戏中经常主观地代替幼儿做决定，为幼儿制定规则，控制幼儿的游戏，比如，在游戏中，我们经常可以听到幼儿说“老师说了这样不对”“老师说的不能改”等话语。[①]

总之，正如学者所言，成人在游戏中参与过多或过少都有可能产生不好的结果。恩茨（Enz）和克里斯蒂发现，当教师扮演不参与的角色（即对幼儿游戏放任自流）时，幼儿更可能进行大量的功能运动游戏或打闹游戏，即使是社会角色扮演游戏，游戏内容也是简单、粗糙的，游戏主题通常为怪物、超级英雄或小猫、小狗。[②]这种游戏通常十分吵闹，迫使教师成为安全监管员，压制那些不好的或不安全的游戏行为。此时，教师会用大量的时间进行口头警告（“别跑”“别推人”）或是进行干预以解决争执，或是采取措施确保幼儿的安全。对幼儿游戏介入过度时，教师充当的是导演角色，在介入不当的情况下，教师扮演的是重导者角色。在导演角色中，教师完全控制幼儿的游戏；在重导者角色中，教师不恰当地充当了“现实代言人”，用以现实为导向的意见和问题干扰幼儿的游戏。[③]

二、幼儿游戏品质亟待提升的问题

游戏研究人员和早期教育人士通常将游戏的基本特征界定为：积极情绪、虚构性、内在动机、过程导向和自由自主。无论游戏参与者在游戏过程中产生的是轻松、愉快的情绪，还是紧张、害怕的情绪，游戏都是游戏者向往的活动，游戏体验归根结底是令人愉悦的。游戏也总是在游戏者认可的游戏框架中进行的对现实生活的创造性再现，在游戏中，幼儿通过语言、动作等建构出想象的游戏角色、情节、关系等，从而整合并赋予自身生活经验新的意义。史密斯和福尔施泰特向成人研究对象

① 王英、成云：《浅论游戏在当前幼儿园课程中的问题及对策——以雅安市天全县第一幼儿园为例》，载《文教资料》，2014（21）。

② Enz B. J. & Christie J. F., “Teacher play interaction styles: Effects on play behavior and relationships with teacher training and experience,” *Early Childhood Education*, 1997, 2, pp. 55-75.

③［美］詹姆斯·约翰森、［美］詹姆斯·克里斯蒂、［美］弗朗西斯·华德：《游戏、儿童发展与早期教育》，马柯译，200页，南京，南京师范大学出版社，2013。

播放一段30分钟的儿童行为录像，请研究对象对这些行为是否是游戏进行评估。研究表明，虚构性是游戏最可靠的判断指标。[1]

同时，游戏是游戏者生活经验的创造性再现，生活经验是幼儿游戏的物质基础。然而，如果没有教师帮助幼儿提升、整理、纠正与系统化幼儿零散的、偶然的、片断的甚至错误的生活经验，则幼儿游戏要么错误地再现生活，将现实生活中一些不良的经验带到游戏中固化为幼儿的品性，要么粗糙地再现生活，将多样而复杂的现实生活及人际关系、社会职责等表浅化。此外，幼儿游戏水平受到幼儿想象力，表征能力，自我计划、自我控制及材料操作能力的限制，因此，幼儿游戏品质存在提升的空间。

（一）游戏脱离生活经验

在幼儿的实际生活中，他们将直接获得的经验，或者通过电视、网络等间接获得的经验，运用到游戏中，这些经验可能是一些对社会角色、社会生活等的错误、模糊或片面反映。例如，一位"警察"在餐厅吃霸王餐，其理由是"警察吃饭不用给钱"。又如，挂号"医生"不知如何挂号，"坐诊医生"不问诊直接开出打针的处方。教师需要引导幼儿通过游戏树立正确的人生观与价值观。

幼儿游戏的问题与教师对幼儿游戏的指导有着较为直接的关系。在一次大班幼儿的医院游戏中，"护士"没有进行消毒处理就直接给"病人"打针，这时"病人"提出了抗议，"护士"在找不到消毒酒精、棉花等用品的情况下，只能跟"病人"说没有消毒用品。见此情形，教师没有去启发、引导幼儿如何进行游戏材料的转换与表征，而是在游戏总结时强调真实游戏材料的提供与准备。大班幼儿已经表现出一定的以物替物、以人替人的表征能力，教师需要引导幼儿发展这种能力而不是只停留在真实游戏材料的使用上。

（二）游戏缺乏自由性与自主性

教师如果通过游戏材料的投放，如按数取物、认识序数等任务操作材料，明确或潜在地控制着幼儿在区角活动中要完成的任务，以达到一定的训练目标，进而控制着幼儿游戏的内容、过程和结果，那么，区角活动是否还是游戏是一个值得思考的问题。事实上，经常有教师将区角活动分为两类：一类是学习（教学）性质的，另一类是游戏性质的。这种区分意味着，在一些教师眼里，游戏与学习是分离的。

---

① Smith P. K. & Vollstedt R.,"On defining play: An empirical study of the relationship between play and various play criteria," *Child Development*, 1985（4）, pp.1042–1050.

在重学习而轻游戏的文化观念下，这种区分无疑淡化了游戏的学习意义与教育意义，进而导致教师更加强调对游戏的控制与设计。有研究者曾比较了挪威与中国幼儿园的游戏实践，结果发现：在游戏内容上，中国幼儿园的游戏内容主要是集体的、规则性的高结构游戏，挪威幼儿园则主要是幼儿自主的、分散性的低结构游戏；在游戏材料上，中国幼儿园多提供玩法与功能固定的高结构游戏材料，挪威幼儿园多提供功能不固定、玩法多样的低结构材料，允许幼儿组合材料、创造性地使用材料。总之，中国幼儿园游戏时间偏少，游戏情境多为教师设计的模拟情境，幼儿在游戏活动中的自主权较少；挪威幼儿园游戏时间较长，游戏情境多为真实情境，幼儿在游戏中具有充分的自主权。[①]

（三）游戏缺乏挑战性与趣味性

在2015年6月中国教育技术协会教育游戏专业委员会发起的“国际视野下的‘安吉游戏’国际论坛”上，与会美国学者介绍，如何平衡挑战性与安全性也是美国教育界的难题，而家长和社会公众对幼儿安全的担忧在一定程度上限制了幼儿在学校里自由游戏的机会与空间。相较美国，中国幼儿园对幼儿游戏安全的担忧过犹不及。由于拘束多、规范严，幼儿游戏起来小心谨慎，不能尽兴。尽管教师努力为幼儿创设游戏环境、增加游戏材料，但是，游戏情境大多是人为的情境而非真实的情境，游戏的挑战大多是教师预定的教学任务而非幼儿基于自身而定的挑战。比如，在幼儿园建构区使用较为广泛的是泡沫质地的积木，这种材料非常轻。园方认为即使幼儿在建构中一时兴起抛掷积木也不会造成安全隐患。可是，幼儿在堆高的过程中，由于该种材料非常轻，因此稳定性很差，往往没堆几块就倒了；在围合时也因为轻便，幼儿若不小心蹭到积木，积木就如多米诺骨牌一般全部倒下；架空等其他建构技能就更难以实现了。所以，幼儿在使用这种积木时往往是用积木拼搭各种图形，很少出现真正意义上的建构。

关键的问题是，由成人还是由幼儿判断挑战和风险程度，并决定挑战目标更能降低幼儿游戏的风险？观摩过安吉游戏的人都知道，安吉户外游戏充满了挑战性与刺激性，比如，过人高的跳台，光秃秃的泥土地，在成人紧张的注视下与摄像机的见证下，许多男孩都既小心翼翼又富有勇气地从高处往下跳，然而，一个男孩在小心翼翼爬上跳台后，趴在跳台上，犹豫着，尽管不断有鼓励之声传来，但他最终还

① 马丽婷:《中国与挪威幼儿园一日生活中的游戏实践比较》，硕士学位论文，华东师范大学，2014。

是放弃了往下跳。由此可见，幼儿能够对自身的能力进行自我评估并做出适当的选择，而很多时候教师可能低估了幼儿对风险评估的能力。

（四）游戏远离文化传统

对比我们童年时代的游戏与今日幼儿的游戏，你会发现在游戏时间、游戏材料、游戏场所等方面的巨大差异。在多次幼儿园教师培训中，我们请教师通过回想与对比，分析今日幼儿游戏的生存状态。结果显示，过去：幼儿的游戏时间较多，且多在户外游戏，如爬树、打水仗、摸鱼；自由游戏多，自由结伴多；材料多来自自然，如石子、泥沙、果子、稻草、竹子等；自制玩具多，幼儿会利用自然材料自制玩具，如果子陀螺、钉子迷宫；游戏伙伴多、混龄游戏多；幼儿自我保护能力强。现在：购买材料多，电子游戏、网络游戏盛行且鱼龙混杂，幼儿缺少游戏同伴，经常关门自娱自乐；游戏控制多，无论是游戏伙伴还是游戏材料、游戏内容，教师的控制都比较多；游戏内容由成人设计多；成人保护多，幼儿自我保护能力弱。

近年，安吉游戏在国内外幼教界引起了较大反响，其中一个非常重要的原因是，安吉游戏让人们触摸到了传统游戏的现代意义，使人们重新认识到了自然、开放游戏的重要性，在一定程度上反映了人们对幼儿园游戏现状的不满。幼儿园游戏在现代化的发展过程中，日益背离传统文化、传统游戏及幼儿所处的文化环境，表现出一种游戏的“现代化”“西方化”“城市化”“功利化”。简朴、原始的游戏材料，如泥土、沙石，以及传统的游戏和传统游戏所强调的价值，如跳大绳强调的合作、责任感，滚铁环要求的耐心、内省等能力，在现代游戏中日益失去了应有的价值。

此外，随着现代技术的发展，幼儿开始接触电子玩具的年龄越来越小，日均游戏时间相较以往越来越长。比起传统玩具，幼儿似乎更喜欢现代高科技玩具。同时，经济全球化为各国带来了雷同的塑料玩具。人们不由得担心：经济全球化是否将导致传统游戏形式渐渐消失？加剧群体内部的价值观念与生活习惯的冲突和矛盾？导致年青一代对传统文化的抵触或低认同感？

三、幼儿游戏离不开教师的指导

幼儿园游戏介入存在的问题与教师的游戏指导观念及游戏介入能力有关。不当的游戏观念可能让教师忽视游戏的指导介入，或者指导介入的方式方法不当；游戏指导能力无法保证教师的游戏指导能有效提高幼儿游戏水平、达到教育目的的效果。正是这些指导不当、不力或过度等原因，使幼儿园游戏在幼儿的眼中失去了它应有的色彩与特征。

（一）幼儿游戏的本质是自由自主性

我们对游戏似乎耳熟能详，然而，游戏到底是什么，或者说，给游戏下定义并不那么简单。给游戏下定义有点像抓泡泡，每次似乎都轻易抓住了，而实际上与对话者所说的“游戏”其实也许并不是同一回事。比如，在英文中，游戏可作名词、动词、副词与形容词：剧本或玩具，关于方法或模式的游戏，开玩笑地承担某事，或被描述成“爱嬉戏的儿童”。自福禄培尔、蒙台梭利等早期教育家播下游戏作为早期教育课程基础的种子后，游戏的支持者从皮亚杰、维果茨基与布鲁纳等的理论中进一步获得鼓励，并将游戏视为儿童在更有经验的他人支持与引导下学习的过程。在肯定游戏与教育之间的关联后，学者强调了游戏的本质。

鲁宾等指出，游戏通常具有如下本质特性：主动参与，内在动机，重过程轻结果，想象力的行为模式，不受限于外界规范。[①] 克拉斯诺和佩普勒认为，判断游戏行为的标准有四个，即灵活性、积极情感、虚构性和内部动机。[②] 灵活性指游戏形式和内容的可变性；积极情感指游戏的娱乐性；虚构性指想象或假想的因素；内部动机是指游戏不受外部规则或社会要求的限制，不追求外在目的与结果，而是为游戏而游戏的行为。单独的标准不足以确定某种行为是否为游戏，但是，这种行为符合上述标准越多，就越能被视为游戏行为。

幼儿眼里的游戏不同于成人眼里的游戏。当前国际上广为接受的界定游戏本质的视角是游戏者视角。这就意味着，被教师命名为“游戏”的活动并不一定能获得幼儿的认同，原因是幼儿强调在游戏过程中获得游戏性体验。

所谓“游戏性体验”，指的是游戏者在游戏过程中所获得的主观体验，这些体验包括轻松感、控制感、满足感、胜任感、自由感、愉悦感。当游戏无强制目的时，这种游戏会给游戏者带来轻松感；当游戏是游戏者自主的活动时，这种游戏会给游戏者带来控制感；当游戏强调过程体验而不注重结果获得时，这种游戏会给游戏者带来满足感；当游戏是表现游戏者已有经验的活动时，这种游戏会给游戏者带来胜任感；当游戏是假想的非正式的活动时，这种游戏会给游戏者带来自由感，游戏的过程伴随着游戏者的愉悦体验。旁观者认为是游戏的活动可能在当事者看来并不是游戏，反之，当事者认为是游戏的，旁观者并不一定如此认为。判断游戏与非游戏

---

① Rubin K. H., Fein G. G. & Vandenberg B., “Play,” in Mussen P. H. & Hetherington E. M., *Handbook of Child Psychology, Socialization, Personality and Social Development*, Volume Ⅳ, New York, Wiley, 1983, pp. 693-774.

② Krasnor L. R. & Pepler D. J., “The study of children’s play: Some suggested future directions,” *New Directions for Child and Adolescent Development*, 1980 (9), pp. 85-95.

的标准，主要的依据是游戏者参与活动时的心理体验。

（二）幼儿园游戏的本质是教育目的性

正如美国幼儿教育家戴波克（Dypock）所指出的，幼儿园的游戏是“教育性游戏”，这种游戏的特征在于它一方面服务于教育目的，另一方面又使儿童获得满足与快乐。教师的任务在于改造儿童的自然游戏使它既具有教育上的价值又保持游戏的性质。[①]

（三）幼儿自由与教育目的之双向互动性

20 世纪 70 年代，美国、英国、加拿大及后来各地进行的游戏训练实验发现，游戏训练能有效帮助幼儿增加认知和促进幼儿的社会成长，但主要的原因是成人的参与，父母、教师与幼儿有游戏互动才能使游戏发挥功能。成人参与幼儿的游戏能起到一种支持作用，有助于建立良好的师生关系或亲子关系，增强游戏的持续性，提升游戏的品质。然而，要充分发挥游戏的教育价值与发展价值，教师就要学习平衡幼儿的自由（自发）游戏与教师对游戏的指导和介入。

（四）教师的游戏指导能力至关重要

我国 2012 年发布的《幼儿园教师专业标准（试行）》对幼儿园教师支持和引导幼儿游戏的能力提出了四点基本要求：①提供符合幼儿兴趣需要、年龄特点和发展目标的游戏条件；②充分利用与合理设计游戏活动空间，提供丰富、适宜的游戏材料，支持、引发和促进幼儿的游戏；③鼓励幼儿自主选择游戏内容、伙伴和材料，支持幼儿主动地、创造性地开展游戏，充分体验游戏的快乐和满足；④引导幼儿在游戏活动中获得身体、认知、语言和社会性等多方面的发展。

维果茨基认为，游戏是发展的源泉，能够产生最近发展区。[②] 在游戏中，教师的支持、提示及回应性互动或其他有能力的同伴的指导与帮助，可以扩大幼儿游戏的发展空间，拓展幼儿的心智。反之，教师的不当介入可能限制幼儿用自己的方法游戏及探索、解决问题，使幼儿丧失与同伴互动或考验自己能力的机会。教师介入幼儿游戏需要考虑以下几点：与幼儿建立融洽与互相依恋的关系，提高幼儿游戏的专注力与持续力，提升游戏的品质，提高同伴的互动品质，创造幼儿的最近发展区。教师如何富有弹性地、在合适时机、以合适角色介入幼儿游戏，在幼儿游戏中何时

① 王春燕：《幼儿园游戏：本体价值的失落与回归》，载《教育导刊（幼儿教育）》，2005（3）。

② ［美］朱迪斯·范霍恩、［美］帕特里夏·莫尼根·努罗塔、［美］芭芭拉·斯凯尔斯等：《以游戏为中心的幼儿园课程》第六版，史明洁等译，42 页，北京，中国轻工业出版社，2017。

扮演指导者、旁观者、管理者角色抑或参与者角色，如何基于观察选择介入的时机与程度，是教师专业能力的一大挑战。例如，参与幼儿的想象 / 扮演游戏，提出适当的问题，可以让幼儿思考解决问题的方法。

尽管教师在幼儿游戏中的角色经常存在争议，但是，我们更加倾向于认为，关键的问题不在于教师要不要参与幼儿游戏，而是如何参与幼儿游戏。约翰逊（Johnson）等人坚信，成人参与可能带来好坏的双面效果，最重要的是成人如何参与幼儿的游戏。如果成人的介入是以一种敏感性、因应性及支持性的方式，那么儿童的正面游戏效果便会被加强；如果成人控制儿童全部的游戏流程，并要求儿童以结构化的方式游戏，甚至干预儿童游戏使其成为学术之用途，那么则会给儿童游戏带来不利的影响。[①] 从教师专业技能的角度看，教师以合适的方式、适当的角色介入幼儿游戏需要具备相应的游戏技能。

四、对幼儿游戏中成人角色的理解

幼儿游戏中成人扮演的角色按照介入程度表现为一种角色的连续体，即从不卷入者、旁观者、舞台管理者、平行游戏者、共同游戏者、游戏领导者到指导者。不卷入者及指导者角色是最没有成效的角色，这种角色对幼儿游戏经验还会产生负面影响。因为不卷入者的角色给幼儿传递的信息是：游戏不重要或没什么价值，也没有帮助幼儿获得更多技巧。相反，在指导者角色中，成人控制了游戏的方向，由于成人过多卷入游戏情节的形成，以致本来能够引导自己游戏的幼儿经常离开游戏或者失去对游戏的兴趣。

教师在游戏过程中到底应该扮演怎样的角色，这应该由幼儿的需要决定。如果幼儿游戏有较多的困难，那么教师应该更多地介入游戏。如果幼儿能够很好地控制游戏或具备更多游戏技巧，那么教师可以更少地介入游戏。

第二节 教师游戏指导的方式

教师对游戏的指导既可以通过参与幼儿游戏，扮演某一游戏角色，通过角色参与起到榜样示范作用；也可以通过游戏前后组织的游戏计划、游戏回顾与反思等讨论环节进行；还可以通过区角（区域）规划、环境创设、材料提供等较为间接的方式进行；或者通过建立游戏与课程的关联而发挥潜在的指导作用。

① 吴幸玲：《儿童游戏与发展》，90~93 页，台北，扬智文化事业股份有限公司，2003。

一、隐含在环境与材料中的间接指导

（一）规划与保证游戏时间

研究显示，一日生活中游戏时间的比重及每段游戏时间的长短均影响幼儿游戏的水平与质量。[①]一段集中的较长时间能保证幼儿有时间选择游戏主题、分配角色、构思游戏情节、制定游戏规则、完成游戏等。如果游戏时间过短，幼儿往往刚开始进入角色就不得不停止，长此以往，他们就会放弃较复杂的游戏，如合作游戏、角色游戏、想象游戏，而只玩一些简单的游戏，如练习性游戏与独自游戏。

为了确保幼儿的游戏权利并提高幼儿游戏的水平，在一日生活作息安排上，幼儿园应有专门与充分的幼儿游戏时间。《幼儿园工作规程》第二十九条规定：幼儿园应"保证充足的游戏时间"。而何谓"充足"，存在各种理解。调查发现，许多教师认为游戏时间可长可短。幼儿园一日生活中有弹性、可挤占的时间就是游戏时间。国内许多示范性幼儿园在作息安排上保障幼儿一日游戏时间不少于 2 小时。这样的时间安排相较其他国家与地区的幼儿教育而言还是有一定差距的。如案例 7-2 中的我国某幼儿园与挪威某幼儿园的一日生活作息安排表。

案例 7-2：

表 7-1　我国某幼儿园一日生活作息安排表[②]

时间	活动
8：00—9：00	自由游戏
9：00—9：30	点心
9：30—10：00	团体讨论
10：00—11：30	区域游戏（个别 / 分组）
11：30—12：30	午餐
12：30—14：00	午睡
14：00—16：00	体能、音乐（协同教学）
16：00—17：00	自由游戏

① Christie J. F. & Wardle F.,"How much time is needed for play？" *Young Children*, 1992（3）, pp.28-33.

② 马祖琳：《点燃孩子的创意火花：台中市爱弥儿幼儿园积木活动实录及解析》，47 页，南京，南京师范大学出版社，2018。收入本书时有改动。

表 7-2 挪威某幼儿园一日生活作息安排表①

时间	活动
7：00—8：15	入园
8：15—9：00	早餐
9：00—11：15	游戏
11：15—12：00	午餐
12：00—12：15	游戏
12：15—14：30	小年龄幼儿睡觉，大年龄幼儿游戏
14：30—15：00	点心
15：00—17：00	活动或游戏
17：00	离园

案例分析

挪威某幼儿园一日总游戏时间达 4.5 小时（午休时间因分年龄进行，大年龄幼儿游戏时间未计算在内）。我国某幼儿园一日自由游戏时间为 2 小时，区域游戏时间为 1.5 小时。充足的游戏时间可以保障幼儿游戏的丰富性、复杂性及合作互动。

（二）规划与创设游戏区域

游戏区域又称活动区域、学习区域或兴趣中心。游戏区域可以为幼儿提供自由、轻松、愉快、主动学习的探究环境，通过区域，幼儿主动与区域材料、同伴、教师互动，实现身心全面发展。《幼儿园工作规程》第三十条指出：幼儿园应当将环境作为重要的教育资源，合理利用室内外环境，创设开放的、多样的区域活动空间，提供适合幼儿年龄特点的丰富的玩具、操作材料和幼儿读物，支持幼儿自主选择和主动学习，激发幼儿学习的兴趣与探究的愿望。

幼儿园是否创设游戏区域，游戏区域的位置、所占面积，游戏区域同集体教学区的关系等，都能反映出游戏在幼儿园课程及教育中的地位。传统教育强调集体教学与知识传授，幼儿园班级活动室极端的状态为座椅呈井字形排放，稍有改善的状态为中心位置是集体教学区，外围象征性地设功能并不齐备的、与五大领域对应的

① 马丽婷:《中国与挪威幼儿园一日生活中的游戏实践比较》，硕士学位论文，华东师范大学，2014。

区域。现在越来越多的幼儿园采用的是功能齐备的游戏区，如根据操作需要摆放桌椅与游戏材料，根据区域功能要求铺设地毯、近水或靠窗，区域界限明显等。

一般而言，幼儿园游戏区域可分为学习型、运动型与自然型等种类。室内游戏区域主要为学习型并进一步区分为科学区、美工区、语言区、建构区、角色游戏区、表演区等。室外游戏区域则主要为运动型并进一步区分为攀爬区、跳跃区等。当然，室内外区域的区分是相对的。比如，安吉游戏室外游戏区域的划分就打破了室内外区域的分隔，室外有大型积木建构区、沙水区等，积木建构区、沙水区的某种材料激发了幼儿的角色扮演游戏，如过家家、庆祝生日、当建筑工人等。

（三）提供与选择游戏材料

游戏材料的种类与数量会影响幼儿的游戏行为。依据不同的分类标准，游戏材料有购买的材料与自制的材料、自然的材料与人工的材料、真实的材料与假想的材料、低结构材料与高结构材料等之分。一般而言，年龄越小的幼儿对游戏材料的依赖性越强，越要求真实的游戏材料；低结构材料的玩法更加多样且可变，高结构材料的玩法单一且可能蕴含更明确的教育意图。幼儿可以获得的游戏材料的性质与数量也会影响其游戏行为的合作性、创造性或专注度。游戏材料的增加既可能减少幼儿的游戏合作行为，也可能减少其争抢行为。教师酌情适量提供游戏材料是必要的，比如，考虑到小班幼儿具有爱模仿的特点，为小班幼儿提供数量充足的游戏材料。

此外，教师根据观察适时为幼儿补充、增加更多或不同性质的游戏材料可以激发幼儿的创意游戏行为，鼓励与支持幼儿的游戏向纵深发展。如案例 7-3 所示。

案例 7-3：

在“盖书店”的积木游戏中，当幼儿可用的材料只有小积木时，用幼儿自己的话说就是“盖出来的根本不是书店，而是书架”。当教师为幼儿补充空心大积木后，幼儿说：“我们可以用大积木盖书店，然后用小积木在里面盖书架。”见图 7-1 和图 7-2 对比。

图 7-1　小积木搭建的书店

图 7-2　大积木搭建的书店

案例分析

由于幼儿可用的积木在数量与种类上都增加了，积木的尺寸可以满足幼儿建构书店、书架等的需要，这些建构材料可以使幼儿利用已有经验进行“盖书店”的游戏。正是游戏材料的丰富性，促进了幼儿建构出复杂结构的书店，这个书店不仅有书架、阅读区等，还有收银台。

当然，材料性质的改变也可能帮助幼儿从机械的操作性练习活动转为自由游戏与竞技性游戏。比如，幼儿园常见的操作材料有数字卡、点卡与图片卡的配对（图7-3），量词卡与图片卡的配对等。教师的本意是让幼儿操作这些材料，通过练习来巩固知识技能。由于此类材料属于高结构材料，玩法单一，材料对幼儿的吸引力很有限，教师花了许多时间和精力制作的材料，幼儿很快就失去兴趣。如果能将这些材料转化成幼儿可以在游戏中转换、操作的游戏材料，则材料的吸引力可以大大增加。例如，教师可将数字的配对练习、计数等教育目标融入超市买卖、餐厅点餐结账（图7-4）等游戏情节中。

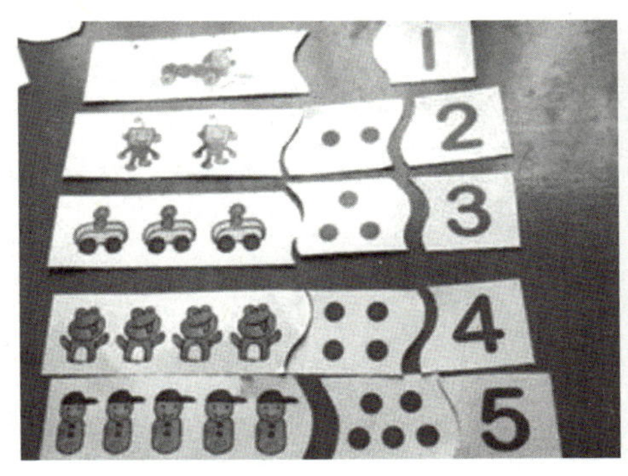

图7-3　数字配对操作材料

图7-4　餐厅游戏之结账

（四）示范操作，呈现任务

每当出现新的活动或新的材料时，教师应在区域里呈现新活动或新材料清晰的玩法步骤图，鼓励幼儿先尝试自己“读”图，再动手操作，最后跟同伴分享经验。区域墙面可以为幼儿提供张贴游戏线索或范例的空间（图7-5和图7-6）。例如，建构区墙面上张贴房屋、桥梁等相关游戏主题的各类图片，展示幼儿建构作品照片或建构过程、合作过程等图片，或者提示建构任务；阅读区墙面上张贴示意过程图，示范幼儿修补图书及使用材料的方法与流程。

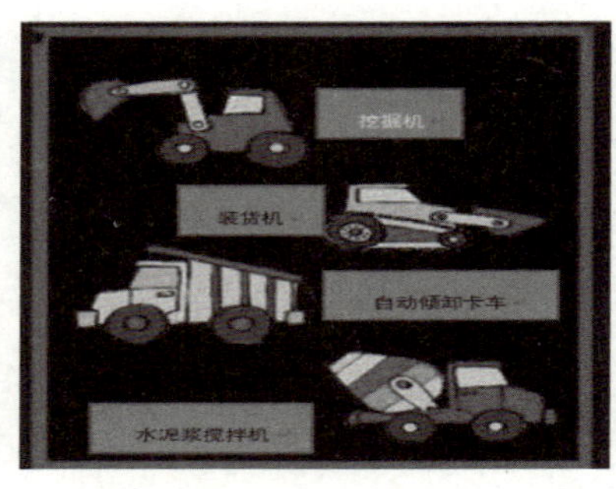

图 7-5　车子世界

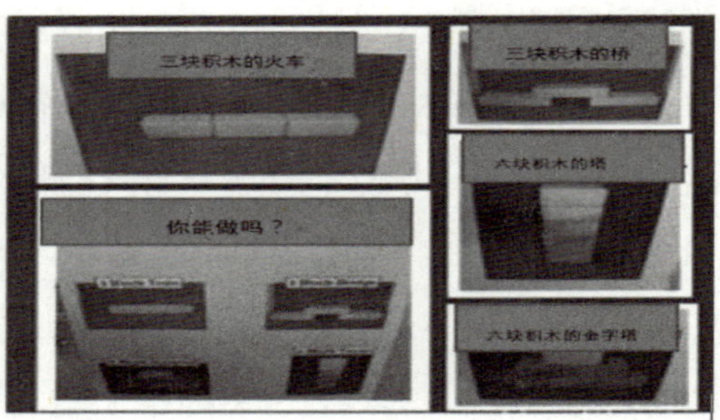

图 7-6　搭建范例

二、体现在介入及讨论中的直接指导

为引导与扩展幼儿游戏、帮助幼儿通过游戏学习，教师可能：①观察幼儿的游戏行为与过程；②倾听幼儿在活动中的对话；③对幼儿的游戏行为进行观察记录，如照相、录像等；④对幼儿游戏做出回应，比如说“真有趣，你将动物按从小到大排列起来了”；⑤扩展游戏，比如，看到幼儿把椅子当作车并假装驾驶时，可以鼓励幼儿并提出“你要去哪里啊？你沿途都看到了什么？”等问题；⑥直接引导，比如，提出“在理发店，理发师是怎么做的？理发师与顾客会说些什么？”等问题。事实上，教师对幼儿游戏的直接指导具体体现在如下方面。

（一）认识区域

在开展区域游戏之前，教师应分区向幼儿展示并介绍区域的名称（如科学区）、标识（图像或文字）、内容、界线、材料取放要求及进出线路等。在介绍区域时，教师尽量一次介绍一个区域，介绍完后为幼儿提供进区体验的机会。同时，教师还应介绍区域里可能用到的材料，包括材料的名称、性质与使用方法等，如锤子、钉子的使用及注意事项。在幼儿对各区域获得了一定的游戏经验后，教师应帮助幼儿认识到区域之间可能存在的联系，明确告知幼儿区域的材料能够互借串用。比如，幼儿在美工区自制的图书，应该允许出现在阅读区；或者在语言区制作的搭桥设计图可以出现在建构区。

（二）制订计划

重视幼儿的主动学习，提升幼儿的学习品质，这是国家近年幼儿教育政策如《3—6 岁儿童学习与发展指南》所重视的价值取向。主动学习意味着幼儿应成为自己学习的主人，在游戏中有机会制订计划、选择游戏材料，通过游戏设计，幼儿可以确定游戏的情节、游戏的主题、游戏可能用到的材料等。美国高瞻课程非常强调幼儿计划的重要性，并将其视为区域活动与反思回顾之前活动的重要工作。

教师可以在活动区域为幼儿提供用于制订游戏计划的纸和笔，或者提供一个游戏计划框架（图 7-7）。当然，在幼儿对游戏计划尚不熟悉前，教师可以组织幼儿在游戏前先进行集体讨论，或者为幼儿提供一些范例，让幼儿了解如何制订游戏计划。在游戏结束后，教师也应利用回顾反思时间，提问幼儿："你的计划是什么？""你是按照计划进行游戏的吗？""你没有按照计划开展游戏的原因是什么？""如何完善你的计划？"

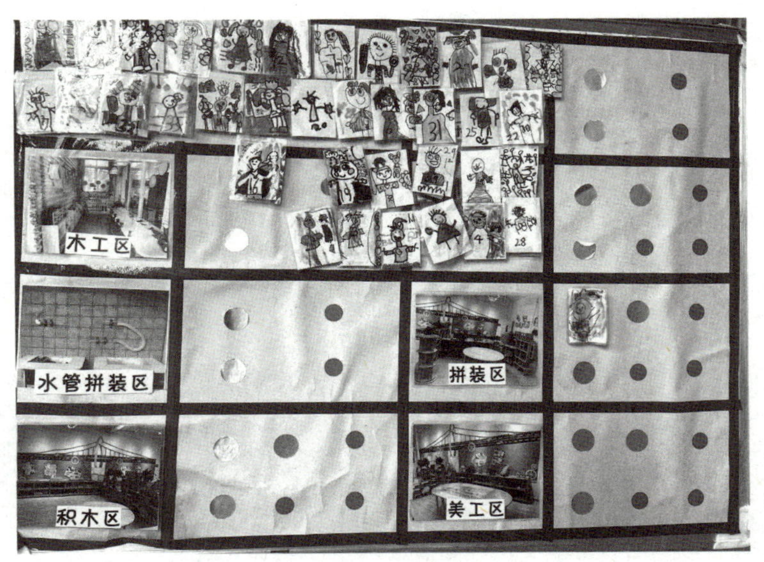

图 7-7　游戏计划框架

（三）适度介入

教师对幼儿游戏的介入要适度。教师介入的方法可以是在幼儿游戏中扮演某一游戏角色，通过角色互动为幼儿提供示范；也可以是在不直接参与幼儿游戏的情况下，通过自己的游戏行为、材料使用的方式等暗示幼儿。需要注意的是，教师介入幼儿游戏的前提是理解幼儿游戏行为反映的发展信息，为幼儿提供顺应其游戏需要的生成式回应。这种回应不是把教师的游戏意图或外在目的强加给幼儿，使幼儿丧失游戏的自由。教师要学会保持沉默，学会观察和等待，只有当幼儿的自主探究遇到问题时，教师才适时介入，给予支持和引导，使幼儿活动的兴趣得以保持和延续。

案例 7-4：

李老师注意到，在沙池里，小朋友们都在玩沙，思思（大班幼儿）则用洒水壶往沙上来回洒水。她是在玩练习性游戏吗？根据对思思的了解，李老师判断，思思应该是在进行一些想象游戏。于是，李老师与思思进行了一段对话：

“思思，你在忙什么？”

“我在淋咖啡豆。”

“噢，你家种了咖啡树是吧？咖啡树是需要经常浇水的。”接下来李老师话锋一转，说：“我好喜欢喝咖啡噢，请问你家有咖啡喝吗？”

思思一听很高兴，放下水壶飞跑到沙池边的小屋里，一边开门一边大声招呼：“咖啡屋开张了，请问谁要喝咖啡。”咖啡小屋马上吸引了另外两个幼儿，她们一起用沙子假装为客人磨咖啡粉、冲咖啡。

游戏过程见图 7-8 和图 7-9。

图 7-8　给咖啡树浇水

图 7-9　咖啡馆开张

案例分析

李老师在观察思思游戏后，发现思思具有与咖啡相关的经验，进而，李老师发起了与思思的对话。通过对话，李老师向思思传递了正向信息，从情感上支持了思思，进一步激发了思思的游戏兴趣。通过语言，李老师为思思提供了有关游戏情节的暗示，提示思思可以利用咖啡豆开展咖啡店的游戏，推动了游戏情节的发展。

（四）丰富与提炼经验

《幼儿园工作规程》第二十九条指出：幼儿园应当根据幼儿的年龄特点指导游戏，鼓励和支持幼儿根据自身兴趣、需要和经验水平，自主选择游戏内容、游戏材料和伙伴，使幼儿在游戏过程中获得积极的情绪情感，促进幼儿能力和个性的全面发展。

既然游戏是幼儿已有经验的创造性再现，那么，丰富幼儿的经验可为幼儿游戏提供更为坚实的基础。这里的所谓经验既包括生活经验，也包括游戏经验及课程学习经验。前文已经提到，教师可以充分利用园内外的课程资源，拓展幼儿的生活经验，如组织参观活动、设计亲子活动、邀请各行各业人员来园交流，或者设计幼儿采访各行各业人员的活动。为了促进幼儿游戏经验的分享，帮助幼儿在游戏与生活经验之间建立更为清晰的关联，探讨与解决游戏情节问题或冲突问题，教师需要充分利用游戏讨论时间，与幼儿讨论“如何成功加入他人的游戏”“如果想玩的玩具没有了怎么办”“护士没有消毒药品怎么处理”等问题。当然，在某些时候，教师有必要帮助幼儿发现自主游戏与领域课程学习活动、区角材料之间的关系。幼儿利用台阶搭建“赛车跑道”遇到的问题可能是：在斜坡上用积木搭建，积木不停往下滑怎么办？为了解决这个问题，教师提示幼儿观察滑梯，并组织幼儿进行以斜坡为主题的科学探究活动。通过关联经验，幼儿能更有效地解决问题。

当然，很多时候幼儿不是缺乏经验，而是缺乏对经验的整理。幼儿的经验呈现片断性、偶然性与碎片化的特点，如何帮助幼儿建立经验的连续性，是教师基于幼儿经验提升幼儿游戏水平的关键。幼儿教师常常可能用到的办法是：组织幼儿绘制、讲述与展示游戏故事画，以此为基础，以先留白再随着游戏的展开不断填充的方式，将游戏的过程与成就以一定的逻辑，如依据“问题—方法”的逻辑展示出来，通过直观具体的方式帮助幼儿总结与提炼经验。这里，教师可以将一个问题的发现与解决理解为一个框，如此，一个主题墙可以出现多个这样的框。一个“问题框”可以包括的内容有：问题是什么？解决问题的方法及其依据是什么？如何通过游戏活动验证假设？如何利用游戏故事表征与表达游戏经验？如何交流并得出哪些结论，或出现哪些新问题？

三、教师游戏指导的框架与实质

（一）游戏指导的框架

研究指出，鼓励幼儿从事高质量的游戏需要：①提供充分的游戏时间；②设置适宜的游戏空间；③提供大量的游戏道具与材料；④有计划地提供与游戏相关的经验。[①] 游戏时间、游戏空间与游戏材料属于游戏情境的创设。教师可以根据实际情况，从观察幼儿游戏入手，抑或从游戏计划入手，或事先创设游戏情境，进而在观察、评价幼儿游戏的基础上计划适宜的游戏经验、选择适宜的介入指导方式。

从教师游戏指导的流程看，持续改进幼儿游戏的流程包括：观察与评估游戏，计划游戏（设定游戏目标与计划游戏活动等），创设游戏情境，组织、实施与介入游戏。教师可以循环使用该指导流程为一组幼儿或个别幼儿进行指导。游戏指导循环图如图 7-10 所示。当然，游戏指导的流程，没有固定的起点，亦没有终点，而是一个教师可以反复使用的过程。此流程亦是本书的基本逻辑框架，读者可以按顺序阅读，也可根据自己的需要进行跳跃性阅读。

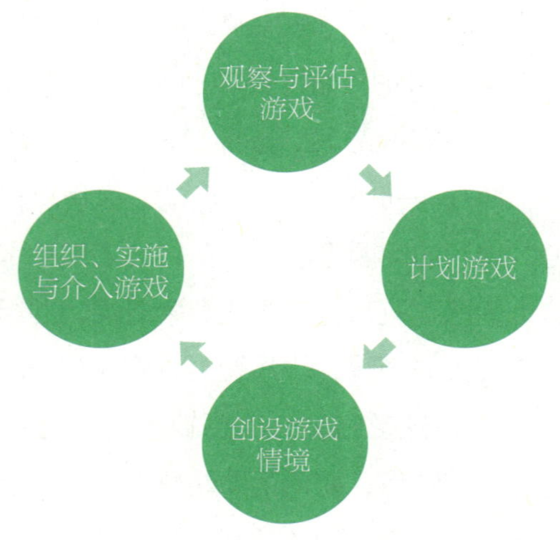

图 7-10　教师游戏指导循环图

（二）加强教师的游戏领导

仅仅强调游戏的发展价值，即幼儿可以通过游戏主动地学习是不够的，“通过游戏来教”是一个完整的教育等式所缺失的另外一半。作为游戏领导者的教师具有如下特质：能向幼儿学习、倾听幼儿并理解幼儿（一言一行）；拥有专门的技术知识、创造性和好奇心，拥有儿童知识，具有幽默感、领导才能与卷入游戏的技巧，掌握确认幼儿游戏的基本原则。他们愿意与幼儿进行良性互动，参与游戏的冒险，确保幼儿获得其所需要的游戏材料与工具。

① 李金美：《昆明市 K 幼儿园大班建构游戏中教师支持研究》，硕士学位论文，云南师范大学，2020。

在英国，游戏领导者必须接受职业培训。而且，游戏领导者包括了所有为幼儿游戏提供支持与帮助、提供资源、创造安全的游戏氛围的成人。游戏领导者的适宜角色包括：研究幼儿，确保幼儿可以进行具有挑战性的超级游戏，让幼儿准备冒险与挑战，让幼儿为游戏做好准备，聚焦于游戏的创造性方面，扩展幼儿的经验，帮助幼儿处理复杂的世界，以及退到一边让幼儿游戏。

第三节 教师游戏指导的具体策略

一、组织讨论

游戏在本质上是幼儿主观经验的表达，是幼儿已有经验的创造性表达。儿童有不同于成人的"另类的"看、感受和行为方式，这种方式只有在游戏中才会变得生动起来。[①] 近年，儿童视角与成人视角均被视为理解儿童游戏的两种重要方式。从儿童视角看游戏，儿童应该有机会表达自己对游戏的想法，讨论与分享自己对游戏的理解、情感与态度等。

从儿童视角[②] 看游戏意味着成人要理解：

①一个儿童是如何理解日常想法并将其转换为新知识的；

②每个儿童都有自己的主动性与发展进程；

③交流、参与及归属对儿童的重要性；

④通过游戏，儿童可能建构一种基于文化情境的身份；

⑤儿童有选择与谁玩、玩什么等的自由。

（一）讨论的内容与环节

游戏讨论的内容可以是游戏计划的制订、创意行为的分享、成功经验的分享、存在问题的讨论或矛盾冲突的解决等。教师可能比较偏好组织幼儿讨论游戏冲突或问题，而忽视了游戏的创意行为与成功经验的分享。实际上，基于积极心理学及强化效果的考虑，有时，正面的肯定（积极强化）效果会远远胜过负面的否定（消极强化）。讨论可以在游戏前，也可以在游戏后。

---

① Lester S. & Russell W.：《儿童游戏的权利——世界范围内游戏在儿童生活中重要性的考察（连载之一）》，周桂勋译，载《陕西学前师范学院学报》，2018（1）。

② Ridgway A., Quiñones G. & Li L., *Early Childhood Pedagogical Play: A Cultural-Historical Interpretation Using Visual Methodology*, Singapore, Springer Singapore, 2015, p. 18.

1. 游戏前的讨论

教师可以利用团体讨论时间，鼓励幼儿发展出具体的游戏情节；或者帮助幼儿制订具体可行的游戏计划；或者组织幼儿协商角色的分配。

（1）游戏脚本的制作

案例 7-5：

师：昨天，雅礼与露露在超市玩了购物游戏。我在想，今天是不是有更多人想玩购物游戏呢？咱们的超市可是很大的，可以容纳很多人。如果玩购物游戏，我们需要准备哪些东西？你们想扮演什么角色？我们来列个清单吧。

幼儿七嘴八舌地说开了。

雅礼：我拿着我的钱包。

露露：我也是。

师：你们俩昨天装扮过，我看见你们穿着紫色外套。

师：男孩子也在超市购物吗？

露露：不，只有女孩。

本春：我爸爸就去超市，我妈妈待在家。

师：男人在超市工作吗？

阿博：他们在超市卖鱼、生菜和熟食。他们会把东西装到袋子里。

师：噢，这么说，超市里需要一些袋子。我们还需要什么？

阿亚：面包、牛奶。

露露：橘子、苹果、肉、鱼。

师：好，那我写个“超市”的牌子吧。

本：还要购物篮。

雅礼：我妈妈要买一些盘子。

师：那她怎么付钱呢？

雅礼：去自动提款机取钱。

……

师：去超市购物，我们拿着钱包，带些现金，或者到自动提款机上取钱，或者刷卡（示意操作这些材料的位置）。到了超市以后，我们要先提个购物篮或者推个小车，在相应的位置找到我们需要的东西，比如，你买洗发水，应该去哪里找呢？

幼儿：日常用品区。

师：对。好啦，选好了东西，我们要去结账。收银员要计算好价格，收银员报出价格后，请小朋友自己也要对一对，看人家给你算对了没有。如果用现金结账，有时候收银员会找我们零钱。好！超市五分钟后就要开门了。如果你想去超市，请你穿好衣服，带点钱放在钱包里，然后跟我去超市。

案例分析

在该案例中，教师帮助幼儿扩展了游戏脚本：购物游戏包括列清单、拿钱、准备购物袋等。事实上，这些游戏情节在幼儿最初的游戏中并未出现。这些看似是教师的想法，实际上也是对幼儿已有经验的调动，即幼儿也许司空见惯，也许对真实生活中的道具、角色及角色互动了解得并不清楚，通过调动、丰富、整理与扩展幼儿的经验，教师为幼儿游戏提供了脚手架式的支持。此外，讨论还非常巧妙地将物品分类、象征性表达等教育任务以真实问题的形式融入游戏之中，幼儿通过游戏，学习分享符号或表征（如刷卡动作）的意义。

在该案例中，看似教师剥夺了幼儿游戏的主动权，然而，从后期幼儿同一主题的游戏活动看，教师的这种介入是有效的。这可能是因为该教师的游戏精神、教学能力及她与幼儿已经形成的关系。该教师非常理解幼儿的兴趣，并能与幼儿发展一种舒心的关系：幼儿既不害怕她，也非常喜欢让她参加游戏。她的介入帮幼儿减轻了花力气制作游戏剧本、协商冲突及解决人际问题等方面的压力。当然，如果教师天天这么做，幼儿将可能错失大量重要的学习机会。

（2）游戏计划的制订

游戏前的讨论内容既可能涉及游戏脚本的制作，也可能涉及游戏计划的制订等。游戏计划的制订既可以是教师组织幼儿进行的集体讨论，也可以是教师与个别幼儿就游戏计划进行的讨论。在讨论过程中，教师可能经常使用图表或卡片。

①集体讨论。

集体讨论往往是在全班进行，当然，如果条件允许，建议先将全班分组再讨论。格蕾琴（Gretchen）曾使用转盘的方式（每次转动转盘，转盘窗口只显示一定数量的区域），限定每组幼儿自由选择区域的数量，这种可视方式可以帮助幼儿组织思考并做出选择。教师只需转动各组的名字（比如，小鸡组），幼儿即可知道他们可

以选择的区域有哪些。这时，幼儿只需在四个选项上画圈即可制订自己的计划。[①]参照这种思路，教师富有创意地制作出了多种计划板。

案例 7–6：

每周三上午 9 点到 10 点 40 分是幼儿园的走班区域活动时间。分区活动开始前，李老师拿出了区域活动计划板。该计划板分为左右两块，左边为各活动区域的名字，如餐厅、泥工馆，右边空格提供了幼儿粘贴自己名字的空间，幼儿的名字写在一张带着魔术贴的过塑纸板上。

李老师说："15 分钟后游戏就要开始了，等下听到音乐声就表示你可以进入你选择的区域活动了。好，老师先请你说一说，上周你去了哪个区？在那里，你做了什么？（请幼儿分组讨论）好，我们现在知道了每个区域都有好玩的游戏与材料。老师有个建议，如果你上周选择了泥工馆，那么，这一周你可以考虑去别的馆。但是，如果你上周有任务没有完成，你还想玩这个游戏，你也可以选择去同一个馆。比如，上一周 ×× 去了泥工馆，她的蜘蛛做好了，但是还没有上色，这周 ×× 还可以去泥工馆。好，现在，老师请你将自己的名字粘贴在相应区域的那一栏。请大家注意，如果粘贴名字一栏已经满员了，那么，请你选择去另外的区域。"

案例分析>>>>>>>>

在该案例中，李老师首先组织幼儿分享游戏经验，既提供机会让幼儿回顾游戏经验，又让幼儿大致了解各区域的好玩之处。在选区活动中，李老师既明确了一定的游戏规则（如尽量不重复，以确保幼儿游戏经验的全面性），也提供了一定的自由空间（可以重复去同一区域），较好地体现了限制与自由之间的灵活性。

当然，在集体讨论制订游戏计划时，教师可恰当使用计划板（或图表、转盘），如图 7-11 和图 7-12 所示。图 7-11 是圆形转盘（可使用卡纸或废旧光盘制作），中心打孔处可以插上木棍，使转盘能转动起来，将转盘均分后写上游戏区域，如阅读区、建构区。教师可以事先为幼儿准备背面有魔术贴的名字卡，或者为幼儿提供衣夹，幼儿可以操作该转盘，粘上名字或夹上夹子表示计划要进的区域。如果区域有人数限制，教师可将进区人数规则写在区域框里（根据年龄以图形、圆点或数字形式标示），如此，幼儿在计划里可以自由控制。我们也可以用同样原理，如图 7-12，

① Owocki G., *Literacy through Play*, London, Heinemann, 1999, p. 33.

教师制作区域卡，提供塑料玩偶，幼儿在相应区域放上玩偶即表示计划进入该区活动。当然，也有更简单的办法用于区域人数的控制或教师点数人数，比如，教师在胸前挂根绳子，每个夹子上写有一个幼儿的名字，凡是跟着某位教师参加某个活动的幼儿，教师就将幼儿名字夹夹在绳子上。这种点数与计名的方法适用于户外分组游戏活动。

图 7-11　转盘式计划板

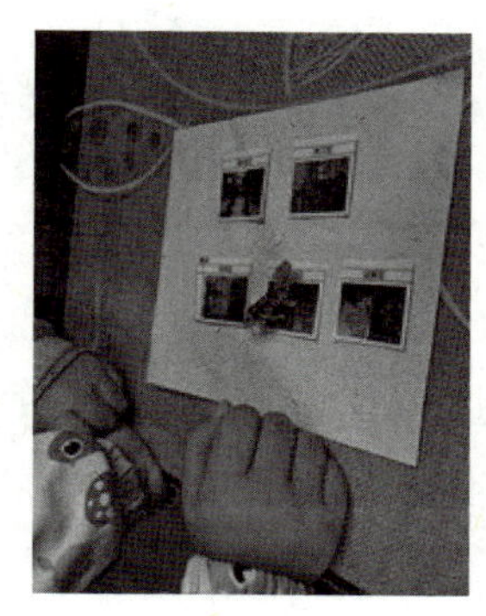
图 7-12　玩偶操作型计划材料

②个别讨论。

幼儿可以通过画画、写写、讲述或打手势等方式表示自己的游戏计划。计划是幼儿对诸如“今天你想（或打算）玩什么”等问题的回答。通常，年龄较大的幼儿可能写或画计划，而年龄较小的幼儿则可能需要讲述或表演出来。当然，我们并不要求幼儿一定要按游戏计划进行游戏，但是，在教师的引导下，幼儿学习制订游戏计划是很有帮助的。游戏计划可以帮助幼儿聚焦于某一游戏而不是在教室里四处游荡，有助于幼儿学会使用某一方式表达自己的想法，为促进幼儿读写提供了一个有意义的情境。此外，游戏计划也可以促进幼儿成为独立的游戏者，因为游戏计划要求幼儿做出决策（决定玩什么、怎么玩等），在众多备选答案中学会选择，并与他人交流、分享自己的想法，体验决策的结果。同时，教师也可以从幼儿的游戏计划中获得信息，以备设置适宜的游戏环境；了解是否、如何、何时帮助幼儿回到游戏本身；或者建议与帮助有着同样游戏兴趣的幼儿共同游戏。

案例 7-7：

克：看我的计划（出示图纸给教师）。

师：念给我听听吧。

克：深海探险。

师：深海探险噢。

克：嗯，这是楼房……中国功夫……（一边比画着拳术）

师：你还要玩深海探险吗？

克：要啊。

师：那你需要海洋动物吗？我可以为你找到一些海洋动物。

克：好极了！我就需要这些来玩深海探险。

案例分析

在案例 7-7 中，教师看到克的游戏计划没有焦点，通过提问“你还要玩深海探险吗”，起到提醒幼儿回到原定主题的作用；通过提供游戏材料（海洋动物），帮助幼儿进一步聚焦深海探险的游戏内容。实际上，在讨论中，教师经常会运用提问，丰富幼儿的语言，比如，幼儿说想做生日卡片，教师可以对幼儿的表达提出开放式问题：“这么说，你准备为生日派对制作生日卡，对吗？那么，你准备用什么材料做生日卡呢？”幼儿也许回答“用纸”，教师可以追问：“除了纸，你还会用到什么材料吗？”在此问题的激发下，幼儿需要进一步运用口头表达的方式或书面表达的方式（也许是文字或图画）或肢体动作（也许是手势等），使自己的计划更精细、更具体。

2. 游戏后的讨论

游戏后组织幼儿讨论（可以通过动作表现，也可以写或画出来），有助于幼儿反思游戏，帮助幼儿发展新的思考问题的方式。游戏讨论与反思强调游戏过程而非结果，这样，幼儿可以从中获得许多重要信息。比如，如何建构房屋才能使其更加结实而不倒塌；制作纸浆的过程是怎样的；如何照顾弟弟妹妹（混龄游戏），体会合作可以带来快乐。

教师可以这样开场：“现在我们来说一说，今天你真正喜欢做的事情是什么？”“你是怎么玩的？”“你是一个人玩的，还是跟别人一起玩的？你做了什么？”“今天游戏你最为高兴的事情是什么？”在组织讨论或展示前，教师可以请幼儿先以小组的形式讨论，再集体展示。

组织讨论时非常重要的一点是，让幼儿懂得不仅要学习如何表达，而且要学习如何认真听。比如，教师经常会提醒幼儿：“刚才我听到了 ×× 说……你听到了吗？”“小云，你听到天天告诉我们什么了吗？”

（二）讨论的方法

1. 现场评议法

现场评议法即讨论发生在游戏发生地。比如，“×× 花园”分组建构游戏后，教师组织幼儿现场进行自我评价与相互评议，说一说本组与他组建构的过程、如何使用材料、如何合作建构、建构过程与结果的优缺点。通过对游戏的自我评价，幼儿学习分享与交流成功的经验，吸取自己与他人的经验教训，学会自我反思、自我调整、自我控制与自我管理。通过对游戏的现场互评，幼儿学习客观、公正地评价他人，并能够学习站在他人的角度思考游戏的问题。

2. 绘画展示法

绘画展示法指教师在讲评游戏时，让幼儿以绘画的形式表达游戏的过程、存在的问题、成功的经验等。幼儿善于以绘画的方式表达自己的想法，绘画展示法弥补了幼儿语言表达能力的不足，为每个幼儿提供表达游戏情况、感受的机会，有利于幼儿相互交流、讨论游戏，有利于教师了解幼儿的真实想法、需要及已有经验，也可引发新主题，利于教师有目的地准备玩具材料。

教师可提问幼儿：“你是怎么玩的？”“你是和谁一起玩的？”“你玩得开心吗？”“游戏中发生了什么故事？”请幼儿就此类问题以画画的方式表达出来。比如，在开展看牙医的游戏之前，教师可以给幼儿提供画画用的纸和笔，引导幼儿对个人已有经验进行回顾与反思，让幼儿借助绘画将自己的所思所想表达出来，也可以促进幼儿与同伴的交流、讨论，扩展幼儿的经验与游戏的兴趣。图 7-13 是一个 4 岁幼儿画的看牙医的思维导图。幼儿将看牙医的原因（牙齿上面有洞）、自己的害怕心理、医生用到的工具、防止蛀牙的注意事项（如不吃糖果）及防治措施通过一定的布局非常清晰且有条理地罗列出来。

图 7-13 “我”去看牙医

3. 情境描述法

教师以情境描述的方式，简单描述游戏中的典型事例、核心问题或中心任务，以便幼儿能够大致了解讨论背景，然后提出“我看到有些小朋友拿圆积木做桥墩，也有的用方形积木做桥洞，你是怎么玩的呢”等开放性且不带个人倾向的问题，从而有针对性地帮助幼儿解决游戏中出现的问题等。

4. 影像讨论法

幼儿游戏时，教师将游戏过程以视频录像的方式记录下来，找时间放映该视频，组织全班幼儿讨论，如案例 7-8 所示。①

案例 7-8：

前一天，杜老师观察到，在户外游戏时，五个女孩一起用木头和其他自然材料造船，她用视频、拍照与笔录等方式记录了她们游戏的过程及成果。晚上，杜老师又上网收集与船有关的资料，各种船的图片引起了杜老师的兴趣。这天早点后，杜老师请幼儿观看昨天拍摄的造船视频、照片及收集的各种船的图片。五个女孩惊喜地看到自己出现在视频、照片中，她们纷纷发言。她们的言语反映了她们对游戏的反思，其他幼儿也纷纷发表自己的想法。幼儿的评论反映了他们处于不同的活动阶段，这些评论也证明了幼儿目前的思考水平和思考质量。

案例分析

杜老师通过视频、照片回放的方式，既为幼儿的游戏反思提供了具体参照，又促进了同伴之间的经验分享和互动。通过收集船的相关资料，杜老师扩展、丰富了幼儿有关船的知识，既可能促进五个女孩关于船的游戏，也可能激发其他幼儿加入以船为主题的游戏中。

（三）让幼儿成为讨论的主人

游戏后的评价对提升游戏质量、巩固游戏获得的情绪体验等有直接的导向作用。在以往的游戏活动中，我们的做法通常是在游戏结束时由教师进行游戏小结，其结果往往是幼儿对游戏经验的理解不深刻，对游戏的体验也得不到回顾。

① Broadhead P. & Burt A., *Understanding Young Children's Learning through Play: Building Playful Pedagogies*, New York, Routledge, 2012, pp. 82-83.

在评价活动中，评价主体应以幼儿为主。教师向幼儿提出一些开放性问题，使幼儿有讨论的话题内容，从而指明幼儿再次游戏的方向。比如，“医院”游戏结束后，教师组织幼儿坐在一起，问一问“今天大家都选择扮演了哪些角色”，幼儿踊跃地举手回答，表示下次要尝试其他角色。当教师问起“今天你在扮演你喜欢的角色时，遇到了什么困难”时，游戏室里马上安静下来，幼儿都在认真地回顾着自己参与的过程，并一字一句地说出了自己遇到的困难。教师可以通过这种方法让幼儿参与到讨论中来，帮助幼儿解决游戏中遇到的困难，让幼儿真正成为游戏的小主人。这种“幼儿参与式”的游戏评价，不仅让幼儿获得了知识和经验，而且培养了幼儿的合作能力以及学习分享的良好品质。

案例 7-9：

下午，五个女孩再次观看教师给他们录制的游戏过程的小视频，此时，她们已经从船的设计与建构发展到了与船相关的其他游戏情节。她们的评论显示，她们感兴趣于描述与解释游戏及其目的，同时也探究了游戏过程中其他事件给自己带来的感受与记忆。下面是孩子们看视频时的对话：

阿里你看，你在那里。

罗茜在那，还有你。

我很不开心，因为我没被允许去划船。

我们不想让你去划船。

我解释、设计然后建构（证明了对活动发展过程的清晰理解）。

我们在划船，我沉到水下，因为我需要修理船桨。

真有趣（分享有趣的经验，这也是友谊的一部分）。[①]

案例分析

该案例显示，幼儿有着令人难以置信的生动语言，这些语言也揭示，她们有着丰富的内心世界及对最近事件的记忆，同时也显示她们对游戏目标、友谊有着清晰的观念，具有自我调整与元认知能力。在轮船建构的游戏情节中，幼儿证明了她们知道如何使用自己的知识，她们也能理解游戏的情感方面（开心、沮丧等），能认识并关注自己的情感。她们能够鉴别与理解游戏活动中自

① Broadhead P. & Burt A.，*Understanding Young Children's Learning through Play: Building Playful Pedagogies*，New York，Routledge，2012，pp. 86-87.

然发生的问题解决行为。可见，幼儿并不是有些教师所想的那么“无能”与“幼稚”。

该案例也显示，如果给幼儿创设一定的讨论情境（如图片、视频、问题），幼儿完全可以成为讨论的主人，多问幼儿“为什么”“怎么办”，让幼儿成为主体。教师要让幼儿理解游戏本身无所谓好坏，它只是幼儿表达自己的已有经验与生活理解的方式。同时，每次讨论都要有重点，教师要注意采用恰当的讨论形式，忌评判是非型、总结发言型、陈述答案型等游戏评价形式，提倡解决问题型、分享经验型的游戏评价形式。

二、促进游戏发展

并不是每个幼儿都是精通游戏者，幼儿也并非天生会玩游戏。游戏同样需要学习。幼儿可能受刻板印象、经验不足、想象力局限等原因的影响，出现某种程度的游戏情节不够丰富的现象。为促进游戏情节的丰富，教师可以关注以下方面。

（一）示范游戏脚本

当幼儿邀请教师参与游戏时，比如，幼儿说：“老师，请您坐我的车吧！”“请进请进！请问我可以帮您什么？”此时，教师可以自然加入幼儿的游戏，扮演某一个角色（如建筑工地的帮工、顾客等）。当然也有一种情况是，教师通过观察，把握教育契机，主动介入幼儿游戏，以促进幼儿游戏。在角色扮演上，教师可通过反串角色行为或示范角色行为引导幼儿。

1. 示范游戏脚本的时机

教师为幼儿示范游戏脚本需要把握时机。教师需要在两种情况下示范游戏情节如何开展：一种情况是幼儿游戏情节停滞不前时，另一种情况是导入新的游戏主题时。

（1）游戏情节停滞不前时

比如，教师看到娃娃家的孩子一直在重复着抱娃娃、喂娃娃等动作，没有发展出具体而丰富的游戏情节，这时，教师可以扮演与主题相关的某一游戏角色介入游戏。教师假装敲门，大声问：“叮咚叮咚，请问家里有人吗？”幼儿很高兴地跑过来开门。教师自我介绍（通过角色语言创设游戏情节）：“我是宝宝的阿姨，宝宝今天生日，我特意来为他祝贺生日！”在教师的引导下，幼儿开了生日派对。一般而言，教师通过语言创设的游戏情境与角色能得到幼儿的认同。当然，教师通过角色扮演介入幼儿游戏时承担着两种身份：现实中的教师与游戏中的同伴。无论是教师还是幼儿，他们都学习在多重身份、现实与想象之间穿插。

（2）导入新的游戏主题时

对游戏主题的不熟悉可能限制幼儿的游戏行为。教师为幼儿示范游戏情节，其目的不在于限制幼儿，或者要求幼儿准确再现教师示范的游戏行为，而在于为幼儿提供相关主题游戏的基本想法。

教师可以通过担任某一游戏角色，为幼儿提供不曾表现过的游戏楷模。例如案例 7-10，教师的参与使压果汁、卖果汁的戏剧游戏迈向点果汁和电话订货的情节，使游戏情节更加丰富与复杂。

案例 7-10：

这周的主题是“好吃的蔬菜和水果”，娃娃家放了很多新鲜的蔬菜和水果，还有一台榨汁机。文姬把水果放入榨汁机里，榨好后倒入一个个小纸杯里，然后卖起了果汁。来买果汁的幼儿很多，果汁很快就被卖完了。文姬又继续榨果汁。张老师见状决定介入。她走过去，坐在椅子上。文姬问：“你想要喝什么果汁？”张老师答：“老板，有没有菜单可以看啊？我不知道要喝什么。”文姬马上拿了菜单来给张老师。张老师指着菜单说：“我要喝柠檬汁。”文姬转身去榨果汁。榨好后端给张老师。张老师喝着果汁，文姬转身又忙着去榨果汁。张老师见状，拿起柜台上的电话说：“喂！我不是老板。你要找老板啊，等等啊！”张老师对文姬说：“老板，你的电话，有人要订果汁。”文姬在百忙之中转身接电话，同时拿起菜单边画边说：“喔！你要三杯柠檬汁，是不是？我知道了。”

案例分析

文姬重复着榨果汁、卖果汁的动作与情节，反映出文姬的游戏水平有限，即她未能联系各种生活经验并生成新的游戏情节，以致游戏情节停滞不前。显然，如果没有教师的支持与引导，这种重复性游戏将失去其对文姬的发展价值及吸引力。张老师通过扮演顾客的角色，直接参与到文姬的游戏中。通过游戏角色的扮演，张老师为文姬示范并生成了新的游戏脚本：电话订货。

2. 示范游戏脚本的方式

在示范游戏脚本进行游戏指导时，教师可能运用两种方式，充当两种角色。

（1）配角

教师根据幼儿的游戏行为做出反应，比如，一个幼儿用雪花片插了一个“蛋糕”请教师品尝时，教师做出一副非常享受的样子。

（2）主角

教师根据游戏情节的发展状况，提出相关问题，促使幼儿思考，深化游戏的情节，如幼儿拿来“蛋糕”，教师有意促使幼儿深化游戏，于是说：“嗯，蛋糕味道很不错噢，谢谢你。不过，老师更喜欢装饰得很漂亮的蛋糕。”请看下面的例子。

案例 7–11：

大班的孩子正在进行医院游戏。张老师发现，医护人员都坐在自己的办公室里，没有一个病人，挂号处也无人挂号，一些孩子正在附近闲逛，还有些孩子没拿挂号单直接跑到医生那里。于是，张老师拿了一张代币，边拿边说：“嗯，我要有钱才能看病。”张老师拿着钱径直走到挂号处，大声说：“您好，请帮我挂个内科。”挂号的幼儿“噢”了一声，接过张老师递过去的钱。张老师大声提醒道：“您好，您忘记给我挂号单了。”拿上挂号单后，张老师去找医生，向医生诉说了自己的病情，请求医生给自己开药。医生说：“你得打针。”于是，张老师又去找护士。护士拿着打针的纸条，直接拿起针筒对着张老师的手臂就扎下去。张老师急忙叫道：“哎！护士！打针之前您忘记给我消毒了吧？”护士回头到医药箱里找了找，说：“没有消毒水。”

在游戏总结阶段时，张老师提出了一些问题：“我们上医院看病要先做什么？然后做什么？医生与护士都做了些什么？”“如果你要的游戏材料，比如消毒水没有了，怎么办？”幼儿经过讨论，明确了看病的程序、医生与护士的职责，懂得了利用百宝箱里的自制材料替代暂时欠缺的游戏材料。[①]

案例分析

在医院游戏中，幼儿既对“病人”角色不感兴趣，不清楚“病人”看病的程序、行为内容，又显示出角色游戏的象征性表达能力有所欠缺（比如，不懂得以物替物，没有真实的消毒水不懂得用他物代替）。张老师通过扮演病人角色，直接参与幼儿游戏，既激发了幼儿对“病人”角色的兴趣，又示范了该角色的应有行为。在游戏

① 杨燕：《幼儿园室内区域游戏指导策略探微》，载《成才之路》，2018（31）。

总结阶段，张老师通过问题，组织幼儿讨论了看病的程序、角色行为及以物替物的方法。无论是角色参与，还是组织讨论，张老师都发挥了其在幼儿游戏中的主要角色甚至领导角色的作用。

（二）丰富游戏情节

1. 角色参与

介入幼儿游戏是一件非常微妙的事情。一方面，教师不能简单地往后退，让幼儿自己去想如何游戏。因为幼儿可能尚缺乏足够的社交技巧，或者尚不能以一种想象的方式使用游戏道具，如果任由他们自己玩，幼儿将不停地用自己已经熟悉的方式游戏。另一方面，不恰当地介入，如直接下指令的介入方式可能改变游戏的性质，比如，教师说："你不能拿走小丁的水管，你可以用另外那根绿水管！"

帮助幼儿更高水平地进行游戏的有效方法是：在准备阶段提供必要的协助（如提供适宜的游戏材料），或者在幼儿进入游戏区域前介入他们的游戏。如果游戏已经开始，教师又不得不介入游戏，最好使用非直接的介入方式，尽量不打扰幼儿的游戏，尽可能长时间地待在幼儿游戏之外。比如，如果你看到幼儿的游戏情节没有进展，你可以提供建议，建议的方式可以是假装给他们打电话，比如，打电话说："紧急任务召集中！我们需要你们将宇宙飞船开往月球，为我们采集月亮石回来。"

有时，教师可以"装小"的方式参与幼儿的游戏。比如，教师与幼儿互换角色，教师扮演学生或宝宝，幼儿扮演教师或家长的角色。

2. 丰富经验

游戏是幼儿对已有经验的创造性再现，游戏也为幼儿提供了练习所学内容的机会。教师可以通过向幼儿呈现新经验和多样经验，丰富幼儿的相关经验，扩展游戏主题情节和角色。

（1）分享经验

教师可以通过晨圈活动或其他时间的讨论，使幼儿有机会分享彼此的经验；或者请不同职业或不同年龄的社区义工、家长等来园展示活动，为幼儿提供不同职业或不同角色的工作经验。比如，请消防员来园展示消防工作，请建筑设计师向幼儿展示自己的工作内容。

（2）补充信息

教师可以提供相关游戏主题的图片、图书、视频或录像等，丰富幼儿的经验。比如，为促进桥梁建构游戏，为幼儿提供古今中外的桥梁图片；或者为幼儿提供当

地古代的与现代的、不同风格的、不同材料的桥梁照片或图片；或者聚焦于桥梁的某一特点，如不同形状的桥洞，丰富幼儿的相关经验。此外，教师还可以组织家长，利用周末时间带幼儿通过拍照、收集信息等方式，获得有关桥梁的直接经验。

（3）实地考察

在条件允许的情况下，教师可以组织幼儿进行实地考察。比如，在开展“邮局”的主题游戏前，教师组织幼儿到邮局实地考察，请幼儿寄寄信，贴贴邮票，了解邮局工作人员的分工、工作责任与流程等。

3. 促进互动

（1）师幼互动

教师介入幼儿游戏并不意味着教师只需要靠近幼儿，并与幼儿游戏。如果幼儿显示出愿意分享的兴趣，那么，教师应做出反应。教师应强调游戏的种种可能，并发动社会互动，比如，在玩沙游戏中，教师在地上倒了满满一杯沙，假装说：“请问你想来一杯我做的巧克力牛奶吗？”

（2）幼幼互动

幼儿之间的互动既是幼儿社会化的内容，也是游戏发展的必要条件。促进幼幼互动，教师可以从以下方面入手。

①让幼儿学会赞美。比如，甲幼儿注意到乙幼儿完成了一个漂亮的作品，甲幼儿也许会跑来告诉教师：“老师，你看，梅子画了一幅漂亮的画。”这时，教师要帮助甲幼儿，鼓励他直接告诉梅子喜欢她的图画。

②教导幼儿正面表达。比如，帮助幼儿学习正面描述所见，可以说：“你爬得真高！”同时，教师要将幼儿关于他人的否定性交谈转为肯定性谈话。比如，一个幼儿也许评论另一个幼儿在乱涂乱画，教师要帮助这个幼儿想一想另一个幼儿做得好的地方在哪里，也许是颜色上得好，蜡笔涂在边圈内，画得很努力等。通过这种方式，教师为幼儿建立了一个富有正能量的、积极的讨论模式，同时也告诉了幼儿：教师不会负面评价一个孩子的能力。

③为幼儿提供展示机会。如果幼儿愿意，教师可以为幼儿提供展示机会。多次获得“优秀教师”称号的曾老师的做法是，她为幼儿开辟了一个展示栏，每次游戏结束时，她都会提醒幼儿：“如果你有什么想跟其他人分享的，你可以把你的作品挂在或放到展示栏里。”幼儿会在自己的作品上留下标签，如“鲁兹与习乐建构的机场”。展示栏既为幼儿提供了展示、后继补充的机会，提供了与其他幼儿交流及分享自己作品的机会，也为其他幼儿提供了一个阅读标签、评论及补充建构游戏作

品的机会。比如，鲁兹与习乐建构的机场贴上标签展示出来后，它就等着被其他幼儿发现，幼儿在成人的帮助下看贴着的标签；如果愿意，他们可能谈论它；当他们用积木按自己的想法进行建构时，他们可能补充它或拆除它。

4. 关联游戏

教师可以将不同角色、不同区域与不同主题以某种方式整合起来，建立关联。例如，建构区与阅读区、角色区整合，幼儿在建构前先在阅读区设计建筑图纸，或者，拿阅读区的某些图书作为建构活动的参考资料，建构区同时是幼儿扮演建筑工人、工程师等角色游戏的场所。教师可以引导幼儿兼任多个角色，如"托比是爸爸，也是医生"，使他们明白一个人可以同时扮演多种角色。

（三）延长游戏时间

有时候，开展合作游戏，或者较为复杂的游戏时，比如，合作游戏可能需要较长时间的协商与计划，复杂的建构游戏可能需要长时间的劳动，幼儿可能由于游戏时间不足无法开展合作游戏，或者不停转换游戏，或者无法进行复杂游戏。解决的办法可以是：减少过渡环节，适当延长游戏时间；或者通过某种方式保留幼儿在游戏中未完成的作品，以备下次幼儿可以继续进行同一游戏。比如，建构作品可以保存起来并贴上名字。

很多时候，我们的课堂千篇一律，幼儿只是执行教师的想法。比如，制作风筝，教师按照自己对风筝的了解，为所有幼儿提供的是粘着尾巴的棱形框架。事实上，风筝的形状是多种多样的。同样的道理，如果教师为幼儿规定游戏情节，而不是让他们表现多样的理解，则幼儿游戏就会变质且失去其吸引力。丰富幼儿游戏情节，尽管示范在幼儿不熟悉游戏时是必要的，但是，最为基本的原则是尊重幼儿的游戏主动性。

（四）促进幼儿卷入游戏

幼儿游戏的发展既体现在游戏持续的时间、游戏的深度等方面，也体现在参与游戏的种类上。有些时候，幼儿似乎不参与彼此的游戏；有些时候，他们可能只是到处游荡，或者执迷于某类游戏、避免某些游戏领域；还有些时候，他们可能反反复复地重复着同一游戏主题。如果幼儿不参与游戏，他们既没有机会发展游戏技巧，也失去了与其他幼儿的联系，甚至可能到处乱跑惹来麻烦。为了促进幼儿的全面发展，某幼儿园的做法是，为每个幼儿准备一个可循环使用的周游戏记录卡，横行为每个区域的名字，纵列为一周日程。每个幼儿进入任何一个区域，教师或幼儿自己都在相应格子里贴个贴纸或盖个印章，表示某日到过某游戏区域一次。教师可利用该记录卡，了解幼儿一周或一月所到区域，适当引导。

还有一种情况可能是，幼儿在某一区域，比如角色扮演区，可是他们不扮演角色，也不谈论自己的游戏情节。他们显得很无聊，看上去需要更加有趣的活动。如果教师误以为幼儿只是无聊，误解了幼儿的信号，可能只是增加游戏材料而不是帮助幼儿学习一起玩假装游戏。

有几种方法可以辨别幼儿是否参与了戏剧性游戏主题：幼儿进入某一区域，但只是看看道具；只在该区待很短的时间；跟着别人进区，但是马上离开；操作道具，但不用它们进行假装游戏。

三、示范与创意使用材料

（一）示范材料的使用方法

在投放游戏材料前，教师应向幼儿示范游戏材料的使用方法。[①] 案例 7-12 呈现的是某教师如何介绍新游戏内容及新材料的使用方法。该区有许多小物件，它们成堆摆放。

案例 7-12：

教师说："我现在请一个好朋友来跟我一起示范怎么使用这些材料。宣宣，你来这里好吗？今天我们开商店。"

教师一边说一边填写一张订货单，填好后给孩子们看，接着说："我会看着宣宣，很有礼貌地对她说：'你好！我想买 8 支蜡笔。'"

教师一边说一边将订货单递给宣宣。宣宣接过订货单开始一支一支地数蜡笔。

教师说："宣宣，你能想一种更容易的办法数数吗？我们之前学过 8 可以分成几和几？"

奇奇说："她可以数 2 和 6。"

宣宣分别数了 2 支和 6 支蜡笔递给教师。

教师说："我会对宣宣说'谢谢你，宣宣'，接下来，我是不是也应该数一数，检查一下宣宣数对了没有呢？"

① Owocki G., *Literacy through Play*, London, Heinemann, 1999, pp.33-34.

案例分析

利用 8 的组成的相关知识进行小卖部的游戏对于该班幼儿而言是个新的游戏内容，如何高效计数蜡笔对该班幼儿是个新挑战。通过示范，教师示范了如何将操作材料分成组数数进行买卖游戏。

当然，在幼儿不懂得如何使用新材料时，除了这种直接示范，教师还可采取在幼儿身边无声示范的方式。比如，一个幼儿不知道如何使用勺子进行游戏，教师在幼儿身边进行无声示范，正着将勺子放入茶杯。很快，幼儿出现模仿学习的行为。

（二）鼓励幼儿创造性地使用材料

我们常说幼儿游戏充满无限的想象。然而，如果仔细观察幼儿园教室，你会发现，有的幼儿并不见得大量使用想象。事实上，他们的游戏道具似乎只是真实物体的缩小版。如果没有提供某一角色的道具（比如，没有医生用的听诊器），幼儿常倾向于放弃角色，而不是使用其他物体替代听诊器。

教师鼓励幼儿富有想象地、创造性地使用道具与游戏材料，可以帮助幼儿发现熟悉的物品往往具有不同的用途，发现熟悉物品的新用法，以及让幼儿在使用新道具和新材料时感觉舒服而不是排斥使用它们。鼓励幼儿创造性地使用材料，教师可以从以下方面入手。

①示范如何假装使用熟悉的物品。比如，在游戏互动中，教师说："我能假装这个杯子是手机。×× 你认为，它还可以是什么呢？"

②为游戏区域提供一些非结构性或低结构性及多用途的道具，比如，箱子、布条、珠子、石头等。

③示范在一游戏区域使用材料为另一游戏区域制作游戏道具，比如，在美工区使用艺术材料为角色扮演区制作面具、角色服饰等，在阅读区为建构区设计建筑图纸。

④示范象征性表达，即向幼儿示范如何用一个物品代替另一物品，如何使用贴有标签的道具等。

当然，真实的道具作为一种工具，有助于幼儿进入假装游戏，尤其是对于年龄偏小、尚不精通假装游戏的幼儿。这些真实的道具，比如，一个仿真电话，一个废旧微波炉，可以帮助幼儿维持自己的角色，或者回忆相关经验，开展相关游戏情节。然而，当幼儿有了使用这些道具的经验以后，就可以用多功能的新道具代替真实物品了。比如，一个塑料盘子可以在餐馆被当作道具，也可以成为假想性的宇宙飞船

中的转盘。经过这样的过程，幼儿最终能够把非结构性的材料当作游戏的道具，或者制作自己的道具，甚至假装拿着一个并不存在的道具。一般而言，教师可以在学年中间开始调整不同性质的游戏材料的比例，根据情况，综合使用高度真实的玩具及非结构性材料，联合使用真实材料、象征性材料与非结构性材料。

四、传授游戏技巧

一般情况下，教师不必特意教授幼儿游戏技巧，然而，当幼儿主动提出要求时，教师可以教授幼儿游戏的技巧。对一些有特殊需要的幼儿，如孤独症或社会交往困难的幼儿，教师有必要教授其游戏技巧。

在当前的社会背景下，尤其是在幼儿游戏与教师教育的背景均发生巨大变化的情况下，不仅特殊幼儿需要成人传授游戏技巧，而且普通幼儿也需要这样的教育实践。

首先，今日幼儿游戏发生的背景不同于以往。以往，大多数游戏存在于多种年龄群体中，幼儿有机会从年长的“游戏专家”那里学习如何游戏，与同龄伙伴一起实操游戏技能，并将自己的经验传授给“游戏新手”。然而，今天的幼儿，他们在幼儿园基本上按照年龄分班，与跟他们一样没什么经验的同伴一起游戏。结果是，过去幼儿可以通过观察、模仿年长游戏者而学习的游戏技巧，今天不得不通过教师示范与直接教授的方式获得。

其次，教师教育的背景发生巨大变化，教师常陷入两难困境。比如，全球幼儿教师均面临同样的压力，即被要求对幼儿进行一定的学术技能的教学，以应对社会对入学准备的关注。然而，经证明，学术导向的学前教育项目并不必然保证未来学术的成功，尤其是从长期来看；此外，学术导向的学前教育项目还可能带来幼儿社会及情感领域的问题。应对上述问题的办法常常被理解为：教师的角色彻底转向，即转为教师“追随幼儿的领导”。维果茨基的方法为此问题提供了新的答案，即有目的的教导可以而且应该培养学术技能的先备知识，当然，这种有目的的教导应该通过游戏和发展幼儿期独特的基本能力来完成。[①]

教师传授游戏技巧的方法包括以下几点。

① Bodrova E.,“Make-believe play versus academic skills: A Vygotskian approach to today's dilemma of early childhood education,” *European Early Childhood Education Research Journal*, 2008 (3), pp. 357-369.

（一）视频法

大量实证研究表明，视频建模的方式用于特殊儿童身上具有教育效果。所谓视频建模，就是使用电视或激光压缩视盘（video compact diss，VCD）播放视频，为幼儿提供观察榜样行为的机会，接下来，为幼儿提供实操机会，并对幼儿的模仿行为进行奖励，加以强化。

研究显示，孤独症儿童能从视觉暗示的教学中获益。学者指出，视频示范对于孤独症儿童学习的效果与孤独症儿童的特点有关，如注意力高度选择性、严格受限的关注点、偏好于视觉刺激、避免面对面注意。视频示范为此类儿童提供了通过观察榜样而不需面对面的互动进行学习的方式。泰勒和同事曾经使用这一方法，在为幼儿播放视频之后，为幼儿提供其在视频中看到的同样的玩具，然后要求幼儿进行同样的游戏行为。在此过程中，无论幼儿是念剧本中的台词，还是做出自己的评论，他们都将获得奖励。[①]

（二）建议法

建议法指的是教师不参与幼儿游戏，而只是在恰当时机，以一种建议的方式为幼儿提供游戏内容、游戏材料等方面的提示。在使用这一方法时，教师并不把自己的想法强加给幼儿，而是通过提问，了解并迎合幼儿（无论是小组还是个别幼儿）目前的游戏水平，同时，帮助每个幼儿达到具有挑战性的目标。

案例 7-13：

最初，两个男孩与一个女孩正在积木区建构桥梁。看来，桥墩已经建好。教师问："你的桥上有灯吗？你准备将灯放在哪里呢？"女孩听了，立刻找到两块小积木，一边与教师交流一边将积木放在了两边的桥墩上。她退后看了看，露出满意的表情。[②]

案例分析 >>>>>>>>

"你的桥上有灯吗？你准备将灯放在哪里呢？"通过提问，教师非常含蓄地为幼儿建构桥梁提供了建议与提示。这一建议拓展了女孩对桥梁的认识，勾起了女孩

① Corbett B. A. & Abdullah M.，"Video modeling：Why does it work for children with autism？" *Journal of Early and Intensive Behavior Intervention*，2005（1），pp. 2-8.

② 案例来源于作者对美国 2009 年新《DAP》视频片断的翻译整理。

的相关知识与经验，促进她建构出更为复杂的桥梁。在教师的支持下，幼儿对自己的游戏能力有了更多的信心，成就感油然而生。

（三）协助法

协助法是教师并不参与游戏，而只是为幼儿提供必要的帮助，比如，提供游戏材料，回应幼儿的问题，辅助幼儿扮演某一角色。

案例 7-14：

当教师走近厨房时，波告诉她：冰箱门关不上了。

师：那就打电话叫人来修吧。

波（手上拿着电话）：号码是多少？

师：533××××。

波（拨电话）：你能来修理冰箱吗？（转头跟老师说“他说可以”）

师：他要价多少？

波（继续打电话）：请问你要多少钱？1000 元啊。

师：1000 元！告诉他太贵了！你给阿达打个电话问问吧。

波：阿达电话是多少？

师：678××××。

波（对着电话）：阿达，你可以来帮我修理冰箱吗？（转头跟老师说“他说可以”）

师：他来了吗？他要多少钱？

波：30 元。

师：这样好多了。

案例分析

冰箱门坏了，这是家庭生活中可能遇到的事情。幼儿通过语言向教师发起了游戏的邀请，而教师也很快进入角色，不过，教师并没有喧宾夺主，而是给幼儿提出建议“那就打电话叫人来修吧”，通过这句话，教师把游戏主动权还给幼儿。教师似乎没有直接参与幼儿游戏，而是非常巧妙地为幼儿游戏情节的开展提供了支架，其支持方式包括：提供电话号码，建议幼儿询问价格、比价等。此处，教师介入的主要作用是为幼儿提供必要的协助。

该案例是教师在假装游戏中为幼儿提供协助。如果是表演游戏，则教师的指导一般包括三个步骤：第一，为幼儿朗读故事，和幼儿讨论故事内容；第二，给幼儿分配角色，帮助他们以讲故事的方式演出，必要时提示台词，偶尔也担任其中一个角色；第三，引导幼儿表演整个故事，幼儿相互交换角色进行多次表演，教师慢慢淡出，幼儿自行扮演。

五、教师介入游戏的语言使用

研究显示，教师在游戏中与幼儿交流时扮演着各种角色。教师的角色的参与度从不参与到完全支配游戏逐渐递增。研究发现处于中间位置的角色最为有效，而两个端点上的角色则更具有消极的影响。[①] 即当教师扮演幼儿游戏的玩伴，或为幼儿游戏提供建议和材料使游戏更丰富时，教师的参与是最为有效的。而教师不参与幼儿游戏，教师的角色对于幼儿游戏而言则是最为无效的。此外，当教师成为游戏的主导者，即过度参与幼儿游戏时，他们的参与不仅无效，而且会打断幼儿的游戏活动。

教师参与幼儿游戏扮演一定的游戏角色时，应当运用问题，引导角色之间的言语或行为互动，以一个成熟的游戏者为幼儿提供示范，促进幼儿游戏向纵深发展。

案例 7-15：

阿秉满面笑容地拿着他用雪花胶片拼插的心形“蛋糕”来向王老师“炫耀”，王老师亲切地拍拍他的头说：“心形的蛋糕好漂亮呀，一定很好吃！你做了个这么漂亮的蛋糕是要为谁庆祝生日吗？”

案例分析 >>>>>>>>

在此案例中，王老师通过亲密的身体接触（轻拍）与赞赏的语言（漂亮、好吃），传递了亲密的关系并肯定了幼儿。同时，提出“是要为谁庆祝生日吗”这样的主题引导式问题，激发了幼儿的想象力，将幼儿从建构游戏拼插胶片推入想象性的角色游戏——开生日派对。如果教师在此基础上，提出“你们将在哪里开生日派对”，“你想邀请哪些人参加你们的派对”等问题，那么，角色游戏的内容将会更加丰富。

① ［美］詹姆斯·约翰森、［美］詹姆斯·克里斯蒂、［美］弗朗西斯·华德：《游戏、儿童发展与早期教育》，马柯译，197 页，南京，南京师范大学出版社，2013。

教师在角色互动时，除了使用赞赏、提问等，还可以使用提建议、邀请等。例如，提出的建议可以是："我喜欢喝牛奶，我们开个牛奶店吧。你想做什么工作？"邀请可以用于邀请游戏排斥者或游戏水平较低者参与游戏。

案例 7-16：

这是发生在鞋店的师幼互动。

幼儿：你要什么鞋，我拿给你。

教师：我想要一双红色的鞋子。

幼儿：这个？（拿出一双红色鞋子放在教师面前）

教师：嗯嗯，是我喜欢的红色。可是这双鞋子太小了。你有大一点的鞋吗？

幼儿：这个行吗？（拿出另一双红色鞋子放在教师面前）

教师：嗯，你的服务很好，谢谢你！（教师一手拿起自己的鞋子，另一手拿试穿的鞋子比较着）可是，跟我现在穿的鞋子比，大小不一样，怎样才能找到我能穿的鞋子呢？

案例分析>>>>>>>>

教师扮演顾客，在互动中穿插着颜色、大小等概念及大小比较的教育，教师用语言创设了真实的问题情境，在游戏中示范了比较大小的方法。

（一）介入语言的类型

教师介入幼儿游戏使用的语言，根据语言指导的作用可分为以下类型。

1. 提问

提问主要用于了解幼儿游戏的现状、幼儿的想法，或者用于启发、引导幼儿游戏。提问可以起到引导游戏、反思游戏等作用。比如，看到幼儿在娃娃家无所事事，教师一句"'爸爸'在忙什么呢"，提醒幼儿发展游戏情节。"刚才宝宝打电话给我，说你们为他（她）开了生日派对，他（她）很开心。你们到底做了什么让宝宝这么开心啊？"教师的提问要切合游戏情节，多提些"什么""怎么办"等问题，通过提问唤起幼儿的相关经验，促进他们积极思考解决问题的办法并发展游戏情节。

案例 7-17：

玩水池边，小羽专注于触碰、探索漂浮在水上的两块大浮板。她伸出一只脚，试探着踏上浮板，然后突然平举双手，将另一只脚也踏上了浮板。小羽的新玩法，很快引发了小伙伴们的兴趣和模仿。但不管他们怎么调整自己的身体，努力想站起来，却都很快掉下水去。在分享环节，老师提问："你（们）是怎么玩的？""小伙伴为什么会掉进水里？"针对第一个问题，孩子们纷纷表达了自己的想法。对于第二个问题，孩子们并没有正面回答，而是讨论起了怎样才能站稳。

案例分析

在此前的游戏中，幼儿尝试了调整身体等方式企图在浮板上站稳，因此"怎么玩"这个问题能唤起幼儿的相关经验。"怎样站稳"是幼儿想要解决的问题，是游戏继续推进必须解决的问题，因此，幼儿将教师的提问"为什么会掉进水里"置换为"怎样才能站稳"。这一现象反映了幼儿游戏的问题逻辑遵循的是幼儿自己感兴趣及要解决的问题，教师针对幼儿游戏的提问要遵循幼儿的视角。

2. 提示

提示主要用于帮助幼儿明确游戏规则，可分为建议性与指令性两种。比如，在钻过防空洞（呼啦圈）、夺取小旗的体育游戏中，教师发现许多幼儿为了赢得比赛，钻圈动作不标准，有的幼儿甚至直接从圈旁边跑过，于是，教师提问："敌人不断往我们的阵地扔炸弹，怎样才能安全拿到小旗？"提示幼儿注意游戏规则。又如，看到快餐店人满为患，幼儿很喜欢进行买卖活动时，教师建议："快餐店没有油条卖，那我们开个卖油条的店吧！""服务生"端上一个蛋糕，教师满脸微笑地问："我叫的是樱桃蛋糕，请问你有没有在蛋糕上放樱桃？"

3. 鼓励

熟手教师善于识别幼儿的努力，评论他们做得好与学得好的地方，通过这种方式，为幼儿示范如何表扬他人。比如，幼儿向教师展示游戏成果时，教师常会不自觉地说"很好""真是一个不错的主意""我喜欢喝果汁"等。然而，怎样的鼓励才能更具激励性与教育性呢？优秀的教师善于鼓励幼儿说出自己做得好的事情。鼓励可以这么开始："我真的好喜欢你将塔建得这么高。你喜欢它什么？"

教师经常抱怨：每天都奋战在照顾幼儿和处理各种琐事中，哪有时间啊！实际上，如果时间有限，就像李老师一样，清早，匆匆往返于活动室内外，李老师瞥见，几个幼儿正在进行角色扮演游戏。李老师停下来几秒钟，问："你们在玩白雪公主与小矮人的游戏吗？"幼儿答："是的。"李老师抛下一句"真不错"就走了。观察发现，李老师走后，游戏结束。如果你是李老师，相比笼统地说"真不错"，这样说是否更具激励性："白雪公主死了，一动也不动地躺在床上，七个小矮人在房间里走来走去，看起来好着急啊！"这样的语言看似旁白，其实会让幼儿觉得好开心：老师看懂了，说明我们演得好！当然，如果时间允许，李老师也许可以问："你（们）是怎么想出这么棒的主意的呢？"类似"什么""如何""为什么"等开放式问题可以起到促进幼儿反思游戏情节、深化游戏内容等作用。比如，另一位熟手教师洪老师注意到，琪琪在随意撕扯着报纸，已经撕了一堆纸屑，洪老师向她竖着大拇指说："你真行，会做扁的面条，还会做圆的面条。"这一评论让琪琪恍然大悟。观察发现，她从随意撕扯的行为发展为做面条的角色游戏，而且做出了多种形状的面条。洪老师的这一鼓励为幼儿游戏引导了明确的方向，并激发了幼儿的想象性行为。

4. 表达情绪

案例 7-18：

在早先的游戏中，杨老师扮演外科医生，为豆豆的玩偶进行了心肺复苏。今天，她看到豆豆、李子、乔三人正在进行医院游戏。

豆豆：宝宝病了，她的哥哥也病了。

李子和乔带来了许多小毯子。

李子：我们给宝宝带来了枕头。

豆豆：我要把她放到安全的房间去。

乔：她的心脏跳得太快了。

李子（很严肃）：我想你的宝宝不会好了。她要死了。

豆豆（微笑着）：我知道。

乔：我想我们的宝宝都要死了。

几个孩子一起窃笑。

看到这里，杨老师认为，孩子们不太理解死亡的意义，于是，她评论道："那得多伤心啊！"老师的评论改变了幼儿游戏的方向。接下来的情节是：

李子：不能让宝宝们死掉。

乔：我们不会让任何一个宝宝死掉的。我来工作（她开始准备注射器及其他医疗材料）。

案例分析>>>>>>>>

在案例中，杨老师通过情绪表达（评论的一种），唤起幼儿的同理心，适度改变游戏的方向。

（二）教师介入的基本要求

熟手教师用最少的干预，支持幼儿的游戏，他们也提供允许幼儿追求自己游戏进程的机会，帮助幼儿创造避免游戏偏见与剥夺游戏的环境，他们将灵活性和适应性融入游戏环境。教师领导游戏的秘诀是向幼儿学习，倾听他们的声音，理解他们的言行。

当然，教师在决定是否参与幼儿游戏时，需要考虑幼儿对挑战的需要、维持游戏的技巧及自己的教学风格。就教学风格而言，同样是熟手教师，有的觉得成人就应该待在游戏之外；有的则寻找机会为幼儿增加材料或提出建议；有的喜欢经常加入幼儿游戏，他们认为这样可以增进师生关系，丰富游戏内容。就幼儿对挑战的需要及游戏技巧而言，教师介入前需要思考以下三个问题。

第一，以前在类似的情况下，我看到幼儿是怎么做的。

如果在类似情况下，幼儿能够自己解决问题，教师是不需要介入的；如果幼儿在更成熟的游戏者的帮助下能够解决问题，教师可以考虑请一个更高水平的幼儿帮忙。比如，小兰在沙地上画拱门时遇到困难，教师观察到她不停地画了擦、擦了画，最后几近懊恼。这时，建兵也在附近画沙画。教师知道，建兵美术绘画能力较高。于是，教师建议小兰去找建兵，看他能不能帮助她。

第二，在这种情况下，幼儿需要我多少帮助才能达到目标，同时符合我的教学目标。

在集体设施中游戏的所有幼儿都需要成人注意物理环境的秩序，然而，随着幼儿自身维持游戏的能力的提升，他们对成人直接介入的需要也随之减少。对于不同年龄、不同游戏水平的幼儿而言，教师的介入要适度。介入过度是对幼儿游戏发展机会的剥夺，也可能让幼儿失去自信、形成依赖。比如，如果幼儿为精通游戏者，

则教师可以介入得少一点，从而有更多时间进行观察；如果幼儿为初学游戏者，教师可能对幼儿游戏的介入多一点；对于部分精通游戏者（知道玩但不玩）而言，教师需要调动他们对游戏的积极主动性。

第三，如何让幼儿关注游戏，而不把目标放在教师身上。

教师需要警惕的是，介入不当可能让幼儿过度关注教师的认可（如表扬），而忽略了游戏过程本身的乐趣。比如，不要轻易、简单地评论幼儿的游戏（时不时对幼儿游戏进行笼统的表扬，如随口说“很好”），因为这样可能让幼儿分心，过度关注教师的评论。

案例 7-19：

戏剧角放着一个用纸箱做的飞机。五岁的维哲坐在纸箱里假装在开飞机。他口中不断模仿引擎的声音，身体随着前后摇晃。他一直重复这个动作。教师观察了好一会儿，决定介入。

师：你需要一位副驾驶员帮忙吗？

维哲：什么？

师：机长通常有一位副驾驶员帮忙开飞机。我可以帮你操纵仪器。

维哲：好！坐这里。（指着纸箱里的另一个位子）

师：我来检查仪表板，看看还有没有油。

维哲：不可以，我来检查。（看看画在纸箱上的仪表板，发出声音，用手假装按按钮）有！还有一点油。

师：我来检查雷达，看看我们飞的方向对不对。外面云很多，看不太清楚。

维哲：雷达在哪里？这个吗？（指着画在纸箱上的罗盘）

师：是啊！那是我们的雷达。你要不要检查看看？

维哲：好！（再度假装按按钮和转动罗盘）噢！我们飞错方向了。

师：我们可以和机场的塔台联络。①

案例分析

教师在使用语言介入时，通过问幼儿“如果……就……”“我们做……能……”等开放式问题，同时提供充足的材料，鼓励幼儿多尝试。然而，在该案例中，由

① 陈淑敏：《幼儿游戏》第三版，209~210 页，新北，心理出版社股份有限公司，2016。

于缺乏相关经验或受电视节目的影响，维哲重复着一个角色行为，游戏内容表浅。教师通过建议与语言描述游戏情境的方式，引导维哲的游戏向更深层次发展。

诸多研究指出，游戏的定义不明，幼教师资培育机构对游戏课程的规划不足，幼儿园行政部门与教师欠缺游戏性课程的专业知识，幼儿教师对游戏的教育信念、家长态度及传统社会文化价值等，均影响基于游戏的课程的质量。进一步说，无论是幼儿教师的职前教育还是在职教育，在游戏指导的培训上均有待增强。以社会戏剧游戏为例，如果被问及，大多数幼儿教师会说自己重视社会戏剧游戏的价值。然而，少有证据表明，教师在计划幼儿教育课程的过程中，会自觉将社会戏剧游戏作为课程计划的一部分；更别说教师力图促进社会戏剧游戏的发生。之所以出现这一情况，部分是因为在教师教育项目中，很少有关于具体游戏技巧的培训。无论是职前还是在职的幼儿教师教育与培训，有关游戏的知识与技巧都应该成为培训的主要焦点或嵌套于其他教育与发展培训中。早期教育的教材及网站常包含许多专业术语，比如，“支持”与“促进”游戏，“有准备的环境”等术语，这些术语的确切意思应该加以界定，并易于教师理解。同时，社会应为教师提供促进游戏发展的有用资源。[①]

① Berkley M. T. & Mahoney K., “The teacher’s role in enhancing sociodramatic play in early childhood classrooms: A study in head start classroom,” in Nwokah E.E., *Play as Engagement and Communication: Play & Culture Studies*, Volume 10, Lanham, University Press of American, 2010, pp.165-188.

第八章
环境：为幼儿游戏创设空间与情境

“环境是第三位老师”，其首要及最明显的意思是：学生通过环境得到支持，如此，在没有教师的互动或指导下，他们也能追求自己的兴趣并进行探索；其更为微妙的意思是，环境为激发幼儿的头脑提供足够的挑战，让他们学会管理自己的兴趣。

——朱莉安娜 · 武尔姆

问题情境

《幼儿园工作规程》第二十九条指出：“幼儿园应当将游戏作为对幼儿进行全面发展教育的重要形式。幼儿园应当因地制宜创设游戏条件，提供丰富、适宜的游戏材料，保证充足的游戏时间，开展多种游戏。”

在学前教育界，浙江安吉以游戏闻名。安吉游戏成功的秘诀在哪里？安吉县机关幼儿园副园长王珍介绍，根据安吉的山区特点，幼儿园就地取材，先后创设了18个野趣游戏区；此外，幼儿园对游戏区域的开展有固定的作息安排：周二、周三、周四上午全园幼儿在相对固定的游戏区游戏，周一、周五各班自由选区游戏。类似成功的例子当然不止安吉一个，比如重庆市沙坪坝区曙光幼儿园。这些幼儿园游戏开展成功的原因显然不在于它们有着豪华、先进的游戏设备与精良的游戏环境，相反，乡土材料、自然材料甚至粗放型材料是这里常可见到的东西。

与上述不同的是，我国幼儿园游戏环境呈现城市化的趋势，而现在，仍然有人在抱怨。一些人抱怨的是没有足够的资金置换游戏材料，没有足够的资金设计精致的游戏环境；一些人抱怨没有那么宽阔的游戏场地或原生态的环境。城市教师看了安吉游戏可能想的是自己幼儿园没有安吉那样的农村环境，而农村教师可能也在想

着如何照搬他园游戏环境的创设。幼儿园游戏环境应该基于什么原则进行创设？如何创设既能适于幼儿发展、提高教育质量，又能使幼儿获得快乐体验的游戏环境？

内容导读

空间与环境既有联系又有区别。空间指的是教师与幼儿居住、工作地点的不易改变的特点，如门、窗、通往室外的通道。环境则是空间使用的方式，具体包括：游戏场地、游戏玩具或材料、游戏区划及材料摆放等。设想一下，同一楼层的两户人家，具有同样的结构（空间），但是，环境（包括气味、家具与一些细节）可能完全不同，这取决于不同人家对家具、手工艺品等的选择。因此，空间作用于环境，然而，环境比空间具有更广泛的含义。

游戏空间、空间安排、游戏材料等环境因素对幼儿的游戏行为具有重大影响。环境设置可以影响幼儿游戏的类型、数量、时间、心理氛围和质量。麦克莱恩（McLean）甚至认为，在以儿童为中心的早期儿童教育方案中，环境是课程的基本构建物。因为在这种方案中，儿童被认为是积极的学习者，他们探索环境，使用材料解决问题，与他人互动，从而主动建构自己的知识。教师的主要角色就是创设环境，鼓励儿童积极探索和敢于冒险。[①]

第一节 游戏空间的规划

游戏空间影响幼儿游戏与幼儿的发展。比如，幼儿在户外游戏时，往往会展示出比室内游戏更高的社交和认知游戏水平；又如，游戏空间的管理可为幼儿提供外在规则，并确保游戏空间的安排。

一、室内游戏空间的规划

室内游戏空间的规划需要着重考虑空间密度、空间结构与空间功能三个方面的问题，并进行恰当的游戏分区与空间安排。空间密度指平均可供每个幼儿使用的游戏空间大小，对游戏行为产生正面影响的人均空间为 2.4 平方米。为此，教师应该尽量扩大室内的可用空间，充分利用走廊、过道等位置，阁楼、活动床的使用也是扩大空间利用率的办法。一般而言，教师会尽量将教室按照功能分成一定的区域，

① McLean S., "Creating the learning environment: Context for living and learning," in Moyer J., *Selecting Educational Equipment and Materials for School and Home*, Wheaton, Association for Childhood Education International, 1995, pp.5-13.

如阅读区、数学区、科学区、建构区等。在这些区域中，有的区域的功能固定，有的区域的功能不固定。教师可以用低矮的柜子及一些地面标示对区域进行分隔，又要使这种分隔不至于僵化到阻断区与区之间的自然联系。比如，幼儿在做饭菜时也许会想到“没盐了”，这时，他们可以逛“超市”；娃娃家的宝宝生病了，应该送去“医院”。因而，这些在生活中经常发生联系的区域是可以考虑邻近设置的。

室内游戏空间的规划既要考虑划分哪些区域，也要考虑区域之间的关系。

（一）区域的类型

幼儿园的区域有学习型、运动型与自然型，教师可以按照学习领域（语言、科学、艺术等）及主题活动（如餐厅、娃娃家等）进行分类。幼儿园活动室应根据幼儿的兴趣和需要设置多种多样的室内游戏区，如积木区、图书区、美术区、音乐区、手工区、角色扮演区等。

值得注意的是，由于幼儿经验的整合性，分区不宜太细。比如，手工区不宜再细分为纸工区、泥工区、编织区等，但可将多类手工材料放在手工区，促进幼儿综合运用已有经验。同时，幼儿园可根据活动室的实际大小及其他情况布局分区。常听到教师抱怨：教室空间少，如果再分区，幼儿的桌椅就没地方摆放了。解决这一问题的办法如图 8-1 和图 8-2 所示，可将幼儿的桌椅分组摆放在某些区域（如阅读区、操作区等）。

这些区域按照性质可分为嘈杂区与安静区、集体活动区与分组活动区等。一般而言，除了分区域活动，按照教学习惯及集体教育活动存在的必要（比如，需要全班完成的任务、全班故事教学等），活动室应预留一两个较大的固定或机动空间。教师可通过在地面贴标签、画线或圈、打点等方式标明所需空间范围甚至幼儿就座形式。如图 8-3 所示，教师用贴名字的方式贴出了半圆形的集体空间，如此，可以为幼儿提供就坐的样板，减少过渡等待时间。

图 8-1　桌椅入区（1）

图 8-2　桌椅入区（2）

图 8-3　地面标签示意就座

此外，教师还应在这些区域为幼儿提供充足的游戏时间和材料，及时更新或补充游戏材料，以便创设的游戏环境具有可变性、新颖性，并且游戏材料应放在幼儿

容易拿取的地方。

在规划室内区域时，教师应尽量照顾到各个区域，以鼓励幼儿的单独游戏、平行游戏、合作游戏及社会戏剧游戏等。在积木区与娃娃家，教师可以鼓励幼儿开展富有社会性的游戏，娃娃家能为幼儿提供更多语言交流的机会。

一般而言，如果空间允许，一个班级在同一时间设计五个左右的游戏区域比较合适。其中，娃娃家与积木区适合所有年龄的幼儿。即使是单独设计了游戏主题区域，如邮局、消防队、医务所等，也应保留娃娃家。其原因是，这样的设置延长了幼儿一起游戏的时间，使他们有更多选择，且他们可以在娃娃家探究其他游戏活动。

（二）区域的布局

由于各班活动室的面积大小、格局各不相同，教师应因地制宜调整空间布局，压缩集体教学区的面积。活动室被可移动的橱柜和开放式木架分隔为若干小型、固定的游戏区域，如积木区、表演区、美工区、益智区、阅读区、生活区、科学区等。游戏材料和需要的桌椅都在区域内，游戏时间一到，幼儿可以立刻进入游戏状态，不需要再搬桌椅、端玩具，收拾整理时也更加方便快捷，即便是小班的幼儿也可以胜任，从空间上满足了幼儿对游戏的需求。

就目前而言，幼儿园教室常有以下几种布局方式。

一为秧田型。秧田型布局的教室将教师的讲台放在最前面，面对讲台的是按井字排列的幼儿桌椅（图 8-4）。这种布局常见于边远山区的幼儿园，适用于班级规模较大、教师注重知识传授的幼儿园。在强调幼儿园课程游戏化的背景下，这种布局已经成为学前教育界所诟病的一种方式。

二为开放型。这种布局方式的最大特点是在教室中央分组摆放幼儿的桌椅，沿墙摆放材料柜，没有设置游戏区域（图 8-5）。该布局常见于活动室面积不大的幼儿园。教师可能重视集体教学，也可能允许幼儿自选游戏材料进行大量操作活动，或者组织幼儿进行小组讨论。

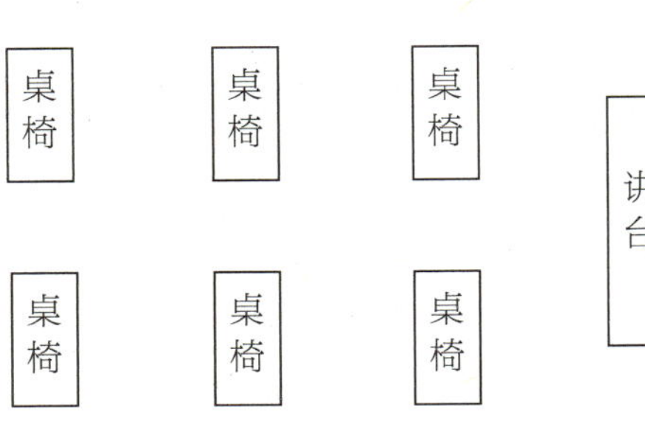

图 8-4　秧田型

图 8-5　开放型

三为分隔型。这种布局留下主要面积进行集体教学，但是为了体现区域活动、游戏活动的要求，班级又会在教室的边边角角用柜子分隔出一些区域，并标上名字。表面上看活动室有了区域，实际上这些区域并未真正发挥应有的功能，幼儿的主要活动是在自己的桌椅上参加集体授课。

四为分隔联系型。这种布局的每个区域的功能相对独立，区域之间用一定的方式分隔开来，不同区域之间有宽敞的通道及清晰的走动路线图，既保证幼儿游戏的安全与秩序，又能避免游戏受到无关打扰。当然，这种区域的分隔是相对的，允许幼儿在区域之间发生自然的联系。

区域的布局，应考虑以下几点。首先，要考虑区域的特点与要求。比如，美工区容易脏，应尽量放在近水位置；阅读区要求光线充足、温馨安静，尽量放在靠窗而又远离出入口的位置，如果不能满足自然光的要求，那么阅读区应保证照明充足；大型建构区由于搬运材料、走动等会比较嘈杂，且需要较大的场地，应尽量远离安静区与出入口，宜设在较为空旷的地方。

其次，要考虑区域之间可能的自然联系。互补的区域应邻近设置并互相开放。比如，娃娃家与积木区如果放在一起，积木区可以提供或充当幼儿的交通工具，从而促进了幼儿游戏的复杂性与多层性；两个区域的材料被允许共同使用或来回搬动，其结果可能是有更多的幼儿共同参与游戏，积木也许被年龄较大的幼儿当作娃娃家的某个道具。

最后，安静区与吵闹区应该尽量分开。比如，图书区应离吵闹的游戏区远些，避免读书的幼儿受到干扰。

（三）区域的分隔

不同区域应有明确的分隔，以标示区域的功能，营造相对封闭的游戏区间，避免幼儿游戏时相互干扰。教师可以用低矮的柜子、纸板等灵便的物体及一些地面标识对区域进行分隔。当然，活动区之间既要有一定的间隔，也要注意区与区之间的联系，便于教师观察全体幼儿。

区域分隔方式分为垂挂式分隔、竖立式分隔与平铺式分隔。垂挂式分隔常以绳、线、纸条、挂帘、透明纱等条状或块状透明或半透明物为分隔物，从区域上空垂下，既能起到分隔、制造隐私或相对封闭空间的作用，又便于教师巡回指导、观察全体幼儿（图 8-6）。竖立式分隔常用易于挪动的低矮柜子、游戏材料、纸板等竖立在地面形成一个分隔标志。平铺式分隔主要是指利用不同质地的铺设物，如毛毯、地板革、榻榻米、瑜伽垫等，将其铺在地面上，既界定了游戏的范围和性质，又可以增加不同区域的互动。图 8-7 为平铺、竖立混合式分隔。

图 8-6　垂挂式分隔

图 8-7　平铺、竖立混合式分隔

分隔物的高低视幼儿的年龄而定。小班幼儿的分隔物不宜太高，以使幼儿能随时看到教师，也便于教师监控指导为宜。中班幼儿有了一定的自控能力，分隔物以幼儿坐下来的区域自成一体，并且使幼儿抬起头来能够看到教师为宜。因此，教师应蹲下来，以幼儿身高检视分隔物的设置是否适宜。随着大班幼儿自我意识的增强与能力的提高，分隔物可由幼儿自行决定。

当然，区域的分隔是动态变化的，教师应根据幼儿对区域的喜爱程度等原因，及时、经常变换区域的范围与位置，以激发幼儿的游戏兴趣。此外，教师还可在分隔物如柜子下装上万向轮，或使用屏风，便于幼儿弹性变换和组合游戏区域。

（四）区域的大小

一般而言，游戏空间太小容易引发幼儿对游戏道具与空间的争抢。然而，游戏空间如果太大，则容易引发幼儿四处闲逛的游戏行为。游戏区域多大合适？是大点好还是小点好呢？实际上，如果特定区域不受幼儿欢迎，那么区域大了反而是种浪费。教师如果观察到某一区域特别受幼儿欢迎，则可以根据需要增加该区域可容纳幼儿的数量。所以，笼统地讲区域大小是没有意义的，区域大小可以根据幼儿的兴趣与需要进行弹性调整。

区域的大小也应视幼儿年龄及游戏发展阶段而定。比如，在某一游戏主题的初期，教师可视区域大小规定幼儿人数，随着幼儿游戏水平的提高，可以逐步放宽限制，让幼儿自行决定进区人数。

（五）区域的标识

不同区域应该有明确的标识，以告知幼儿区域的主题、内容及其规则。区域规则包括人数的限定，体现不同年龄层次的要求。多样化的活动区域为不同兴趣爱好的幼儿的发展提供了多种可能。幼儿自主选择游戏区域，自主选择游戏材料，自由选择游戏伙伴，教师不是指手画脚的“导演”，幼儿也不是被动的“小演员”，他们在自己的一方小天地里，不受干扰，专注地活动，充分体验游戏的快乐与满足，获得身体、认知、语言和社会性等多方面的发展。

每个区域的入口处都应有醒目的图文标识，上面清楚标明相关的规则要求，包括活动人数、安全提醒、游戏方法和常规要求。例如，美工区的标识会用文字加照片或图片的方式提醒幼儿：可以进 6 人，小心使用剪刀、画笔等工具，自己收拾整理材料。又如，阅读区的提醒是：可以进 4 人，爱惜图书，看一本拿一本，保持安静等。当幼儿发现这个游戏区域已经满员时，他们会自我调整，选择到其他的区域游戏。有时，教师也常用象征性的印刷物或图片来标识某区。比如，邮局游戏区可以放置售图摊、书架和其他家具，与其他区域分开，同时张贴大张邮局标志、邮政服务告示牌或放置邮票、信封等物。又如，建构区的墙壁上贴上搭建方法的图示（图 8-8），操作材料处贴上安全标识（图 8-9）。

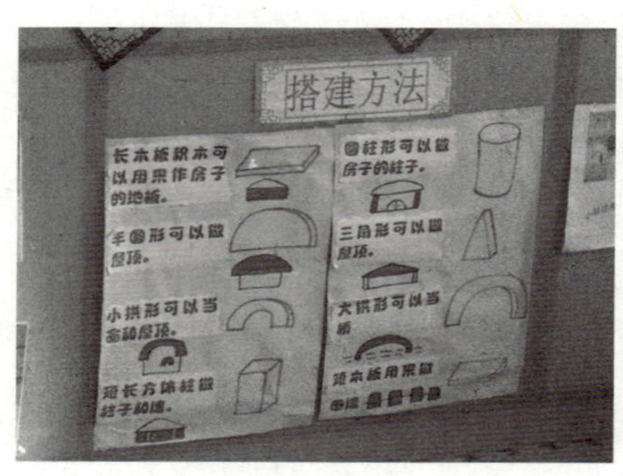

图 8-8　搭建方法图示

图 8-9　安全标识

一般而言，小班的标识要简单、明快，便于幼儿借助标识理解区角内容，我们常用贴脚印（图 8-10）、放挂牌、挂相关物品（如美工区挂画刷或放美工材料、工具，图 8-11）等方式告诉幼儿区域的内容及规则。随着大班幼儿读写准备的发展，教师可借助简短文字与符号等标识区域。

图 8-10　脚印标识

图 8-11　材料式标识

二、户外游戏环境的规划

国内外研究均指出了户外游戏的重要意义。英国专门为幼儿开设了森林学校并进行了相关研究。研究表明，森林学校为幼儿提供了通过“做中学”获得和发展自信与自尊的机会，因而也是一个鼓舞人心的过程。通过户外游戏，幼儿变得更有能力、更加健康。户外游戏为幼儿提供机会实践新学的身体技能，体验运动的乐趣，燃烧能量，并使幼儿获得生存技巧，促进幼儿学术能力的发展。研究指出，在自然环境中开展的游戏更加多样、更具想象力与创造力，也能通过认识、推理与观察技能促进幼儿的认知发展。[①] 不仅如此，在户外游戏中，男孩及低收入家庭的幼儿实际上玩得更久，也能从事更加复杂的游戏。[②] 事实上，幼儿需要户外游戏的机会检验自己的力量：我能爬多高？我能否勇敢地从平台上跳下去？

然而，现如今，由于对安全、危险的担心及责任，幼儿进行户外游戏的时间非常有限。从其教育意义看，户外游戏应该成为室内游戏的拓展，户外游戏区域的规划同室内游戏区域及游戏经验的规划同样重要。比如，许多教师可能花大力气计划室内的戏剧性游戏，错失了户外假想游戏的机会。教师应充分利用园所内的小道、墙壁、拐角、操场等区域，合理分区，形成不同的户外游戏功能区，充分挖掘环境蕴含的教育价值。当然，在保障幼儿安全的条件下充分利用户外游戏的价值，需要有经过专门训练的教师，他们知道如何提供与幼儿年龄适宜的冒险活动，了解如何进行风险评估并将风险降低到可控范围。

尽管户外游戏区域应与室内游戏区域以同样的态度审慎规划，但是，户外游戏

① Moyles J., *A-Z of Play in Early Childhood*, Berkshire, Open University Press, 2012, pp. 57-59.

② Heidemann S. & Hewitt D., *Play: The Pathway from Theory to Practice* (2nd ed.), St. Paul, Redleaf Press, 2010, p.34.

环境不宜复制室内环境，而应该为幼儿提供各种挑战经验。安杰拉·安宁（Angela Anning）曾说：

> 我担心的是“户外课堂”被误解。看到如下现象我很是不解：户外物体，如楼梯、帐篷、攀爬架、植物等被贴上单词，旨在提高幼儿的读写算能力。我当然不是质疑在帐篷、卷尺等与真实世界密切相关的事物上贴上标签。然而，我认为，户外游戏是为幼儿提供机会，让他们能够用洞与防水帽筑巢，用纸箱做飞机，种植自己的植物，开挖真正的泥巴，或者在水里踩得水花四溅，在大沙坑里修筑水坝或城堡。我希望幼儿能够跳舞并将音乐开得很大声，或者在大张纸上涂抹颜料而不用担心弄脏。我希望他们能够在树下或洞里，蜷着身子看书。我不希望幼儿在户外也从事着同样的课堂读写算训练。[①]

户外游戏场常被分为传统型游戏场、现代型游戏场与冒险型游戏场。然而，学者周淑惠提出满足幼儿全人发展需要的是“全方位户外游戏场”，即具有大部分现代型游戏场的特征并含有一定冒险型游戏场的元素。传统型游戏场意指由许多各自独立的金属运动设施所构成的游戏场地，如独立的滑梯、攀爬架、旋转木马等，每个设施基本上都是单独架设的。现代型游戏场通常指以具有多功能的大型组合游戏材料为主体的游戏场。冒险型游戏场由简单、粗糙但可用的物品组成。废旧的物品和工具以及游戏领导者非正式的监管，使得幼儿能够建造“窝巢”或游戏结构和参与其他形式的户外游戏。现在，冒险型游戏场多是利用天然环境及废弃材料所建造的。这种游戏场有较多的天然设施，如泥淖、花园等，甚至还有动物栖息其中。这种游戏场有较多的可让幼儿操作的弹性素材，如木头、木箱、绳索、轮胎、锤子、铁钉、锯子及其他工具。游戏场可进行的活动有：建造、拆除、生火、炊事、烧烤、挖掘等。一些研究显示，现代型游戏场比传统型游戏场有较多的想象、创意游戏行为发生，然而，其他研究则显示，现代型游戏场并不见得比传统型游戏场更为优良。事实上，每一种游戏场均会引发不同的游戏行为，满足不同年龄发展需求并提供多样游戏形态的游戏场地，符合幼儿全人发展的需要。

沃德尔（Wardle）明确提出，最佳户外游戏环境的构成要素包括地面、游戏区及设施、材料、安全、监督等。户外空间要有独立的区域进行不同的游戏。比如，

① Moyles J., *A-Z of Play in Early Childhood*, Berkshire, Open University Press, 2012, p.109.

有用于发展幼儿大运动技能，如攀爬、奔跑、投掷等的剧烈活动的区域，幼儿在这一区域可以奔跑、骑车、攀爬、滑行；也有适于进行安静游戏，如绘画、讲故事、表演故事等的区域。户外游戏环境还应为幼儿提供设计与建构大型建构物、探索自然、开阔心胸的机会与条件。户外游戏空间可以利用不同的地面、低矮的障碍物或天然的分界物（树木、灌木丛等），来区别不同的户外空间。

（一）综合性游戏区

综合性游戏区是以木质材料或塑胶制造的大型立体联结式游戏设施，为幼儿提供水平面或垂直面多样可连续的游戏活动。综合性游戏区或多或少会提供多种且具有不同挑战程度的大肢体活动，如攀爬、荡绳、吊环、荡秋千等。同时，组合结构中的平台或小空间，可为幼儿提供进行社会性游戏或戏剧扮演的空间。结构本身通常会与认知游戏结合，如设哈哈镜、传声筒、反光镜、立面拼图等。运动性组合游戏材料和综合性游戏材料如图 8-12、图 8-13 所示。

图 8-12　运动性组合游戏材料

图 8-13　综合性游戏材料

（二）运动性游戏区

高质量的学前教育项目在一日流程中均为幼儿安排户外活动。户外运动为幼儿身体发展提供了发展肌肉控制、释放能量、呼吸新鲜空气与感受大自然美好的机会。当教师为户外活动制订计划时，他们可能主要关注的是大肌肉发展的学习目标，如跑、跳、爬、钻、躲等。运动性游戏区是以粗大动作练习为主要内容的活动区域，包括感统区、跳跃区、投掷区、奔跑区、赤足区，还可设置运动专区，如车区、水区、轮胎区、野战区和综合区。

安全是运动性游戏区第一考虑的要素。因此，游戏区的材料与场地应尽量减少不安全因素。滑梯的材料以木质为佳，表面光滑。金属材质的滑梯最好放置在阴凉处。滑梯长度最好小于 3 米，两边扶手高度大于 1.2 米，梯面坡度以不超过 30 度为宜，管状滑梯直径不宜小于 0.5 米，出口处 1.8 米内不得有任何障碍物。秋千不宜设在出入口或走道附近，不宜和攀爬设备混合设置，最好与其他游戏器材有适当的间隔。两个并排秋千的间距应不小于0.6米。秋千下面宜铺上细沙或塑胶。攀爬设备能为幼儿提供较多的体能挑战，最好以上等硬木制造，有防热处理的金属材料或绳索也是常用的材质，这样可避免因阳光照射而温度过高。器材上避免有螺丝钉、尖角、锐边或任何可能勾住头发或衣服的突出物，以及足以夹住幼儿头部的坑洞。对幼儿而言，爬下比爬上困难许多，因此最好为幼儿提供较为平缓的下坡阶梯。

在保障安全的前提下，户外活动区域应尽量增加活动的挑战性。通过设置不陡的坡地、柱子和角落，创设能够变动的空间，如有挖洞、造小屋、玩体育游戏的可能空间，来增加复杂游戏的机会。运动性游戏区可以充分利用幼儿园的各种自然条件或已有条件，比如，在楼梯旁边修个滑梯，利用幼儿园的土坡做一个水泥或钢管滑梯，在两树或墙壁之间做一个攀爬网、轮胎秋千（图8-14、图8-15）。

图8-14　楼梯滑梯

图8-15　攀爬网

基本的游戏设备包括：车类（单车、四轮车、二轮车及独轮车），攀爬架、攀爬网或攀爬隧洞，各类球，跳绳，沙包，高跷，铁环等。此外，教师还可以提供滚筒、木料、梯子等，允许幼儿自由使用材料（图8-16至图8-18）。

图8-16　滚筒

图8-17　吊环

图8-18　积木跷跷板

（三）探索性游戏区

探索性游戏区是让幼儿通过自己的探索活动建构新知的区域，这些区域包括沙水区、科学区、种植与饲养区等。幼儿园应充分利用户外区域的自由、空间及基础设施进行探索活动。开设此类区域的主要目的是通过创设情境，为幼儿提供自主探索的机会，萌发幼儿对科学问题与自然现象的兴趣，获得提出问题、做出假设、进行验证与分享交流等方面的科学经验。根据课程需要，幼儿园有时将沙水区、科学区与饲养区单独设置，幼儿园有时将沙水区与科学区或者科学区与饲养区放在一起，并提供沙池、玩水区、沙水桌、花园工具（锄、铲、剪刀、洒水壶等），以及做木工活用的工作台、工具箱、木条等。比如，教师为探索区提供彩色纸带、风车等，以便幼儿感知风；提供泡泡水及各种形状的吹泡泡的小铁圈，方便幼儿制作泡泡水、吹泡泡，探索小铁圈形状是否影响泡泡形状等科学问题；提供颜料、水、喷壶等，允许幼儿在人行道或墙壁上画画；提供小卡车、动物及人物塑料玩偶，小船，渔翁斗笠与渔具等，促进幼儿想象力的发展。

科学区主要通过材料创设具有挑战性的问题与任务。比如，就如何建构桥梁，教师可以先与幼儿讨论如何建有孔的桥、高高的桥或结实的桥，将幼儿提出的问题呈现出来，放在科学区材料中。有经验的教师经常会有意识地组织幼儿讨论科学问题，并由此生发科学主题，相应地设计科学区。

案例 8-1：

科学区设置

一天，曾老师请幼儿带来一些植物的种子，幼儿带来了洋葱、马铃薯、姜、大蒜等。利用谈话时间，曾老师收集了幼儿关于这些植物种子的各种问题并将问题打印、张贴出来。俊俊问："洋葱放在水中会长出什么？"童童问："洋葱的根长得有多快？"为了帮助幼儿以直观的方式探究问题，曾老师专门剪了透明塑料瓶，在上面贴上不同颜色的标线，还提供了观察记录本与笔，幼儿每天可以进区观察并加以记录。一段时间之后，他们就可以用数据说明问题了。

案例分析

曾老师既具体呈现幼儿的问题，又提供了可见的、变化明显的操作材料，激发了幼儿的学习欲望，使其探究需求在操作材料的过程中得到满足，并使他们学会了提出问题与解决问题。

在探索性游戏区，教师可以提供如下材料。

科学区：为幼儿提供放大镜、透镜、双盘天平、勺子、滴管、镊子、碗、瓶子等，测量长度和质量的非标准化工具，科学发现日记和其他文字材料，清洁设备，如水桶、纸巾、垃圾盘、扫帚、海绵。

植物角：除了陈列幼儿常见的、生长周期较短的植物外，还应为每种植物贴上名字，并为幼儿提供人手一册的观察日记，让幼儿将其观察所见以写日记的方式记录下来。幼儿观察记录后，教师应在植物角相应位置帮助幼儿以图文并茂的方式简要呈现某些植物的生长过程。

沙水区：为幼儿提供体验沙和水的特性、称重与测量、使用工具（如筛子和铲子）的机会，也为幼儿提供建构、想象游戏的场所。安吉游戏在沙水区的创设上很有特色，教师提供沙铲、水桶、推车、沙漏、水、装水或引水工具等基础性材料，木片、竹筒、树叶、墙体砖、石子等辅助材料，小汽车、小人模具等角色游戏材料，如图 8-19 至图 8-21 所示。

图 8-19　沙水区材料

图 8-20　沙水区一角（1）

图 8-21　沙水区一角（2）

（四）表现性游戏区

表现性游戏区以幼儿已有经验为导向，通过各种开放性材料的投放，为幼儿提供自我表现与表达的机会，如讲故事、绘画、戏剧表演等，在户外走廊、空地、操场、平台等地为幼儿表演、绘画、讲故事创设的活动区域。比如，利用户外走廊或阳台创设一个表演区，提供表演服、录音机、乐器、绘本等，允许幼儿自由表演；在幼儿园找一处瓷砖墙壁或地面，就近提供洗手池、各色水彩或水粉颜料、画笔、画刷、桶、勺子、漏斗等材料，让幼儿进行趣味涂鸦，自由调配颜料、分装颜料，画池塘里的蝌蚪、青蛙（图 8-22）。

户外设备和材料应该能够持久吸引幼儿的注意力，能促进幼儿创造力和想象力的发展，是坚固的、安全的且适合各年龄段的。高质量的设备和材料要具备可移动的部分，由简单、复杂、非常复杂的材料组合而成。允许幼儿进行多种多样的体验和活动，还要有界限明确的空间。可移动的部分是幼儿进行即兴创作时可操作的，包括一些尺寸、形状、质地不同的轻型物体（如一座小木屋），木板，斜坡，沙水等材料。允许幼儿按照自己的意愿把这些材料从一个地方搬到另一个地方，也可以增加环境的复杂度，发展幼儿的灵活性、多样性、新奇性和挑战能力。

比如，提供彩色纸带、围巾、录音机、播放器、表演服等，布置如图 8-23 所示的表演区，激发幼儿的表现欲望。

图 8-22　户外美工区

图 8-23　户外表演区

（五）户外游戏活动举例及注意事项

1. 户外游戏活动举例

①在水桌上洗玩偶或餐具。

②参观博物馆、社区。

③户外画画（在一面墙上张贴大张白纸，或者是让幼儿画在大面的瓷砖墙壁上，或者直接在水泥地面或瓷砖地面上画画）。

④观察一棵树或一片花草，经常观察其变化。

⑤户外搜寻，如搜集不同颜色与形状的树叶、坚果（如松果）、石头与羽毛。

⑥找空气，如利用塑料袋、风车等寻找空气。

⑦扮演交警，如指挥交通、查看驾驶执照等。

⑧团体游戏，如红灯停、绿灯行，丢手绢，老鹰抓小鸡等。

⑨接力跑、障碍跑等，如夺小旗游戏。

⑩探索小树林、种植、野炊等。

2. 户外游戏活动注意事项

①大型玩具之间要留有一定的空间。

②可以利用地势建构活动区，如在土坡上建滑梯，在树丛里建迷宫。

案例 8-2：

安吉户外游戏[①]

走进安吉县机关幼儿园，就像走进了一个奇妙的世界：大班游戏区内欢乐运动场、户外建构、冒险岛等一字排开，中班游戏区内农家乐、小树林、大脚丫池、石玩坊等错落有致，小班游戏区内涂鸦、废旧工厂、沙滩等也比比皆是。园长盛奕说："我们就地取材创设了 18 个野趣游戏区，各年龄段按不同游戏区进行轮换，周二、周三、周四全园 896 名幼儿在相对固定的游戏区内游戏，周一、周五各班自由选择游戏区游戏。"

走进园内的"冒险岛"，沟壑、山坡、草坪、秋千、木屋、绳网，不仅为孩子们提供了锻炼体能的机会，而且给孩子们无限的游戏想象，既具有挑战性，又具有原始生态性，而游戏中提供的麻袋、麻绳、木桩、木条、木箱、梯子等更可让孩子们在自主自由的环境中生成各种游戏。涂鸦区内的瓷砖墙面、各号画笔、棉棒、滚筒刷、水桶、抹布、废旧材料等，可让孩子们用自由自在的方式尽情表达。孩子们的作品有的是随性的线条与点的组合，有的是天马行空的想象画，有的是生活情境的再现。

中班游戏区的孩子们正在忙碌着：有的手中拿着用竹子做成的竹梯子、竹竿、竹筒构建着自己的设计；有的用磨光了棱角的砖头和木板搭房子；有的在绑着许多轮胎的高大攀缘架上坐着、吊着、爬着，灵活得好似小猴子；也有的如杂技演员一样，踩在圆形油桶的桶壁上，让油桶滚动自如。从孩子们的脸上你能看到那种安静和专注，他们个个洋溢着幸福和快乐（图 8-24、图 8-25）。

图 8-24　安吉户外游戏（1）

图 8-25　安吉户外游戏（2）

① 陈毛应、严红枫：《"安吉游戏"：缘何风靡欧美》，载《光明日报》，2014-12-23。收入本书时有改动。

案例分析>>>>>>>>

安吉县机关幼儿园的户外游戏区不仅种类多，满足了幼儿运动性游戏、想象性游戏、建构性游戏等各类游戏需要，而且为幼儿提供了自由自主游戏的空间，体现了对幼儿游戏能力的信任和对幼儿个性化发展需要的尊重。

三、游戏空间规划的原则

游戏场地的设计与使用应安全可靠，适宜幼儿发展，能包容各种发展水平与能力的幼儿（包括为处境不利幼儿提供游戏条件），游戏空间对于幼儿而言易于接近。当然，最好的游戏场地从来就是未完成时，即它能不断发展以满足幼儿发展变化的需要。

（一）安全卫生的原则

户外游戏环境面临的一个至关重要的问题是安全。我们可以参考相关的标准检查户外游戏环境的安全性。幼儿园户外游戏场地应该有草地、泥土地、水泥地面、沥青路及由沙子、木屑、橡胶垫、轮胎等构成的跌落区，以提高安全性，满足不同游戏类型的需要。然而，鉴于坚硬游戏场地带来的意外伤害，除非必要（比如，幼儿踩单车或者过往通道），建议幼儿园更多地使用木屑地面、细沙地面、泥土地面、草地等自然材料作为游戏场地的主要材料，因为这些材料不仅安全，而且有利于建立幼儿与自然环境之间的和谐关系。尽管塑胶地面可以减少幼儿运动时的伤害，但其坏处也是显而易见的。比如，由于塑胶地面过于柔软，长期在这样的地面上活动不利于幼儿腿部机能的发展，而且，市面上的塑胶地面质量参差不齐，质量不过关的塑胶地面散发出异味，会对幼儿的呼吸系统产生有害影响。

此外，幼儿园应尽量在户外设置促进身体游戏、社会性游戏、建构性游戏、规则性游戏的游戏区域。在这些区域中，攀爬架、梯子、攀岩、秋千、平衡木、三轮车、沙池、玩沙工具、木工材料、种植工具、种子、花苗、跳绳、球、粉笔等东西都是必要的。许多幼儿园都愿意将幼儿园户外场地进行分区，如分成玩沙区、运动区、种植区、攀爬区等，并巧妙设计工具的使用与闲置时的场所。

当然，游戏安全离不开教师的监管。除了游戏前查看环境的安全外，向幼儿交代必要的游戏规则也是必要的。如果幼儿园有一些有特殊需要的幼儿，则幼儿园户外游戏环境要考虑特殊幼儿的游戏需要。美国消费品安全委员会（CPSC）从 20 世纪 70 年代开始就致力于游戏场地的安全问题。研究表明，最普遍的安全事故是：

游戏时幼儿摔倒在坚硬的地面上，撞在游戏设备的突起部位，或者陷于游戏设备中。在美国，游戏诉讼案中主要讨论的四个因素是：游戏器材的设计、安装及其维护（尤其是弹性表面材料的维护），游戏过程中成人的监管。发生在游戏场地的绝大多数伤害或死亡原因在于幼儿从游戏器材上摔到了坚硬的地面上。游戏场地的安全性影响要素包括：监管，适宜年龄的设计，地面材料以及游戏器材、铺面材料的维护。

在强调游戏场地的安全性时，教师需要注意两点。一是确保游戏场地的安全，减少严重的游戏伤害，同时又要允许幼儿参加具有挑战性的游戏。所以，事先做好规划十分重要。二是游戏安全并不意味着监管越多越安全。研究表明，知觉动作技能发展落后的幼儿在任何游戏场地都是危险的。因此，与确保游戏场地安全一样重要的是，发展幼儿的安全意识与自我保护能力。

当然，从严格意义上说，安全并不仅仅意味着没有严重伤害，它还包括防晒、防碰撞等。因此，在相对狭窄的地方规划并标识好行走线路，在室外设计晒太阳处与遮荫处（如有树荫、凉亭等）是必要的。①

（二）促进探索的原则

促进探索的原则指的是，幼儿园游戏环境的规则要有趣、好玩，能引起幼儿的探索热情，且移动自如，允许幼儿自主选择，能促进幼儿通过游戏的学习。具体而言，一个有趣、好玩、能引起幼儿探索的环境，在空间规划与游戏设施上是类型多样、数量丰富且质量、数量具有可变性的。比如，室内设益智区、积木区、阅读区、扮演区、创作区或玩具区等，这些游戏区域包括不同的社会接触、指导方式与学习方式，给幼儿留下自由选择的余地。户外游戏区域同室内游戏区域一样，应规划成满足不同游戏需求（如合作游戏、身体运动、社会戏剧、独自游戏等）的各种区域，涉及不同的社会接触、指导方式与学习方式。

此外，教师在规划游戏空间时，要尽量保证一个空间可以激发幼儿的多样化游戏的可能。也就是说，某一特定的游戏区域并不意味着该区域只允许或只可能存在一种游戏行为。比如，建构区只能有建构活动，不能有表演游戏或读写行为。事实上，教师如果很好地利用与改善游戏环境，可以充分调动与整合幼儿的游戏经验。

常见的沙池及其游戏行为如图 8-26 所示，幼儿进行简单的感官动作性游戏。经过教育性改造后，他们在游戏中加入了许多想象，并从事角色行为。图 8-27 中

① Fromberg D. P. & Bergen D., *Play from Birth to Twelve: Contexts, Perspectives, and Meanings* (3rd ed.), New York, Routledge, 2015, pp. 337-343.

的女孩受到沙池中菜篮与鸭子玩偶、黄瓜模具的启发，表演着妈妈买菜的情节。

图 8-26　感官动作性沙池游戏

图 8-27　沙池区的想象性游戏

到底做怎样的改造，幼儿的游戏行为才存在质的差异呢？改造前，幼儿主要使用铲、桶等玩沙工具进行挖沙、装沙等感觉动作类游戏。幼儿园在沙池中（或旁）加装水龙头，投放菜篮、动物玩偶等角色游戏材料，木块、圆形与半圆形 PVC 管、软管等废旧材料，独轮车、秤等建筑工地材料，树叶等自然材料，小木屋、小凳子、滚筒等易于挪动的材料，使幼儿在沙池中生成角色游戏，如娃娃家、开餐馆等活动，使建构游戏自然地与角色游戏整合，进而加大幼儿游戏的深度。

（三）适性发展的原则

游戏空间设计的重要标准是游戏空间适应个别幼儿的全面发展及所有幼儿的全面发展需要的程度或其游戏价值，即游戏空间适应幼儿的发展需求及尊重幼儿的游戏权利。游戏场所应为所有幼儿提供可移动、易获得、可选择、易接近且刺激丰富的材料及挑战。此外，幼儿园既要为幼儿营造适性发展的室内游戏环境，也要尽量满足幼儿户外游戏的需要。

随着国际上对全纳教育的重视，幼儿园游戏场设计的发展趋势是：在为正常幼儿提供游戏空间的同时，满足特殊幼儿全纳教育的需要。比如，1990 年美国残疾人保护法规定，所有的公共设施，包括游戏场都应该是全纳的，也就是说，游戏场对于所有儿童包括残疾儿童应该是易接近的。为了做到这一点，游戏场应设计有轮椅通道，比如，铺设木屑或橡胶地面通达游戏器材，以帮助运动障碍儿童接近游戏场，从滑梯滑下时可以爬过有弹性的地面回到轮椅；提供平地面的游戏器材，如游戏盘、沙桌。

（四）幼儿参与的原则

教师应让幼儿参与到室内游戏环境的布置当中，让幼儿与教师一起布置游戏环

境。陈鹤琴说过："环境的布置通过儿童的双手和大脑……通过儿童的思想和双手所布置的环境，可使他对环境中的事物更加认识，也更加爱护。"[①] 这一环节需要教师为幼儿提供大量的成品和半成品，鼓励幼儿积极投入游戏环境创设之中，鼓励他们按照自己的意愿创设游戏环境，幼儿在自己参与创设的游戏环境中会更自如和自信地游戏。

（五）免干扰的原则

游戏区域的设计应确保幼儿游戏不受干扰。教师可通过区域安排、家具布置等做到安静区与吵闹区分开，某一游戏区域的游戏不受幼儿走动的干扰等。[②]

案例 8-3：

我进入积木区开始观察：入口处有一个插卡牌，上面有四个小口袋，说明每次最多可以有四个孩子进入积木区，现在已经插满了。除小虎外，另外三个男孩各自拥有一块空间和几块积木，正或跪在地上或趴在地上忙碌着，互不干扰。

把小二层的下层设置为积木区，主要是基于两点考虑的：其一，幼儿在积木区游戏时会发出"乒乒乓乓"的声音，这里相对独立，能够和需要安静的区域保持一定的距离；其二，这里远离幼儿日常的行走路线，便于幼儿展示搭建作品。[②]

案例分析

教师随时观察幼儿游戏是否存在相互干扰的问题，同时，将积木区设置在小二层的下层，主要考虑的是积木游戏的声音可能干扰到幼儿的其他游戏，为积木建构游戏设置一相对独立的区域，既能避免安静区受到积木游戏的干扰，又便于幼儿展示作品，确保幼儿成为环境的主人并在展示中获得更多的自信。

教师可通过游戏环境快速核对表（表 8-1）来核对游戏环境的布置情况。

① 陈鹤琴:《陈鹤琴幼儿教育文集》，195 页，太原，山西教育出版社，2022。

② 教育部基础教育司:《游戏·学习·发展——全国幼儿园优秀游戏活动案例选编》，141~142 页，北京，人民教育出版社，2020。

表 8-1　游戏环境快速核对表

我每天至少提供 30～40 分钟让幼儿在兴趣区玩耍 我为幼儿计划户外戏剧游戏 我提供的游戏区域是分隔好的封闭空间 我提供了 4～5 个幼儿可以同时参加戏剧游戏的空间 我混合提供了逼真的道具 / 游戏材料与更多非结构性的道具 / 游戏材料 在戏剧游戏区域，我提供了足够的游戏道具 我提供了与主题区域和（或）娃娃家相关的道具 / 游戏材料 在戏剧游戏区，我提供了数学与读写方面的道具 / 游戏材料 当设置幼儿不熟悉的主题区域时，我会为幼儿计划 / 提供相关的经验 除娃娃家外，我一年内会设置 4～6 个主题区域
我将通过如下方式改善游戏环境： 1. 2. （提示：完成检核表，写下你将改善环境的一至两种方式）

第二节　营造积极参与的游戏氛围

幼儿需要心理安全感与存在感。对比不同文化、不同地域与不同层次的幼儿园及其游戏，我们可以发现，不同幼儿园既有硬件，如游戏材料、游戏空间方面的差异，也有软件方面的差异，尤其是因成人对游戏的态度与信念而造成的游戏氛围的差异。幼儿园游戏环境的创设应考虑幼儿的心理需求，营造一种欢迎并支持每一个幼儿参与游戏的心理氛围。

一、传递“游戏重要”的信息

幼儿从教师处接收到“游戏有价值”“游戏很重要”等正面信息十分重要，这些信息的传递有助于为幼儿营造一个允许、欢迎、喜欢幼儿游戏的心理氛围。

案例 8-4：

美国威斯康星州麦迪逊的一城（One City）幼儿园规定，上午 10 点到 11 点 20 分是全园幼儿的户外游戏时间。教师将幼儿带到户外后，幼儿就四散开去，有与他人比赛跑步的，也有自由、随意地摆弄着滚筒、木板等游戏材料的。放置在户外场地中间的滚筒引起了不少幼儿的兴趣。最初，小 A 试探性地用

手推了推滚筒，滚筒在地面上慢慢滚动起来。另有几个幼儿也慢慢地靠过来，有人学小A用力推滚筒，还有人乘机钻到了滚筒里面。于是，他们玩起了一个推滚筒一个在筒里打滚的游戏。玩着玩着，有幼儿开始尝试爬上滚筒，试着扶着同伴的手站到滚筒上……

在幼儿游戏的过程中，教师一边随时观察幼儿，预防危险因素，保障幼儿安全，一边也投入幼儿的游戏中。户外游戏时间结束后，教师和幼儿回到班级。这时，教师组织幼儿将之前的游戏用绘画的方式加以表达。在幼儿绘画之前，教师提问幼儿："刚才的游戏你喜欢吗？你玩了什么？跟谁一起玩的？你是怎么玩的？"幼儿绘画游戏故事后，教师进一步一一询问幼儿画了什么，并帮幼儿记录下来。最后，幼儿的游戏绘画故事将挂在或贴在班级里。

案例分析

简单的游戏材料，比如滚筒，被幼儿玩得不亦乐乎且花样百出：有一人玩的，有多人合作玩的；有爬到滚筒上面的，有躺在滚筒里的；有让别人推动滚筒的，也有自己一个人躺在滚筒里面让滚筒动起来的。从当时的游戏情境及参观者与教师的交谈看，这个班开班只有不到半年的时间，教师也极少直接告诉幼儿应该如何游戏。原因何在？教师参与幼儿游戏、幼儿得以自由玩耍是其中的重要奥妙之处。

营造游戏重要、欢迎幼儿游戏的氛围，教师可以采用以下策略。

（一）环境为幼儿所用

环境对幼儿的学习活动至关重要。也就是说，教师为幼儿提供丰富的游戏环境是重要的，然而，游戏环境不是用于陈设、装饰或评估的，而是为了促进幼儿积极、主动甚至兴奋地卷入学习的。游戏环境必须加以组织并得到利用，而不是混乱、失控的。游戏环境要能促进幼儿积累游戏经验，促进发生高水平的游戏。

在幼儿游戏中，教师不要时刻与过分关注游戏环境的整洁有序，忌讳过分精细化的管理。因为，过分关注游戏环境与游戏过程中的细节问题，比如，材料每次使用完毕后必须放回原处，可能会让幼儿在游戏时放不开手脚。事实上，适当容忍凌乱，不过分在意细节，能让幼儿安心游戏。正如我们去拜访某户人家，如果我们发现，主人家要求诸多，必须小心谨慎，以免冒犯主人，那么，在这样的家庭氛围中，我们会自在、放松吗？答案可想而知。

此外，教师要经常提问幼儿，或者为幼儿提供辅助性材料，促进幼儿创造性地利用游戏环境及其中的资源。比如，教师提供菜单或饭店的其他材料，或者提问幼儿"你还可以用积木做什么"。允许幼儿开放性或自由地利用游戏环境，有助于营造心理安全的游戏氛围。

（二）与幼儿一起游戏

作为幼儿的重要他人，教师如果从来不参与幼儿的游戏，那么，即使教师口头上说重视幼儿游戏，幼儿也可以敏锐地感受到：游戏在这个班级及成人眼里是不重要的，甚至是不受欢迎的。教师如果能和幼儿一起游戏，那么，即使教师什么也不说，幼儿也可以感受到：游戏很重要、游戏受欢迎。因此，教师适时卷入幼儿游戏是重要的。

然而，研究发现，在班级中，教师关注的焦点是幼儿的安全问题，教师将自己的角色主要定位于防止危险的发生。同时，由于一日常规中维持班级秩序与监护幼儿花费了教师大量时间，其结果是：教师少有时间及机会直接参与幼儿有意义的游戏活动。然而，观察亦发现，成人卷入幼儿游戏的时刻也是游戏最可能持久、品质更高的时刻。比如，与照料者建立安全依恋的幼儿更易于探究与卷入更为复杂的游戏。①

二、赋予幼儿游戏的自由

如果幼儿在游戏时小心翼翼，那么，这说明幼儿在游戏时有许多担忧，存在不安全感。这些担忧也许包括：如果没按教师期望的样子做，可能会受到批评。在一次幼儿园游戏观摩活动中，一个刚随父母来美国访学的四岁韩国宝宝山荣时不时跑来问艾瑞克老师，只见他满怀担忧、小心翼翼地轻声问老师："我可以……吗？"也许他只是问："我可以玩那套积木吗？"每次艾瑞克都极有耐心且温柔地回复他："可以的，你可以做你想做的任何事情。"山荣如此小心谨慎，反映了他之前的游戏经历：玩什么、怎么玩、跟谁玩、什么时候玩等都是由成人规定的，幼儿没有游戏的自由。

（一）游戏规则合理

研究表明，教师如果能帮助幼儿预料一日将要发生的一切，能够在全班更好地向幼儿解释活动及其背后的原理，相比没有提供此类支持的幼儿而言，这些幼儿可

---

① Nwokah E. E., *Play as Engagement and Communication: Play & Culture Studies*, Volume 10, Lanham, University Press of America, 2010, pp.165-183.

以表现出更强的自我管理能力，今后在学校也能获得更大的学术成就。①

在游戏中，教师需要通过游戏规则赋予幼儿游戏的自由，而不是通过规则去控制甚至限制幼儿游戏的自由。这意味着：首先，游戏规则要是合理的，要以促进幼儿的自我选择、自我决策及自我负责为方向；其次，让幼儿知晓游戏自由的范围，即任何人的游戏自由以不妨碍他人的游戏自由为限。

（二）粗放型管理

我国幼儿教育出于安全责任、教育传统、教师观念与能力等原因，在幼儿游戏组织上以精细化管理为基本特点，即对幼儿游戏进行全方位的、全过程的监控。精细化管理有其优点，不过其劣势也非常明显，它将导致幼儿的自主责任感、自我判断力、自信心、社会责任感、自我保护意识、自我保护能力、社会参与素养与自由体验等的缺失。安吉游戏、森林幼儿园等被学前教育界认可的一个重要原因就是：信任幼儿，大胆放手，实施粗放型管理。我们做过一个调查，播放幼儿赤脚玩沙玩水、身上弄得很脏的照片，请广东某市与浙江某市园长高级研修班的学员发表意见，结果，许多学员表示，幼儿玩沙、玩水应该穿上雨鞋，这样做更干净也更能为家长接受。怕脏、怕乱、怕不安全是幼儿教师组织游戏活动时常常担心的问题。近年来，家长在孩子的教养方式上越来越小心谨慎，这也导致了幼儿教师在组织管理幼儿游戏等活动时不得不实施精细型管理。事实上，实践证明，过度保护不仅无助于幼儿的游戏安全，反而可能带来更为严重的安全问题，因为过度保护已经令幼儿日益丧失了自我保护的意识与能力。

当然，教师要在组织幼儿游戏前对幼儿游戏进行风险评估，评估并排除幼儿游戏可能存在的隐患，在此基础上，给予幼儿充分的游戏自由。比如，在户外游戏中，教师预见幼儿可能会走下游戏的山坡而走到马路上，于是，一位教师在山坡与马路之间站着，以示界限。相比精细化管理，幼儿教师在组织幼儿游戏时，可以在保证安全的情况下，适当实施粗放型管理。

三、营造促进幼儿参与游戏的社区氛围

设计一个促进探究、创造社区感及真正快乐的参与式环境至关重要。班级环境可能创造一种社区感，维持积极的氛围，使幼儿之间及幼儿与成人之间发生创造性的互动。前面我们已经讲到，通过游戏区域的创设、游戏材料的提供等满足不同需

① Cameron C. E. & Morrison F. J., “Teacher activity orienting predicts preschoolers’ academic and self-regulatory skills,” *Early Education and Development*, 2011（4）, pp. 620-648.

求、兴趣与发展水平的幼儿，以促进所有幼儿参与游戏。这里，我们重点从集体归属感及游戏同伴关系的角度谈促进幼儿参与游戏的班级社区的建设。

（一）积极的同伴互动

同伴游戏既是同伴群体社会化的所在地，也是学习的情境，比如，精通特定的游戏类型可能支持幼儿的语言与交流技能的发展，因而，同伴游戏常被理解为丰富的学习环境及社会化情境。然而，需要注意的是，作为一种社会活动，在游戏框架、内容、开展过程及可能获得的社会地位上，同伴游戏的参与者可能出现不同的意见、不一致的解释，有时，这种不一致的解释可能走向公开化，并且产生冲突。其结果可能是，一部分幼儿遭到排斥。事实上，对一些幼儿而言，社交失败是他们的日常常规经验。对于这部分幼儿而言，同伴游戏成了他们学习成为边缘化或局外人的一种社会活动。[①]

研究指出，对于幼儿而言，同伴游戏互动是实践学术技能和丰富社交技巧的最接近幼儿发展水平的令人愉快的机会，这些技能有助于做好幼小衔接。关键问题是，我们需要理解积极的同伴互动得以发生的条件。正如学前教育专家建议，在组织与安排班级环境时，教师强调同伴互动，支持幼儿丰富的学习经验，同时，在幼儿需要帮助时提供支持，只有这样，同伴情境下的学习才最有可能发生。对于那些在游戏中表现出破坏性行为或不连贯行为的幼儿，也许教师应为他们提供更加个别化的支持，以促进他们参与同伴游戏。[②]

（二）适配的师幼互动

成人是否应该介入幼儿游戏，理论界分歧重重，各有各的理由。传统的观点认为，幼儿应该经常地主宰自己的游戏活动。根据这种观点，自我引导的游戏允许幼儿追求具有个人意义的游戏兴趣，成人几乎不介入幼儿的游戏，成人的主要角色是观察与评估游戏。然而，“游戏训练”研究引起了学者对这种“放手游戏”观点的质疑。质疑论指出，成人对幼儿游戏的介入能够提升幼儿具体的游戏能力，反过来，游戏能力的提高又能促进幼儿社会、认知与语言发展。如果教师与父母选择不与幼儿发生游戏互动，他们丧失的是促进幼儿早期发展的机会。然而，也有许多学者表

① Karrebæk M. S., “It farts: The situated management of social organization in a kindergarten peer group,” *Journal of Pragmatics*, 2011 (12), pp. 2911-2931.

② Bulotsky-Shearer R. J., Bell E. R. & Carter T. M., et al., “Peer play interactions and learning for low-income preschool children: The moderating role of classroom quality,” *Early Education and Development*, 2014 (6), pp.815-840.

示了对游戏训练论的担忧：好心的介入可能沦为“爱管闲事的游戏说教”；或者把自认为唯一正确的游戏方式强加给幼儿，但这种方式可能与幼儿的兴趣、需要和文化传统不一致。为解决教师介入过度或放任自流的问题，学者提出支架策略，即教师根据特定情境与特定发展阶段个别幼儿的需要，调整自己介入幼儿游戏的方式、时机等。比如，在发展不利的幼儿的游戏中，教师参与的是更直接与更结构化的游戏互动；相比而言，在与发展水平较高的幼儿发生游戏互动时，教师较少直接参与，幼儿表现出更多自发性、自我责任与儿童中心。教师介入幼儿游戏的模式可能为：始于游戏观察，教师反思，此时此刻，幼儿需要多少游戏引导。基于问题的回答，教师开始采取（或不采取）适宜的游戏互动。研究表明，如果教师提供的游戏支持满足个别幼儿的直接需要，那么，之后幼儿将出现自主性游戏，即幼儿计划、执行、反思、监控自己的游戏行为。①

（三）合作取向的游戏组织

研究指出，发展归属感及有关社区价值的经验是幼儿在幼儿园游戏中可能学到的重要价值。师幼游戏互动采取一对一的方式（教师与个别幼儿的互动）还是集体互动方式，影响幼儿习得上述价值。尽管一对一的互动为幼儿提供了发展归属感及体验师幼构成的社区价值的机会，然而，一对一的互动方式提供的在同伴群体中发展共享的卷入感，以及在同伴中体验社区价值的机会有限。这里还存在一个危险，即为了吸引教师的注意，幼儿可能将其他幼儿视为竞争者而不是真正的游戏同伴。与一对一的游戏互动不同的是，在集体式的游戏互动中，教师不仅将幼儿视为个体，而且将其视为同伴群体中有价值的成员。同时，在建构同伴关系中，教师可以给予幼儿各更具体或更为直接的支持。相比一对一的互动，集体互动为幼儿提供了更多机会，帮助幼儿在同伴群体中发展归属感及同伴社区价值。②

总之，游戏环境应促进高质量游戏的发展并能促进课程目的的实现。良好的游戏环境具有如下特性。

① Trawick-Smith J. & Dziurgot T., "'Good-fit' teacher-child play interactions and the subsequent autonomous play of prescool children," *Early Childhood Research Quarterly*, 2011 (1), pp.110-123.

② Zachrisen B., "The contribution of different patterns of teachers' interactions to young children's experiences of democratic values during play," *International Journal of Early Childhood*, 2016, 48, pp.179-192.

1. 安全性

安全性即身体安全与心理安全。具体而言，保障身体安全需做到：游戏场地宽敞、便于通行，玩具和材料摆放安全可靠、牢固结实，室内空气新鲜、采光充足，设备定期维护、消毒，户外提供草坪、沙地及土质地，尽量不在水泥地上游玩。保障心理安全需做到：提供充足的游戏机会，使幼儿感受到被尊重、被欢迎，有自由感、自信心与自豪感，能按自己的经验和意愿开展游戏。

2. 丰富的刺激性

环境既是幼儿熟悉的，又能引起幼儿积极主动的探索。比如，户外有平缓的坡地，有能够变动的空间，有挖洞、造小屋的空间。教师需要经常思考的问题是：玩具材料是否与幼儿的经验水平相当而不过于简单或复杂？玩具材料是否真正具有可操作性？比如，收银处的“电脑”是一个贴着电脑图片的废旧包装盒还是一台真正的废旧电脑更具有可操作性？

3. 教育性与可控性相结合

教育性指的是在游戏环境的创设中体现教育意图、教育目标，依据教育意图与教育目标合理组合游戏环境。可控性指的是教师能有效调整环境的各种要素，维持环境的动态平衡，使它始终保持在最适合幼儿发展的状态。幼儿园游戏环境经常要定期更换，比如根据季节、课程主题、年龄变化、教育内容等进行变换，以更好地实现课程与游戏的结合。

4. 幼儿主体性

游戏环境应是幼儿可控的、参与创设的。默里（Murray）引入了“α 环境”与“β 环境”，两词分别表示观察者眼中的环境与居于其中的人所认识的环境。[①] 默里对环境概念的区分提示我们，在创设游戏环境时，教师需要关注身在其中的幼儿对游戏环境的感受与理解。

① ［瑞典］T. 胡森、［德］T. N. 波斯尔斯韦特：《教育大百科全书：教学—教师教育》，12 页，重庆，西南师范大学出版社，2011。

第九章 幼儿园游戏材料和玩教具

儿童需要在熟悉的材料和新颖的材料之间取得平衡。比如娃娃家，除了传统的道具，教师还必须考虑儿童的文化和家庭背景。

——朱迪思·范霍恩

问题情境

游戏材料会影响幼儿游戏的类型、内容、质量等方面，幼儿教师也在千方百计地为幼儿提供游戏材料。然而，在游戏材料的问题上，教师常常面临的问题是：当安吉游戏流行时，很多幼儿园都模仿安吉幼儿园，照搬安吉游戏材料；乡村幼儿教师观摩了城市幼儿园后，又揣摩着怎么弄回城市幼儿园的游戏材料，如此这般，幼儿教师在不停照搬他园或他班游戏材料的过程中筋疲力尽，烦恼不断。如何为幼儿提供适宜的游戏材料？教师依据什么为幼儿选择、提供游戏材料？

内容导读

游戏材料与玩教具为幼儿游戏提供了物质基础，影响幼儿游戏的类型、内容、质量等。同时，特定类型的游戏材料与玩教具能够鼓励幼儿从事特定类型的游戏，比如，与餐厅主题相关的道具，如收银机、食物模型、服务员服饰、玩具钱币等能激发幼儿进行以餐厅为主题的游戏，一个小提篮，鸡鸭等动物模型，青菜、肉类等食物道具可能激发幼儿去菜市场买菜的游戏行为。不同性质、不同类型的游戏材料与玩教具促进了幼儿多样化的游戏行为。幼儿教师如何为幼儿提供适性、适龄的游戏材料与玩教具？什么性质的游戏材料与玩教具能够激发幼儿富于创造与想象的游戏？本章根据游戏材料的结构性、真实性等特性界定了游戏材料与玩教具的种类，通过大量案例与图片说明了游戏材料与玩教具的选择原则及投放要求。

第一节 游戏材料的种类

依据不同的分类标准，幼儿园游戏材料可以划分为不同的种类。比如，按照材质分，有金属与非金属之分等；按照材料的内部结构分，有静态玩具（如充气玩具、模型玩具）、机动玩具（如电动玩具、发条玩具）与电子玩具（如电控玩具、手机游戏）；按照玩具的功能分，有智能玩具、科教玩具、装饰玩具；按玩具的成型性分，有非成型玩具与成型玩具。此处，我们按照教师选择与投放游戏材料的困惑，主要按照游戏材料的成型性、结构性与真实性进行分类。

一、材料的成型性

按照材料的成型性，游戏材料分为非成型游戏材料与成型游戏材料。

（一）非成型游戏材料

非成型游戏材料主要指源于废旧物品、自然物品等的游戏材料，其特点是可以一物多用、随意替代，具有灵活性与多功能性。在游戏场地放置一个百宝箱存放一些未成型的废旧材料，既可以解决游戏材料准备不足的问题，又可以培养幼儿的环保意识与创造性使用材料的能力。

1. 自然材料

大自然中有许多可作为游戏材料的物质，自然材料成为幼儿直接用于游戏的材料。谷物、豆类、植物叶、瓜果（皮）、麦秸、高粱秆、稻草秆、沙子、石头、草、泥土等都可以成为幼儿手工创作、角色扮演、建构游戏、美工活动等的材料。比如，用豆类、石头、木棒粘动物，用南瓜做成南瓜灯，用麦秸、棕树叶、藤条等编成小花篮、娃娃家的菜篮，用稻草秆做成口哨，用石栎果实做成轻巧的陀螺，用野果子穿成项链。随着现代文明的发展，非自然材料日益进入幼儿园游戏，以致许多人误以为只有购买的、精细的非自然材料才是适合幼儿游戏的材料，也有不少教师抱怨受费用限制无法购买足够的游戏材料。

2. 自制材料

近年以来，随着本土化课程资源意识的加强，许多幼儿园已经开始利用自然材料、废旧材料等自制游戏材料。自制游戏材料是教师根据教育目的及可用的资源

（包括本土的自然资源、回收的废旧材料），自己动手制作的游戏材料。自制游戏材料有两大好处，具体如下。

（1）能够较好地切合教育目的

教师可以根据教育需要设计与制作相应的游戏材料，比如，在一块纸板上裁剪或用刀刻出圆形、正方形与三角形，做成形状娃娃屋，幼儿通过给娃娃“喂”相应形状的图片，习得图形知识；用塑料瓶与 PVC 管做成高尔夫球杆（图 9-1），幼儿足不出户就可以玩高尔夫。

（2）培养幼儿的创新意识与环保意识

一个简单的、废弃的物品作为游戏材料呈现在幼儿面前，幼儿在把玩这些材料的过程中，自然而然养成“简单的东西可以做出许多的变化”“废弃的东西其实还有用”等意识。比如，把几个透明饮水桶用麻绳捆扎在一起，再配上一根小棒就成了打击乐器。类似的游戏材料让幼儿脑洞大开，极大地刺激了他们的开放思维。类似的材料还有：饮料瓶车子，数字套环（图 9-2，主材料是卡纸做成的手模具，上面标有数字，辅助材料是橡胶圈），花条纹的纸指甲（彩色纸做成手的形状，用笔在手指上画线，要求幼儿依线剪，图 9-3）等。

图 9-1　高尔夫球杆

图 9-2　数字套环

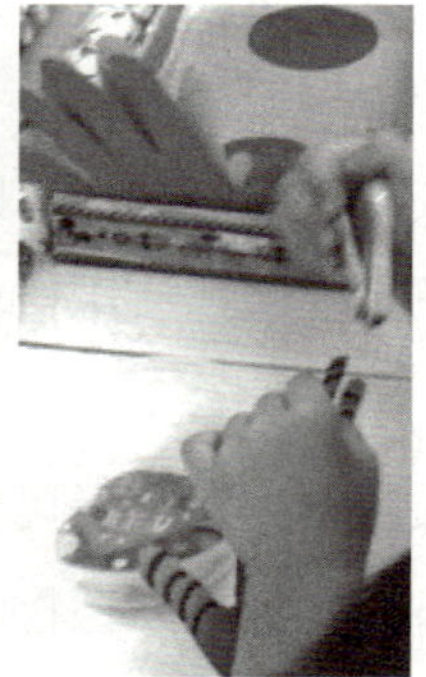

图 9-3　纸指甲

当然，自制游戏材料也存在问题。比如，费时易坏，增加教师负担。解决这两大问题，首先是尽量选择不易损坏的材料；其次是使用较好的黏合材料，如使用万能胶；再次是要将自制游戏材料的过程视为亲子互动、教育幼儿的过程，因此，充分吸引幼儿及家长参与游戏材料的搜集与制作十分重要；最后是幼儿园为教师提供专门的制作材料、备课教研等的时间。

（二）成型游戏材料

成型游戏材料包括主题游戏材料，如“汽车城”的汽车；表演游戏材料，如头饰、服装、道具，包括木偶、皮影、戏台、人或动物的形象玩具；结构游戏材料，如成套积木、积塑块（片）、胶粒、装拆建造玩具、沙、水、泥及相应玩具；智力游戏材料，如镶嵌类、拼图类、套装类、接插类、棋子类；体育游戏材料，如攀登架（网、柱、墙）、废弃轮胎等；音乐游戏材料，如发音玩具、儿童乐器；娱乐玩具，如风筝、高跷、秋千、陀螺等。如图 9-4 的胶粒、图 9-5 的布袋木偶和图 9-6 的指偶，其形象与功能相对固定，是一种成型游戏材料。

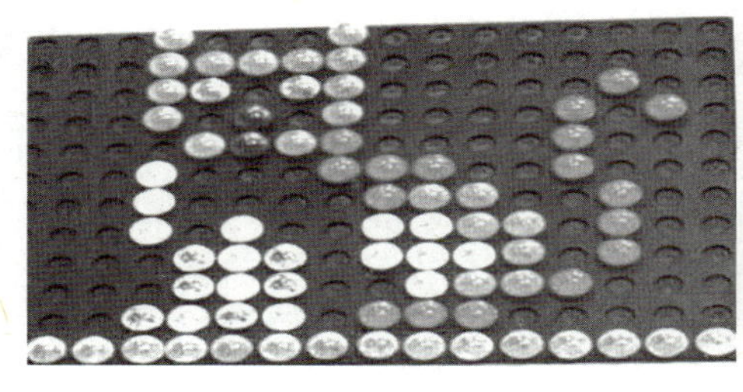
图 9-4　胶粒

图 9-5　布袋木偶

图 9-6　指偶

二、材料的结构性

所谓材料的结构性，也被称为材料的开放性，指的是一个材料的操作方法及功能的多样化程度。试比较镶嵌式积木与弹珠的结构性，也可比较不同类型的积木，如图 9-7 至图 9-10 所示。

图 9-7　拼插积木

图 9-8　小型积木

图 9-9　小丑积木天平

图 9-10　原木积木

按结构性由高到低，游戏材料有高结构化游戏材料、低结构化游戏材料与非结构化游戏材料。

（一）高结构化游戏材料

1. 高结构化的作业性游戏材料

高结构化游戏材料也称为闭锁性材料，指的是操作方法固定或变化很少，功能与形象相对固定的游戏材料，如拼图、大富翁、食物模型、芭比娃娃。这类材料是目标明确、玩法固定、用于练习的材料，教师在设计此类游戏材料时应强调教学目标在游戏材料上的物化。高结构化游戏材料多为教师自制的，其任务清晰、功能有限，用途较受限制。因而，高结构化游戏材料实质为作业性游戏材料。正如案例 9-1 三图中的材料，均有教学目标与玩法说明。

案例 9-1：

1. 喂小狗（中班操作材料，图 9-11）。

教学目标：练习正确使用筷子。

玩法：用筷子夹珠子送入动物的“嘴巴”里。

2. 编织花篮（大班操作材料，图 9-12）。

教学目标：练习间隔编织的方法。

玩法：将彩色塑料条或彩绳以间隔的方式，有规律地穿编纸杯。

3. 图形（小班操作材料，图 9-13）。

教学目标：

①认识圆形、三角形、正方形，能准确说出图形的名称；

②感知常见图形的基本特征，能辨别。

玩法：

①把图形宝宝送回家；

②利用各种图形拼出不同的物体。

图 9-11　中班操作材料

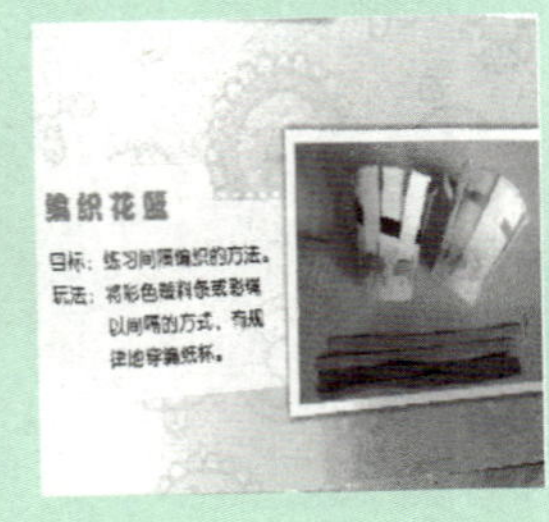

图 9-12　大班操作材料

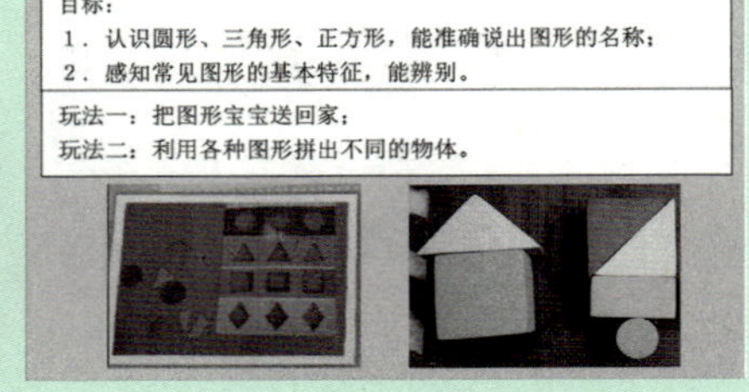

图 9-13　小班操作材料

案例分析

此类材料的特点是：围绕教学目标，为幼儿提供练习某些技能技巧的机会。如本案例中练习的是使用筷子、编织等小肌肉运作技能及认识图形等。

2. 高结构化的规则性游戏材料

高结构化的规则性游戏材料同样目标明确，与作业性游戏材料不同的是，此类游戏材料增加了游戏的趣味性，并要求幼儿遵循一定的游戏规则。此类游戏材料有自制高尔夫球杆、铁环、翻花绳用的绳线、陀螺、三轮车、两人一鞋（图 9-14）等。

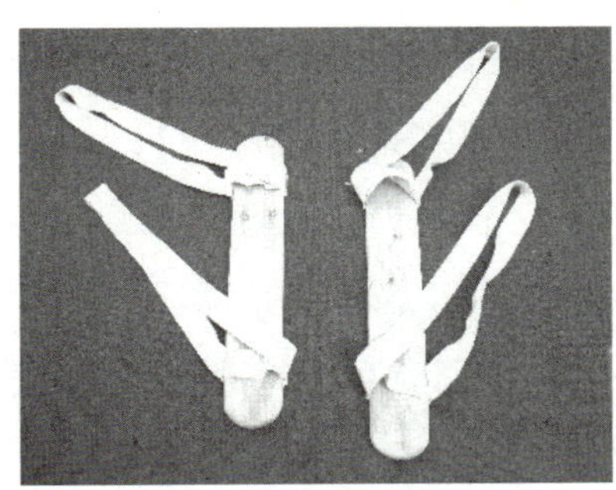

图 9-14　两人一鞋

此类材料尽管具有明确的目标，但是幼儿使用材料的过程充满乐趣。

案例 9-2：

动作发展目标：学习赤足在各种器具上走，用脚底感受软、硬、粗、细等感觉。按摩脚底穴位，增强体质。能保持身体平衡，动作协调。

游戏材料：30cm×60cm 的赤足板（分别粘有鸡蛋盒、瓶盖、报纸团、大纽扣、鹅卵石）（图 9-15）。

图 9-15　赤足板

案例分析

开发赤足板的目的是发展幼儿身体感官、体质体能，在使用过程中，对幼儿有规则要求，比如，要求幼儿赤足依序踩过粘有各种材料的赤足板，因而，该材料具有较强的结构性。为增强趣味性，教师为幼儿提供了篮子、红帽等辅助材料，方便幼儿通过讲故事创设游戏情境（如小红帽翻山越岭给外婆送果子）。

（二）低结构化游戏材料

低结构化游戏材料本身无固定形象，操作方法相对较多，如积木、小方块、树枝等。非结构化材料与低结构化材料合称为松散材料。此类材料的教育目标隐蔽、功能较多、玩法开放，能做到“让孩子表现自己，让教师发现孩子”。低结构化游戏材料可为幼儿发展创造性、想象性游戏提供机会。

上海芷江中路幼儿园是开发、利用低结构化游戏材料的代表之一，其“以幼儿自主学习为核心的幼儿园低结构活动的探索”获得国家级教学成果一等奖。[①] 该园认为，低结构活动就是用最简单的环境设计和材料，给幼儿最大的想象和活动空间，让幼儿在自己主导的活动中，自由探索与发现。比如，镜子迷宫活动，活动材料就是用纸板箱与夹子做成的镜子迷宫。这个材料没有预定的结果，幼儿进入镜子迷宫，可能产生许多开放性问题：为什么有这么多个我？走进去怎么走出来？在多元开放的问题基础上，幼儿进行大胆假设、主动验证，创造出不同的玩法，从中实践与体验到多少、大小、远近、变化、连续、快慢、差异、错觉等概念。此外，为了尊重幼儿表达的“百种语言”，教师为幼儿提供了一个“材料超市”，里面有各种探索工具，如放大镜、画笔、橡皮泥、彩胶等；还有各种废弃的材料，如空塑料瓶、卷纸筒、瓶盖、废报纸等。一位教师说：“这些废弃的普普通通的东西到了孩子们手中，不知道会变成什么神奇的东西呢！”毛线、珠子等材料（图 9-16）放在某个区域也许隐藏着某种教育目的。比如，把它们放在美工区，教师可能希望幼儿创作创意美工作品，幼儿创造出了如图 9-17、图 9-18 的手包和动物玩偶。

图 9-16　手工材料

图 9-17　草莓手包

图 9-18　自制玩偶

图 9-19 的 PVC 管可以有多种玩法，如可变身成水渠、画架、运输管道、电话

① 邹海瑞：《基于游戏的幼儿园教与学研究——以三所幼儿园的三类游戏实践为例》，博士学位论文，华东师范大学，2017。

线等。可见，低结构化游戏材料可变性较强。

图 9-19　多变 PVC 管

（三）非结构化游戏材料

非结构化游戏材料又称无结构化游戏材料、开放性游戏材料，是指完全无固定的具体形象，可让幼儿任意建构、操作的材料。此类材料的投放没有预定教育目标，如扑克牌、沙、水、黏土、实木墩、竹竿等。

安吉幼儿园充分利用自然赐予的材料，如大树、山坡、草地、沙、水、泥土等，同时提供非结构化游戏材料，如绳子、木块、木板、梯子、圆柱体、布料、沙巾、纸板、纸盒、铁锹等。安吉幼儿园常见的游戏场景是：在沙池旁边设置水龙头或手压井，架起水渠，幼儿利用铁锹等工具，挖出水沟，让水流到水沟或“护城河”。

幼儿可以根据自己的兴趣，把材料变换成自己想象的各种东西。例如，小班幼儿铺上垫子，用几个方形木块搭在一起变成枕头，再穿上爸爸妈妈的衣服，角色游戏就上演了；大班幼儿将长木条斜架或直架在梯子上，就变成了练习爬坡及平衡的体育器械，或者变成了科学探索的实验场。图 9-20 至图 9-22 为幼儿使用非结构化游戏材料的场景。

图 9-20　渔船菜场

图 9-21　沙水区

图 9-22　安吉梯

三、材料的真实性

材料的真实性程度主要指游戏材料与真实情境中的实物的相似程度。高真实性的玩具常常是高结构性的玩具，比如，一辆警车模型同积木、轮子黏合而成的车子相比，更加真实、结构性更高。从游戏材料的使用情况看，幼儿的假装游戏存在两种水平：水平一为物体在装扮情境中按刻板化的方式使用，如用电话玩具当真电话；水平二为物体能以不同于其外形和功能所提示的方式使用，如将电话玩具当作灭火器。一般而言，高真实性的玩具可促进 2～6 岁幼儿两种水平意义上的假装游戏，而低真实性玩具更能鼓励 4～6 岁幼儿进行创造性假装转换，比如，把玩具车当飞机。低结构化游戏材料具有普遍适应性，高结构化游戏材料具有年龄差异性。

当然，也有人依据材料对于游戏的重要性，将游戏材料分为基本材料与辅助材料。比如，积木区的基本材料为中大型积木，辅助材料为易拉罐、各种动物造型（如恐龙）、各种人物玩偶等。在沙水游戏中，沙、水、树叶、木块、水管、桶等为游戏的基本材料，而雨鞋、雨衣、雨伞等则是游戏的辅助材料。辅助材料可以为幼儿在各种气候条件下进行户外游戏做好准备。

总之，不同的游戏材料可能刺激幼儿进行不同类型的游戏。不同游戏类型的游戏材料列表见表 9-1。

表 9-1　不同游戏类型的游戏材料列表

游戏类型		游戏材料
社会性游戏	平行与单独游戏	积木、高跷、秋千、铁环、陀螺、字谜、写作工具与纸、书、艺术材料、黏土与橡皮泥、沙水、积木及其他操作材料
	合作游戏	娃娃家的玩具、主题中心、塑料动物模型、积木、交通工具（如多人单车）、故事书或与书相关的道具
操作物体的游戏	感官动作游戏	锁扣式珠子、串珠、黏土与橡皮泥、弹性橡皮泥、沙、水、碎纸、泡沫球、艺术材料
	建构游戏	（成套）积木，磁铁块，镶嵌式操作材料（如雪花片），积塑，易拉罐等废旧材料，胶粒，装拆建造玩具，沙、水、泥及相应玩具
戏剧性游戏		与家庭相关的家具与道具，主题相关道具（如护士帽、菜篮），表演服，恐龙和车子模型，积木
智力游戏		镶嵌类、拼图类、接插类、棋子类、创作类

第二节 游戏材料的选择原则

2022年，教育部发布《幼儿园保育教育质量评估指南》，其中的《幼儿园保育教育质量评估指标》指出：幼儿园的环境创设应做到"玩具材料种类丰富，数量充足，以低结构材料为主，能够保证多名幼儿同时游戏的需要。尽可能减少幼儿使用电子设备"。具体而言，幼儿园游戏材料的选择应遵循以下原则。

一、材料的安全性原则

游戏材料的选择与使用应当参照国家关于玩教具的安全、卫生标准，确保在材料的使用、操作方法等方面不会对幼儿造成伤害。

研究显示，60%的玩具安全事故发生在5岁以下儿童身上，且多为从可骑的玩具上摔下来，误吞小玩具或玩具零件造成窒息，玩具的尖角、易燃材料、长绳带来的安全隐患。[①] 因此，建议：①选择适合儿童年龄、能力和兴趣的玩具；②不要给婴儿购买带小零件的玩具；③不要为8岁以下儿童购买带可发热元件的电动玩具；④不要为较小儿童购买有长线或绳索的玩具；⑤将塑料包装纸扔掉；⑥定期检查玩具是否有故障或磨损；⑦监督儿童游戏，确保儿童正确使用玩具；⑧多使用自然材料，这是因为自然材料是相对安全的游戏材料，如沙、水、树叶等未经加工的材料安全可靠。图9-23是用积木搭成的跷跷板，图9-24是用废旧轮胎制作的秋千，图9-25是幼儿在用瓦片与树叶制作"美味的菜"。

图9-23 跷跷板

图9-24 轮胎秋千

图9-25 美味的菜

二、材料的经济性原则

游戏材料的经济性原则可以从以下方面进行理解。

① [美]约翰逊等:《游戏与儿童早期发展》第二版，华爱华、郭力平译，320页，上海，华东师范大学出版社，2006。

一是尽量回收废旧材料。比如，用酸奶瓶子做高尔夫球棒，用铝合金饮料瓶做梅花桩，用环保袋做甲虫背包，把彩纸卷成连环棒，用奶粉罐做小推车等。

案例 9-3：

某幼儿园组织幼儿收集平时生活中的废旧材料，将其制作成精美的纸袋，如图 9-26 所示。教师利用幼儿生活中的废旧材料装饰教室，如图 9-27 所示。

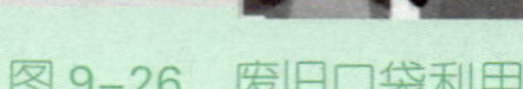

图 9-26　废旧口袋利用

图 9-27　废旧材料装饰房

案例分析

案例中的幼儿园充分利用幼儿生活中易得的各种废旧材料，体现了游戏材料的经济性原则。①

二是充分利用幼儿对简单材料的转换想象能力，使用简单材料，改变材料预设的功能。一片树叶在幼儿的想象世界里可以变成一艘船、一张床、一块蛋糕，也可以经过幼儿的巧手被加工成一个乐器。一支水彩笔可以让幼儿画出春天。

三是因地制宜、就地取材。当地什么材料便宜、方便获得，应尽量使用这些材料改造成游戏材料。例如，竹片、芦苇、棕榈叶、石头等均可能成为游戏材料。

案例 9-4：

幼儿就地取材，用架子和布搭成了一个帐篷，如图 9-28 所示；把卷筒纸芯当作望远镜，如图 9-29 所示。

图 9-28　帐篷

图 9-29　望远镜

① 陈赛华：《幼儿区域游戏中自制游戏材料的策略探究》，载《教师》，2022（28）。

案例分析

案例中的幼儿园组织幼儿就地取材，使用现有架子、布搭成一个帐篷，用现有卷纸芯当作望远镜。用现有的材料做成新的物品，突破了游戏材料和场景不足的局限，使游戏能够顺利开展。

四是可以一物多用。根据游戏需要，尽量使用真实材料，比如，提供木工工具箱。用塑料工具无法让幼儿小心操作及获得重量感、质地感等。这一观点同样适用于塑料水果与蔬菜。①

三、材料的多样性原则

材料的多样性有两个考虑维度。一个维度是材料能涉及发展的各个领域，另一个维度是每个领域的材料要能刺激幼儿整合多个领域的经验。比如，阅读区（或图书区）提供的材料可以有：反映多元文化的书，字母表书，押韵书，诗，无字书，幼儿自制书，刻在磁带或 CD 上的书，幼儿杂志，贴有故事角色的法兰绒板，可水洗枕头及豆袋椅，绿色植物与花，各种纸，小写字板，蜡笔，铅笔，可水洗书签，提供字母模板的阿拉伯字母表或海报，有磁性的字母，阿拉伯字母积木，字谜等。

（一）材料性质的多样性

教师经常顾虑的是，以某一主题或材料命名的区域，能否提供可能出现在其他区域的材料呢？如果希望用游戏材料激发幼儿的创意行为与经验的整合，教师就应该打破这种僵化的思维。比如，泥工馆的材料可以提供橡皮泥，也可以提供树脂黏土、超轻黏土、软陶泥、纸黏土、面包泥等，还可以提供碎布、木头、木屑、纽扣、金属片等材料；沙水区不仅提供塑料的玩沙玩水工具，还可以有木质的、铁质的、布质的、纸质的材料。游戏区可以同时提供高真实性与低真实性、半成品材料与原始材料、高结构化材料与低结构化材料，以满足不同年龄、不同发展水平幼儿的游戏需要。比如，教师观察发现幼儿在编织游戏中表现出几种水平：没有掌握编织技巧、通过试误方法可以尝试编织、较快编织与极快编织并进行装饰。这提示教师应为这些不同发展水平的幼儿提供不同难度层次的材料，如长短不一的编织绳（长绳编织难度大）、颜色不同的扎在一起的编织绳（不同颜色便于区分）、半成品材料与

① Moyles J., *A-Z of Play in Early Childhood*, Berkshire, Open University Press, 2012, p. 50.

原始材料（半成品材料可为较低编织水平的幼儿提供编织提示与示范）。

（二）材料种类的多样性

材料种类的多样性能激发幼儿的发散思维与多样化的游戏行为。比如，美工区既提供画画材料，也提供粘贴、拼贴、剪贴甚至缝合等材料，在多样化材料的刺激下，幼儿在美工区不仅仅可以进行画画活动，他们还可以创造出“时装秀”等活动。又如，沙水区不仅有沙、水等材料，而且有可用于制作沙画的小棒，一个独轮车、一些小木块、几艘玩具船也许能激发幼儿建构一个林中小屋、一片海洋等。

区域游戏材料列举见表 9-2。

表 9-2　区域游戏材料列举

游戏区域	游戏材料
积木区	中大型号积木，纸板块，小型彩色积木，动物与人的图形，卡车、小车及其他交通工具，交通标志、建筑及工作标志，道路
美工区	画架或墙壁上指定的空间，画笔，水彩、水粉等颜料，纸，剪刀，糨糊，标识物，胶带，黏合材料（如羽毛、金属片、小珠、沙、叶、小棍等）
写作中心	各种写作工具（铅笔、圆珠笔、标签、蜡笔），纸（信纸、明信片等），名字卡，图解字典，字母表，剪刀，糨糊
科学区	放大镜、天平、尺子等工具和各种适宜于幼儿探索的材料
木工区	锤子、钉子、锯子、木条、木块等
语言区	图书、录放机、故事磁带、小木偶（玩偶）、小剧场等
操作区	小积木、积塑片、胶粒等拼插玩具，串珠、七巧板及其他材料

四、材料功能的开放性原则

材料功能的开放性指一种材料既可以让幼儿自主地变换多种玩法，也可以让幼儿自由移动它们。具有开放性的材料也被称为弹性材料。沙、水、黏土或颜料等均属于弹性材料。

提供充足的弹性素材，可以增进游戏的多样化，提高游戏的持久度。美国幼儿教育教授利萨·戴利（Lisa Daly）等举例论证了开放性材料（她们使用的概念是

"loose parts"，即松散部件）与幼儿创造力发展、批判性思考与问题解决能力之间的关系。[①]开放性材料是幼儿在游戏时可以移动、操作、控制与改变的材料。这些材料没有设定具体使用方法，既可以单独使用或与别的材料一起使用，也可以让幼儿用几乎无尽的方式操作、再设计游戏材料，因此，幼儿可以将这些开放性材料转化为他们想要的任何东西：一块石头可以成为故事中的主角，也可以变成一块蛋糕；一条围巾可以成为摇晃婴儿的摇篮，也可以成为野餐垫、新娘的面纱。下列材料具有典型的开放性特点：棍子、易拉罐、圆木墩、贝壳、石头、羽毛、树叶、植物种子（如松果、栗子）、各种线（如毛线、毛绒条、小电线、麻绳）、竹片、珠子、瓶盖、各种纸（如褶皱纸、纸条、整张纸、三角形或其他形状的小纸片、瓦楞纸、卡纸、泡沫纸等）、纽扣、泡沫球、绒球、珠片、颜料、面粉、泥巴、橡皮泥、超轻黏土、竹篮、柳条筐、水管、衣夹、纸筒、胶管（透明或不透明）、PVC 管（或长或短、半开或完整）、废旧瓶子等，如图 9-30 至图 9-35 所示。

图 9-30　泡沫球

图 9-31　开口 PVC 管

图 9-32　各类纸材

图 9-33　玩水 PVC 管

图 9-34　渔网、吸水器

图 9-35　万变积木

① Daly L. & Beloglovsky M., *Loose Parts: Inspiring Play in Young Children*, St. Paul, Redleaf Press, 2015, p.8.

五、材料难度的层次性原则

游戏材料具有不同难度层次，以适应幼儿的不同发展水平与需要，并给幼儿带来适度挑战。比如，小班益智区提供的拼图游戏有块数的变化（6～9块）、有切割方法的不同（直线和曲线）、有实物底板和轮廓底板的区分，教师力图使不同发展层次的幼儿都能找到适宜的拼图材料。幼儿根据材料上的提示（一颗星表示难度较低，两颗星表示有一定难度，星星数量越多难度系数越大）多次尝试，不断调整，体验成功。

又如，在建构区，结合小班幼儿喜欢模仿及小肌肉不发达的特点，教师可为他们提供体积大、便于取放的建构材料（小班的建构区有三四种建构材料就足够了）。针对大班幼儿动手能力较强，善于创意思考的特点，教师可以为他们提供多样精密的建构材料。

再如，长度与坡度不一的滑梯，可以给不同年龄、不同发展水平的幼儿带来不同的挑战。如图9-36和图9-37，同样是攀爬设施，图9-36的攀爬墙挑战性更大，图9-37的攀爬网则比较适合较小幼儿。

图9-36　攀爬墙

图9-37　攀爬网

表9-3和表9-4分别列出了不同年龄幼儿适宜的游戏材料。

表9-3　适合学前幼儿的游戏材料

运动游戏	操作性游戏	假装游戏	创造性游戏	学习性游戏
推和拉的玩具 ·小车 ·独轮小推车 ·模仿成人工具的推的玩具 ·5岁以上使用的洋娃娃推	4岁起 ·设计材料、马赛克积木、触觉板 5岁起 ·简单的编织材料	洋娃娃 ·带有细节和配饰的仿真娃娃 ·带头发、眼睛会动、四肢可动、带有特殊功能的娃娃	乐器 ·打击乐器 ·木琴 ·吹奏的乐器、上发条的音乐盒	规则游戏 ·多米诺（彩色的或数字）骨牌 ·简易的配对游戏和根据颜色、图片进行的抽签游戏

续表

运动游戏	操作性游戏	假装游戏	创造性游戏	学习性游戏
车和折叠式婴儿车 · 实际大小的滑板车 骑乘玩具 · 儿童型号的三轮车 · 三轮和四轮蹬踏玩具车 · 带驾驶系统的交通工具 4岁起 · 三轮车 · 电池驱动的 5岁起 · 带有训练轮子和脚刹装置的小自行车 · 自行车头盔 户外和健身设施 · 固定在户外的攀爬设施 · 带有滑梯坡道和楼梯的滑梯 · 带有弯曲的柔软座椅的秋千 · 平衡板 4岁起 · 带有可移动零件、跷跷板和吊绳的设施 · 带有平板座椅的秋千（塑料或者橡胶保护带）	· 小串珠 操作性玩具 · 按颜色、形状或者图片进行的配对玩具 · 分类玩具、数字绳 · 带有小钉的数字板 · 简单的数数玩具、带锁箱 · 多块装、可拧的镶嵌玩具 4岁起 · 几何概念玩具 5岁起 · 简易的机械装置模型或者自然物品，较复杂的抽签配对玩具 穿脱衣物、系带、串珠玩具 · 可供系扣、挂钩的框架、卡片、领结 5岁起 · 由厚布料和钝针组成的简单缝纫套装 玩水、玩沙玩具 · 不同型号的沙箱工具 · 带发条的玩水玩具，洗澡活动区 4岁起 · 沙模、水泵	5岁起 · 穿着衣服的、儿童型号的娃娃 · 用于打孔的纸娃娃 毛绒玩具 · 带配饰的填充玩具 · 看起来真实的玩具 · 音乐盒玩具 5岁起 · 收集玩具套装 木偶 · 简单的袜子或手套玩偶 · 手指偶 · 简单的剧场表演用木偶 · 手或胳膊表演用的玩偶，带四肢的玩偶 角色扮演材料 · 各种化妆服装 · 仿真、带细节的设备 · 娃娃家和厨具、玩具电话、手机、照相机 · 主题游戏玩具 游戏场景 · 带有各种仿真配件和工作部件的场景 · 最喜欢的主题——停车场、机场、太空、堡垒	· 一个手指弹奏的钢琴 艺术与手工材料 · 多种颜色的大蜡笔 · 魔术马克笔 · 手指颜料 · 可调整的画架 · 各种型号的画笔 · 陶泥及制作陶泥的工具 · 粉笔板和各种型号的粉笔 · 圆头的剪刀 · 糨糊和胶水 · 简单的缝纫套装 4岁起 · 带锤子、钉子和锯的工作台 5岁起 · 小的蜡笔、水彩 视听设备 · 成人操作的磁带和CD播放器 4岁起 · 简单的视频游戏 5岁起 · 收音机	· 简单的牌类游戏 · 宾果（bingo）游戏图片 4岁起 · 最初的棋盘游戏，规则简单 · 简单的、需要精细肌肉协调来拾起或平衡物品的规则游戏 发展特定技能的玩具 · 简易的电子玩具以及其他教学玩具，目的是练习配对/分类形状、色彩、数字和字母 4岁起 · 简单的电脑游戏，教儿童色彩、字母配对、分类、数字、发音 · 简易的科学模型 5岁起 · 科学材料——磁铁、手电筒、贝壳和石头、放大镜、听诊器模型、棱镜、水族箱、动物饲养箱 · 钟表 · 打印设备 · 电脑 · 简易计算器 · 教简单程序的电脑游戏

续表

运动游戏	操作性游戏	假装游戏	创造性游戏	学习性游戏
·绳梯和绳子 ·带有保护设施的假想的房子或城堡 体育设施 ·各种型号的球 ·双刀锋冰鞋 ·适合年龄的雪橇 4 岁起 ·轻量的软棒球和球拍 ·儿童型号的足球 ·带塑料轮子的、不带球状轴承的、按速度划分级别的旱冰鞋 ·风筝 ·戏水池 5 岁起 ·跳绳 ·滑雪设备（适龄） ·飞碟 ·磁铁飞镖等	·仿真工作模型或船只 建构玩具 ·坚固的木质单元积木 ·大的空积木 ·咬合的建筑系统 拼图游戏 ·嵌入式或者带框的拼图 3 岁，最多 20 块 4 岁，20~30 块 5 岁，最多 50 块 ·简易的带锯齿的拼图 ·数字或字母拼图用计时器 排序玩具 ·串珠 ·带小钉的小钉板 ·彩色立方体 / 彩色表格 ·带图形的磁铁板	·动作 / 冒险套装、动作片人物 ·简单的娃娃家 交通工具 ·各种型号的、带有真实细节的玩具汽车 ·用于战斗的交通工具套装 ·小型的、仿真火车 5 岁起 ·带轨道的小火车、上发条的汽车等		书 ·图画书、简单的故事、韵诗 ·复杂的、能弹出的书 3 岁时的兴趣 ·随时随地读的故事 ·动物故事 ·字母书 ·单词和韵诗 4 岁时的兴趣 ·野外故事、幽默故事 ·信息类书 ·熟悉的地点和人物 5 岁时的兴趣 ·真实故事诗歌 ·启蒙读物 ·拟人的动物图书

表 9-4　适合学龄幼儿的游戏材料

社会性和想象性游戏材料	探索性和技巧性游戏材料	音乐、艺术和动作游戏材料	大肌肉动作游戏材料
镜子 成人型号 洋娃娃 可洗的、橡胶 / 乙烯基材料的娃娃（与儿童文化特点和肤色相应）（给 6 岁的幼儿）	建构材料 大量用以具体建造和制作模型的不同材料（可以使用金属部件和小的螺母与螺钉）	艺术和手工材料 蜡笔、记号笔、彩色铅笔、艺术粉笔和彩色粉笔（多种颜色）	球类和体育运动设施 为入门级的团队游戏准备的儿童尺寸和标准尺

续表

社会性和想象性游戏材料	探索性和技巧性游戏材料	音乐、艺术和动作游戏材料	大肌肉动作游戏材料
照顾娃娃的附件（与儿童文化相关）——喂食的、换尿布的和睡觉的（给6岁幼儿） 积木或建构材料可一起用的小型人偶（用于想象性场景和角色） **角色扮演游戏的材料** 创造和模拟真实生活活动的材料——用正确面值的钱币玩游戏，做书、写信的材料 **木偶** 为表演故事而准备的表征熟悉的或想象的人物的木偶（儿童可以自己制作） 简易的木偶剧场——儿童可以自己制作（儿童可以制作道具和布景） **毛绒玩具 / 动物玩具** 可以加入布景、模型中的或进行动物特征研究的，仿真的橡胶、木头、乙烯基材料的动物模型（如恐龙） **游戏布景** 能够建造与课程主题相关的想象中的布景或小人偶、动物模型和其他支持这些活动的材料	**拼图** 三维拼图 锯齿拼图（50~100片） **图案制作的材料** 马赛克瓷砖、几何拼图 制作能永久保存的物体的材料（艺术和手工材料） **穿、系、串的材料** 可用在艺术和手工活动中的串珠、镶边、编织、绕线、缝的材料 **发展专门技能的材料** 印刷材料、打字机、制作书的材料 数学操作、分数和几何材料 量具——天平、尺子、液体量杯等 科学材料——棱镜、放大镜、听诊器 可以研究和进行分类的自然材料 可以用来研究和照顾的植物、动物 为语言、艺术、数字、概念发展和解决问题等活动设计的计算机程序 **规则游戏** 简单的纸牌和棋类游戏 单词游戏、阅读和拼写的游戏 猜谜游戏 记忆游戏（培养注意力） 数字和数数游戏（多米诺骨牌、飞行棋）	不同大小的画刷 各种颜料，包括水彩颜料 可以用来画、描、涂的各种纸 剪刀 糨糊和胶水（无毒的） 拼贴画材料 陶土工具（包括制陶轮） 较复杂的印刷设备 手工材料，如简易的织布机，可以缝、镶缀的皮革，熟石膏，可以制作珠宝的小珠子等 有更多工具的工作台，可以做东西的木头（需要小心监护） **乐器** 真的乐器（有时用于学校里的集体课） 给儿童提供大量探索的设备（借来的或父母、特殊客人带来的） **视听材料** 唱的音乐	寸的球（足球、棒球等） 发展特定动作的活动材料（练习技能） **骑乘装备** 儿童可能对骑自行车很感兴趣，但这并不在学校安排的活动中 **户外和体操设施** 复杂的攀爬设备，如那些适合6岁儿童的（包括绳、梯子、吊杠、吊环）

六、材料的挑战性原则

游戏材料应具有一定的挑战性，可以为幼儿提供冒险机会，为幼儿挖掘自己的潜能提供机会。这种挑战既包括身体上的挑战（图 9-38），也包括智力上的挑战。按照维果茨基的说法，凡是利用材料完成任务的挑战超出了幼儿目前独立操作的水平，但是在成人或更有能力的同伴的帮助下，幼儿能够解决材料内在的任务或问题，这类材料均具有挑战性。如图 9-39 的造纸器原理很简单，即让幼儿用碎纸加水反复磨，直至变成纸浆，然后倒在如图 9-40 的过滤板上，通过塑料滚筒将纸浆压干。这一任务对于一个中班幼儿如图 9-41 中的男孩而言极具挑战性，坐在他旁边的姐姐主动要求帮助他，得到帮助后，该幼儿可以独立操作。

图 9-38　走绳索

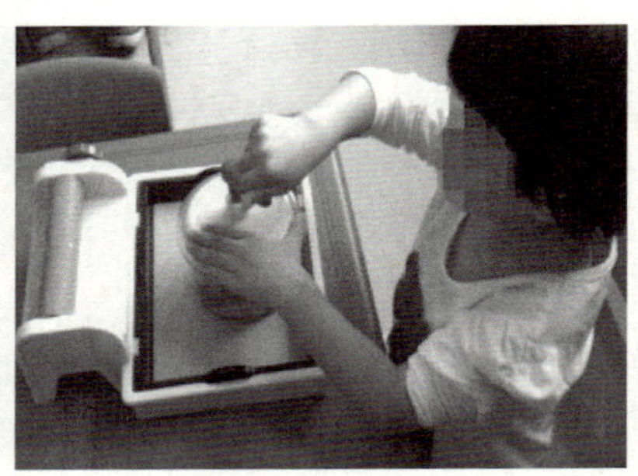

图 9-39　造纸器

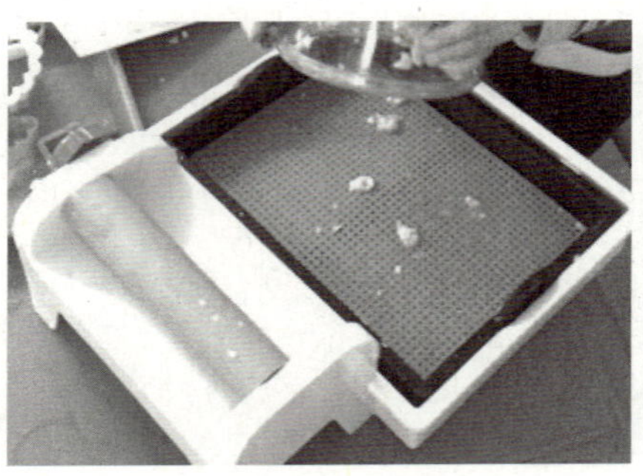

图 9-40　过滤板

图 9-41　姐姐帮你

七、材料的操作性原则

评判一个游戏材料的好坏主要应看材料是否是幼儿可以直接操作，且能促进幼儿学习的。比如，在餐厅、超市等角色扮演区，教师常常投放收银机。什么样的收银机具有操作性呢？显然，只有可以让幼儿进行敲敲打打、打开合拢等操作活动的收银机，才能起到有效促进幼儿进行相关游戏的作用。如收银机的键盘可以按下，钱柜可以开合，幼儿可以像模像样地收银、找钱，如图 9-42 所示。

图 9-42　收银机

材料能吸引幼儿操作，其中一个重要原因是材料要有趣。比如，案例 9-5 中的幼儿园根据各年龄幼儿的兴趣点制造有趣的体育游戏材料。

案例 9-5：

幼儿园根据小班幼儿对动物的某些特征及声音的兴趣与好奇特点，以青蛙、鸭子、河马、鳄鱼等动物头部特征制作出投掷玩具箱“大嘴巴”，以及会发出响声、会转动的投掷物；根据中班幼儿爱模仿的特点，用鞋盒制作成“大鞋与小鞋”，大鞋对应爸爸妈妈的鞋子；根据大班幼儿喜欢新奇和有挑战性的活动的特点，用易拉罐做成梅花桩等器械。某幼儿园在餐厅游戏区，为幼儿提供了用橡皮泥制成的半成品“包子”，请幼儿用橡皮泥做成“肉馅”，用皱纹纸撕成“菜叶”，然后做成“包子”。这样的游戏材料都是极具操作性的。例如，广州市天河第二实验幼儿园自制体育游戏材料（部分），如图 9-43 至图 9-48 所示。

图 9-43　动物头饰

图 9-44　小甲虫背包

图 9-45　套圈

图 9-46　梅花桩

图 9-47　布沙包

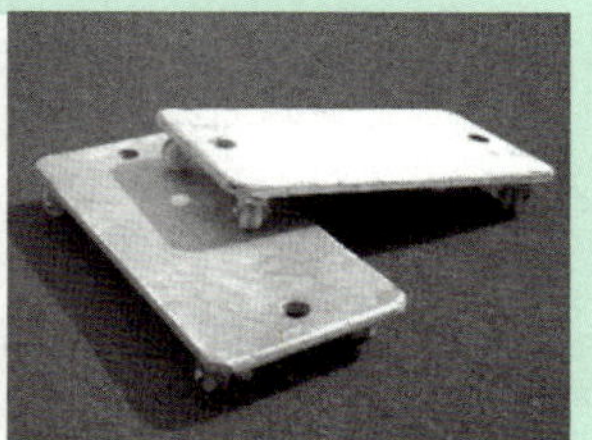

图 9-48　滑板车

案例分析

游戏材料的趣味性与游戏材料的操作性、年龄适宜性等密切相关。广州市天河第二实验幼儿园自制体育游戏材料综合考虑了游戏材料的以上要求，根据幼儿游戏与学习的需要自制游戏材料并有序投放。

第三节 游戏材料的投放要求

一、开放性投放

所谓开放性投放，指的是教师在投放材料时只做大致规划，并不具体规定游戏材料的具体玩法，允许幼儿自行决定如何玩。与开放性投放相对的是封闭性投放。所谓封闭性投放，指的是教师以教学目标为依据，对材料进行高结构化的设计，在材料中附加了特定的教育任务，幼儿必须严格按照教师规定的方法进行操作，以便达到教师预期的目标。如图 9-49 所示，糖果制作材料是有目的投放的。其教育目标主要为训练幼儿小肌肉的灵活性。教师规定玩法。然而，这一目的性极强的封闭性材料稍作改变即可变成开放性材料。比如，将橡皮泥、糖纸与纸筒等材料一起投放在角色游戏区或操作区，幼儿可能发展出自制糖果、买卖糖果等游戏活动。相较而言，开放性投放游戏材料激发了幼儿的想象力，更易激发其操作动机。比如，教师在“超市”投放此类材料，当“顾客”要买糖果时，“老板”现做现卖，做出了各种颜色与味道的糖果（味道是孩子们在交易时用语言表达出来的）。

图 9-49　包装糖果

二、整合性投放

游戏材料的整合性投放指的是游戏材料的投放既要有目的、有计划与有层次，也要注意使幼儿在操作这些材料时可以综合运用其他领域的经验与知识。以读写算材料的投放为例。教师常常只在阅读区、数学区分别投放读写材料（如书写工具，纸夹笔写字板）与数学道具。实际上，在所有兴趣中心或游戏区域都投放上述材料是有意义的，它可以增进幼儿理解：读写算在日常生活中经常用到，并在日常生活中发挥着重要作用。比如，在餐厅提供纸夹、笔、写字板可激发餐厅服务员为顾客自制菜单的游戏行为，幼儿可以在上面画上一道教师没有计划的新菜，如一道龙虾。由此可见，根据游戏可能的情节而不是严格按照区域投放材料，有助于幼儿实践其在一日生活的其他时间学到的各种技能，并将技能整合到假想游戏中。由上例看出，读写算的道具可以增进幼儿的游戏活动，反过来，游戏活动也增加了幼儿对读写算活动的参与程度。

游戏材料应为幼儿留有想象与创造空间，促进幼儿综合使用经验及各种能力。比如，教师在图书区投放铅笔与修补材料，可以促进幼儿的写写画画及修补图书的行为；糖纸、木棒、橡皮泥及收银机一起投放，使幼儿做起了买卖糖葫芦的游戏（图9-50）；沙池投入一艘玩具渔船与渔翁用具（船桨、渔具、斗笠、蓑衣等），可以激发幼儿将沙池想象成一望无际的大海，自己可以扮演一个渔夫（图9-51）的游戏行为。

图9-50　糖果店

图9-51　沙海打渔

三、评估性投放

教师需要持续不断地评估游戏材料，思考游戏材料是否发挥了它应有的作用。游戏材料评估的方面包括：种类是否适宜？数量是否足够？是否带来适宜的挑战？是否刺激幼儿操作？是否符合教育目的？研究表明，一般而言，可获得的设备数量和幼儿游戏中的社会互动水平之间呈反比。减少游戏场景中材料的数量会增加合作、分享的游戏行为与攻击、争抢的游戏行为。评估游戏环境的一种方式是教师蹲下来，以幼儿的视角看看环境与材料。

这里的评估既有对幼儿园游戏材料的整体评估，也涉及对与某个区域、某个主题、某个游戏相关的游戏材料的个别评估。在个别评估中，教师根据对幼儿游戏情况的观察了解，及时调整区域或主题游戏材料的投放。例如，发现幼儿对在赤足区枯燥地走来走去不感兴趣，教师及时增加利用无纺布做成的小甲虫背包，丰富游戏情境，请幼儿做个旅行家，背着小甲虫背包走小路、过独木桥、爬山坡。一段时间后，当幼儿不再满足单一的旅行活动时，教师适时增加新的游戏材料，如蹦蹦床、玩具水果、动物玩偶等，引导幼儿创新游戏。比如，设想小甲虫在旅途中可能会遇到玩蹦蹦床、摘水果、救小动物等情况。游戏材料的适时增加大大提高了幼儿的游戏兴趣（图 9-52、图 9-53）。

图 9-52　翻山越岭去旅行（1）

图 9-53　翻山越岭去旅行（2）

又如，在某幼儿园的教研活动中，教师普遍反映，区域材料不少，但是幼儿似乎不感兴趣。问幼儿为什么不玩，他们的回答是“没意思”。区域材料的投放情况到底如何？幼儿园请教师专门做了个评估，要求教师罗列出每个区域到底有哪些游戏材料。教师收集的数据表明，学习型区角、运动型区角都投放了成品材料、自然材料与自制材料。成品材料如积塑、棋类、数字卡、字卡、图片、角色扮演服饰、球、滑轮车等，自然材料如豆子、贝壳、石头、树叶、植物果实，自制材料如拼图、数字分解组成卡、故事卡、沙包、陀螺、食品替代品等。教师进一步分析认为，材料投放存在的问题有：①材料重美观而操作性不强，且一学期不换；②投放材料比较随意、杂乱，想加就加，想撤就撤，目的性不强；③积塑种类少，只有小体积的，没有大型的，不利于幼儿合作建构；④一次投放量太多；⑤未能充分挖掘材料的一物多用；⑥投放无层次性。

四、目的性投放

教师在投放材料时常带有目的性，且需要根据教育目的投放适当的材料。比如，教幼儿认识磁铁时，教师除了提供不同形状、大小的铁制品，还应提供木屑、纸屑、塑料等。又如，为促进幼儿手眼协调能力及小肌肉动作能力的发展，教师可投放如图 9-54 和图 9-55 所示的材料。

图 9–54　钥匙串

图 9–55　玩水桌

五、分区（类）投放

游戏材料可以按区投放，不同游戏区域投放不同的材料。比如，在跳跃区投放羊角球、连环棒、悬吊“水果”等；在车区则投放拖拉车、手推车、摇摆车、纸盒车、奶粉罐车、木板车、高矮不同的小三轮车等；在赤足区投放赤足板（由鸡蛋盒、瓶盖、报纸团、大纽扣、鹅卵石等不同材质做成）、沙包、布球、运物帽、小木凳、托盘、塑料水果等。分区投放材料如图 9–56 至图 9–58 所示。

图 9–56　分区投放材料（1）

图 9–57　分区投放材料（2）

图 9–58　分区投放材料（3）

当然，按区投放材料并非意味着一定的游戏材料必然对应某一游戏区域。事实上，在投放材料时，教师应尽可能投放不同材质的材料，并尽量体现促进不同类型游戏相互启发的原则。比如，在建构区除投放积木、积塑、插塑等建构材料外，还可投放动物玩偶、小汽车、房屋标识等常见于角色游戏区的材料，也可投放建筑方面的图书、幼儿自制建构设计图等，如此，既可为幼儿建构游戏提供一些启发或支撑，也可促进不同类型游戏的互动，丰富与深化游戏（图 9–59 至图 9–61）。

图 9–59　建构区材料（1）

图 9–60　建构区材料（2）

图 9–61　建构区材料（3）

六、有序投放

为了营造一个安全有序的游戏环境，教师需要有序投放材料，有序投放的方法如下。

方法一：标签（可标号）投放法（图 9-62）。在材料、材料篮及投放架上分别贴上对应的图形或数字，教会幼儿一一对应地取放材料。

方法二：按幼儿学习与发展的过程将材料分难度投放。比如，用来练习夹物的材料可以按照夹取难度分类投放，如从大块、易夹的到小块、不易夹的；在攀爬区设置不同高度的竹梯、轮胎、斜坡让幼儿练习攀爬，随机提供一定的辅助物，如背包、布圈等，以增加运动难度，使幼儿在掌握动作技能的同时增加勇气和增强自信。对比图 9-63 和图 9-64。图 9-63 的平衡木由于比较平坦，适于小班幼儿；图 9-64 的梯子本身就有高低不同的梯度，呈现出不同的难度，适合大班幼儿。

图 9-62　标签投放

图 9-63　平衡木

图 9-64　安吉梯

游戏主题区域对应的道具如表 9-5 所示。

表 9-5　游戏主题区域对应的道具[①]

主题	道具
图书馆	纸、笔、图书借出用的小电筒、书、玩偶、书签、长方形小卡片纸（借书卡）、书包、长条纸（记录图书到期日）
医生办公室	医生工具箱、衣服、帽子、绷带、处方笺、记事本、杂志、X 射线照片、电话、电话本、口罩
花店	丝花、篮子、塑料花瓶、收银机、种子袋、方形泡沫块、介绍花的书、收据、标志、游戏币
农贸市场	袋子、玩具水果与蔬菜、篮子、收银机、游戏币、标志、收据、动物玩偶

① Heidemann S. & Hewitt D., *Play: The Pathway from Theory to Practice*（2nd ed.），St. Paul，Redleaf Press，2010，pp. 35-40.

续表

主题	道具
外卖店	标志、菜谱、空容器、收银机、游戏币、玩具食物、餐巾纸、杯子、外带塑料袋
动物园	动物玩偶、观光车、动物标志、兽笼、用于制作水面（湖面）与栖息地的毡（或其他）、游戏币、票、有关动物的书
鞋店	手提袋、各种旧鞋子或靴子、收银机、游戏币、尺子、鞋盒
汽车美容店	打气筒（用箱子与管子做成）、汽车、水管、海绵、擦洗布、汽车方面的书、收据、标志、游戏币、旧的汽车清洁用品
邮局	纸、笔、邮票、印泥、印章、旧问候卡（如生日贺卡）、旧明信片、旧信封、包裹、地址簿
理发店	镜子、玩具剪刀、玩具吹风机、空洗发液瓶、玩具卷发器、发帽等

补充：对可清洗、不褪色的玩具可用下列方法清洗。

①用热水和肥皂液清洗玩具，并用清水彻底冲洗干净。或将玩具浸泡在放了家用消毒剂的溶液里，静置 5 分钟，再将溶液彻底冲洗干净。

②静置让其自然干燥或用清洁的毛巾擦干。

③除非玩具标签上说明可以，否则不能用烘干机来烘干玩具。

第十章
对各类游戏的理解及介入

游戏介入是帮助和有效促进幼儿读写和语言发展的关键成分。有效的游戏时间能有效促进幼儿认知技能的发展并增强幼儿的游戏成就感和自信。幼儿的这些发展可能引导他们探究环境，并寻求更高水平的思考、谈话与游戏技巧。

——凯瑟琳·罗斯科斯、巴顿·塔博尔斯、利萨·伦哈特

问题情境

游戏介入是教师通过支持或参与幼儿游戏从而对游戏施加影响的行为。教师经常发出的疑问是：在不同类别的游戏中如何为幼儿提供支持？介入幼儿游戏时如何兼顾幼儿的兴趣与教育的目的？如何为幼儿选择、提供并投放游戏材料才能让幼儿既可以对游戏活动产生兴趣，又能够实现幼儿与环境的有效互动？教师在幼儿游戏的过程中通过观察，了解并解读幼儿游戏，以便提供恰当的指导。教师何时、以何种方法介入幼儿游戏？教师介入幼儿游戏有何禁忌？这些问题的解决，既有赖于教师对游戏理论的掌握，也有赖于教师形成正确的游戏观并掌握恰当的指导策略。

内容导读

本章主要围绕“对各类游戏的理解及介入”这一主题展开说明和解释，以便使学习者对于各类游戏的内涵、作用、结构，以及游戏支持与指导策略进行整体的把握。本章前三节分别对角色游戏、建构游戏与户外游戏进行阐述，针对不同类型的游戏及其特点、要求，通过案例分析的方式解析相关游戏的环境创设要点、游戏指导介入的方法。在此基础上，最后一节对教师游戏介入的禁忌进行了总结。

第一节 角色游戏 >>>>>>>>

角色游戏又称角色扮演游戏，是假装游戏的一种，指的是幼儿按照自己的意愿，以模仿和想象，借助真实或替代的材料，通过扮演角色，发挥想象，用动作、语言、表情等创造性地反映个人生活经验的一种游戏。角色游戏通常有一定的主题，如娃娃家、商店、医院等，所以又称主题角色游戏。角色游戏是幼儿期最典型、最有特色的一种游戏。

一、角色游戏的作用

（一）促进幼儿社会性的发展

在角色游戏中，幼儿扮演各种角色，必须按角色需要的身份及其情感体验来行动，把自己当作别人，幼儿既是别人，也是自己。在自我与角色同一与守恒中，幼儿内化了别人的经验，把自己摆在别人的位置上，从以自己为中心转变到以别人的角度看待问题，发现自己与别人的不同，学会发现自我，使自我意识得到发展。幼儿只有知道了自己与别人的不同，才能够去理解别人，逐渐学会改变自己看问题的角度，克服“自我中心”的观点。

幼儿是游戏的主人，在游戏中可以根据自己的意愿开展游戏，摆脱成人的控制，从而培养独立性，促进自我意识的发展。幼儿在自主选择游戏时，既要考虑到自己的爱好和能力，也要考虑到其他参与者。例如，女孩子会要求扮演妈妈、老师等角色，男孩子会要求扮演警察、医生等角色，这在无形中体现出了幼儿自我认知能力和自我评价能力的发展，促进了自我意识的发展。

角色游戏能培养幼儿的社会角色意识，使幼儿学习社会交往技能与社会规范，并进行社会实践。幼儿游戏的过程，本身就是一个很好的交往过程。游戏中同伴间的交流、合作与互助，让幼儿体会到游戏的快乐。角色游戏越深入，幼儿交往越积极主动，越能促进其交往能力的发展。例如，在娃娃家里扮演妈妈这一角色的小朋友，除了要管理好这个家，还可以带上“宝宝”去逛超市、去市场买菜、去银行取钱等，与家以外的不同社会成员之间的接触，扩大了幼儿与人交往的空间，加深了幼儿的人际交往，促进幼儿社会性的发展，为幼儿走上社会打下了基础。

案例 10-1：

A：孩子们，晚饭做好了。我做了你们最爱吃的东西，有比萨，还有冰激凌。

B：我们昨天晚上吃过了。给我们吃点好吃的东西吧，比如菠菜啊，青豆啊。

A：不行，你们只能吃比萨与冰激凌，否则你们就饿着吧。

B：妈妈，我想你是糊涂了吧。比萨和冰激凌对身体没有好处。

A：我想你说的是对的。我们今天晚上就吃蔬菜吧。吃胡萝卜和花椰菜好吗？

试想一下：幼儿在这个游戏中学习到了什么社会交往技能？

案例分析

妈妈为宝宝准备他们爱吃的食物，这是幼儿非常熟悉的生活内容。当幼儿将这一生活内容用游戏演绎出来时，这里的“妈妈”和“宝宝”显示出，他们对食物的偏好其实反映的是自己的想法而不是对方的想法。在生活中，妈妈可能显得强势，要求孩子按照自己的意愿行事，因而，游戏中的“妈妈”比较强势，她说：“你们只能吃比萨与冰激凌，否则你们就饿着吧。”可是，在游戏中，“宝宝”却有自己的想法，并勇敢地、千方百计地说服“妈妈”给自己吃一些其他食物。两人通过协商，经过部分地妥协与坚持，最终达成一致意见。可见，角色游戏可促进幼儿移情能力的产生，即站在别人角度思考问题，学习与人合作、分享、让步与妥协、坚持自己的意见和获得他人的认同。

（二）促进幼儿思维能力的发展

假装游戏又称象征性游戏，是幼儿将某物假想为另一物的游戏。此类游戏具有四个特征：①将无生命的东西当成有生命的；②游戏依假想而进行；③在缺乏必需品的情况下模拟正常的活动；④经常模仿成人或别人做事。

皮亚杰认为，假装游戏有三种：①对玩物做表征行为的应用，如幼儿对洋娃娃说“哭”，并模仿哭的声音；②以一物取代他物来扮演，如以尺学爸爸刮胡子，以抱枕头来代替抱娃娃；③扮演一系列的活动，如扮过家家。作为假装游戏的一种，角色游戏具备假装游戏的假装想象特点与功能。苏联心理学家艾利康宁认为，角色游戏具有以物代物和以人代人两种象征机能，以物代物包含在以人代人的象征结构之中，而儿童角色的形成孕育于实物活动之中。皮亚杰认为，儿童在游戏中的以物代物是象征性思维出现的主要标志。

根据皮亚杰的研究，十二个月大的婴儿以自己为假装游戏的行动者，如假装喝水、吃东西、睡觉、打电话等。一岁半的幼儿能参与外在引导的假装游戏，物体的转换比人物的转换早，如以香蕉代替电话会比以娃娃代替玩伴早。两岁的幼儿会以其他对象来代替行动者，如假装牛（玩具）在吃草，外表像实物的东西比较容易被假装成该物。两岁以后，幼儿会进行复杂的、系列的假装游戏，行为会和玩物连接，玩法连贯，如小熊和娃娃共同用餐。三岁以后，幼儿会出现连续的情节，仍很少和同伴有互惠的交流，但会把愿意和他玩假装游戏的父母或教师包括进去。年龄越大，假装游戏形态越精巧，同伴之间发展出的扮演情节越多。五至六岁，幼儿的假装游戏到了巅峰，以后则日渐减少。从这一意义上说，角色游戏有助于幼儿保留概念、取替观点（又称角色取替）、解决问题及发展创造力。同时，角色游戏能促进幼儿象征性思维的产生及发展。教师提供多种材料辅助游戏的开展，幼儿在角色游戏中会对材料进行想象以及以物代物，如小班幼儿在进行游戏时，喜欢选择外形和功能上十分相似的代替品，中大班幼儿根据自己需要和理解来选择代替品。

（三）促进幼儿语言的发展

幼儿游戏与语言发展的关系是学者感兴趣的话题。许多研究都证明了幼儿游戏与读写发展之间的关系，强烈的证据表明，设计良好的促进读写的游戏环境可为幼儿提供语言经验，这些经验将引导幼儿建立口头语言与书面表达语言的关系，从而支持他们后续的正式读写学习。此外，教师在游戏环境中为幼儿提供适宜的读写材料也可有效促进幼儿的读写学习。这些读写材料可以是流行的故事书。[①] 比如，《洞里洞外的小老鼠》《我的爷爷真麻烦》等。阅读与交流故事书的角色行为（说了什么、做了什么）及角色关系（如谁是爸爸，我的爷爷遇到了什么麻烦，警察帮爷爷做了什么），既有助于幼儿丰富角色游戏的内容，也激发了幼儿对书本的兴趣，促进他们理解阅读与写字的过程，掌握了看书的顺序，刺激了幼儿的文字敏感性。

幼儿常在游戏中使用语言表达自己的想法、感受和观点，或者使用语言与同伴进行角色的交流，或者学习合作，或者解决冲突，这一切都将促进幼儿的语言发展，比如，扩展幼儿的词汇，让幼儿喜欢上阅读与写写画画。在角色游戏中，幼儿需要

① Banerjee R., Alsalman A. & Alqafari S., “Supporting sociodramatic play in preschools to promote language and literacy skills of English language learners,” *Early Childhood Education Journal*, 2016（4）, pp. 299-305.

把自己的生活经验融入游戏当中，把自己的东西或知道的东西与同伴分享，便有话可说，而且容易积极主动地与他人说。角色游戏的灵活性及生活性使得其相对于其他游戏而言，更能为幼儿语言发展提供一个自由、自主的环境，进而促进幼儿语言能力的发展。例如，在餐厅游戏中，扮演服务员的幼儿必须询问“客人”要吃什么，而“客人”必须向“服务员”说自己想吃的菜。如此交流为幼儿提供了一个敢说，并有互动交流的环境。

《幼儿园教育指导纲要（试行）》明确要求：“创造一个自由、宽松的语言交往环境，支持、鼓励、吸引幼儿与教师、同伴或其他人交谈，体验语言交流的乐趣，学习使用适当的、礼貌的语言交往。”其中，指导要点提出：“语言能力是在运用的过程中发展起来的，发展幼儿语言的关键是创设一个能使他们想说、敢说、喜欢说、有机会说并能得到积极应答的环境。”

角色游戏的开展能为幼儿语言的学习与发展创造一个轻松、自然的环境氛围。

（四）促进幼儿身心健康的发展

幼儿的运动能力表现为对肌肉的控制力、身体的平衡能力及动作的协调能力等，这种能力在游戏特别是角色游戏中能够得到体现。在角色游戏中，幼儿会不停地走动而不会固定停留在一个地方。幼儿在摆弄游戏材料的过程中需要身体各个部位的协作，因此幼儿的身体机能得到发展。

角色游戏对促进幼儿心理健康也有重要作用。角色游戏不像集体活动和其他某些游戏有着统一的要求和统一的活动方式，因此，角色游戏更能满足幼儿自我肯定的需要。在角色游戏中，幼儿通过自身体验，从中获取经验，促使其相信自我，相信自己能在游戏中扮演好角色，从而增强其对角色游戏的兴趣和信心。当全神贯注于角色扮演时，幼儿能从中获得最大的满足，体验到角色游戏带来的乐趣和快乐的情绪。

二、角色游戏的结构

（一）游戏主题

所谓主题，如医院、娃娃家、餐厅、邮局、交通指挥等，指的是幼儿在游戏中反映人们生活和活动的一定动作、事件和相互关系。幼儿在游戏中的角色行为、角色关系、动作流程、游戏规则等都是围绕着某一游戏主题进行的，角色、动作和规则等都由主题组织而构成角色游戏的基本框架。教师应鼓励幼儿按照自己的意愿提出游戏的主题。

（二）角色扮演

角色扮演是角色游戏的主要表征手段。按照《辞海》（第七版）的解释，“角色”指戏剧、电影等艺术作品中的人物，同“脚色”；也指戏曲演员专业分工的类别。按照社会学用语，角色扮演指的是为适应需要，在自我角色的范围内即兴或临时扮演他人角色的现象，并从他人那里习得行为；或者指个人根据自己所处的社会地位，把权利和义务恰当地结合起来而产生应有的效果。[①] 角色游戏与表演游戏都有角色扮演活动，而“角色”的这两种解释能较好地说明两种游戏的区别：角色游戏的主题和内容来源于自己的实际生活，是幼儿以游戏的方式对生活中各种社会角色的扮演活动；表演游戏则是以游戏的方式再现故事或文本中的人物对话、情节等过程的活动。

由于角色游戏是幼儿基于自己熟知的社会角色的创造性再现过程，因此，对角色职责、角色行为及相互关系的理解就成为角色游戏至关重要的经验基础。生活中，幼儿可以通过直接经验（看到的、听到的、接触过的）获得角色游戏的经验基础。比如，去超市看过售货员的活动，了解到他们做了哪些事，如何为顾客服务，服务态度怎样；通过与售货员的互动（比如，直接与售货员对话，买卖货物），清楚了售货员与顾客的对话可能是什么。当然，通过阅读绘本、看电视、听别人分享经验等方式，幼儿也可获得游戏的经验基础。比如，以“超人”为主题的角色游戏源于幼儿通过书本、电视等方式了解的经验，类似的例子还有消防员、宇航员等角色游戏。

（三）游戏规则

角色游戏一般为两个或两个以上的幼儿一起进行，因此，角色的分配、角色之间的互动直接影响游戏的质量。当幼儿尚不懂得如何解决角色分配问题，缺乏互动技巧时，教师教会幼儿分配角色的方法与策略，引导他们更好地进行角色互动就显得非常重要。

尽管我们强调游戏的自由自在性，但是，角色游戏并不是随意发挥，角色游戏必然要求遵守一定的规则，否则，幼儿会产生秩序混乱感，或者导致游戏被破坏。观察发现，幼儿对规则与秩序有着内在的要求。

① 辞海编辑委员会:《辞海》第七版，2290 页，上海，上海辞书出版社，2020。

案例 10-2：

随着幼儿的讨论，游戏暂时停止了。我说："这个游戏很有意思，我们坐下来给游戏定一个规则吧，让游戏变得更好玩，你们说好吗？"我的提议得到了小朋友们的赞同，大家就地围坐讨论。"被抓了不能跑！""要有安全屋！（操场上的）木板（地面）可以当安全屋。""熙熙不许撞人！"在他们热烈的讨论中，游戏规则慢慢形成了。[①]

案例分析>>>>>>>>[①]

由案例 10-2 可见，规则是角色游戏的灵魂，通过集体讨论幼儿共同确立游戏规则，说明了规则是幼儿游戏的需要。角色游戏除了上述案例提到的在游戏中逐渐生成的规则外，还包括以下规则。

1. 关于角色分配的规则

基本上每个幼儿都希望扮演他们心目中的英雄角色或者正面角色，不愿意扮演反面角色。警察、超人等是幼儿向往的角色，而小偷等则是幼儿排斥扮演的角色。然而，角色游戏是通过角色的互动完成的，只有合理的角色分配，游戏才能顺利进行。如何公平、合理地分配角色，并让幼儿学习、遵守角色分配的规则，是幼儿社会性发展的重要内容。

2. 关于角色行为的规则

角色游戏需要幼儿依照角色的行为、职责行事，如果有幼儿不能遵守这些规则，则可能导致游戏的终止或遭到其他幼儿的反对。例如，在一次游戏中，扮演医生的姜蕴穿着医生的衣服，一边跑一边喊："我是医生，谁要看病！"胡西嘟囔着说："医生不会是这样的！"姜蕴扮演的医生不是幼儿理解的医生形象与应有的医生行为，所以，没有人去找他看病。姜蕴的游戏行为因为不符合幼儿视角的医生角色，所以，他发动的游戏行为未能得到别人的回应，游戏就这样结束了。

3. 关于游戏的外规则

上述关于角色行为的规则是直接制约并内在于游戏的规则的，可以称为"内规则"。所谓内规则，指的是规则本身就是游戏的组成部分，如果没有它，游戏就无法进行。游戏内规则最为明显地表现在规则游戏中。两个幼儿玩"石头、剪刀、布"

① 教育部基础教育司：《游戏·学习·发展——全国幼儿园优秀游戏活动案例选编》，332 页，北京，人民教育出版社，2020。

游戏，他们讲好的游戏规则是“喊 123，同时出拳”，任何一方不遵守规则都会导致游戏的终止。游戏除有内规则外，还有外规则，即外在于游戏的规则。例如，游戏结束后分类整理与收拾玩具，游戏同伴要礼让、讲礼貌等，就属于游戏的外规则。

三、角色游戏的支持策略

角色游戏是幼儿期的一种典型的游戏类型，也是能最大限度地满足幼儿身心发展需要的综合游戏方式。不管是文献资料的查阅还是实地的观察，我们都发现，目前许多幼儿园开展的角色游戏普遍存在不少问题。总结各种成功经验与相关理论，我们发现，教师需要细心观察、倾听和解读幼儿的发展水平、游戏水平和内心世界，尊重幼儿的兴趣和愿望，用幼儿的眼光来看世界，充分发挥幼儿的自主性、创造性，依据角色游戏的结构，创造有利条件满足幼儿角色游戏的需要。也就是说，教师需要学会支持幼儿的角色游戏。准确地说，教师应该观察儿童的自由游戏并且进一步发展它，而不是从头开始为儿童组织活动。[①] 教师对角色游戏的支持策略有以下几点。

（一）环境介入

拉什达・班纳吉（Rashida Banerjee）等指出，教师可以通过支持社会戏剧游戏，提高幼儿语言与读写技能，支持的策略包括：改变物理、社会或时间环境，促进幼儿的参与、卷入及学习。[②] 具体而言，角色游戏环境创设的策略如下。

1. 增加游戏时间

一般而言，每天上午或下午保证至少 1 小时（大约一日流程 1/4 的时间）可预测、有组织的社会戏剧游戏时间，对于幼儿卷入及维持单独或合作的活动是必要的。进一步说，幼儿应该能够在每个区域至少游戏 15 分钟，而且不受打扰。这样的时间允许幼儿进入游戏，维持兴趣，参与游戏，通过游戏学习，并通过语言、同伴互动及在令他们感兴趣的活动中解决问题，使游戏变得更加复杂化。这样的时间使教师拥有足够的时间去观察或支持幼儿的游戏。

2. 做好游戏准备

幼儿在角色游戏前应至少做好三种准备：一是经验准备，二是心理准备，三是

① ［英］珍妮特・莫伊蕾斯:《游戏的卓越性》，刘峰峰、宋芳译，22 页，北京，北京师范大学出版社，2010。

② Banerjee R., Alsalman A. & Alqafari S., “Surpporting socialdramatic play in preschools to promote language and literacy skills of English language learners,” *Early Childhood Education* Journal, 2016（4）, pp.299-305.

文化准备。

（1）经验准备

幼儿的角色游戏水平与幼儿社会生活经验及幼儿对自身生活经验的理解直接相关。教师可以通过带领幼儿参观社区的超市、消防队或印刷厂等，或者请家长、义工等到园与幼儿分享经验，或者提供相应的图书、视频等相关资料，丰富幼儿的经验。

由于不同幼儿对自己的直接经验或间接经验有着不同的理解，同时，他们的经验也许是零散、缺乏联系甚至是错误的，因此，教师需要进一步组织他们讨论，以帮助他们分享经验，并形成清晰的认识。比如，“医生”面对一位抱怨头疼的“病人”，拿着大针筒直接对着“病人”的头扎下去，教师可以组织幼儿讨论：“是不是哪儿不舒服，医生就在哪儿给我们扎针？”

（2）心理准备

活动的转换对于许多幼儿而言是一大挑战。因此，在开展区域游戏前，教师应通过一定方式让幼儿做好心理准备。具体包括：提供每个游戏区域的信息，开放哪个（些）区域，每个区域有哪些材料，可能开展哪些活动等；明确教师的期望，比如，每个区域的进区规则、人数限制、行为要求等。值得注意的是，教师需要限制每次自由进区时，幼儿可选择的游戏区域的数量，可以一次开放 4～5 个区域，其中，社会戏剧游戏区域至少开放 2～3 个。通过限制进区人数，我们可以鼓励幼儿一起游戏，参与同伴互动，通过语言交流，分享他们的需要、想法或问题解决的方式。反过来，同时开放更多区域可能鼓励幼儿的独自游戏，减少幼儿之间的互动机会。为减少区域数量，一些教师可能会采取基于主题将区域联合起来的措施。比如，将玩水桌放在娃娃家，鼓励幼儿在准备做饭前先洗洗水果、蔬菜。

案例 10-3：

哈飞老师指着娃娃家说：“下星期我们的朋友朱丽要过生日了。小朋友们可以为她准备一个生日派对吗？我们的娃娃家有许多材料，你可以给她做个蛋糕，或者制作一个生日贺卡。桌上还有许多空白卡片和马克笔，你也可以制作邀请函，到时邀请你的朋友参加生日派对。”

案例分析

哈飞老师通过语言，为幼儿创设了开生日派对的游戏情境，引出了一个新的游戏主题，也向幼儿传递了教师的期望，为幼儿营造了一个良好的游戏心理氛围。

（3）文化准备

幼儿对游戏主题、游戏材料等的熟悉程度直接影响他们对游戏的兴趣，对于来自不同家庭、文化背景的幼儿而言尤其如此。教师应寻求家长的帮助，判断哪些是幼儿熟悉且能吸引他们的材料。比如，在娃娃家的厨房里增加一些家里用过的、盛各类豆的空罐子，或者是收集幼儿小时候的衣服放在娃娃家，这样可能有助于维持幼儿对某一区域的兴趣，鼓励幼儿更为积极地参与到该区域的活动中。

（二）教师介入

支持幼儿角色游戏发展的第二种介入方式是教师的介入。通过采用不同的策略，教师支持幼儿角色游戏及社会、读写等方面的发展。在介入过程中，教师可能扮演多样的角色，如旁观者、舞台管理者、共同游戏者等。关于教师在幼儿游戏中扮演的角色在本书前面讲过，此处重点讲的是教师在幼儿角色游戏中，如何扮演好这些角色。

1. 共同游戏

案例 10-4：

通过直接参加幼儿的角色游戏，我介绍的一个技巧是“速记”。当我扮演服务员时，这种情况发生了。我看到斯德希扮演接待者的角色，她正在记录外卖订单。我注意到她花了很长时间才写完一个订单，于是我让她看了一下我写的速记订单。我用一个简单的图和单词的首字母表示一个订单，我问她是否明白我所用的速记方法的含义，她说这很容易，而且能够很快解码。“或许在记电话时，你喜欢用自己的速记方式。”我建议说。接下来我发现斯德希开始用自己的速记方式记录。不久，速记的观念被整合进角色游戏，在游戏过程中，那些知道怎样使用速记方式的幼儿很快便开始指导其他幼儿了。[①]

案例分析>>>>>>>>

在本案例中，教师主要扮演的角色是共同游戏者，即通过参与幼儿的游戏，起到一种示范、引导作用，比如，示范如何用速记的方法记录订单。通过参与幼儿的

① ［英］珍妮特·莫伊蕾斯：《游戏的卓越性》，刘峰峰、宋芳译，123~129 页，北京，北京师范大学出版社，2010。收入本书时有改动。

游戏，教师既帮助幼儿解决了问题，帮助他们了解到符号及文字的意义，又刺激了幼儿的同伴互助，推动了幼儿游戏的持续性与深入性发展。

2. 平行游戏

角色游戏中教师的适当介入有助于幼儿游戏水平的提升。在角色游戏中，教师应当充当幼儿游戏的观察者与支持者，根据观察采用适当的方法介入游戏。比如，当幼儿对新出现的玩具不感兴趣时，或幼儿不会玩、不喜欢玩、只喜欢玩某一类玩具时，教师就在附近，用与幼儿相同的或不同的材料玩游戏，这样就会引起幼儿的模仿行为，对幼儿起到了暗示性的指导作用。这就是平行游戏的介入方式。

3. 调停冲突

在游戏过程中，部分教师可能注重纠正幼儿的行为问题和纪律管理，而很少与幼儿进行情感交流，也缺乏解决幼儿游戏冲突的技巧。一方面，教师应该重视和幼儿的情感交流，用心关注幼儿，尊重幼儿，对幼儿一视同仁，多为他们提供探索和体验的机会。教师要多对幼儿进行正面评价，如果幼儿行为上出现问题，教师不应训斥，而应该针对具体情况进行耐心的指导、鼓励，使幼儿感受到教师对自己的喜爱和尊重。另一方面，教师要通过游戏教会幼儿解决冲突的方法。

4. 舞台管理

教师作为舞台管理者，指的是教师要扮演好如下角色：提供道具，安排材料，根据需要整理和重新安排材料，明晰与界定游戏空间，确保充足的游戏空间，为幼儿提供必要的背景经验等。比如，根据幼儿年龄特点，开设不同类型的游戏区。小班幼儿处于独自游戏时期，对模仿成人的动作或玩玩具感兴趣，角色意识差，游戏的主要内容是重复操作、摆弄玩具，与同伴的相互交往少，主要是与玩具发生作用，与同伴玩相同或相似的游戏。这时，教师可以为幼儿提供种类少且数量多的角色游戏玩具。大班的幼儿游戏水平提高，常规的角色游戏形式，如娃娃家、银行、超市等主题游戏已经不能满足幼儿的需要，这时，教师可以根据幼儿的兴趣创设新的游戏区域，如洗车店、马路开车、发型屋等，让幼儿接触更多的成人社会活动。另外，教师可以将角色游戏与主题活动相结合。例如，本月的活动主题是端午节，教师可以将餐厅改变成吃粽子的餐馆，投入各种有关粽子的材料，教师教扮演厨师的幼儿包粽子，使扮演顾客的幼儿可以“品尝”美味的粽子。

首先，游戏材料是影响游戏质量的一个重要因素。鉴于材料按照结构性、真实性等而区分的种类差异，角色游戏的材料投放除考虑材料切合幼儿年龄之外，还应将重点放在鼓励幼儿创造性地使用材料且提供多样化的游戏材料上。

游戏能促进幼儿的想象力与创造力发展的一个重要原因在于在游戏中，幼儿可以为丰富游戏情节而使用替代材料，或者自制游戏材料，或者挖掘同一种材料的多种用途。例如，教师可以在观察中看到："菜场"游戏进行到一半，来了一位"顾客"要买肉骨头，可"菜场"没有现成的肉骨头卖。怎么办呢？游戏似乎只能终止，或者"顾客"改买别的菜。可是，这位"顾客"是因为家中的"外婆"生病了，"医生"说要熬肉骨头汤给她喝。情急之中营业员灵机一动，拿起一团橡皮泥，压扁，再搓成条，然后把橡皮泥的两端捏圆，于是，肉骨头就有了，"顾客"高兴地买回去了。

其次，要确保游戏道具与环境切合真实生活的情节，因为幼儿熟悉游戏主题与道具至关重要。

最后，根据教育目的有针对性地提供相应的游戏材料。比如，如果希望角色游戏区域发展幼儿的读写能力，教师应提供丰富的读写工具，以满足幼儿在不同情境下的游戏需要。比如，在娃娃家提供食谱书及书写材料，这样，幼儿就可以列出食品清单。同样，在"医生办公室"，幼儿可以拿到记录板夹，这样，"病人"可以挂号，"护士"或"医生"也可以做些记录或写写"病历"。同时，如果"医院"提供有声读物，那么，"病人"在等候"医生"时，可以听个小故事。

5. 解释说明

幼儿思维的特点是以自我为中心，即他们经常意识不到看待事物的方式不只一种。作为幼儿角色游戏的解释者，教师可以通过描述或解释幼儿的行为，以便让幼儿意识到其他幼儿的想法，发展幼儿的社交能力。比如，角色游戏结束时，费特弄得一团糟。T 老师蹲下来对费特说："费特，这样子很难清理干净啊。你是不是担心不能保留自己建的桥呢？"接着她提出问题并让费特想想怎么解决这个问题，她说："你认为我们该怎么做呢？"然而，费特想不出什么解决办法，因为他才三岁。于是，T 老师提供了几种解决办法供他选择："或许，你可以吃完点心后再回来收拾。""或许我们可以拍个照片，这样在你收拾前我们留下了照片。"

6. 游戏指导

作为游戏的指导者，教师要帮助幼儿进入游戏，并帮助幼儿发现所需角色的同伴。比如，T 老师请舒纳（一个游戏精通者）去帮助李沙（一个不那么精通游戏的孩子），T 老师说："舒纳，你可以跟李沙一起玩吗？她需要一些帮助，以准备朱丽的生日派对。"而帮助幼儿进入游戏的话，T 老师要通过一定的方式确定每个游戏区域的幼儿在技能、语言或社会胜任力及性别等方面的平衡。

案例 10-5：

自由游戏时间，幼儿正在各学习区域进行着各种活动。幼儿园的特殊教育教师米西走了进来。她掀开感官操作台的盖板，立刻吸引了三个幼儿。操作台里堆着彩色米粒，散放着筛子、小桶、铲、漏斗、笊、蛋壳套杯、小汽车、塑料树叶等材料。幼儿随意地进行着铲米、装米、倒米等动作。只见鲁先铲了许多米粒倒在筛子里，又铲了混合大颗石头的米粒倒在筛子里，接着他用双手端起筛子开始左右筛动，不一会儿，筛子里就只剩下大颗的石头了。鲁在进行这样的动作性游戏时，米西非常认真地看着，向他投去了赞赏的目光，时不时说："噢，你看，小的米粒全跑下去了，只剩下大颗的石头了。"（图 10-1）与此同时，劳伦用她的蛋壳套杯装了小半杯米粒，然后摇晃着它，使它发出了清脆的声音。米西微笑着说："嗯，装了米粒后，你的蛋壳会唱歌了哎！"在一边等待多时的汤米终于在操作台里找到了一个空位，他用力地用笊在米里划出了一条宽线。米西高声说："汤米，你挖了一条马路呀！"汤米朝老师开心地笑了。米西又说："我们的马路上会不会有车来呢？"汤米立刻拿起一辆小汽车，开始让它沿着"马路"走（图 10-2）。突然，米西用非常紧张的腔调说："火警！快去救火啊！"汤米开着车走了一会儿，突然语气坚定地说："有恐龙！"米西回应道："噢，真的吗？在哪里？"汤米语气显得有点紧张，说："在那里，它跑过来了！"米西回应道："那我们得赶快躲起来吧！"一边说，米西一边拿起塑料树叶，假装那里是安全的地方，并说道："快躲到后面去，这样恐龙就看不见我们了！"（图 10-3）

图 10-1　筛沙子

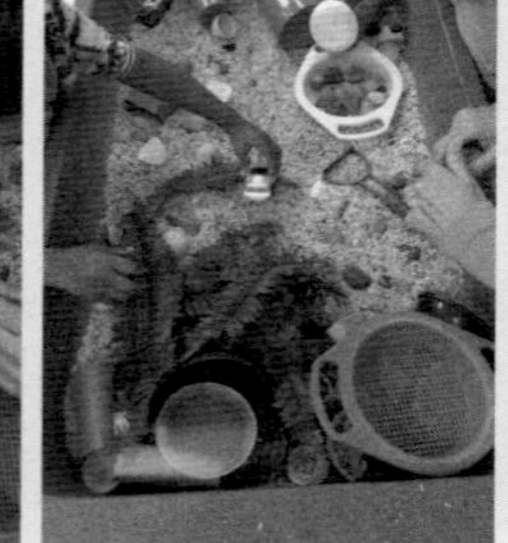
图 10-2　走汽车

图 10-3　有恐龙，躲起来

案例分析

在案例 10-5 中，教师使用了多种介入方式。除提供适当的游戏材料外，教师的主要介入技巧还包括以下方面。

①通过观察，了解与判断个别幼儿当前的游戏内容、情节与水平，游戏的教育价值及教育契机，幼儿需要及可以介入的时机等。

②提供多样化的游戏材料，操作台提供的材料既包括一般的玩沙材料，也包括字母卡等认知材料，还包括促进角色游戏的材料，如玩偶、动物模型等。

③教师充分利用各种方式，如眼神、表情、动作等，向幼儿传达游戏有趣、游戏有价值等信息。

④按照介入程度的差异，教师的介入方式既包括支持提升型介入（以语言描述的方式帮助幼儿弄清游戏内容，并传递一种情感支持。比如，教师说："汤米，你挖了一条马路呀！"），也包括引导型介入（用于引导幼儿游戏情节的发展，比如，提示幼儿建一条马路，将幼儿也许无意的操作提升为一种有意的行为，通过语言引导，比如，"我们的马路上会不会有车来呢？""火警！快去救火啊！"引导幼儿将想象游戏的情节纳入动作性游戏中），还包括角色型介入（充当游戏同伴的角色，这种介入起着一种支持、推动的作用）。

总之，角色游戏的指导要素有：鼓励和协助幼儿按照自己的意愿提出游戏的主题；指导幼儿选择和分配角色；指导幼儿丰富游戏内容和情节，提高游戏水平；加强角色之间的内在联系，增强游戏的合作性；引导幼儿遵守游戏规则。

四、角色游戏的综合设计

实际上，如果站在一个更加宏观的角度，教师对幼儿角色游戏的指导不仅体现在具体层面，而且体现在课程层面的游戏综合设计上。案例 10-6 通过一位教师的反思与记录，体现了教师在游戏指导、活动设计中的课程意识。

案例 10-6：

"我是巴特曼！不能有两个巴特曼！你是罗宾！"

"我不想当坏蛋！"

"我们把那些坏蛋拿来，假装他们都死了吧。"

这是我们常见的游戏情节，也是幼儿反复进行的游戏情节。一般，这种游戏可能有三四个幼儿参与游戏。他们拿着工具，如棍子、塑料铲等，尖叫

着说将如何抓住那个坏蛋。游戏进行到这里，通常有三种结局：

①参与者争论着游戏情节如何发展，或者与打断游戏的幼儿争吵；

②当游戏从富有创造性变得发生言语冲突或行动上不安全时，教师介入；

③一个或更多幼儿向教师报告："×× 说只能有一个超人！可是我不想做坏蛋……"

我们俩（沙拉和麦莱迪）知道，相比叫停幼儿的游戏，我们可以做得更好，因为停止幼儿的游戏不仅意味着发展上的不适宜，而且意味着，这样也不起什么作用。

当进行观察时，我们意识到，幼儿的游戏情节一直都没有进展，因为他们有关超人的知识非常有限。如果希望改变这个故事与游戏，我们需要提供更多信息。

这是一个极好的解决问题的机会，学前教育课程需要教师研究儿童最感兴趣的东西是什么。我们可以聚焦于一个主题，以邀请家长参加课室展览的方式结束我们的课程。在开展览会的过程中，幼儿将充当管理者、展览设计者，以及讲解员。显然，我们需要花时间增加有关超人的故事。于是，我们设计了动物王国的主题，通过研究超能力，将科学的内容编了进去。

在此过程中，我们在教室里为幼儿准备了关于超人的书籍，其中一些是图画书，一些则是绘图小说（这种小说有点像喜剧书本，但是内容适合幼儿）。我们在一面墙上贴上一张大纸，这样幼儿就可以一起画画，创作他们正在保护的城市。同时，我们开始了小组讨论，罗列幼儿所知与想知的，进而，引导幼儿接下来的学习。

第1周：故事开端

每个关于超人的故事都需要一个故事开头或背景，用以解释一个角色为什么成为超人，或者超人是如何获得超能力的。我们班花了整整一周的时间构想超人的故事。为确保幼儿获得个性丰满的超人形象，全班聚焦于超人的名字、服饰及超能力。这样，我们可以了解，幼儿对超人已经知道什么和幼儿之间的知识差距，以及是否存在我们想要挑战的想法。比如，我们想帮助幼儿质疑"女孩不能当超人"的想法。

创造超人的角色模型成为探究的基础。当幼儿在有关超人是谁的问题上获得了新知识与更多信心时，他们的身份开始发生改变。佩内洛普最初扮演的是神奇女郎，当学习进行到一定程度时，她宣布自己是彩虹女孩。这一转换引导她重新创造自己的人物角色。

第一周最有批判性的一次讨论是关于一部电影的。超人游戏的许多问题来自我们的现场观察，比如，一个幼儿宣称自己是超人，而将朋友降低为伙伴的角色。整天我们都聚焦于这一挑战。幼儿一起完成了接力赛和破冰船游戏。通过一起游戏重新思考队友与伙伴的意义，它意味着互相帮助，而不仅仅是幼儿一起友好地游戏。至于超人，没有人能够完全掌控，每个人都需要发挥作用。

在这一天，我们对超人游戏的观察有了两个新发现。一个是，幼儿不再坚持他们从流行文化中知道的超人。另一个是，超人是跨文化的，所以，不能排除那些不熟悉传统超人形象的幼儿也有自己心目中的超人形象。一个来自日本的小姑娘，她打扮得像个面包超人，这是一个来自日本流行动漫秀“面包超人”中的反派角色。这个常常显得害羞而不敢与人交谈的小姑娘，在扮演面包超人这一角色时显得十分兴奋，找到了参与其他幼儿的游戏的方式。

第2周：真实生活中的“超人”

深入研究超人的主要目的是帮助幼儿在游戏中分享叙述。为了做到这一点，我们希望他们想一想：为什么超人做他们所做的一切，而不仅仅是思考超人是如何做事的。通过聚焦于超人助人这一点，我们能打开幼儿的眼界，关注他们每天都会遇到的、现实生活中的“超人”。

我们的班级位于华盛顿特区的史密森尼国立美国历史博物馆附近。博物馆是幼儿日常生活的组成部分，同时，那里工作的人们也是幼儿社区的组成部分。在本次学习中，当幼儿观察博物馆时，我们花时间向幼儿介绍工作人员、义工及他们所承担的不同工作。我们也邀请幼儿喜欢的艺术老师跟幼儿谈一谈义务劳动，分享他们为帮助别人所做的事情。幼儿对博物馆的工作人员非常友好，但是，我们希望他们所做的不仅仅是挥挥手而已。我们想要他们想一想这些人都为别人做了什么。

两个重要想法从讨论中产生：一是超人帮助他人；二是即使并不总是能获得别人的感谢，超人仍然对帮助他人感到开心。然而，我们发现，难以创设传递需要帮助者的想法及生活中的“超人”如何帮助他人的适合幼儿年龄的课程。自从班级用艺术的方式讨论各种话题以来，我们将毕加索的绘画《悲剧》及坎达丝·弗莱明的书《凯琪的包裹》作为该课的基础。表达强烈情绪的形象，使幼儿获得联系抽象想法的方式，并给了幼儿集体自由讨论的安全空间。

真实生活中的“超人”也激发了两个班级项目：一个是食物传爱活动，另一个是为学校及博物馆的超级英雄制作感谢卡。幼儿向老师们口述自己想说的，由老师帮他们记录下来。许多幼儿说道：“谢谢您，超级英雄。”有的幼儿说道：“谢谢您保障我们的安全。”分发卡片当天，幼儿打扮得像超人，一个一个地将卡片送到学校管理办公室和博物馆办事人员手中。

第3周：超人背后的科学

在这一周，幼儿将所有的想象力转向超能量，这些超能量是虚构的、超人可能拥有的。当然，我们也有机会将STEAM[①]编进我们的课程，重点关注虚构的超能量与真实生活中动物的超能量。

（1）难看见与伪装：蝴蝶

我们一起读《大比目鱼杰克逊》，幼儿讨论着动物伪装的目的。然后，全班参观了博物馆的蝴蝶展览，幼儿认识到，伪装有许多种方式，如假眼睛、变化颜色。在教室里，幼儿设计了可以在彩色纸上伪装的蝴蝶。

（2）超级速度：猎豹

我们在游戏场放了一根90英尺（1英尺=0.3048米）长的绳子，为幼儿计算他们跑完绳子全长所用的时间。然后，我们给幼儿看一组猎豹的图片，解释猎豹的奔跑速度最快是多少。之后，我们又请幼儿跑一跑，看他们一秒能跑多远。这样，他们就能具体理解自己的速度与猎豹速度的差距。

（3）水下呼吸：鱼

请幼儿在博物馆的水族馆里观察鱼，看看鱼鳃如何工作，幼儿可以理解鱼在水下是如何呼吸的。同时，我们请了一名潜水爱好者分享自己潜入水中拍到的野生鱼的照片，也让幼儿了解到人在水下是如何呼吸的。

（4）飞翔：鸟

比较人类与鸟的骨架为幼儿提供了探究的机会，使他们可以探究为什么鸟可以飞而人不可以。接下来，幼儿通过玩纸飞机与自制降落伞，探究了飞翔的概念。

① STEAM是由science（科学）、technology（技术）、engineering（工程）、art（艺术）、maths（数学）这五个英文单词的首字母合成的，意在表示上述五大学科融合的教育。

第 4 周：超级英雄专家

在最后一周的超级英雄学习中，幼儿为家长举办了一个博物馆展览，充分展示了他们的知识。他们一起创作了一本连环漫画，为其取名《超级考拉》（考拉是我们班的名字），并将最后的作品贴在了班级墙壁的壁画上，这幅大的壁画被幼儿命名为《考拉城》。为了开放这次重要的展览，幼儿将人们捐赠的枕头套做成披肩，并进行了装饰，写上了自己名字的首字母。梅雷迪思与每个幼儿进行了会谈，并录制视频。幼儿也认真地描述了自己物品上的标签，帮着整理各种物品。

最为重要的是，每个幼儿都选择了与博物馆相关的工作，制作了一个胸牌，在上面标示自己的工作头衔与超级英雄的名字。“展览设计者”负责保持展览的整洁，“管理员”负责维修物品，“讲解员”负责回答有关展览的各种问题，“安保人员”确保人人遵守规则。这些工作反映了幼儿对博物馆日常生活中的超级英雄角色的理解，也明确了他们在展览过程中的任务。

在展览过程中，幼儿自豪地指认自己的作品，与家长一起阅读绘本和绘画小说。他们披着披肩，领着爸爸妈妈在房间里转来转去，不停地跟家长要求“看多一件”。①

案例分析

沙拉和麦莱迪基于对幼儿学习和游戏需要的理解，以主题综合的游戏形式，设计了科学、语言、社会、艺术等多个领域的学习活动。通过基于游戏的学习活动，幼儿可以发展提出问题、解决问题等科学探究的素养，发展社会合作、社会责任、社会参与等公民素养。也就是说，通过主题综合式的基于游戏的学习活动，幼儿可以获得全面的发展。同时，在课程开展过程中，两位教师充分利用了家长、社区等资源，并将它们作为课程资源。

① Erdman S. & Downing M., “The science of superheroes,” *Teaching Young Children*, 2015(3), pp.24-27.

第二节 建构游戏

建构游戏又称结构游戏、建筑游戏，指的是幼儿使用各种结构材料，通过想象和手的造型活动构造建筑工程物体的形象。建构游戏可分为桌面小型建构游戏与大型建构游戏。桌面小型建构游戏的材料主要为小型材料，如小块插塑和编织材料（如编织带或线、珠），常为幼儿单独进行，主要锻炼幼儿的小肌肉动作能力。大型建构游戏是幼儿操作大型建构材料（如大块积木、原木、纸砖）而进行的建构活动，主要锻炼幼儿的建构技巧及计划、合作能力。

建构游戏的类型主要有以下三种。①模拟结构，即模仿结构实例的构造活动。包括结构物的模拟（模仿范例），图纸中结构物的模拟，实物、玩具等形象的模拟及绘画等平面形象图的模拟。②主题构造，即指定主题的造型活动，其目的在于培养幼儿结构的目的性，发展幼儿构思的能力。主题建构的产生，取决于幼儿对周围生活环境的观察和丰富的社会生活经验。教师主要通过参观、讨论等形式，指导幼儿的目的性。③自由构造，即幼儿按照自己的意愿进行的创造活动，其主要目的是发挥幼儿的独立性、自由想象与创造力。

一、建构游戏的价值

幼儿利用积木、积塑、泥沙及废旧物品等材料搭建或建构某一形状或物品，通过运用排列、组合、叠高、拼搭、镶嵌、黏合、穿套等建构技巧，独立或合作搭建物品，体验成就感、自主感等，增强手的灵活性、协调性，提升一定的动作技巧，发展某些重要的能力，如合作、计划、协商、想象等。具体而言，建构游戏的价值可体现在以下方面。

（一）促进创造性想象的发展

在建构游戏的过程中，幼儿运用各种建构材料（如沙、水、积木、积塑、绳线、泥巴等材料），表达和表现生活，培养和发展想象力和创造力。如果询问一个幼儿建构了什么作品，他一定会向你滔滔不绝地讲述一个角色或一个故事。比如，蜘蛛如何如何，他们如何开着军舰巡逻，保家卫国；一座城市里有些什么建筑，在不同场所都发生了一些怎样的故事；沙子加上水“变成”了水泥，幼儿舀着水泥放到建筑工地（一个已经挖好的沙洞）。在幼儿的想象空间里，沙子可以变成美味的糕点、冰激凌；也可以建构成一座宫殿，那里住着美丽的公主或英俊的王子；也可以被挖成一片海洋，船或舰艇可以行驶在其中。一团泥巴经过幼儿的揉捏，变成了可口的

"糖果"，或者是一个"大怪物"。

在设置区角及提供材料时，教师常常强调区角的区分，强调不可串区。这一要求对于建构游戏经验较为缺乏的幼儿是合适的。区角的界限分明，可帮助幼儿循序渐进地熟悉区域及材料，适应规则，让区角内的活动进行得更加顺利，避免因选择过多而导致幼儿不断换区，无法集中进行某一游戏。然而，随着幼儿年龄的增长及建构经验的丰富，优秀的教师开始考虑将区角加以统整，允许走区与串区。这样的安排，可能加强了建构区、美工区、角色游戏区、语言区等不同区域的联系。比如，语言区的绘本、美工区的素材（如毛线和吸管）、角色区的某个角色或材料（如披肩和纱巾），可能与建构游戏的主题相关，幼儿借用其他区角的材料与启示，可能产生更有创意的建构活动并促进想象性游戏的发展（图 10-4 至图 10-6）。

图 10-4　沙土"水泥"

图 10-5　积木路

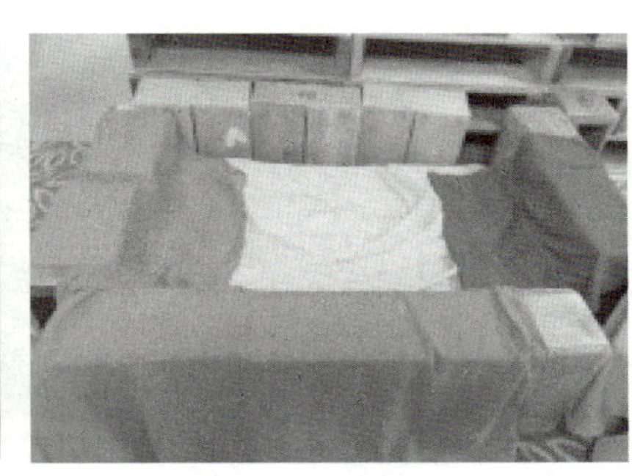

图 10-6　"婴儿床"

（二）发展动作的灵活性

幼儿通过建构游戏可能掌握的动作技巧包括：叠加（高）、组合、排列、平铺、合围、绕圈、穿线等（图 10-7 至图 10-9）。建构游戏促进了幼儿动作灵活性的发展。

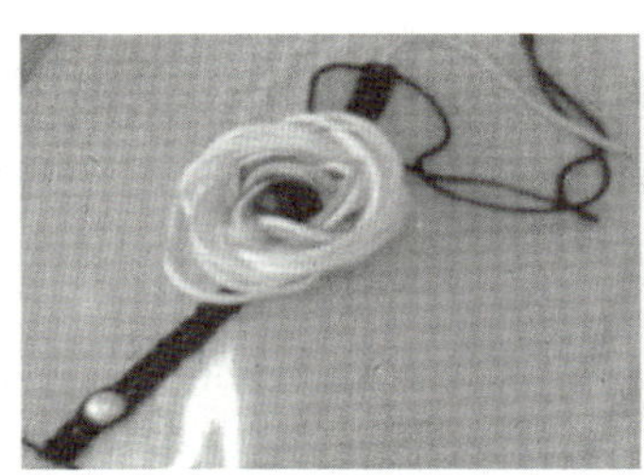

图 10-7　小班作品

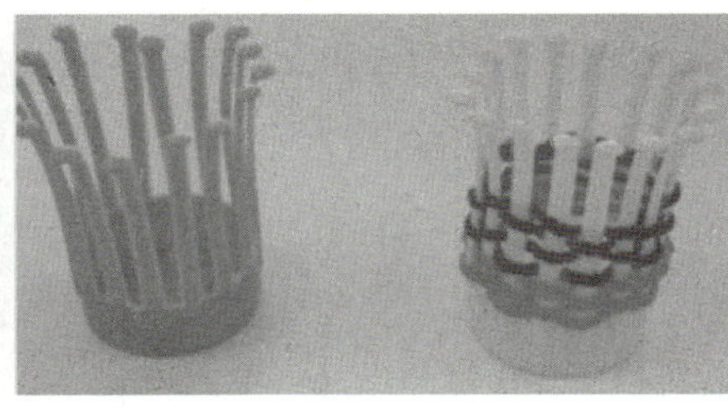

图 10-8　中班作品

图 10-9　大班作品

（三）促进幼儿认知发展

通过建构游戏，幼儿可获得有关建构材料的大小、颜色、形状和质量等方面的直接经验；通过堆高、合围等建构活动，幼儿获得了有关大小、数量、轻重、稳固

性、平衡、对称及上下、前后、左右等与数学、科学相关的经验，为发展相关数学概念与科学概念奠定了良好的经验基础。

以单位积木为例。单位积木是美国教育家普拉特（Pratt）发明的，是平滑自然、固定尺度和比例的大型原木积木。原木积木比其他类型的积木（如泡沫积木）的稳定性高，不易倾倒，大尺度设计则易于幼儿操作，使幼儿在堆叠时更具成就感。单位积木每块积木的厚度均一，且依 1∶2∶4 的比例、成倍数的长度设计，可分为小方块、双倍块、四倍块、拱形、半罗马拱形、1/4 圆拱形、1/4 圆、弯曲、转接、方柱体、二倍方柱体、圆柱体、大圆柱体等形状。单位积木不论立、倒、侧面、反面，都可互相连接、组合分解，有助于幼儿在操作中充分了解积木之间的相互关系。（图 10-10、图 10-11）

图 10-10　单位积木的建构图

拱形　1/4 圆拱形　转接　三角形和方块

1/4 圆　方柱体　弯曲　半罗马拱形　圆柱体

10-11　单位积木形状

（四）促进社会性发展

在建构过程中，幼儿常常三三两两一起合作搭建，他们互相协商，共同计划，商讨搭建什么，哪些人负责拿积木，哪些人负责搭建哪一部分等。在合作建构的过程中，幼儿或许会发生一些言语争执，或者肢体冲突。然而，正是这一过程发展了幼儿的社会性，使他们懂得了如何与人合作互动、妥协退让，或者帮助他人。幼儿园可以有计划地安排一些混龄建构游戏，组织“大带小”活动，帮助幼儿去自我中心，这样做既增强了年龄较大幼儿的责任感，使其懂得如何用适当的语言教导年龄较小者，也促进了年龄较小幼儿的学习，使其懂得了如何虚心学习，同时也增强了年龄较小幼儿对建构活动的兴趣。

（五）提升能力

建构游戏为幼儿奠定了理解抽象概念及提升问题解决能力的基础。比如，用积木及其他材料搭建出天桥、停车场等，促进幼儿发展有关数量、形状、几何、力学

等基础概念的经验，尽管幼儿未必知道或使用这些专有名词。幼儿在用沙水、积木、泥土或绳线建构物体的过程中，可能会面临各种问题，正是在不断犯错、修改的实验过程中，他们才逐渐掌握思考问题与解决问题的能力，获得自信。

二、积木游戏的发展

积木游戏是以积木为游戏材料的建构游戏。在皮亚杰看来，积木游戏是建构游戏的一种形式，这种游戏形式需要儿童使用大量单位积木建造出一些物体的空间表征物或者是作品。

（一）认识积木

一岁左右的幼儿并没有真正的建构行为。他们常常会抱着积木走来走去，或者是把积木放在某个地方再拿出来，或者是弄成一堆据为己有，或者是拿着它咬一咬、敲一敲、扔一扔。这些看似无聊的行为，其实是他们通过感官认识积木的过程，比如，通过咬发现积木是硬的，通过探究发现积木的各种性质，如平平的、光滑的、重重的等。

（二）重复性排列、堆叠与象征行为

两岁左右的幼儿发展出了基本的建构行为：堆高与排长条。他们会将积木一块挨一块地排成长串（图 10-12）或堆成高塔状。这一过程有助于发展幼儿的手指灵活性与手眼协调的能力，同时，在不断触摸、实验、堆高与比较中，幼儿逐渐了解了靠近、分开、高、长等概念，也许幼儿还会比较长短、大小、高低，发展比较与测量的能力。在此过程中，幼儿逐渐出现了象征行为，比如，拿起一块方形积木当作电话，或者跨坐在积木堆上，嘴里发出“嘟嘟”或“滴滴”的声音假装开车。此时，幼儿可能一边玩积木，一边自言自语，用出声的语言表达自己的内心想法。

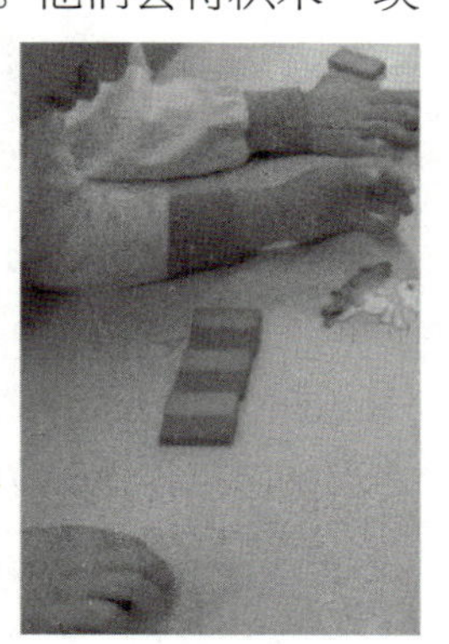

图 10-12　排序

（三）架桥、围堵与对称圆形

三岁左右，幼儿的建构作品逐渐有了一定的形象，比如，桥状、围堵（用数块积木围出一个空间）及对称三种形态（图 10-13）。这个阶段的幼儿开始在意积木的形状。比如，架桥时，先排两块一样的积木作桥柱；排列对称图形时，左边摆什么，右边也一定要找到同样的积木摆放。正是在这种区分、比较各种形状的积木的过程中，幼儿得以产生分类、排序、空间等概念基础。又如，车子从桥下、桥上走过，

动物进、出栅栏。在拼凑、比较积木时，幼儿会“意外”发现积木间的比例与组合关系，比如，在拼积木图形时，幼儿会比较不同积木的大小，用两块小积木代替一块长方形积木，或者用两块小的三角形拼成一个正方形。这些操作都能让幼儿了解部分与整体的关系。

幼儿在拼如图 10-14 的圆切分积木时，发生了一件有趣的事情。3 岁的幼儿坐在地毯上拼圆形分块积木，最初，他随手拿起一块积木就往空缺部分填充。然而，试过几次都不成功。这时，教师提醒他注意积木的形状。他看了看，拿到一块合适的积木，正好放入空缺部分，终于拼成了一个圆形。这个事情反映了幼儿如何通过试误探索解决圆的组成问题。

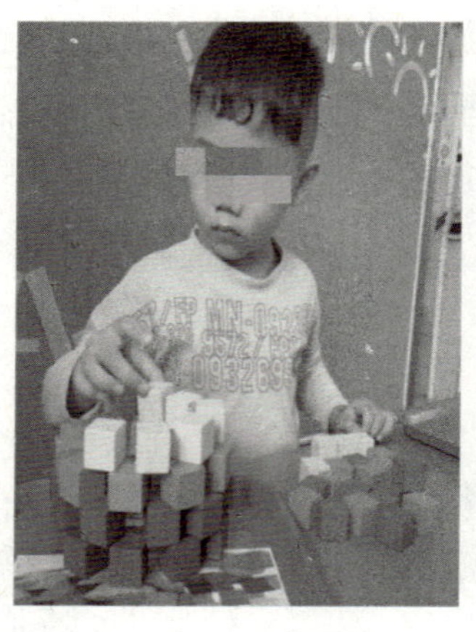

图 10-13　对称与围堵

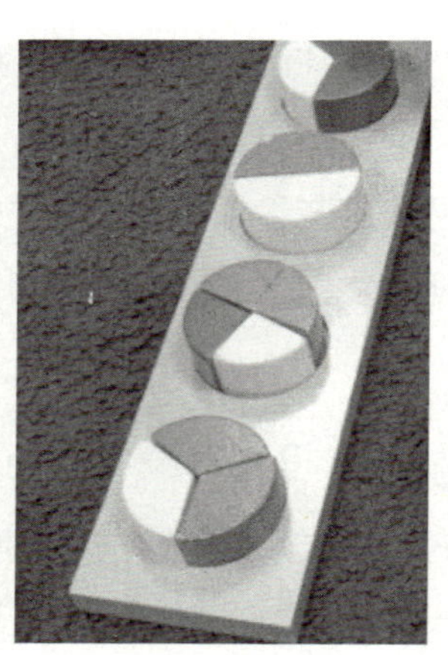

图 10-14　拼圆

（四）实质建构期

四岁半左右，当幼儿的建构技巧越来越熟练时，他们会开始有计划地搭建积木，其作品也会相当具体，且越来越趋向复杂的大型作品。比如，经幼儿讲述，图 10-15 建构的是一座城堡，城堡最前面是两扇门，幼儿还示范了他建构的门是如何开关的。图 10-16 是一个大型建构作品——城市故事的截图。[①] 城市里有着各种建筑，比如，家、商店、医院，还有连接各种建筑物的马路，幼儿在这些不同的空间与场所，在不同角色（爸爸与孩子、医生与病人、车辆驾驶员与交警等）之间进行着各式各样的对话。经过几番讨论，幼儿分组设计方案，确定自己要建构的主题及内容，利用卡纸作底，用各色塑料管、瓶盖、蜡绳等作为基本建构材料，经过几个星期的合作建构，全班幼儿一起完成了这幅作品。

① 本素材由广州市烟墩路幼儿园提供。

图 10-15　可开关的门

图 10-16　集体建构作品——城市故事

这个阶段的幼儿对积木尺寸、形状、数量的要求更加“挑剔”。比如，搭一个斜坡、一辆汽车、一个商店，可能会精确地数积木，力求对称，解决诸如还需要多少块积木可以搭建一座桥梁等问题。此阶段幼儿的最大挑战是解决建构物体的结构性问题，即搭一个桥墩（或屋基）用哪种积木合适，要先放哪一块积木，屋基才最牢固。所以，此阶段的幼儿可能经常争论：如何建构一个斜坡才最稳固？如何让停车场的不同楼层连接起来？在沙堆里如何挖城堡才能挖得更长更深且使其能与其他建构物连接起来？如何保持高塔的平衡？他们也开始出现了主题式建构活动。比如，大班幼儿在幼小衔接活动中，参观了附近的小学之后，他们讨论了小学与幼儿园的不同，小学主要有哪些建筑物，最后，围绕小学的建筑，进行了“××小学”的主题建构活动，小学里有教室、图书馆和操场等。

三、建构游戏环境的创设

（一）空间的规划

除非桌面小型建构游戏，如桌面拼板、串珠，否则，建构游戏必须考虑充足的空间及恰当的空间定位。教师可能经常听到的投诉是：“我的××被谁踢倒了！”诸如此类的游戏冲突，可能与建构游戏区的空间设置有关。空间不足，或者建构区位置不合理，都可能引起此类冲突。一般而言，门口、饮水机、洗手台、厕所、楼梯等附近，是幼儿经常走动的地方，不太适合设置建构区。建构区应尽量远离门口等幼儿走动较多的区域，且以靠墙的位置较佳（图 10-17）。

选定位置后，教师可用放置低矮的柜子、地面贴线、铺放地毯等方式，围出相对封闭的区域，将建构区与其他区域分离开来，避免与其他活动相互干扰。相对于其他区域，建构区需要更多的空间与材料，足够的空间与材料是建构区发挥功能的基本条件。建构区的空间大小，取决于幼儿的人数、年龄及建构经验。

此外，建构区内还要注意预留空间及通道。因为许多幼儿拿了积木后，会很自然地蹲下来，没意识到自己蹲在柜子前，挡住了别人拿积木，或者不小心碰倒了别人已经建构好的作品。通过地面贴线的方式，为建构区预留通道，让幼儿知道，柜子与贴线之间是非建构区（图 10-18）。

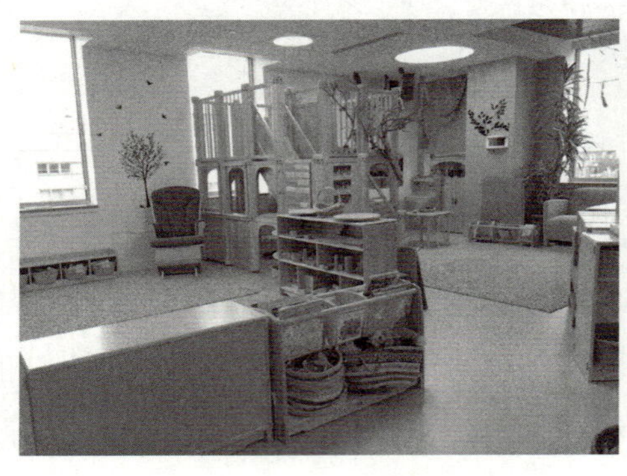

图 10-17　半封闭靠墙的建构区

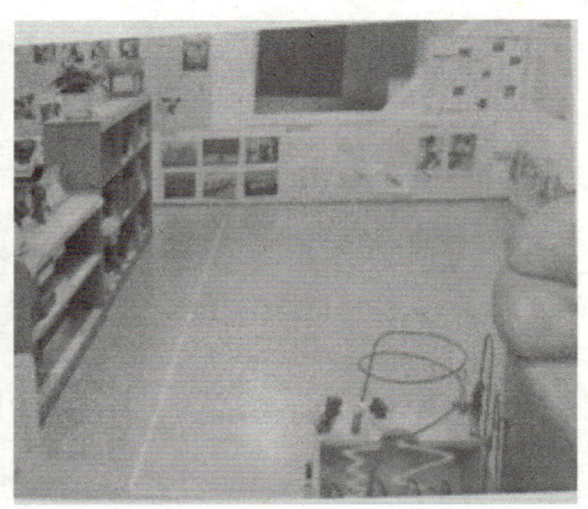

图 10-18　地面贴线标示建构区域

（二）材料的提供

建构游戏的材料可分为：专门的结构材料，如积木、积塑、胶粒等；自然的结构材料，如沙、水、土、雪等；废旧材料，如纸盒、易拉罐、硬纸板等。如果按照结构性的高低分，成套的建构材料和具有标识的建构材料（如房屋、医院、马路等的标识物），属于结构性较高的建构材料。自然材料、废旧材料的结构性较低。没有固定功能、标识或连接关系的建构材料，其结构性则介于上述两种材料之间，如彩色单位积木、原木单位积木、内嵌有色玻璃的积木等。

教师可依据主题提供某些建构材料，比如，针对“我们的城市”主题，教师可以提供标识医院、停车场等的积木，如小汽车、道路标志、火车、火车轨道、动物插片、飞机模型等。主题材料可促进幼儿建构某种主题，大班幼儿可结合入学准备，开展以“我的小学”为主题的建构活动。

幼儿对建构游戏材料的喜爱程度并不取决于材料的豪华程度与价格的高低。事实上，自然材料、废旧材料与定型的材料相比，不仅经济实惠，价廉物美，而且更有利于幼儿新思维和能力的培养。因此，我们建议教师广泛搜集废旧物品作为辅助材料。自然物和无毒无害的废旧物品是一种未定型的建构材料，如纸箱、纸盒、挂历纸、贝壳、鹅卵石、松果、饮料瓶、吸管等，能够一物多用。一般而言，随着幼儿对建构游戏的熟练，教师可逐渐增加吸管、纸筒、布条、纸卷、篮子、旧光盘等辅助材料，促进幼儿的创意建构。

同时，教师宜根据幼儿发展水平，提供适宜的建构材料。例如，针对小班幼儿思维的具体形象性，在选择小班幼儿的建构材料时，教师在建构区增加了一些树枝、花草等比较形象生动的材料，促进幼儿拼搭出一个完整的作品，又增加了一些废旧材料，如把废旧的牛奶箱子用彩纸装饰起来，选择给几个纸箱装上好看的“屋顶”，这些废旧材料经过教师的精心设计，成为幼儿喜爱的建构材料。幼儿和家长共同收集的各种易拉罐、瓶子，也深受大家的欢迎。[①] 如图 10-19 中，除积木外，教师还提供了花、花瓶、纸树等辅助材料，增强了建构的情境性。图 10-20 中，教师也提供了废旧材料作为辅助材料。图 10-21 中，幼儿的楼房建起来了，怎么上楼？于是，他们想办法找来了泡沫板斜搭在楼房旁边。

图 10-19　花等辅助材料

图 10-20　回收材料

图 10-21　泡沫楼梯

当然，教师需要根据近期的课程安排、教育进度、季节变化及幼儿的生活事件、游戏主题等及时补充或更换建构材料。

（三）材料的标识与摆放

建构材料要为幼儿所用，应尽量摆放在幼儿伸手可够到的低矮柜子里。同时，柜子的每层或每一格尽量只放一种形状的积木。如果格子太长，教师可用某种方式将其分隔开来，比如，将积木装在篮子或筐里，或者在柜子里标线划区，这样，可以将不同形状的积木一一分开来放，便于幼儿按标识取放（图 10-22、图 10-23）。同时，教师可用图纸拓印积木的形状和尺寸，然后将其贴在每一格柜子前，便于幼儿区分各类形状，并发展幼儿独立取放材料的能力。一般而言，分配柜子的格子时，原则上比较重、比较大的积木应放下层，比较轻、比较小的则放上层，以保持柜子的稳定。如果是同样形状的大型积木，可由幼儿叠放在地上（图 10-24）。

① 李萍：《悄悄地支持幼儿自主建构》，载《中国教育报》，2016-05-08。

图 10-22　积木装筐摆放

图 10-23　以线划界

图 10-24　堆放

（四）墙面的运用

建构区的墙面可适当用于展示、记录、引导幼儿的建构。教师可通过墙面展示幼儿建构过程的照片，张贴建构作品、幼儿设计的建构图。图示可为幼儿提供互相学习、讨论、分享作品的机会，或者鼓励幼儿省察，以进一步完善自己的作品。同时，教师也可配合建构主题，贴出有特色的建筑物的照片或图片，比如，不同年代、不同地方、不同风格的桥梁，本地的各种百货商店，配合亲子共同收集的有关建筑物的图文资料，引导幼儿观察、讨论，进一步模仿建构。当然，教师还可以通过图示的形式展示可能的搭建方式，比如，用图总结幼儿讨论、设计与建构桥和房屋等的学习过程。墙面运用的示例见图 10-25 至图 10-27。

图 10-25　建筑装饰

图 10-26　建筑示范

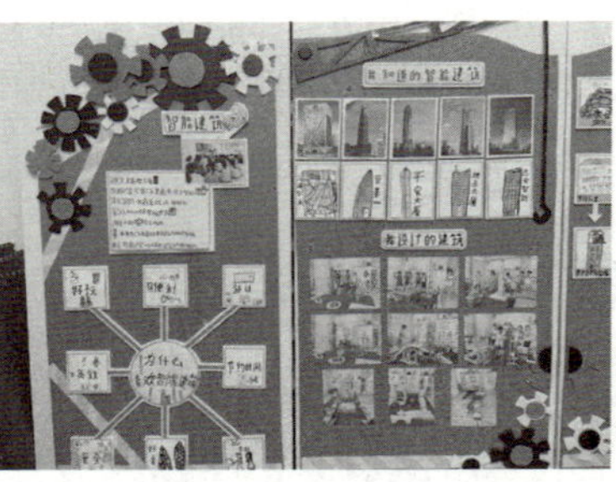

图 10-27　建构过程图示

四、建构游戏的引导和介入

建构游戏既发展了幼儿的空间知觉与象征能力，也发展了幼儿的材料识别能力、操作技能、设计构思的能力及分工合作的能力等，同时，幼儿建构游戏又以幼儿的相关经验为基础。因此，教师引导和介入幼儿建构游戏的基本任务包括：激发幼儿的兴趣，引导幼儿对物体进行观察，提供必要的物质条件（场地与材料），帮助幼儿掌握结构的基本知识和技能，引导和鼓励幼儿创造性地建构，培养幼儿良好的行为习惯。

（一）丰富经验

教师在日常活动中要引导幼儿注意观察周围生活中的多种建筑，感知各部位的名称、形状、结构特征、组合关系、颜色与空间位置关系等，丰富幼儿头脑中的造型表象。比如，楼房是有层次的；房顶既有尖的、平的，也有圆的；桥梁是由桥面和桥墩组成的等。通过引导、交流与讨论，教师帮助幼儿积累建构经验，培养建构的兴趣。比如，利用散步时间，教师引导幼儿观察建筑物，比如本园楼房的特点（楼房外侧有几个圆形的镂空设计）；在建构区为幼儿准备有特色的建筑物图片，以及许多拼搭好的作品图片；带领幼儿参观其他班级（尤其是年龄较大班级）的建构作品；鼓励幼儿和家长多观察自己身边有特色的房屋建筑，引导幼儿了解各种建构材料的特点和功能，不断积累幼儿的建构经验，拓宽幼儿的视野。[①] 此外，请家长与幼儿利用假期收集建筑物的照片，实地观察各类建筑，组织幼儿在园分享与讨论建筑图片。当然，也可以请从事建筑行业的家长义工或社区义工来园与幼儿分享建筑经验，或者分享本地有特色的建筑物的历史。

总之，教师要引导幼儿多渠道、多方位、多角度对建构物进行观察，可以带幼儿到大自然中去实地观察，也可以为幼儿提供多方位、多角度的影像或图片资料，方便幼儿观察。

（二）组织建构

1. 引发兴趣

在此环节，教师介绍游戏材料、建构作品、建构方法或建构任务，引发幼儿对建构游戏的兴趣。通过示范与讲解，让幼儿了解各种材料的可能使用方法，以及特别的拼搭方法。

例如，教师指着积木区说："记得前段时间我们这里发洪水，桥梁和道路都被冲垮了。今天，我们可以为我们的城市建个新的桥梁。你们在建构区可以找到你们要的工具和材料，同时，我还在建构区放了一些书，它们会告诉你们如何建桥。我还在那里准备了便笺本，你们可以用它记下尺寸或做些记号。建构区今天可以去三个孩子。"

教师可事先建构出各种各样的造型展示给幼儿，让他们感受和欣赏这些作品，了解建构材料和建构技能的丰富多样性，体验造型艺术美。对于小班幼儿，教师还

① 李萍：《悄悄地支持幼儿自主建构》，载《中国教育报》，2016-05-08。

可以带他们参观中、大班的建构游戏，哥哥姐姐们的建构作品往往能更有效地激发他们参与建构游戏的兴趣。在指导幼儿观察实物与图片中的建构物时，教师应教会他们掌握结构分析法。

同时，教师要帮助幼儿维持建构兴趣。比如，及时为建构物命名，帮助幼儿确定建构的方向，使其将兴趣维持在建构活动上；或者启发幼儿多做几个同样的建构物，并把它们相互连接起来组成一个连续的图案，也可另做一个不同的建构物组合在一起；或者保留幼儿建构游戏的半成品，在下次游戏时提供给幼儿，使幼儿通过后续的建构活动完成或完善作品。诸如此类的做法有助于维持幼儿的建构兴趣。

2. 组织游戏

组织小型集体建构活动（3～4人）。针对以小组为单位进行的集体建构活动，教师应注意引导幼儿共同讨论、制订方案，合理分工，友好地开展活动；同时也要鼓励幼儿独立地进行创造性建构活动。例如，教师可以组织幼儿一起搭建房子的外墙，房子的主干搭好以后，可以引导幼儿分工，使每人负责一部分，如××负责搭建卧室，××负责搭建厨房等，以充分发挥幼儿的创造力。

在组织建构的过程中，教师可以先请幼儿画出设计图。比如，建构“我的家”前，可以请幼儿先画一画“我的家”，设计出“家”的平面图：多少间房？位置如何？里面可能有哪些主要的东西？

3. 巡回指导

在游戏过程中，教师一方面要来回观察，了解幼儿游戏的过程，另一方面要及时对幼儿进行指导。当发现幼儿在游戏中出现困难时，教师应让幼儿通过尝试换一种方法思考或和同伴的作品进行比较的方法来解决问题。在来回观察中，教师切忌一发现幼儿做的不对就制止，而应先在旁观察，再细心指导。教师应着重指导幼儿掌握建构技能，使其学会积木的排列组合并学会运用这些技能去塑造各种物体，把平面图形变成立体图形。

在巡回指导过程中，教师要善于提出一些问题引导幼儿思考，诸如：

①简单比较，如“两边桥墩放的积木是同一形状吗”。

②引导幼儿思考细节问题，如“你的屋基用的是什么形状的积木，什么形状的积木做屋基比较稳固”。

4. 分享与讨论

幼儿完成自己的作品后，十分希望自己的作品能够得到认同与肯定，让同伴和教师一起来分享他的喜悦与快乐。在得到肯定后，幼儿会受到更大的鼓励，才能有更进一步的发展。为此，在游戏接近尾声时，教师应该引导幼儿参与评价，说出自己的想法，鼓励幼儿来介绍自己的作品。幼儿的介绍既满足了自己获得成功感的需求，也增强了信心，以激发更加强烈的创作欲望。在组织幼儿评议建构活动时，教师应鼓励他们独立地、主动地发表意见，肯定幼儿的发明创造，鼓励幼儿自己表达建构物的意思，促进幼儿创造性思维的发展及建构水平的提高。一些好的、大家感兴趣的作品应保留一段时间，供大家欣赏，并鼓励幼儿围绕它开展其他游戏。

教师也可组织幼儿就某些问题进行讨论，比如，讨论屋顶有哪些形状，如何盖屋顶，桥梁或墙壁可以用什么材料制作，沙城堡要怎样做才不容易垮掉，火车站里有什么，同样，在组织幼儿分享与讨论之前，教师可以请幼儿画一画游戏的过程（图 10-28），借助具体的形象及口头语言，幼儿能更清楚地表达游戏过程及自己的想法。

图 10-28　我和 ×× 建房子（邝若谷，4 岁）

第三节　户外游戏

近年，人们日益意识到，所有幼儿都有权利体验与享受户外活动，同时，只有当幼儿能够自由探究户外富于刺激的环境，通过游戏与真实的经验相联系时，他们的身体与头脑才能得到更好的发展，户外空间可为幼儿提供很多游戏、学习和发展的机会。户外场地不仅可以为幼儿身体发展提供场地，而且可以为幼儿进行想象游戏、建构物体、挖掘洞穴、自由创作等提供机会。

一、户外游戏的核心价值

户外环境是幼儿日常环境与生活的基本组成部分，而不是可有可无，或额外的东西。室内外环境各不相同却又相互补充，因此，两者应可同时获得，并以一种整合的方式加以精心设计与良好组织。户外环境应发挥其最大价值，充分为幼儿及成人利用，同时，其设计与计划必须能支持发展适宜的教育实践，由幼儿的兴趣与需要驱动。游戏是幼儿户外的重要活动。对于幼儿而言，游戏是他们在户外要做的重要的事情，也是户外学习的相关方式。户外环境应满足幼儿对各种游戏的需要，并满足幼儿建立一手经验的需要。

户外游戏为幼儿提供了：

①成为自然而生机勃勃的自我的机会与空间；

②新鲜的空气及如何感受各种天气的直接经验；

③接触自然及生物，维持天生对自然界的好奇心与求知欲的机会；

④提问、探究、冒险、创新甚至保持混乱的自由；

⑤大量相关、有意义的真实经验；

⑥探究与游戏的机会，通过这些机会，新经验得以发展、被理解及被使用；

⑦信息同时刺激幼儿全部感官的环境；

⑧全身心的卷入，使幼儿产生深刻的理解，促进其身体全面健康发展；

⑨提供头脑与神经系统发展基本结构的运动经验；

⑩情绪与智力健康，使幼儿由此产生自我意象与自尊；

⑪社会互动，使幼儿通过社会互动建构关系，发展社会技能并享受与他人在一起；

⑫挑战自我的许多机会，使幼儿学习如何确保自己安全；

⑬以最好的方式学习的地方，在这里，幼儿被允许以较为适合他们的方式表达自己的感受、思想与观点。①

户外活动能够且必须为幼儿提供大量有意义的经验，游戏由幼儿领导。在户外活动中，幼儿有更大范围的运动自由，他们显得更加积极，当然也更加吵闹与混乱。在户外活动中，幼儿运用身体全部的感官，以一种他们需要的方式参与探究、理解生命、表达情感和想法。在组织户外活动时，教师要遵循幼儿的兴趣与基于游戏的活动需要，赋予他们独立、自我组织、参与的权利。

案例 10-7：

艾瑞克和副班老师、两个实习生一起带着 4K 班（4 岁）的 18 个孩子来到一处长满了青草的山坡上。几位老师分别站在道路、坡顶、坡底各个点上，大致划定了孩子们的行动范围。孩子们开始了自由行动。艾瑞克注意到，几个孩子发现了地上长出的蘑菇，因为他们发出了欢呼声，并立即俯身用手去捡。艾瑞克提醒她们："我们不知道这些蘑菇是不是有毒，所以，我们要怎么做呢？"接下来，孩子们开始小心翼翼地玩用树枝夹蘑菇的游戏。一个男孩似乎对树

① White J., *Playing and Learning Outdoors: Making Provision for High Quality Experiences in the Outdoor Environment with Children*（2nd ed.）, London, Routledge, 2013, p.3.

干情有独钟，他抬起头，用手久久地摸着松树皮，应该是在想为什么松树皮这么粗糙，或者别的什么令他神往的问题。三个男孩则开始了他们的格斗游戏。艾瑞克笑着说："他们最近很喜欢玩超级英雄的游戏。"孩子们打斗的动作幅度挺大，艾瑞克似乎看出我的担心，她补充说："不用担心，他们只是在游戏。"观察者的目力所及，没有老师的呵斥与制止，也没有孩子闲着。他们都沉浸在自己的游戏世界中，与同伴、自然进行着各种对话，进行着内容丰富的游戏。

两个男孩子躲进了灌木丛中，他们窃窃私语着，偷偷笑着，诉说着 4 岁孩子的秘密。他们乐此不疲，不停进出于灌木丛中，重复着这样的秘密。艾米找到了在斜坡上滚一颗松果的乐趣。他不停地把松果放在斜坡上，然后跑到坡底捡回已经滚到坡底的松果，再放到坡顶让它滚下去。在坡底，副班老师德雅站在那里，保证孩子们不会随意跑到坡底的马路上去。她微笑着看着艾米。三个女孩子在不远处比赛看谁爬树爬得高，旁边的小树底下，另外三个女孩正在举办一个派对，她们说要准备一些蛋糕与生日卡片。在草地旁边的斜坡上，几个孩子围着坐成一圈，正在说着用粉笔画画的事，不久，只剩下三个女孩专注于粉笔画了。她们拿着粉笔在水泥地上乱涂乱画着，谁也不知道她们画了些什么。其中一个女孩建议可以在粉笔上加水做成泥浆，于是，她们跑去拿自己的水壶，开始往粉笔和地上倒水。她们用剪刀把粉笔剪成了粉末，并加上水和成稀泥状。她们自得其乐，没有受到任何禁止。

麦迪逊的秋天到了，树下掉满了红红的小果子。两个女孩蹲在地上捡红色的果子，其中一个找来一把剪刀，开始剪果子，突然，她惊喜地叫道："有虫子！"两个女孩开始了为果子找虫子的游戏。

一小时不知不觉过去了。孩子们非常高兴，看来收获不小。

孩子们活动抓拍见图 10-29 至图 10-37。

图 10-29　夹蘑菇

图 10-30　与树对话

图 10-31　"我是超人"

图 10-32　悄悄话

图 10-33　松果滚啊滚

图 10-34　比比谁爬得高

图 10-35　生日派对

图 10-36　粉笔画

图 10-37　果子手术

案例分析

从案例 10-7 我们可以看出，一小时的户外活动时间，幼儿自发产生的游戏活动就类型而言是非常丰富的，既有打斗游戏，也有角色游戏、建构游戏、攀爬等动作游戏；就幼儿的基于游戏的学习而言，在整个活动过程中，幼儿极其投入，充分享受自由游戏，同时，他们学会观察自然世界，并且敢于动手探究、尝试解决各种问题。幼儿拿出自己的水壶来制造粉笔泥，也没有任何人觉得有什么不合适，教师也不会认为不卫生而禁止。幼儿在户外活动中得到了充分的尊重并被赋予了足够的施展空间和机会。正是在这种自由自在的自然探究中，幼儿的好奇心、求知欲被激发，动手能力、合作能力得到了加强。类似的活动，折射了幼儿园的教育理念，比如，科学教育要允许幼儿通过“注意—好奇—探究—发现”四步学习科学。

类似的户外游戏与自然游戏流行于瑞典、美国、澳大利亚、德国等地的森林幼儿园。在他们看来，自然游戏的经验，在自然环境中进行的非结构化游戏支持了幼儿的健康发展。多证据表明，户外经验，特别是在自然环境中的非结构化游戏，可以帮助幼儿发展认知、身体、社会性和情感等方面的能力。此外，幼儿对积极经验的惯常需要，不仅是为了增进其对自然世界的理解与欣赏，而且是为了增进他们对“我是谁”的理解。在早期教育水平上，环境教育能滋养幼儿的创造力、好奇心与对美的欣赏。进一步说，对自然环境的好奇始于幼儿早期，许多影响终身的态度与价值取向也始于幼儿早期，户外游戏能增进幼儿对自然环境的理解与欣赏。

尽管越来越多的研究显示，自然游戏（自然环境中的非结构化游戏）、户外游戏意义重大，但是，世界各国都呈现出一种令人担忧的状况，即幼儿整体上较少游戏，同时，户外游戏又相对减少。游戏的这种整体衰退令人苦恼，这种衰退又可能伴随着不公平的户外自然游戏机会，比如，幼儿园及幼儿可获得的自然环境存在差异，现代化进程对自然环境的破坏、人类居住环境的人为改变和社会人口统计学日益拉大的差异等，都导致了人与自然的距离越来越远。当幼儿花在游戏上的时间越来越少时，当他们在自然中进行户外游戏的时间越来越少时，这些幼儿长大后成为新一代的教育者与儿童养护者，他们的成长本身就缺乏自然经验，如何指望他们为下一代提供自然的户外游戏？其结果可想而知。

鉴于户外游戏的发展价值与户外游戏的开展现实，我们依据《幼儿园教育指导纲要（试行）》的目标要求和《3—6 岁儿童学习与发展指南》细化了户外活动的目标并提出教育建议，兹列举部分如下。

目标 1：具有一定的适应能力。

教育建议：“保证幼儿的户外活动时间，提高幼儿适应季节变化的能力”，“幼儿每天的户外活动时间一般不少于两小时，其中体育活动时间不少于 1 小时”，“经常与幼儿玩拉手转圈、秋千、转椅等游戏活动，让幼儿适应轻微的摆动、颠簸、旋转，促进其平衡机能的发展”。

目标 2：具有一定的平衡能力，动作协调、灵敏。

教育建议：“利用多种活动发展平衡和协调能力”，“走平衡木，或沿着地面直线、田埂行走”，“玩跳房子、踢毽子、蒙眼走路、踩小高跷等游戏活动”，“鼓励幼儿进行跑跳、钻爬、攀登、投掷、拍球等活动”，“玩跳竹竿、滚铁环等传统体育游戏”，“对于拍球、跳绳等技能性活动，不要过于要求数量，更不能机械训练”。

目标 3：具备基本的安全知识和自我保护能力。

目标 4：具有书面表达的愿望和初步技能。

教育建议：“利用沙地、树枝等自然材料，满足幼儿自由涂画的需要”。

目标 5：喜欢并适应群体生活。

教育建议：“支持幼儿和不同群体的同伴一起游戏，丰富其群体活动的经验”，

“幼儿园组织活动时，可以经常打破班级的界限，让幼儿有更多机会参加不同群体的活动”。

目标6：初步感知生活中数学的有用和有趣。

教育建议：“拍球、跳绳、跳远或投沙包时，可通过数数、测量的方法确定名次”，“滑滑梯时，按照‘先来先玩’的规则有序地排队玩”。

目标7：喜欢进行艺术活动并大胆表现。

教育建议：“提供丰富的便于幼儿取放的材料、工具或物品，支持幼儿进行自主绘画、手工、歌唱、表演等艺术活动”。

二、户外游戏的环境创设与材料提供

在户外，幼儿可以进行的游戏活动有：玩沙玩水，大型积木建构，美工活动（尤其是在地面或墙面上涂涂画画），音乐活动（尤其是演奏打击乐器），角色游戏（尤其是娃娃家），攀爬活动（如爬树、攀岩、爬网等），喂养动物，体育游戏与“粗野”游戏（如奔跑打闹）。户外游戏当然不限于在幼儿园内进行，条件允许的应该带幼儿走出幼儿园，到幼儿园附近的公园、社区等开展游戏活动。此处，我们重点谈幼儿园内的区域创设。幼儿园需要根据自身的条件，先规划好必需的区域与范围（如体育游戏区），再根据情况规划其他区域。

（一）体育游戏区

根据《幼儿园教育指导纲要（试行）》，幼儿园应“开展丰富多彩的户外游戏和体育活动，培养幼儿参加体育活动的兴趣和习惯，增强体质，提高对环境的适应能力”。幼儿园可开展的户外体育游戏多种多样，如爬梯、投球、掷飞盘、踩“尾巴”、踩高跷、抛接球、套圈、跨越障碍物、钻爬拱形洞、攀爬栏杆、滚轮胎、滚铁环等。

体育游戏区既是幼儿开展晨间活动、专门体育活动的场所，也是幼儿开展体育游戏的场所。一些幼儿园开辟专门的体育游戏区，并将其划分为攀爬区、投掷区、大型器械区（如滑梯和秋千等）、小车区、球类区等。比如，北京市顺义区石园北区幼儿园结合幼儿运动发展水平，巧妙利用大型玩具，运用材料的不同摆放方式，创设平衡区、跳跃区、跳箱区、匍匐爬区、蹲走区、投掷区等，将走、跑、跳、钻、爬、投等基本动作融入其中，满足幼儿肢体均衡发展的需求。同时，根据幼儿年龄特点和体能发展需要以及季节变化调整游戏内容。动态的游戏内容使游戏区常玩常新，保持了幼儿的运动兴趣，促进了幼儿体能的均衡发展。[①] 安吉县机关幼儿园大班游戏

① 杨海军、孙海英：《户外体育游戏如何提高科学性》，载《中国教育报》，2013-01-06。

区有 5 个，包括大沙水池、锅松林、欢乐运动场、户外建构、冒险岛；中班游戏区有 6 个，包括农家乐、建构、欢乐运动场、大脚丫沙池、小树林、石玩坊；小班游戏区有 7 个，包括门厅建构、玩沙、欢乐运动场、涂鸦、废旧工厂、小树林（2 个）。①

广州市天河区第二实验幼儿园基于幼儿园户外场地的实际情况（幼儿园户外场地呈“7”字形，各年龄段幼儿只能分场地错开活动），对户外空间进行全面规划，充分挖掘并巧妙利用各种场地的环境优势。该幼儿园根据幼儿基本动作的发展情况，设置了感统区、攀爬区、赤足区、跳跃区、投掷区，自制器械分区投放。同时，还根据幼儿使用器械的特点，增设了运动专区，如车区、水区、轮胎区、野战区和综合区。每个区域都为幼儿提供了丰富的器械选择空间，让幼儿在区域中初步熟悉自制器械的功能和玩法，教师则适时指导。例如，幼儿园在跳跃区投放了羊角球、连环棒、悬吊“水果”等，在车区投放了拖拉车、摇摆车、木板车、高矮不同的小三轮车等，并在各区域内设置明显的标志。广州市天河区第二实验幼儿园户外体育游戏区域划分及材料投放情况见表 10-1。

表 10-1　广州市天河区第二实验幼儿园户外体育游戏区域划分及材料投放情况

区域名称	年龄班	动作发展目标	自制器械	非自制器械
感统区	小班	走宽窄不同、高低不同的桥，进行平衡练习；提高动作的协调性和平衡能力	小甲虫（30 cm × 50 cm）沙包（5 cm × 5 cm）、布球（5 cm × 5 cm）	感统器械（平衡桥）
攀爬区	小班	练习手膝着地爬及攀爬不同高度斜坡的技能；学习屈膝团身行进，钻过障碍物；发展手脚协调能力	自制铃铛绳子（1 m） 易拉罐拉绳（1 m）、钻爬网（2 m × 3 m）、钻爬桶（直径 80 cm 的呼啦圈组合）	地垫，不同高度的攀爬桥
赤足区	小班	学习赤足在各种器具上走，用脚底体验软、硬、粗、细等感觉；按摩脚底穴位，增强体质；能保持身体平衡，动作协调	赤足板（鸡蛋盒、瓶盖、报纸团、大纽扣、鹅卵石）（30 cm × 60 cm）、沙包（5 cm × 5 cm）、布球（5 cm × 5 cm）、运物帽、小木凳（长 80 cm × 高 30 cm × 宽 20 cm）	赤足器械、水果、托盘

① 朱振岳、姜天安:《“安吉游戏”玩出乡村里的幸福童年——浙江省安吉县学前教育特色发展纪实》. 载《中国教育报》, 2013-12-29。

续表

区域名称	年龄班	动作发展目标	自制器械	非自制器械
车区	小班	掌握走、拉、推、跑、骑车的动作；提高四肢及身体的协调性	拖拉车、手推车、纸盒车（20 cm × 30 cm）、奶粉罐车	独轮车、脚踏车、三轮车、波浪平衡桥
跳跃区	中班	借助辅助材料，通过游戏情境练习双脚行进跳、向上纵跳、前钻、侧钻等动作	百变呼啦圈直径 50 cm、袋鼠袋（30 cm × 80 cm）、甜甜圈（直径 20 cm）、水瓶（常规）、自制数字卡、连环纸棒	无
综合区	中班	利用辅助材料，练习跳、钻、手眼协调赶物跑、定点击准等动作	百变球拍（直径 20 cm、长 50 cm）、曲棍棒（长 80 cm）、各类自制球（根据实际情况制作）、大棉棒（30 cm × 60 cm）、小木凳（长 80 cm × 高 30 cm × 宽 20 cm）	拱门、跨栏、塑料圈
轮胎 1 区	中班	发展钻爬的能力；能在自己的原有运动基础上，进行自我挑战	各种大小纸球（根据实际情况制作）	轮胎、大小皮球
轮胎 2 区	中班	练习平衡能力；大胆地在竹梯上迈步向前走	竹梯、各种大小纸球（根据实际情况制作）、沙包、礼物	轮胎、小型玩具
投掷 1 区	大班	训练肩上挥臂投远的能力	墙面上贴有怪兽的图案（根据实际情况制作）、纸球（根据实际情况制作）、小木凳（长 80 cm × 高 30 cm × 宽 20 cm）	海绵垫、海绵球
投掷 2 区	大班	训练肩上挥臂投准的能力	百变圈（直径 50 cm）、布球、纸球、沙包、弹力球（大小可根据实际情况制作）	无
投掷 3 区	大班	训练双臂头上挥臂投准的能力	小木凳（长 80 cm × 高 30 cm × 宽 20 cm）	篮球、平衡木

区域名称	年龄班	动作发展目标	自制器械	非自制器械
夏季：野战区	大班	训练瞄准、躲闪的能力	各种瞄准物，如玩具小老鼠、害虫等	水枪、大型运动器械
冬季：野战区	大班	训练瞄准、投远的能力	纸飞机（根据实际情况制作）、飞镖（根据实际情况制作）	大型运动器械、拱门、跨栏器、标靶
夏季：戏水区	大班	训练手眼协调能力；开展水上运动和水上游戏	浮球、浮板、小船等（根据实际情况制作）	小鱼、渔网、小桶、泳衣、泳圈、玩水器皿等
冬季：戏水区	大班	训练手眼协调、瞄准的能力	曲棍棒（长 80 cm）、纸球（根据实际情况制作）、球门（80 cm × 100 cm）	无

不同的体育游戏区由于功能不同，对运动空间的要求也有所不同。比如，车区与球类区需要较大的运动空间，而攀爬区对安全的要求更为严格，所以，常可将运动量都较大的区域分隔一段距离，对安全性要求更高的攀爬区，常采用地面铺沙或木屑的方式。

体育游戏区根据功能需要，其地面可能铺设细沙、塑胶、草皮、碎木屑或水泥。比如，踩车区需要水泥地、吸水砖地面、塑胶或草皮地面。

图 10-38 至图 10-40 为幼儿在不同体育游戏区玩耍的场景。

图 10-38　滚铁环

图 10-39　攀爬绳梯

图 10-40　吊绳

（二）沙水区

沙水是幼儿喜欢的材料，幼儿可通过操作沙水获得多方面的学习和发展。在室内提供沙水的情况当然也有，然而，室内的沙水常被装在箱里，如水桌、沙池，而

且教师需要严加控制幼儿的活动，限制幼儿用沙水做他们想做的事情，以免沙水溢出、溅出，这将大大限制幼儿的活动。解决这些问题的可行之道是：在户外设置专门的沙水区。在户外提供沙水拓展了幼儿与沙水互动的方式。因为户外沙水区可以为幼儿提供较大的空间，在这样的大空间里，幼儿可以自由走动，进行大量的探究。比如，将水倒在地面上，并加上各种颜料，水的颜色将发生怎样的变化；在相同质量的沙子里加上不同比例的水，沙子的黏合度会有怎样的不同等。同时，户外也易于提供流动水，幼儿可以想办法让水流到沙池里，用它来制造“水泥”，或者是用来做“水渠”、可以走船的“海洋”。在这里，幼儿不用担心弄脏了地面，弄乱了教室。只要衣着合适（建议穿防水衣），幼儿可以尽兴玩耍，比如，将沙（水）想办法搬到一个瓶子里，不用担心弄脏或弄湿了衣服。

沙水区可以分别设计成沙箱（池）与戏水区，并提供水管及水。此外，沙水区的材料除常见的各种玩沙水的铲子、筛子、桶、小铲车、漏斗、瓶子等外，建议增加：雨衣（或防水衣），塑料手套（适用于秋冬季节），胶鞋，带有拖车、用于运水的封闭容器，带有连接头的软管，容器，小推车，各种长度的木板，长短不一的竹筒及对半切开的竹筒，建筑物标识，长木棒，绑扎绳，泡沫（或木头）砖头，完整及对半切开的 PVC 管，水粉颜料，水管接头，水管弯头等辅助材料。图 10-41 至图 10-43 为幼儿在沙水区玩耍的场景。

图 10-41　沙水区滑轮

图 10-42　沙画材料

图 10-43　踩车造喷泉

（三）建构区

条件允许的幼儿园，可在户外规划建构区。虽然其基本建构规则、材料提供同室内建构区大致一样，但是，户外为幼儿提供了更大的空间，使幼儿更能自由放开手脚进行建构，而且，所使用的建构材料更加真实、自然，如实际砖块大小的泡沫砖、木块，可以用泥浆自制“水泥”用于黏合砖块，还有木螺丝用于固定。因此，幼儿可以按照生活经验，建构砖房、木房、竹阁楼等，甚至可以为其上色，如图

10-44，幼儿建起了砖结构房子。在建构过程中，幼儿通力合作，充分发挥想象力与创造力。图 10-45 是几个幼儿分工合作，主要使用砖式木头、长竹竿和圆铁罐三种材料建构起来的。之后，坐在里面的女孩首先拿起竹竿假装看了看，这一行动马上激发了坐在她旁边的男孩的兴趣，两人轮流着拿起了“望远镜”。①

图 10-44　砖房

图 10-45　带望远镜的房子

（四）材料提供的原则

户外游戏材料常被人提到的要求是趣味性与层次性。这些特点对于幼儿的户外游戏而言当然是重要的。然而，既然是户外游戏，同时又是自然游戏，户外游戏材料应同时具备自然性与地方性等特点。

1. 趣味性

趣味性即根据幼儿兴趣特点，选择有趣的、能创造游戏情境与氛围的体育游戏材料。比如，小班幼儿喜欢动物、声音等，教师制作青蛙、鸭子、河马、鳄鱼等动物头形的投掷“大嘴巴”，能发出响声、会转动的投掷物，以及用环保袋做成的甲虫背包；中班幼儿爱模仿，教师用鞋盒制作成“大鞋与小鞋”；大班幼儿喜欢新奇和有挑战性的活动，教师就用易拉罐做成高跷和梅花桩等。

同种器械用多种材料制作能增强材料的趣味性。比如球，有用报纸揉成团做成的纸球、有用碎布缝制而成的布球、有用橡皮筋制成的弹力小球等。这些不同材料制成的小型器械既可以独立使用于多个活动区，也能与现成的器械配套使用。富有变化性的自制器械使幼儿在活动中的积极性更高、兴趣更持久。比如，利用无纺布做成小甲虫背包，为幼儿创设旅行家去旅行的情境：背着小甲虫背包走小路、过独木桥、爬山坡，在旅途中可能会玩救小动物、摘水果等游戏（图 10-46、图 10-47）②。

① 图片来自安吉县第一机关幼儿园游戏视频《走近游戏 走进安吉》。

② 本素材由广州市天河区第二实验幼儿园正咏雯园长提供。

图 10-46　爬坡过桥

图 10-47　走小路

2. 层次性

层次性指的是教师根据幼儿的能力水平差异，投放有差异、多层次的游戏材料，如此，幼儿可以按照自己的能力水平，选择适合自己的材料。比如，教师把不同难度的活动器械分开摆放成双圈循环的游戏场景。在外圈，教师设置了较长的“山洞”（纸箱组合），一组阶梯状的轮胎，一段空间较小的长梯和拱形门；在里圈，教师设置了较短的“山洞”，一组平放的轮胎，大型玩具“毛毛虫”。这样，幼儿在活动中就能从自身能力水平出发，选择不同难度的活动器械，既可以玩难度较大或较小的循环游戏，又可以在中途调整自己的活动内容，降低或提高游戏难度。

3. 自然性

所谓自然，既指自然的材料本身就可以成为幼儿的游戏材料，也指游戏材料没有太多的人为加工。幼儿的户外游戏应该充分利用自然材料，如泥巴、沙石、树叶、树枝、树桩、树洞、自然的水坑、贝壳等（图 10-48 至图 10-50）。幼儿园在现代化的进程中，不知不觉离自然越来越远，为了某种理由（如玩泥巴太脏），追求非自然的、购买的、奢华的游戏材料，却忘记了自然材料既是相对安全的材料，也是幼儿探究、了解自然的基本来源。事实上，陪伴我们父辈或祖辈的童年的，恰恰是自然材料。正是在操作、玩耍这些自然材料的过程中，我们学会了适应、创造，保持了对自然的敬畏。

图 10-48　好玩的泥巴

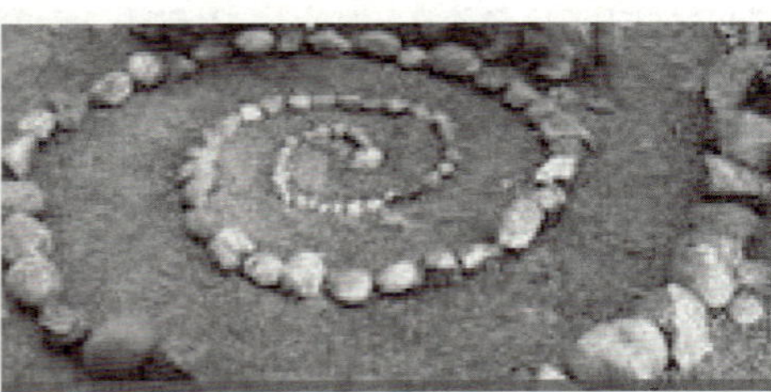

图 10-49　石头变变变

图 10-50　泥巴树叶饭

4. 地方性

地方性游戏及游戏材料本身体现了某一文化，是文化的载体与具身化。我国幅员广阔，是个多民族、文化悠久的国家，幼儿园充分挖掘民间传统游戏，充分利用具有地方文化特色的、当地易得的游戏材料，能有效地将民间多种优秀文化以游戏的形式趁早在幼儿期播下种来。比如，广东属于沿海地区，天气炎热，有着广绣、糖画、粤剧等文化资源，以及贝壳、荔枝、稻草、竹子等自然资源，幼儿园可充分挖掘这些本土资源，开展诸如草编、游灯笼、踩水、涂抹墙壁、玩泥巴、转陀螺等户外游戏活动。

游戏资源的本土化利用，需要教师确立一种“朴素资源观”。正如安吉游戏所强调的，竹梯、竹筒、木块、木板、箱子、石头、树墩、木条、轮胎、油桶……这些充满乡土气息的本地资源和废旧材料都可以成为幼儿的游戏材料。①

三、户外游戏的组织

（一）组织原则

1. 自主性

户外游戏应该支持幼儿个人的需要与想法，为幼儿提供各种各样的游戏性经验。进一步说，幼儿应该参与影响户外游戏的决策与行动。教师需要“放弃”自己的立场，去真正理解与尊重幼儿，相信幼儿的游戏能力，将户外游戏的自主权还给幼儿，允许幼儿自由选择材料，自主构想游戏内容。

成人对幼儿游戏的错误或过度介入源于成人对幼儿能力的不信任。教师对幼儿游戏的过程、情节的发展缺乏真正的观察，在指导幼儿游戏时对幼儿缺乏足够的尊重，对幼儿游戏的特点、年龄差异又缺乏充分的认识。这就导致教师很少用心去了解幼儿是如何想的，总是习惯于把现成的知识及答案告诉幼儿，要求幼儿达到某种水平，存在不尊重、不平等、不对话的现象，有时还会轻易打断幼儿的游戏，幼儿游戏的权利不同程度地被剥夺了。②

2. 混龄性

幼儿园户外活动可以适当使用混龄的方式开展。混龄游戏为幼儿提供了与不同年龄、不同发展水平的幼儿互动的机会，扩大和增加了幼儿户外游戏活动的空间与

① 程学琴:《游戏材料设置的安吉实践》，载《幼儿教育（教育教学）》，2021（5）。
② 邱学青:《幼儿园游戏指导中存在的问题及其对策》，载《幼儿教育（教育教学）》，2003(3)。

机会，提高了幼儿游戏的挑战性。在全园课程计划表中，固定一个混龄游戏时间，规划好混龄的方式（比如，以“大带小”，对应好班级，如大一班对中一班或小一班）与区域，同时规划好教师定点、幼儿流动自由选择区域活动的方式。

3. 安全性

幼儿活泼好动，但是其动作能力和自我保护意识较差，对可能发生的危险也缺乏预见能力。因此，安全是组织户外游戏活动首先需要考虑的问题。考虑安全并不意味着教师要减少幼儿的户外活动，或者降低户外活动的挑战性或冒险性，或者对幼儿提出过多规约与限制。户外活动的安全性不仅意味着有教师的监管、适于幼儿年龄和身材的设备、安全的地面、维护良好的设备，而且意味着提高幼儿自我保护的意识与能力。

以游戏场地面为例，游戏场应有不同的游戏地面以提高安全防范：平坦的草地或泥土地，可以开展跑、追逐、老鹰抓小鸡等大幅度身体动作游戏；硬地面，如水泥地或沥青地面既适合自行车、四轮车、脚踏车行驶，也可作为通向不同游戏区的走道、球类活动的地面；软质区，用沙子、木屑、橡胶垫、轮胎等铺成的柔软而有吸力的地面，可以保护幼儿在游戏设施上的游戏安全，减小幼儿跌落时受到的伤害。

4. 高容忍性

在成功的、幼儿喜欢的户外游戏中，我们往往可以看到如下景象：幼儿坐在草地上、泥巴地上、沙土上或木屑里，满手泥沙，满脸汗水、泥巴或粉笔屑，或者追逐打闹，玩着踩水游戏，挖沙洞、筑水坝、煮灰饭、建房子……诸如此类的户外游戏，基本都伴随着吵闹与脏乱。这样的脏乱可能是成人不能忍受的。殊不知，在幼儿眼中，他们最喜欢的就是户外游戏带来的自由、冒险性及亲近大自然的快乐。其实只要衣着合适，教师完全可以让幼儿充分享受释放能量、接触自然、享受自由与感受创意的机会。如图 10-51，孩子们蹚水而过时，脸上充满惊喜与满足感；如图 10-52，孩子们玩踩水游戏，完全顾不上衣服湿了，可以想象他们能量释放后的满足感；如图 10-53，只要没有成人的制止，孩子们会自觉迁移经验，或者寻找创意的玩法。

准确地说，对户外游戏的脏乱，我们需要一种“容忍”，有时，我们甚至应该主动去创造这种“脏乱”。这是因为，户外（自然）游戏的脏乱，对幼儿而言就是一种生存教育与自然教育。正是在“脏乱”而不是过于精细化的环境中，幼儿学会适应环境。

图 10-51 蹚水

图 10-52 踩水游戏

图 10-53 自制滑梯

（二）户外自由游戏的组织

户外自由游戏以幼儿自主、自由的活动为特征，可以满足幼儿身体活动的需要，让幼儿体验自由活动的快乐，丰富幼儿游戏的内容与层次，提高幼儿适应环境的能力。户外自由游戏可以是玩沙、玩水、攀爬、建构、角色扮演等游戏，或者是骑三轮车和自行车、踩高跷、荡秋千、走平衡木、玩滑板车等游戏。由于户外自由游戏增加了安全管理的难度，因此更加需要教师做好组织与指导工作。

1. 活动前的准备

在活动前，教师应规划好活动内容，准备好活动材料（如球、绳等）与场地。各班户外活动场地的安排应相对固定。户外活动场地宽敞的幼儿园可为各班规划独立的户外活动场地。教师还应依据活动需要事先做好调整或标示。例如，为了提高幼儿按路线走或跳的能力，教师可以用彩色胶带贴成幼儿走直线的“路”，用呼啦圈做成幼儿分散跑回的“家”，考虑到活动中临时增加运动量或挑战度等方面的需要，教师可多准备一些长绳、呼啦圈等。

在活动前，教师要组织幼儿做好系列准备工作，如喝水、上厕所，根据天气情况增加或减少衣服，出发前检查幼儿是否全部系好鞋带。小班幼儿教师可为幼儿统一带上汗巾（用挎篮装着或用晾衣杆挂着），中、大班幼儿教师可提醒幼儿自带要换的衣服并统一放在户外某处，为了方便幼儿户外活动完回教室时及时更换衣服，有经验的教师经常会在外出活动前提醒幼儿将需要换的衣服整齐地搭在椅子上。

出发前，教师应简明扼要地告知幼儿活动内容、活动范围、注意事项与游戏规则；教师在讲完重要的安全事项后，可以提问的方式让幼儿重复一次。

2. 活动现场的指导

教师现场指导幼儿自由游戏不宜固定在某一位置，而应保证所有幼儿都在自己的监控视线之内。在保证幼儿安全的前提下，避免过多干涉幼儿游戏。三种情况需要教师加以干预：幼儿出现过激行为或危险行为时，幼儿不参与活动或频繁更换器

材时，幼儿干扰他人活动时。

3. 活动结束时的准备

教师应在游戏活动结束前5分钟左右告知幼儿，以让幼儿有心理准备。活动结束时应以音乐、摇铃等常规性信号吸引幼儿集中，并以手势引导幼儿排队。在组织幼儿排队过程中，教师应尽量使用儿歌、绕口令、手指谣等帮助幼儿过渡。

（三）户外集体游戏的组织与指导

“夹包跳”“跳圈运粮”“切西瓜”“小兔钻树洞”“拍西瓜”“老狼老狼几点钟”等，都是幼儿园常见的户外集体游戏活动。这些游戏多属于规则游戏，相当一部分源于民间游戏或对民间游戏的改编，还有一部分源于教师根据课程目标创编的游戏。

户外集体游戏活动具有教学活动与规则游戏的一般属性，具有明确的任务、目的与游戏规则，并常伴有规则游戏的竞争性。教师宜依据撰写课程计划（方案）的要求创设户外集体游戏活动，即课程方案应包括活动名称、课程目标、游戏过程（含如何介绍游戏的玩法、游戏组织、游戏规则、游戏评价等）。

户外集体游戏可以设计成个人对集体的竞争性游戏或以小组为单位的竞争性游戏。前者的例子有“老鹰抓小鸡”“丢手绢”等，“老鹰”“丢手绢者”是一轮竞争的中心人物，其竞争对手是除自己以外的其他游戏参与者。后者的例子有“二人三足跑”、接力赛等，这类游戏是将全班分成人数不等的多个小组，胜败结果由整组成绩比较决定。

教师在选择或创编户外集体游戏时，要根据幼儿的发展水平与课程总目标设定各年龄段的发展目标，同时考虑幼儿园的活动场地，要尽量减少幼儿的等待时间，保证大多数幼儿能够参与游戏。比如，小班幼儿的集体游戏规则应简单、易遵守，可玩一些简单的投掷游戏；为中班幼儿设计“机灵鼠小弟”游戏，可让幼儿学习低头、弯腰、屈膝和侧身钻等具有一定难度的游戏；大班幼儿喜欢新奇和有挑战性的活动，可为他们提供用易拉罐做成的高跷进行踩高跷等具有一定挑战性的游戏。如果幼儿园场地比较有限，教师应尽量制作一些取放轻便、功能多样的小型器械，即使是同种类型的器械也可以用多种不同的材料进行制作。

第四节 教师游戏介入的禁忌[①]

有时，游戏不可避免地受到成人的干扰。有些干扰是偶然的，即干扰可能源于成人没有密切关注游戏情节；有些干扰则是有意的，即成人有着不同的进程安排，且相信自己的进程安排比游戏更加重要。在教师是否应该介入、何时介入幼儿游戏的问题上，有着不同游戏理论的教师，其想法与做法可能存在差异。

一、教师干扰幼儿游戏的几种情形

（一）满足教师娱乐的干扰

这类干扰常见于新教师，或者是想重新评估自己教学的教师。他们在不同时刻想试一试不同的方法，想看一看到底将发生什么。在下面的例子中，孩子还是那些孩子，他们只是在不同时间及教师是否介入的情境中玩"小猫游戏"，表现出不同的游戏水平。第一次，教师仅观察，做些笔记。

案例 10-8：

凯娣与莱丽正在图书区，喵喵地叫着。德里克走进来说"这里有牛奶"，一边说一边放下一个红色的塑料平底锅。凯娣和莱丽低着头爬向平底锅。德里克走回碗柜，又取了两个玩具锅出来，对着凯娣和莱丽叫道："小猫，小猫，这里，这里。"凯娣和莱丽再次爬向这两个新锅。

德里克（对着大卫说）：这不是小宝宝，它们是小猫。

安施尼：它们需要去看兽医，它们需要看兽医。

德里克：快来，小猫……我抱着它们了。

安施尼：它们现在去看兽医。

（孩子们都挪向图书区的枕头。）

德里克：没猫粮了。猫得有水喝。我的叉子呢？我需要叉子。好，张开嘴巴，小猫。小猫不舒服，我得带它去看兽医。

安施尼：我给它们做了好吃的东西。它们不喜欢吃那个东西。这是蛋糕。知道这是什么吗？这是给它们吃的蛋糕。

① Jones E. & Reynolds G., *The Play's the Thing: Teachers' Roles in Children's Play*（2nd ed.）, New York, Teachers College Press, 2011, pp. 50-62.

尼克尔：这里，小猫。（开始用勺子在锅里捞）来，小猫，张大嘴巴。现在你还饿吗？[1]

案例分析>>>>>>>>

小猫做什么，人们会对小猫做些什么，具有共同经验的幼儿可以一起玩小猫游戏。这些幼儿都知道，小猫会在放在地板上的餐盘里喝牛奶、吃猫食，当你叫“小猫小猫”时，它就会出现。有时，它们需要看兽医，尤其是它们哪里不舒服时。喂食是小猫和人们生活中的日常事件，去看兽医则是一个带有戏剧性的、偶然的事件。幼儿将日常事件与戏剧事件一起编织进游戏中，他们需要理解日常事件与戏剧事件。

尽管德里克提醒大卫，“这不是宝宝，它们是小猫”，幼儿还是忍不住赋予动物人的特点。“张开嘴巴，小猫”，两个幼儿都这么说，一边还用叉子喂小猫。显然，他们对游戏有着清晰的规则。

某日，幼儿们正在游戏，当教师未经幼儿邀请加入他们的游戏时，游戏发生了戏剧性的变化，如案例 10-9 所示。

案例 10-9：

茱丽：喵，喵（小猫叫声）。

德里克：喵，喵（母猫叫声）。

尼克尔：喵，喵，喵。

拉鲁（穿上白色的实验室衣服与塑料旅行帽）：我的服装。

凯娣和尼克尔（用爪子抓老师的膝盖）：喵，喵。

（这时，老师跪下，举起手来当爪子，也开始喵喵地叫着。）

茱丽：你不能是猫。

老师（可怜兮兮地）：喵。

茱丽：你是老师！你要坐在那个椅子上。

老师：可是，我知道怎么扮小猫叫啊。

---

[1] Jones E. & Reynolds G., *The Play's the Thing: Teachers' Roles in Children's Play* (2nd ed.), New York, Teachers College Press, 2011, p.44.

德里克（指着大卫，此时大卫躺在地板上，眼睛闭着）：噢！那只小猫死了！

（所有孩子都停下来看着，没人走动，也没人说话。）

老师：我们可以做点什么？这可是紧急情况！

德里克：不知道。

老师：我们可以打个电话。我们应该给谁打电话呢？（没人反应，孩子们都看着老师）好的，我们需要打急救电话 ××（她一边说一边装作打电话）喂！这里需要急救，我们是 ×× 街 ×× 号的 ×× 幼儿园 2 楼的小兔班，有一只小猫似乎要死了。

德里克（在耳边举起手来作搭车手势）：好的，我在来的路上（一边发出汽车的喇叭声）。

（这时，其他孩子也开始躺在地板上，闭着眼睛。）

老师：我们要怎样帮助这些小猫呢？

（劳拉拿着一个碗和勺子开始喂药。她说："我是护士。"）

大卫（跳起来）：我活过来了！我活过来了！①

案例分析 >>>>>>>>

在幼儿对适宜角色的界定中，成人不玩小猫游戏。如果成人企图扮演小猫的角色，游戏就被打断。教师只能扮演幼儿分配给她的角色：幼儿对着她喵喵地叫，同时用爪子抓她，幼儿通过这种方式为教师分配的角色是小猫的照料者。既然如此，教师为何还要扮演小猫的角色呢？也许，教师只是想试试看幼儿的反应，或者，也许是因为教师自己觉得扮演小猫很有趣。但是，幼儿并不这样想。幼儿通过游戏提醒教师：她的角色是孩子及小猫的照料者。

德里克和大卫通过虚构小猫快要死的情节将游戏拉回原轨，这时，教师就明确转变为成人角色：紧急情况下的帮助者。通过"我们可以做点什么"的提问，教师想提示幼儿处理紧急情况。然而，幼儿似乎并不知道如何应对这种情况。于是，教师更多地介入，承担了更为主动的游戏角色：通过示范，告知幼儿紧急情况下可以打急救电话。然而，当德里克扮演一个急救人员时，游戏情节有所进展：有的幼儿装死，有的幼儿急救，到最后，小猫终于获救。在此情境下，教师将游戏权还给幼

① Jones E. & Reynolds G., *The Play's the Thing: Teachers' Roles in Children's Play* (2nd ed.), New York, Teachers College Press, 2011, p.45.

儿，没有进行更多的介入。

“猫死了”，这样的游戏情节也许最初令幼儿感到震惊，但是，结果证明，这也是幼儿都知道如何游戏的一个熟悉的戏剧情节。当然，可能让幼儿感到更为震惊的事情是：教师竟然变成了小猫，这可不是他们的游戏情节。在他们看来，适合教师的角色是小猫的照料者。如此看来，幼儿期望的是教师玩他们设定的游戏，而不是反过来。幼儿基于现实的看法是，成人与孩子的角色明显不同。

对于教师的上述介入方式，一位善于与幼儿一起游戏的教师是这么说的：“孩子们经常假装喂东西给我吃，我都会认真品尝。有时，等我尝过后，他们可能得意地笑称‘那是毒药’，这时，我会装死，倒在地上。孩子们狂笑不止，因为他们骗到我了，‘哈哈，你相信我们了！’当然，如果他们向我喵喵地叫，我会学猪那样呜呜地叫。有时，我会模仿咆哮声，因为他们喜欢惊恐地四散跑开。”这位教师富有游戏精神，她并没有想要“游戏”幼儿。

（二）传授游戏规则的干扰

有时，因为无法忍受游戏规则被破坏，或者在规则被破坏，尚未造成危险的情况下，教师也可能为强调游戏规则而打断幼儿的游戏。

案例 10-10：

安迪与鲁本正在小心翼翼地用积木搭建一个停车的平台，平台下搭了一个双层斜坡。这时，瑞克的车极快速地撞到了斜坡上。安迪打了瑞克。

瑞克（跑向助教老师 B）：安迪打我！

（这时，一保和玛丽正准备将车沿着斜坡推下。）

安迪（哀号）：不要，不要！

B 老师：安迪，你过来。如果你不懂得分享，你就别玩了。你能不能说话，而不只是叫“不要”呢。你要告诉瑞克停下来啊。

（此时，安迪沉默着，望着别处，看着自己的平台。）

B 老师：下次我叫你时，我希望你能回答我。

（安迪跑回积木平台。）

鲁本：看看我做了什么。

（鲁本开始在斜坡上跑车，安迪将鲁本的车拿开，斜坡倒塌了。）

B 老师：安迪，记得我们刚才说什么来着！

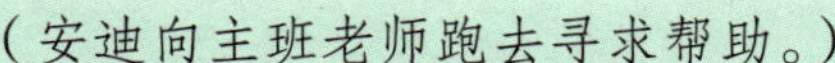

（安迪向主班老师跑去寻求帮助。）

主班老师（从智力游戏区叫鲁本）：鲁本，你能过来和安迪一起帮我重新搭塔吗？

鲁本安静地服从了。安迪开始建塔，鲁本帮他从架子上拿积木下来。然而，塔摇摇晃晃，一会儿就倒塌了。瑞克大笑，安迪也大笑。鲁本开始让车顺着斜坡向下跑。安迪重新建塔，这次瑞克帮他建塔。他们一起建了一个更宽的地基，建得很高也没有倒塌，安迪开心地大笑，瑞克跟着大笑。

B老师：安迪，你不知道不能这么大声吗？小声点！[①]

案例分析

安迪关心的事（保护自己小心翼翼建构的斜坡）受到教师的重视了吗？显然没有。B老师只看到了安迪打了瑞克，所以，她马上运用自己的权力，充当说教的角色“如果你不懂得分享，你就别玩了”。正是因为情绪受挫，安迪回来游戏后，将自己的情绪发泄在了鲁本的斜坡上：将鲁本的斜坡弄倒了。B老师再次告诫安迪。富有经验的主班老师是怎么处理的呢？主班老师重视了安迪的无助，并且创造机会让安迪与鲁本合作。

B老师对幼儿游戏介入失败的原因主要是教师施加权力于幼儿身上，未能帮助幼儿理解他们自己及他人困惑的情绪；同时，她也未能教授幼儿可以独立使用的问题解决与协商的策略。相反，B老师在这里鼓励了直接向权威求助的方式。如果教师未能看见事件的来龙去脉，那么他的解决办法极有可能是武断的，只能求助于行为规则，而忽略了游戏内容。B老师的处理方式传递了这样的信息：我并不关心你的斜坡；你要学会分享；当我叫你时，希望你能回答我。在“权力施加于幼儿”的教室中，幼儿很多时候可能闲谈，指望权威人物站在自己一边，而不是试图一起解决问题或进行游戏。

（三）教授概念的干扰

游戏干扰可能以“认知激励”之名进行，即教师因教授幼儿词汇、概念而造成的游戏干扰。如果成人认为游戏应该严肃以待，那么，他们可能试图按照自己认为重要的东西来调整幼儿游戏。

① Jones E. & Reynolds G., *The Play's the Thing: Teachers' Roles in Children's Play* (2nd ed.), New York, Teachers College Press, 2011, p.49.

案例 10-11：

埃博尼正在积木区游戏。

埃博尼：看！

（她推着一辆车下了斜坡。）

师：埃博尼，那是高速公路吗？

埃博尼：是的。看这个，老师。

师：你的车正在下坡吗？它是在高速公路的斜坡上走下坡路吗？它走得快吗？你有多少辆车呢？你的车还会上坡吗？埃博尼，你能回答我的问题吗？

显然，埃博尼对教师的问题不感兴趣。她被自己的游戏深深吸引了，直到马丽娜抢走了斜坡。埃博尼发出了尖叫声。

师：马丽娜，埃博尼先拿到的。你可以在那里开车。开车时要朝同一个方向开。

（马丽娜试探性地在埃博尼车后推着自己的车下坡。埃博尼并不介意这样。）

马丽娜：看我，看我，看我的车。

（然而，没人反应。）[①]

案例分析

在该案例中，教师的意图是刺激幼儿说出更复杂的语言，然而，我们听到的却是教师的语言。在问完“你的车正在下坡吗”这一问题后，教师以快节奏，连续问了五个问题，同时涉及多个概念：斜坡、下坡、多少等。教师的原意是运用自己的权力，支持幼儿的发展，事实却并非如此。这是因为，权力由结果界定，而不是由意图界定；权力也应该由幼儿的视野界定。

也许埃博尼根本就不想交谈，但是，她通过“看”，发起了交流，下面是可能的对话。

埃博尼：看！

师：埃博尼，那是高速公路吗？

① Jones E. & Reynolds G., *The Play's the Thing: Teachers' Roles in Children's Play* (2nd ed.), New York, Teachers College Press, 2011, p.52.

埃博尼：是的。看！

师：我在看着呢。车走得很快，对吗？

埃博尼：是。它走得真快。想再看一次吗？

师：你可以让它走得更快吗？

埃博尼：是的，真的快。看！我用力推它了。

埃博尼：看！

师：埃博尼，那是高速公路吗？

埃博尼：是的。看！

师：你的车正在高速公路上下坡。

埃博尼：我的车快快地下高速公路。走！

师：它真的走得快！它是一辆快车。

埃博尼：它是我的快车。

在这两组可能的对话中，教师描述了车及车的活动。在每一组对话中，埃博尼通过对教师的建议做出反应，增加了自己的词汇量。当然，教师的建议始终服从于埃博尼自己的游戏过程，即“看”，及对此刻“车走得快”的反应。

二、游戏介入体现的师幼关系

从上述案例可以看出，教师介入游戏的方式体现了师幼游戏互动中可能存在的三种权力关系：权力为了幼儿发展，权力在师幼之间共享，权力施加于幼儿身上。

（一）权力为了幼儿发展

权力为了幼儿发展意味着，为幼儿提供有助于发展其自尊与自信的经验，从而增长幼儿的力量。从幼儿的视角看，幼儿得到发展。这种关系是非对称关系，成人关心幼儿，自觉鼓励幼儿成长。

此时，为了某一目的，教师有意引导、组织或支持幼儿的游戏。比如，看到幼儿游戏进行得不是那么顺利、流畅时，即使没有受到幼儿的游戏邀请，教师也主动介入幼儿游戏。

很多时候，熟练的游戏调停者会以一种“权力的服务”方式，将幼儿的脚本严肃地视为他们建议的、解决问题的供替代的方式。

如果游戏开展顺利，成人照料者与幼儿的自然关系必然是权力为了发展。权力为了幼儿的介入方式能有效促进幼儿游戏，因为它考虑到了游戏的情节与节奏，即使是在解决冲突的时候也是如此。

案例 10-12：

区域活动中婷婷做快餐店的大厨师，她把薯条、饮料、鸡块等各种东西一一放在桌子上的一个小盘子里，嘴里喊："快来啊！快来啊！"

顾客泽泽来了，说要买一杯饮料。婷婷从边上拿来一杯饮料放在他的面前，问："还要什么？""还要一个汉堡包。"

婷婷愣了一下说："没有汉堡包。"

泽泽说："妈妈带我去快餐店时总是吃汉堡包，怎么会没有？"

"就是没有嘛，我们这里没有。"

"就是有的，你骗人！"

幼儿的争论引起了我的注意。我连忙走过去，问："这里有什么好吃的？我也要吃！"

婷婷说："我们这里有鸡块、饮料和薯条。"

泽泽说："他们这里没有汉堡包，真奇怪！老师，你说对吗？"

我说："到底有没有汉堡包，这就要看大厨师的本领了！"

婷婷说："老师我知道，快餐店里面是有汉堡包的，可是我们这里缺少东西。"

"缺少什么呀？"我接着问。

"汉堡包里面有奶油、蔬菜和鸡腿，我们这里没有呀！"

婷婷的话给了我很大的启发，于是我及时为他们提供了褶皱纸、积木等替代物。有了这些东西，幼儿很快便做出了鸡腿汉堡包，快餐店的生意一下子好起来了。[①]

案例分析

在整个游戏过程中，教师通过语言，引导幼儿回到游戏本身。"到底有没有汉堡包，这就要看大厨师的本领了！"教师通过这一句话，既解决了幼儿有关快餐店

① 李燕：《游戏与儿童发展》，230～231页，杭州，浙江教育出版社，2008。

有无汉堡包的争执，又激励着幼儿继续游戏的探索。当了解到幼儿是因为缺少材料而放弃制作汉堡包时，教师通过说“缺少什么呀？”引导幼儿思考制作汉堡包需要什么材料，还提供替代物激发幼儿的以物替物的游戏能力。

总之，教师用语言创造了一个假想的游戏情境，将幼儿与游戏情节及其规则（角色及其关系）而不是课堂规则联系起来，从而鼓励幼儿自己想办法解决问题，引导幼儿关注游戏及与同伴的互动，维持并丰富了游戏内容与情节。教师的整个介入过程与方式，完全是基于幼儿游戏，并为了幼儿发展考虑的。

（二）权力在师幼之间共享

有时，师幼之间的不对称关系可能发生改变，变得更为平衡，成为一种权力分享的关系。权力的共享或分享，强调教师与幼儿一起感受、共同创造奇迹，暂时地补偿教师与幼儿之间的不对等关系。在权力的分享中，教师与幼儿是游戏同伴。此时，教师遵从幼儿对游戏的领导，扮演着与幼儿进行游戏互动的同伴角色。比如，上例在扮演小猫的游戏中，教师积极与幼儿互动，然而，她存在的问题是未能遵从幼儿对游戏的领导。权力的共享意味着游戏情节应在幼儿的掌控之中，成人游戏者不应超出幼儿界定的游戏情节。

案例 10-13：

娃娃家的小朋友邀请我去玩，饭菜已摆了一桌子。爷爷在扫地，见我一进门，妈妈和孩子都招呼我坐下吃饭，而扮爷爷的天宇还在忙。我忙站起来说：“爷爷岁数大了，您先坐这儿吃吧！”看到我这样尊敬爷爷，扮孙女的湘湘赶紧过来说：“爷爷您辛苦了，我帮您捶捶背吧。”说完伸出小手给天宇捶背，天宇乐得眉开眼笑。[1]

案例分析 >>>>>>>>

在本案例中，教师遵从了幼儿对游戏情节的设定，给予了幼儿充分的游戏领导权。比如，幼儿通过为教师设定客人的角色，邀请教师参与游戏，教师的反应是自然地接受邀请，遵从幼儿对游戏情节的设定并做出自然的游戏反应。当然，在遵从幼儿设定的游戏情节的基础上，教师也抓住了教育契机，适时加入教育内容。比如，教师以身作则给幼儿做出尊敬长辈的示范。

① 李燕：《游戏与儿童发展》，238 页，杭州，浙江教育出版社，2008。

（三）权力施加于幼儿身上

一个教师如果毫不在意地打断幼儿游戏，那么，他极有可能将权力施加于幼儿身上，任意地用自己的日程代替幼儿的。权力的施加常被用于“驯化”，以帮助幼儿学习正确的行为方式，比如，我叫你时，你要回答；玩具要分享；不能打人。

当然，如果涉及安全问题，权力施加于幼儿身上的方式也是必要与适宜的。有时候，如果成人要教幼儿某一道德行为，或者相信道德课程可以直接教授时，这种方式是合适的，但是，它可能会忽略与打断幼儿的游戏。

教师的游戏介入要善于吸引幼儿的心智。在游戏中，幼儿掌控着游戏。适宜的教师介入是开放式的，并将选择权留给幼儿。游戏经常是磋商性的，教师可能为游戏设定一些限制，然而，幼儿会创造游戏，并改变游戏的规则。

在游戏过程中，教师的引导有些可能是事先计划的，有些则可能产生于教师作为调停者的现场判断中。当我们处于困惑之中、不知如何介入时，那么，就信任幼儿的游戏吧。幼儿游戏时有自己的节奏，也将有自己的结论。游戏发生于幼儿自己的“跑马场”，在这里，成人没有正当的角色。无论如何，干扰游戏的成人通常太过匆忙，没能注意幼儿的意志。我们要做的是放慢脚步。只有注意到幼儿游戏时所发生的一切，我们才能帮助幼儿更好地学习。

总之，成人介入幼儿游戏融合了教师对游戏本质、类型、介入时机、幼儿特点等的综合考虑，教师介入幼儿游戏的方式包括提供自然且经过设计的游戏空间、充分的游戏时间，提供混合天然与人造的具有挑战性的游戏材料与设备，经由事先的观察以提供给幼儿个别化的游戏介入，经由与幼儿的互动以决定介入策略等。